财政部规划教材
应用型教育数智化财经类教材

大数据会计基础

主　编　刘水林　黄丽丽　杨则文

中国财经出版传媒集团
中国财政经济出版社
·北京·

图书在版编目（CIP）数据

大数据会计基础 / 刘水林，黄丽丽，杨则文主编 . 北京：中国财政经济出版社，2024. 11. -- （财政部规划教材）（应用型教育数智化财经类教材）. -- ISBN 978 - 7 - 5223 - 3472 - 1

Ⅰ. F230

中国国家版本馆 CIP 数据核字第 2024Y177B4 号

责任编辑：张　军　　责任校对：张　凡

封面设计：卜建辰　　责任印制：张　健

大数据会计基础

DASHUJU KUAIJI JICHU

中国财政经济出版社 出版

URL：http：//www. cfeph. cn

E - mail：cfeph@ cfeph. cn

社址：北京市海淀区阜成路甲 28 号　邮政编码：100142

营销中心电话：010 - 88191522

天猫网店：中国财政经济出版社旗舰店

网址：https：//zgczjjcbs. tmall. com

北京密兴印刷有限公司印刷　各地新华书店经销

成品尺寸：185mm × 260mm　16 开　20 印张　480 000 字

2024 年 11 月第 1 版　2024 年 11 月北京第 1 次印刷

定价：59. 00 元

ISBN 978 - 7 - 5223 - 3472 - 1

（图书出现印装问题，本社负责调换，电话：010 - 88190548）

本社图书质量投诉电话：010 - 88190744

打击盗版举报热线：010 - 88191661　QQ：2242791300

编写说明

2021 年教育部印发了新版《职业教育专业目录》，新版专业目录以专业升级和数字化转型为关键，专业名称进行了前所未有的重大调整，“会计”“财务管理”“审计”专业分别更名为“大数据与会计”“大数据与财务管理”“大数据与审计”；“财政”“税务”专业合并后更名为“财税大数据应用”。

2021 年财政部印发了《会计信息化发展规划（2021—2025 年）》，“数据”一词出现了 71 次，提出“加快推进会计数字化转型升级，推动单位业财融合和会计职能拓展”，并提出“创新会计信息化人才培养方式，打造懂会计、懂业务、懂信息技术的复合型会计信息化人才队伍”。

新版专业目录与会计信息化发展规划不谋而合，会计数字化转型势在必行。当前，大数据、人工智能、移动互联、云计算、物联网、区块链等新技术在会计工作中得到广泛应用，智能财务、财务共享、业财融合等理念以及财务机器人等自动化工具逐步推广，优化了会计机构组织形式，拓展了会计人员工作职能，提升了会计数据的获取和处理能力。但会计工作面临着经济社会数字化转型全面开启、单位业财融合需求更加迫切、会计数据要素日益重要等形势和挑战。

如何培养懂会计、懂业务、懂信息技术的复合型会计人才，如何让初学者对财务会计和管理会计这两大会计分支有整体的认知，引导他们掌握“大数据 + 财务会计 + 管理会计”的基本理论、基本方法和基本技能，是我们的出发点、创新点和最大愿望，同时也是一个难题。为此，我们进行了多年的探索实践，以 2020 年验收通过的省级精品开放课程“会计基础”和 2021 年由中国财政经济出版社出版的新专业目录下全国首套《大数据与会计专业群教学标准》（含“大数据会计基础”课程标准）为基础编写本教材。本教材可作为高职专科、职业本科、应用本科财务会计类专业“会计学原理”“会计基础”“大数据会计基础”课程教学用书。

本教材的特色如下：

1. 融合三大基础。传统会计基础教材以财务会计基础为主，基本不涉及管理会计基础和大数据等技术基础。为培养懂会计、懂业务、懂信息技术的复合型会计人才，本书开创性地将大数据基础、财务会计基础、管理会计基础有机融合到教材中，既包括大数据基本原理、基本工具，也包括数据处理、数据分析和数据可视化；既包括财务会计的基本理论、会计凭证、会计账簿和财务会计报告，也包括管理会计基本理论、基本工具和管理会计报告。

2. 围绕一条主线。传统会计基础教材围绕“证—账—表”的会计核算流程，以形成财务会计报告为主要目标，重在“复式记账思维”和服务“受托责任”要求。本书围绕“会计信息系统运行”这一主线，以“会计信息产生—会计信息处理—会计信息报告—会计信息运用—会计信息质量保证”为主线梳理教材内容，重在“数据库思维”和服务业财融合及管理会计转型要求。

3. 融入最新内容。本书将2024年新修订的《中华人民共和国会计法》和《会计信息化工作规范》、2023年新修订的《公司法》、2023年印发的《企业数据资源相关会计处理暂行规定》、2023年发布的《会计人员职业道德规范》、2022年发布的《电子会计档案管理规范》、2021年试点的“全面数字化的电子发票”以及最新的会计准则和税收法律法规等相关内容写入教材。

4. 注重德技并修。在教材的编写过程中，始终围绕党的二十大报告指出的“我们要坚持为党育人、为国育才，全面提高人才自主培养质量”，始终抓住“培养什么人，怎样培养人，为谁培养人”这个根本问题。根据《中华人民共和国职业教育法》提出的“坚持立德树人、德技并修”，围绕“三坚三守”的会计职业道德，构建课程思政体系，体现财会领域的新技术、新模式和新业态。

本书编写成员来自首批28所国家示范院校、国家“双高”建设院校之一的广州番禺职业技术学院“会计基础”省级精品开放课程教学团队和两家企业专家团队。具体的编写分工如下：杨则文负责本书的整体设计、体例安排和修改、审定和质量把关，刘水林负责编写第一章至第三章，黄丽丽负责编写第五章和第九章，刘飞负责编写第四章，李其骏负责编写第八章，谢慕龄负责编写第七章，钟晓玲负责编写第六章，广州业勤会计师事务所陈焯华、广州市财盛财税服务有限公司纪玉华负责企业典型案例编写和相关单据表格制作。

本书为用书学校任课老师提供了相关配套资源，如有需要，请以电子邮件向中国财政经济出版社索取（请注明：学校、全书名、版次），Email：caijingjiaocai@163.com。也可以登录以下网址下载：http://jiaocai.cfeph.cn。

会计职业教育的改革与探索是一个漫长的过程，教材编写始终是一项留有遗憾的工程，书中难免有不足之处，恳请读者提出批评建议。电子邮箱：279884671@qq.com。

编者

2024年7月

目　录

本书资源二维码索引

序号	章名称	节名称	二维码资源名称	资源类型（微课/文本）	页码
1	第一章 走进大数据会计时代	第一节 财务会计	会计产生与发展	微课	第 3 页
2			会计的概念与基本特征	微课	第 5 页
3			会计职能	微课	第 6 页
4			会计基本假设	微课	第 8 页
5			会计基础	微课	第 9 页
6			会计职业道德	微课	第 10 页
7			代理记账基础工作规范（试行）（2024 年）	文本	第 10 页
8		第二节 管理会计	管理会计产生与发展	微课	第 12 页
9			关于全面推进管理会计体系建设的指导意见	文本	第 15 页
10			财务会计 VS 管理会计	微课	第 15 页
11		第三节 大数据时代的会计	大数据时代的会计	微课	第 18 页
12			大数据	微课	第 18 页
13			企业数据资源相关会计处理暂行规定（2023 年）	文本	第 22 页
14			会计数字化与智能化	微课	第 25 页
15	第二章 单位经济活动与会计信息	第一节 企业经济活动	企业组织形式	微课	第 33 页
16			中华人民共和国公司法（2024 年）	文本	第 33 页
17			企业经济活动	微课	第 34 页
18		第二节 政府经济活动	政府经济活动	微课	第 37 页
19		第三节 会计信息	会计信息及其使用者	微课	第 43 页
20			会计信息质量要求	微课	第 46 页
21	第三章 企业会计信息处理基础	第一节 会计信息处理方法	静态会计要素	微课	第 55 页
22			动态会计要素	微课	第 56 页
23			会计要素计量属性	微课	第 58 页
24			会计等式	微课	第 58 页

续表

序号	章名称	节名称	二维码资源名称	资源类型（微课/文本）	页码
25	第三章 企业会计信息处理基础	第一节 会计信息处理方法	会计科目	微课	第 60 页
26			会计账户	微课	第 62 页
27			借贷记账法	微课	第 64 页
28			会计分录	微课	第 68 页
29			试算平衡	微课	第 69 页
30			原始凭证	微课	第 71 页
31			记账凭证	微课	第 73 页
32			会计账簿	微课	第 75 页
33			财产清查	微课	第 79 页
34		第二节 财务会计信息处理流程	财务会计信息处理流程	微课	第 82 页
35		第三节 管理会计信息处理基础	会计软件基本功能和服务规范（2025 年）	文本	第 85 页
36			管理会计信息处理基础	微课	第 89 页
37		第四节 大数据处理工具	大数据处理工具	微课	第 93 页
38	第四章 企业典型业务分析与管理	第一节 融资业务分析与管理	融资管理流程	微课	第 106 页
39		第二节 采购业务分析与管理	采购管理流程	微课	第 111 页
40		第三节 生产业务分析与管理	成本管理的主要内容	微课	第 117 页
41		第四节 销售业务分析与管理	销售业务管理流程	微课	第 123 页
42		第五节 利润形成与分配业务分析与管理	变动成本法下利润形成与分析	微课	第 128 页
43	第五章 企业典型业务数据的会计处理	第一节 筹资业务数据的会计处理	权益筹资业务的会计处理	微课	第 144 页
44			短期借款业务的会计处理	微课	第 147 页
45		第二节 采购业务数据的会计处理	采购业务的会计处理	微课	第 153 页
46		第三节 生产业务数据的会计处理	成本核算的一般程序	微课	第 157 页
47			材料费用的归集与分配	微课	第 159 页
48			薪酬的归集与分配	微课	第 160 页
49			制造费用的归集与分配	微课	第 162 页
50			完工产品生产成本的计算与结转	微课	第 165 页

续表

续表

序号	章名称	节名称	二维码资源名称	资源类型（微课/文本）	页码
76	第九章 会计信息质量保证	第四节 会计工作管理规范	会计基础工作规范	文本	第 294 页
77			会计核算的基本规范	微课	第 296 页
78			会计信息化工作规范（2025 年）	文本	第 300 页
79			会计档案管理办法	微课	第 301 页
80			会计档案管理办法	文本	第 301 页
81			电子会计档案管理规范	微课	第 303 页
82			电子会计档案管理规范（2022 年）	文本	第 303 页
83			企业内部控制基本规范	文本	第 305 页

第一章
走进大数据会计时代

学习目标

知识目标：

◆掌握会计概念、基本特征、会计职能、会计基本假设、会计核算基础、会计职业

◆掌握管理会计的概念、特征、原则

◆掌握大数据概念、特征、会计数字化与智能化

◆了解会计产生与发展、管理会计师、大数据对会计的影响

技能目标：

◆能够描述管理会计与财务会计的区别与联系

◆能够描述大数据时代会计的重大变革和未来发展前景

◆能够对财务共享、业财融合、财务机器人作出简要说明

素质目标：

◆培养“三坚三守”职业道德

◆培养科技创新的精神

思维导图

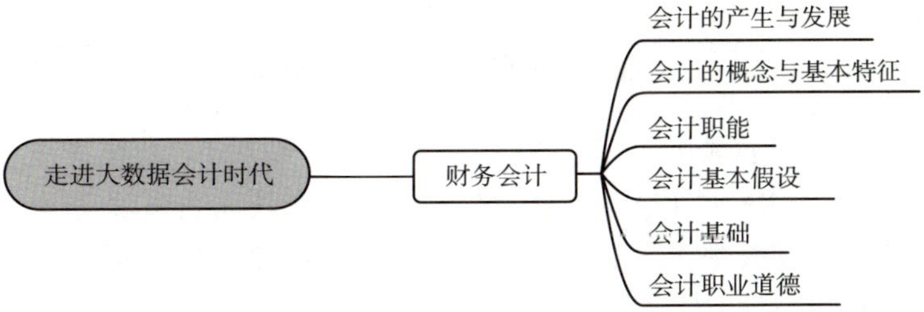

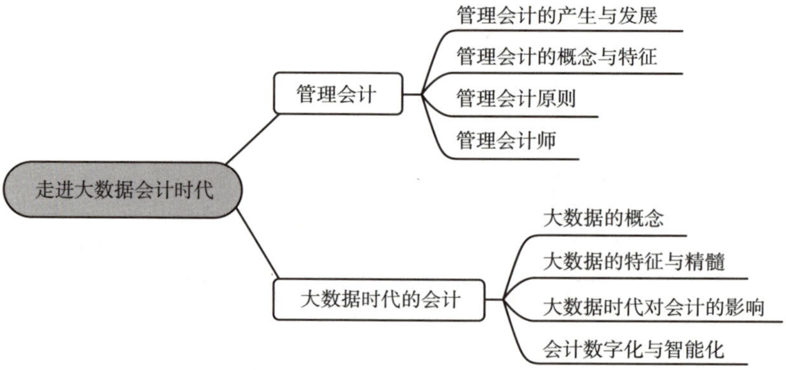

引导案例

2024 年影响中国会计行业的十大信息技术

2024 年 6 月 22 日，上海国家会计学院主办的“数智化助推会计行业高质量发展”主题论坛暨 2024 年影响中国会计行业的十大信息技术评选结果发布会在上海国家会计学院国际会议中心举行。本次论坛正式发布了 2024 年影响中国会计行业的十大信息技术的评选结果，并邀请各界嘉宾对入选十大信息技术的应用进行深入解读，对潜在影响的五项信息技术进行前景判断，近 4.6 万人通过线上及线下的形式参与观看。

2024年影响中国会计行业的十大信息技术综合排名

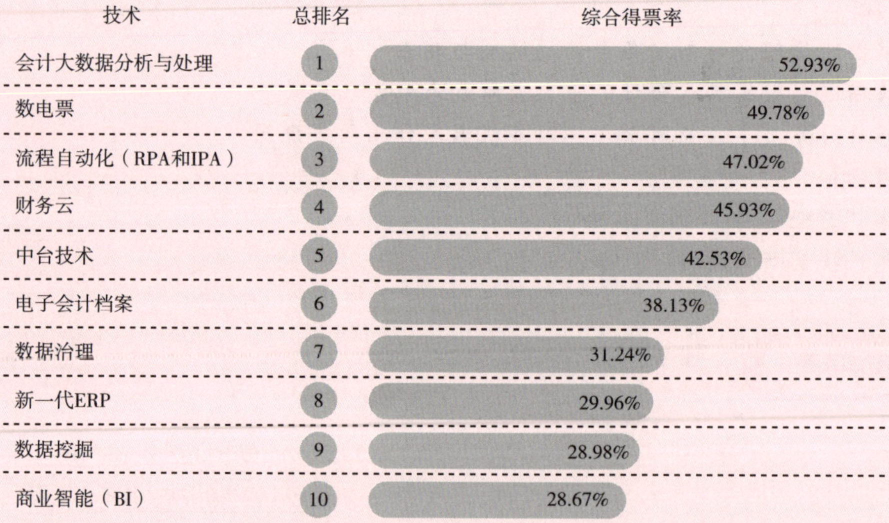

2024 年影响中国会计行业的十大信息技术分别是：①会计大数据分析与处理；②数电票；③流程自动化（RPA 和 IPA）；④财务云；⑤中台技术；⑥电子会计档案；⑦数据治理；⑧新一代 ERP；⑨数据挖掘；⑩商业智能（BI）。2024 年五大潜在影响技术分别是：①生成式人工智能（AIGC）；②数据资产及其管理的自动化与智能化；③AI 信任、风险和安全管理；④财务多模态垂直大模型；⑤财务数字员工及其职能调度与管理。

专家们认为：首先，数字化转型是提升企业治理体系和治理能力现代化的核心工程。数字化员工在资金支付、期末结账、税务填报、账务审核、智能客服等场景中的应用已较为成熟；数智技术嵌入财务共享的不同业务场景中，强化业务与财务的深度融合，实现业务数据与财务数据的共享，能够为企业创造价值、实现高质量发展提供重要保障。其次，财务数字化转型是数据技术和企业应用创新深度融合、不断加深的过程。业财融合是财务数据应用非常重要的环节。通过底层技术架构的改进以及平台技术底座的支撑，有助于形成统一数据资产标准，推动业财深度融合，为财务数字化转型打下数据基础。最后，财务从会计电算化到信息化、数字化，发展的趋势是不可逆的。新时代的财务人员应该从两个方面发挥作用，一是围绕价值创造，从会计职能的角度出发，从大数据中提取有利于企业作出科学判断的内容。二是风险管理，财务对数据较为敏感，在风险管理上，要当企业的守门员，财务人员大有可为。

资料来源： 上海国家会计学院（原文经过整理）。

思考： 什么是会计？为什么大数据如此重要？大数据对会计有什么影响？

第一节　财务会计

一、会计的产生与发展

微课：会计产生与发展

会计是随着人类社会生产的发展和经济管理的需要而产生、发展并不断完善起来的。人类的生存与发展始终面临着经济资源有限与需求不断增长的矛盾，提高经济资源的使用效率，讲求经济效益，必然要求对经济活动过程及其结果进行如实计量和记录。随着社会生产力的发展、人类文明的不断进步以及经济社会组织的不断变革与发展，社会的生产、分配、交换、消费的协调与和谐发展问题日益突出，会计的内容和方法也随之得到不断发展。会计由最初的只是作为生产职能的附带部分逐渐成为一项专门的经济管理活动，经历了古代会计、近代会计和现代会计三个发展阶段。

（一）古代会计阶段

早在原始社会，随着社会生产力水平的提高，人们捕获的猎物及生产的谷物等便有了剩余，人们就要算计着食用或进行交换，这样就需要进行简单的记录和计算。但由于文字没有出现，所以只好“绘图记事”，后来发展到“结绳记事”“刻石记事”等，这些原始的简单记录，就是会计的萌芽。在我国，“会计”一词最早出现在西周，《周礼》指出：会计，以参互考日成，以月要考月成，以岁会考岁成。在唐宋时期，出现了“四柱清册”，即“旧管”（期初结存）、“新收”（本期收入）、“开除”（本期支出）、“实在”（期末结存）。在明末清初，产生了“龙门账”，将账目划分为“进”（收入）、“缴”（支出）、“存”（资产）、“该”（负债），年末通过“进”与“缴”对比，“存”与“该”对比，确定盈亏，计算结果若完全吻合，称为“合龙门”。随着生产的进一步发展，科技的进步，劳动消耗和劳动成果的种类不断增多，出现了大量的剩余产品，会计逐渐从生产职能中分离出来，成为一项专门的经济管理活动。

（二）近代会计阶段

从单式记账法过渡到复式记账法，是近代会计形成的标志，即15世纪末期，意大利数学家卢卡·帕乔利有关复式记账论著的问世，标志着近代会计的开端。19世纪中叶，英国爱丁堡会计师公会的成立是近代会计发展史的重要里程碑。在经济活动更加复杂、生产日益社会化、人们的社会关系更加广泛的情况下，会计的地位和作用、会计的目标、会计所应用的方法和技术都在不断发展变化并日趋完善，逐步形成自身的理论和方法体系。现代数学、现代管理科学与会计的结合，特别是新一代信息技术在会计数据处理中的应用，使会计工作的效能发生了很大变化，扩大了会计信息的范围，提高了会计信息的精确性和及时性。

（三）现代会计阶段

20世纪50年代起，资本竞争的加剧促使股份公司得到快速发展。股份公司是以资本的所有权和经营权相分离为主要特征，基于对外报告及对内管理的需求，财务会计与管理会计相分离，会计分为财务会计和管理会计两大分支，这标志着现代会计的产生。

财务会计被称为“对外报告会计”，是指通过对单位已经发生的经济业务采用专门的方法进行确认、计量和报告，为单位信息使用者提供决策有用信息，并如实反映受托责任的履行情况。

管理会计被称为“对内报告会计”，主要服务于单位内部管理需要，是通过利用相关信息，有机融合财务与业务活动，在单位规划、决策、控制和评价等方面发挥重要作用的管理活动。

20世纪二三十年代，西方国家发生了一场空前大危机，危机过后，各国政府加强对经济活动的管制，健全各种经济法规，特别是税法得到了改进和完善，直接税成为西方国家的主体税种，企业会计必须充分考虑政府管制和纳税申报的信息需求，以所得税会计为主的税务会计由19世纪末的萌芽状态逐步形成完整的体系。税务会计是以纳税人为会计主体，以货币为主要计量尺度，依据税收法规，运用会计基本理论和方法，对税务资金运动进行连续、系统、全面的核算与筹划，目的在于使纳税人在不违反税法的前提下，及时、准确地缴纳税金并向税务部门提供税务信息。

有会计学专家认为，税务会计从财务会计分离而来，与财务会计、管理会计构成会计学科的三大分支。现代企业会计是以财务会计为核心，以税务会计和管理会计为两翼的企业会计体系。

（四）会计信息化阶段

自20世纪80年代人类社会进入信息时代以来，计算机和互联网在各行各业得到广泛应用，以会计电算化软件的推广为标志，会计由手工会计时代进入会计电算化时代。进入21世纪后，电算化软件不断进步，ERP得到广泛应用，会计电算化被会计信息化取代。

当前，大数据、人工智能、移动互联、云计算、物联网、区块链等新技术在会计工作中得到广泛应用，智能财务、财务共享、业财融合等理念以及财务机器人等自动化工具逐步推广，优化了会计机构组织形式，拓展了会计人员工作职能，提升了会计数据的获取和处理能力。会计的数字化和智能化逐渐成为主流趋势。一是数字化，将会计信息、业务信息、电子发票等资料数字化，提升数字化的范围和程度，深化数字化改革；二是智能化，提升会计处理的自动化、智能化水平，进一步降本增效，并以此促进“业、财、税”一体化；三是数智赋能，通过数据智能，利用大数据技术，实现数据的挖掘、分析和展示，使决策转变为基于大数据的可视化、实时化的精准智能决策，发挥数据资产价值功效。

在国内学术研究领域，最早提出“云会计”概念的当属程平教授提出的“云会计 = 云计算 + 会计”，这个定义是信息领域的应用迁移，将各软件厂商定义的云会计信息系统创造性地简化为“云会计”。程平在“云会计”概念提出的基础上将定义详细阐述为：云会计可定义为构建于互联网上，并向企业提供会计核算、会计管理和会计决策服务的虚拟会计信息系统。当前，在“大智移云物区”等信息技术的引领下，会计也在不断变革，财务机器人、财务共享、业财融合、财务云、Python财务应用、区块链财务应用、数电票的应用越来越普遍。

经济越发展，会计越重要。会计由远而近、由古至今的发展历程，充分体现了会计的发展与经济的发展相适应、相一致的历史规律。会计正是在遵循这个规律的过程中，其理论日渐成熟，其方法和技术也得到了巨大的改进和完善，从而成为一门具有蓬勃生命力的应用性学科。

【拓展阅读】

“会计”的来源

“会计”一词，远在公元前1100年到公元前770年的西周时代就已经出现了，《周礼·天官》记载：“司会掌邦之六典，八法，八则……而听其会计。”司会主天下之大计，计官之长，是以参互考日成、月要考月成、岁会考岁成之事。是以每月零星盘算为“计”，一年总盘算为“会”，两者合在一起即成“会计”，成为总核算与零星核算的一个综合体。据史书记载，我国古代有为王朝服务的会计，有专职官吏专司其事。春秋时代的孔子就曾经当过管理粮仓的委吏。

二、会计的概念与基本特征

微课：会计的概念与基本特征

（一）会计的概念

为适应市场经济发展和现代企业制度建立的需要，基于经济资源配置和生产组织的委托代理关系中权属性质界定，如实反映受托责任履行情况的诚实性和可靠性，成为会计的基本职责。在现代市场经济和现代企业制度环境下，会计在保护财产和产权安全、落实经管责任、有效配置经济资源、合理分配经济利益等方面发挥着越来越重要的作用。

现代会计是以货币为主要计量尺度，运用“大智移云物区”等信息技术，通过确认、计量、记录、报告等步骤，采用专门方法和程序，对企业和行政、事业单位（本书以企业为主）的经济活动过程及其结果进行准确完整、连续系统的核算和监督，并有机融合财务与业务活动，在单位规划、决策、控制和评价等方面提供支持，以如实反映受托责任履行情况、提供有用经济信息和提高经济效益为主要目的的经济管理活动。

（二）会计的基本特征

1. 会计以货币为主要计量尺度

会计要对经济社会生产、分配、交换和消费活动及其结果进行计量，需要运用多种计量尺度，包括实物量度（如千克、吨、件等）、劳动量度（如工时、工作日等）和货币量度（如元、角、分等），但以货币尺度为主，在中国是以人民币“元”作为主要计量单位，具有全面性和综合性的特征。实物量度和劳动量度能够具体反映各项财产、物资的增减变动和生产过程中的劳动消耗，对核算和经济管理都是必要的，但这两种尺度都不能综合反映会计的内容。因此，会计以货币作为综合计量尺度，是由货币作为一般等价物的性质决定的，是衡量一般商品价值的共同尺度。因此，以货币为主要计量尺度、其他计量尺度作为辅助性补充成为会计的基本特征之一。

2. 准确完整性、连续系统性

会计产生于人们对经济活动过程中生产耗费、生产成果的观察、计量以及记录和比较的需要，会计记录的真实完整、会计计量的准确完整是经济社会对会计的基本要求，是会计的本质特征。从宏观经济角度而言，生产、分配、交换和消费是一个连续系统的过程；从微观企业单位而言，经济活动或业务活动也是一个连续系统的过程，这决定会计核算和监督的过程也必然是个连续系统的过程。同时，会计履行核算和监督职能是一项十分复杂缜密的有机整体性工作，其所采用的各种专门方法和程序之间也形成一个科学系统。会计凭证、会计账簿和会计报表是一个有机整体。因此，连续系统性是会计的另一项基本特征。

三、会计职能

微课：会计职能

会计目标，是要求会计工作完成的任务或达到的标准。会计的基本目标是向财务报告使用者提供企业财务状况、经营成果和现金流量等有关的会计资料和信息，反映企业管理层受托责任履行情况，有助于财务报告使用者作出经济决策，达到不断提高企业事业单位乃至经济社会整体的经济效益和效率的目的和要求。从更高层面看，会计的目标还包括规范会计行为，保证会计资料真实、完整，加强经济管理和财务管理，提高经济效益，维护社会主义市场经济秩序，为市场在资源配置中起决定性作用和更好发挥政府作用提供基础性保障作用，实现经济高质量发展。

会计职能是会计目标的具体化，是指会计在经济活动及其管理过程中所具有的功能。会计作为经济活动“过程的控制和观念总结”，具有会计核算和会计监督两项基本职能，还具有预测经济前景、参与经济决策、评价经营业绩等拓展职能。会计对象是指会计核算和监督的内容，具体是指社会再生产过程中能以货币表现的经济活动，即资金运动或价值运动。资金运动程序可分为资金投入、资金循环与周转（即资金的运用）、资金退出三个基本环节。

（一）会计核算

会计的核算职能，是指会计以货币为主要计量单位，对特定主体的经济活动进行确认、计量、记录和报告。会计核算贯穿经济活动的全过程，是会计最基本的职能。会计确认是指依据一定的标准，核实、辨认经济交易或事项的实质并确定应予以记录的会计对象的要素项目，并进一步确定已记录和加工的会计资料是否应列入财务报告和如何列入财务报告的过程。会计确认包括初始确认和再确认两个环节。会计计量是指主要以货币为计量单位对各项经济交易或事项及其结果进行计量的过程。会计计量包括计量属性的选择和计量单位的确定。会计记录是指对经过会计确认、会计计量的经济交易或事项，采用一定方法填制会计凭证、登记会计账簿的过程。会计报告是以会计账簿记录为依据，采用表格和文字等形式，把会计凭证和会计账簿记录的会计资料进一步进行系统性加工汇总整理形成财务状况、经营成果和现金流量等的结构性表述的过程。

会计核算的内容主要包括：（1）款项和有价证券的收付；（2）财物的收发、增减和使用；（3）债权、债务的发生和结算；（4）资本、基金的增减；（5）收入、支出、费用、成本的计算；（6）财务成果的计算和处理；（7）需要办理会计手续、进行会计核算的其他事项。

（二）会计监督

会计的监督职能，是指会计机构、会计人员对其特定主体经济活动和相关会计核算的真实性、完整性、合法性和合理性进行审查，使之达到预期经济活动和会计核算目标的功能。

真实性审查，是指检查各项会计核算是否根据实际发生的经济业务进行，是否如实反映经济交易或事项的真实状况。

完整性审查，是指检查会计核算的范围和内容是否全面，是否有遗漏等不完整的情况。

合法性审查，是指检查各项经济交易或事项及其会计核算是否符合国家有关法律法规，遵守财经纪律，执行国家各项方针政策，以杜绝违法乱纪行为。

合理性审查，是指检查各项财务收支是否符合客观经济规律及经营管理方面的要求，保证各项财务收支符合特定的财务收支计划，实现预算目标，保持会计核算的准确性和科学性。

会计监督的依据主要有：（1）财经法律、法规、规章；（2）会计法律、法规和国家统一会计制度；（3）各省、自治区、直辖市财政厅（局）和国务院业务主管部门根据《中华人民共和国会计法》和国家统一会计制度制定的具体实施办法或者补充规定；（4）各单位根据《中华人民共和国会计法》和国家统一会计制度制定的单位内部会计管理制度；（5）各单位内部的预算、财务计划、经济计划、业务计划等。

会计监督的主要内容有：（1）对原始凭证进行审核和监督；（2）对伪造、变造、故意毁灭会计账簿或者账外设账行为，应当制止和纠正；（3）对实物、款项进行监督，督促建立并严格执行财产清查制度；（4）对指使、强令编造、篡改财务报告行为，应当制止和纠正；（5）对财务收支进行监督；（6）对违反单位内部会计管理制度的经济活动，应当制止和纠正；（7）对单位制定的预算、财务计划、经济计划、业务计划的执行情况进行监督等。

会计核算与会计监督是相辅相成、辩证统一的。会计核算是会计监督的基础，没有核算提供的各种系统性会计资料，监督就失去了依据；会计监督又是会计核算质量的保障，只有核算没有监督，就难以保证核算提供信息的质量。

（三）会计的拓展职能

会计的拓展职能，是指会计基本职能的延伸与扩展：

（1）预测经济前景，是指根据财务报告等提供的信息，定量或者定性地判断和推测经济活动的发展变化规律，以指导和调节经济活动，提高经济效益。

（2）参与经济决策，是指根据财务报告等提供的信息，运用定量分析和定性分析方法，对备选方案进行经济可行性分析，为企业经营管理等提供与决策相关的信息。

（3）评价经营业绩，是指利用财务报告等提供的会计资料，采用适当的方法，对企业一定经营期间的资产运营、经济效益等经营成果，对照相应的评价标准，进行定量及定性对比分析，作出真实、客观、公正的综合评价。

（4）支撑业务活动，是指通过财务数据和分析，为单位商业模式选择、战略制定、经营管理等宏观业务活动以及采购、生产、销售、薪酬、投资与融资等日常业务活动提供支持，将所有业务整合起来，把握每个环节对企业整体价值创造的作用，同时及时发现业务活动中存在的问题和不足，从而进一步处理和改善。

四、会计基本假设

微课：会计基本假设

会计基本假设是对会计核算时间和空间范围以及所采用的主要计量单位等所作的合理假定，是企业会计确认、计量、记录和报告的前提。会计假设对于履行会计职能，实现会计目标要求等具有重要的作用和意义。会计基本假设包括会计主体、持续经营、会计分期和货币计量。

（一）会计主体

会计主体，是指会计工作服务的特定对象，是企业会计确认、计量、记录和报告的空间范围。会计核算应当集中反映某一特定企业的经济活动，并将其与其他经济实体区别开。在会计主体假设下，企业应当对其本身发生的交易或事项进行会计确认、计量、记录和报告，反映企业本身所从事的各项生产经营活动和其他相关活动。如果企业所有者的经济交易或事项是属于企业所有者主体所发生的，则不应纳入企业会计核算的范围。如果企业所有者向企业投入资本或企业向投资者分配利润，则属于企业会计主体的核算范围。

（二）持续经营

持续经营，是指在可以预见的将来，企业将会按当前的规模和状态继续经营下去，不会停业，也不会大规模削减业务。在持续经营假设下，会计确认、计量、记录和报告应当以企业持续、正常的生产经营活动为前提，企业的资产将按照既定用途使用、债务将按照既定的债务合约条件进行清偿，企业会计在此基础上进行会计估计并选择相应的会计原则和会计方法。

（三）会计分期

会计分期，是指将一个企业持续经营的生产经营活动划分为一个个连续的、长短相同的期间。会计分期的目的，是据以分期结算盈亏，按期编报财务报告，从而及时向财务报告使用者提供有关企业财务状况、经营成果和现金流量的信息。会计期间通常分为会计年度和中期。中期，是指短于一个完整的会计年度的报告期间，如月度、季度、半年度等。在会计信息化时代，通过数字化技术能实现实时地记录经济业务发生的事实并产生实时会计报告。

（四）货币计量

货币计量，是指会计主体在会计确认、计量、记录和报告时主要以货币作为计量尺度，来反映会计主体的生产经营活动过程及其结果。货币是商品的一般等价物，是衡量一般商品价值的共同尺度，具有价值尺度、流通手段、贮藏手段和支付手段等特点。选择货币作为共同尺度进行计量，具有全面、综合反映企业的生产经营情况及其结果的作用。其他计量单位，如重量、长度、容积、台、件等，只能从一个侧面反映企业的生产经营情况，难以对不同性质、不同种类、不同质量的交易或事项按照统一的计量单位进行会计确认、计量、记录和报告，难以汇总和比较。采用货币计量单位进行会计核算和会计监督不排斥采用其他计量单位，其他计量单位可以对货币计量单位进行必要的补充和说明。例如，原材料的实物量度（吨、千克等）可以补充说明原材料的储存、耗费等经管责任的落实状况。

五、会计基础

微课：会计基础

会计基础，是指会计确认、计量、记录和报告的基础，具体包括权责发生制和收付实现制。

（一）权责发生制

权责发生制，是指以取得收取款项的权利或支付款项的义务为标志来确定本期收入和费用的会计基础。

在实务中，企业交易或者事项的发生时间与相关款项收付时间有时并不完全一致。例如，本期款项已经收到，但销售并未实现而不能确认为本期的收入；或者款项已经支付，但与本期的生产经营活动无关而不能确认为本期的费用。为了真实、公允地反映特定会计期间的财务状况和经营成果，企业应当以权责发生制为基础进行会计确认、计量、记录和报告。

根据权责发生制，凡是当期已经实现的收入和已经发生或者应当负担的费用，无论款项是否收付，都应当作为当期的收入和费用，计入利润表；凡是不属于当期的收入和费用，即使款项已在当期收付，也不应当作为当期的收入和费用。

（二）收付实现制

收付实现制，是指以现金的实际收付为标志来确定本期收入和费用的会计基础。

在我国，政府会计由预算会计和财务会计构成。其中，预算会计采用收付实现制，国务院另有规定的，依照其规定；财务会计采用权责发生制。

（三）权责发生制和收付实现制下会计处理结果的差异

权责发生制和收付实现制是相对应的两种会计基础。相较于收付实现制，权责发生制下会计处理较为复杂，其会计处理结果存在一定的差异。在交易或者事项的发生时间与相关款项收付时间不一致时产生两种会计基础下确认的利润差额。例如，在商品销售收入已经实现而销售款项尚未收到时，按照权责发生制确认的当期收入和利润高于按照收付实现制确认的当期收入和利润，在资产负债表日应对应收款项的账面价值进行评估，即基于应收款项的信用减值迹象进行职业判断并获得已发生信用减值损失的评估结果，从而影响当期损益，因此，权责发生制为企业管理层进行会计政策选择和盈余管理留有一定的判断空间。

六、会计职业道德

微课：会计职业道德

（一）会计职业

1. 会计职业

会计职业，是指利用会计专门的知识和技能，为经济社会提供会计服务，获取合理报酬的职业。具有如下特征：

（1）会计职业的社会属性。会计职业是社会的一种分工，履行会计职能，为社会提供会计服务，维护生产关系和经济社会秩序，正确处理企业利益相关者和社会公众的经济权益及其关系。

（2）会计职业的规范性。会计职业具有系统性的专业规范操作要求，具有严格职业道德的规范性要求。

（3）会计职业的经济性。会计职业是会计人员赖以谋生的劳动过程，具有获取合理报酬的特性。

（4）会计职业的技术性。会计职业采用各种专门方法和程序履行其职能。

（5）会计职业的时代性。会计职业应适应经济社会生产经营方式、发挥市场在经济资源配置中决定作用和更好发挥政府作用以及文化、社会组织等多种因素的变化要求。切实贯彻创新、协调、绿色、开放、共享的新发展理念，与时俱进，适应具有我国社会主义特色新时代要求。

文本：代理记账基础工作规范（试行）（2024 年）

2. 会计机构与会计岗位

会计机构是直接从事和组织会计工作的职能部门。会计机构通常叫财务（会计）处、财务（会计）部、财务（会计）科、财务（会计）组等。《中华人民共和国会计法》规定，各企业事业单位应根据会计业务的需要，设置会计机构，或者在有关机构中设置会计人员并指定会计主管人员；不具有设置条件的，应当委托经批准设立从事会计代理记账业务的中介机构代理记账。

会计机构的设置取决于企业规模的大小和会计工作的繁简程度。实行独立核算的大中型企业、实行企业化管理的事业单位以及财务收支数额较大、会计业务较多的机关团体和其他组织，都要设置由本单位领导人直接领导的财务会计机构。对于那些财务收支数额不大、会计业务比较简单、不具备单独设置会计机构条件的单位，应当在有关机构中配备专职会计人员并指定会计主管人员，这类机构一般应是单位内部与财务会计工作接近的机构，如计划、统计、经营管理部门，或者是有利于发挥会计职能作用的内部综合部门，如办公室等。没有设置会计机构和配备会计人员的单位，应当根据财政部颁布的《代理记账管理办法》委托持有代理记账许可证书的代理记账机构按照财政部 2023 年 11 月 8 日印发并于 2024 年 1 月 1 日开始实施的《代理记账基础工作规范（试行）》进行代理记账。

不同的企业、事业单位，可以根据自身管理的需要、业务的内容以及会计人员配备情况，确定各自的岗位分布。企业会计岗位可以分为财务会计（如成本会计、往来会计、税务会计、总账会计）、财务管理（出纳）、财务分析、管理会计、内部审计等；金融机构会计岗位包括银行会计工作岗位、证券和其他金融机构会计工作岗位（如精算师）等；行政事业单位会计岗位；代理记账公司会计岗位；其他会计岗位。

3. 会计人员

设置会计机构的单位，应当配备会计机构负责人和一定数量的专职会计人员。大中型企业应当根据法律和国家有关规定设置总会计师（或财务总监）。

会计专业技术职务是会计人员从事会计业务工作的技术等级。我国会计专业技术职务包括初级会计师、中级会计师、高级会计师、正高级会计师。在以上各专业技术职务相应的资格管理中，初级、中级资格实行考试制度，高级资格实行考试与评审相结合的管理制度，正高级会计师一般采取评审方式。初级、中级会计专业技术资格实行全国统一组织、统一考试时间、统一考试大纲、统一考试命题、统一合格标准的考试制度。

初级会计师考试科目为“初级会计实务”“经济法基础”两个科目。参加初级资格考试的人员必须在一个考试年度内通过全部科目的考试。

中级会计师考试科目为“中级会计实务”“财务管理”“经济法”三个科目。会计专业技术中级资格考试以两年为一个周期，参加考试的人员必须在连续两个考试年度内通过全部科目的考试。财政部、人力资源部社会保障部、教育部于 2024 年 5 月 14 日发布了《关于做好会计专业学位与会计专业技术资格衔接有关工作的通知》（财会〔2024〕7 号），获得国务院教育行政部门认可的境内会计硕士专业学位、会计博士专业学位的人员，报考中级会计专业技术资格考试可免试《财务管理》科目；具有中级及以上会计专业技术资格的会计硕士专业学位研究生，可以按照学校相关规定向学校申请免修《财务管理理论与实务》《管理会计理论与实务》等专业必修课程。该项规定于 2024 年 6 月 1 日起正式实施。

高级会计师实施考试和评审相结合，其中考试科目为“高级会计实务”。考试主要考核应试者运用会计、财务、税收等相关的理论知识、政策法规，分析、判断、处理会计业务的能力和解决会计工作实际问题的综合能力。

正高级会计师一般应取得高级会计师职称后，从事与高级会计师职责相关工作满五年才能申请参加评审。

随着人工智能的迅速发展和广泛应用，管理会计人员的需求越来越大，培养懂业务、会核算、善分析、精管理、爱学习的管理会计人员已成为高校财务会计类专业人才培养的主流。

（二）会计职业道德

会计职业道德，是指会计人员在会计工作中应当遵循的、体现会计职业特征的、调整会计职业关系的职业行为准则和规范。会计职业道德由特定的社会生产关系和经济社会发展水平所决定，属于社会意识形态范畴。会计职业道德由会计职业理想、会计职业责任、会计职业技能、会计工作态度、会计工作作风和会计职业纪律等构成。

根据《会计法》《会计基础工作规范》，财政部于2023年1月12日印发了《会计人员职业道德规范》（财会〔2023〕1号），将会计人员职业道德规范的主要内容概括为“三坚三守”，强调会计人员“坚”和“守”的职业特性和价值追求，是对会计人员职业道德要求的集中表达，具体内容如下：

（1）坚持诚信，守法奉公。牢固树立诚信理念，以诚立身、以信立业，严于律己、心存敬畏。学法知法守法，公私分明、克己奉公，树立良好职业形象，维护会计行业声誉。

（2）坚持准则，守责敬业。严格执行准则制度，保证会计信息真实完整。勤勉尽责、爱岗敬业，忠于职守、敢于斗争，自觉抵制会计造假行为，维护国家财经纪律和经济秩序。

（3）坚持学习，守正创新。始终秉持专业精神，勤于学习、锐意进取，持续提升会计专业能力。不断适应新形势新要求，与时俱进、开拓创新，努力推动会计事业高质量发展。

“坚持诚信、守法奉公”是对会计人员的自律要求，“坚持准则，守责敬业”是对会计人员的履职要求，“坚持学习，守正创新”是对会计人员的发展要求。

第二节　管理会计

一、管理会计的产生与发展

微课：管理会计产生与发展

（一）管理会计在西方的产生与发展

1. 成本决策与财务控制阶段（20世纪初至20世纪50年代）

管理会计是随着经济社会环境、企业生产经营模式以及管理科学和科技水平的不断发展而逐步发展起来的。早期管理会计实践和理论研究以“成本管理与控制”为中心，最早的管理会计实践起源于美国和英国纺织业的成本管理。通过成本计算与分析，找到提高效率、降低成本的方法，并以成本指标为中心进行绩效考核，从而不断强化管理，提高利润。

1911 年，美国著名的管理科学先驱、被称为“科学管理之父”的弗雷德里克·泰勒出版了《科学管理原理》一书，其核心聚焦于如何通过标准成本控制降低产品成本，科学评价员工绩效，提高企业生产效率，从而为管理会计理论的产生提供了良好借鉴。之后，企业家们开始使用标准成本、预算控制、差异分析等方法进行成本控制和生产管理，管理会计的雏形已经形成。1922 年，奎因斯坦在其《管理会计：财务管理入门》一书中首次提出“管理会计”的名称；1952 年，国际会计师联合会正式采用“管理会计”来统称企业内部会计体系；1953 年，世界会计协会巴黎会议正式承认管理会计是一门独立的学科，标志着管理会计正式形成，会计正式划分为“财务会计”和“管理会计”两大分支。

2. 管理控制与决策阶段（20 世纪 50 至 80 年代）

随着信息经济学理论、代理理论、交易成本理论、新一代信息技术等新理论、新技术被广泛引入管理会计领域，企业开始通过职能管理与行为科学管理来提高产品质量，降低产品成本，扩大企业利润。帮助企业管理当局进行最优化的经济预测和经济决策，行为科学与管理控制相结合的责任会计、质量成本管理、作业成本法、全面控制、成本—业务量—利润分析和各种预测分析、决策分析模型等管理会计的专门方法已用于企业管理，管理会计完成了从“为产品定价提供信息”到“为企业经营管理决策提供信息”的转变，由成本计算、预算控制，发展到管理控制与决策阶段。

3. 价值创造阶段（20 世纪 80 年代以后）

随着经济全球化的发展，世界各国经济联系和依赖程度日益增强，企业之间分工合作日趋频繁，准确把握市场定位、客户需求等尤为重要。要求企业管理会计的技术方法以系统理论的观念，综合考虑生产、经营、市场、政策和竞争对手等诸多因素，来实施对企业产品、生产、经营和市场的全面控制和管理，需要从战略、经营决策、商业运营等各个方面掌握并有效利用所需的管理信息，为此管理会计强调以价值创造为核心，发展了一系列新的决策工具和管理工具。一些国家也尝试将管理会计引入公共部门管理，并随着新公共管理运动的兴起在全世界范围推广。

（二）管理会计在我国的产生与发展

1. 计划经济体制时期

新中国成立之初至改革开放初期，我国一直实行计划经济体制，企业生产的产品由国家统一进行销售，因而企业管理主要关注生产环节，而不关注经济效益。受计划经济体制和企业管理模式的制约，管理会计在计划经济时代并没有大量应用，但以成本为核心的班组核算、经济活动分析、资金成本归口分级管理等内部责任会计在经济发展中仍有所应用。改革开放后，国内企业开始实行承包经营责任制、租赁经营责任制，同时引进外资出现了三资企业，即中外合作企业、中外合资企业、外商独资企业。一方面，承包制和租赁制的实施，让经济效益管理成为企业的自觉要求；另一方面，三资企业带来了先进的管理理念和管理会计的工具和方法，应用管理会计开展企业经济管理成为企业的自觉实践。

2. 市场经济体制时期

随社会主义市场经济体制的建立，国有企业开始进行现代企业制度改革，与之相适应，成本性态分析、本量利分析、经营决策经济效益的分析评价等管理会计工具被一些企业自觉使用。其后全面预算管理、平分卡等绩效评价方法，作业成本法、标准成本法等成本管理方法也陆续在我国企业中运用。但是令人遗憾的是，尽管管理会计在我国会计实践中有一定的运用，但在较长一段时间内，企业、行政事业单位管理者及会计人员未对管理会计运用足够重视，管理会计未能得到有效普及和推广应用。

3. 经济全球化时期

随着经济全球化战略的推进，我国大量企业集团已经实现了多元化、集团化、国际化，企业经营的风险加大，需要进行精细化管理以降低风险和提高效益，互联网的广泛应用和大数据、云计算、智能化、区块链等技术的推广应用，为我国全面推进管理会计在企业、行政事业单位的应用提供了良好的环境。

2014 年 10 月 27 日，财政部发布了《关于全面推进管理会计体系建设的指导意见》（以下简称《指导意见》），标志着政府推动下的管理会计时代的到来。《指导意见》提出建立与我国社会主义市场经济体制相适应的管理会计体系，力争在 3—5 年内，在全国培养出一批管理会计人才；力争通过 5—10 年的努力，基本建成中国特色管理会计体系，使我国管理会计迈入世界先进行列，成为中国会计改革进程中的主要目标。

在财政部的大力推进下，伴随着中国经济的迅速发展，我国管理会计工作在理论研究、实务推进和人才培养等方面都得到了发展。在理论研究方面，我国管理会计理论体系研究既引进了国外的先进理论和经验，又立足中国国情，构建了与时俱进的中国现代管理会计理论体系。在指引体系构建上，《指导意见》初步建立了以《管理会计基本指引》为统领、以《管理会计应用指引》为具体指导、以《管理会计案例示范集》为补充的管理会计指引体系框架。2016 年 6 月 22 日，财政部发布了《管理会计基本指引》，明确管理会计基本概念、基本原则、基本方法、基本目标等内容，提出以“参与管理，推动战略规划的实现”为管理会计的目标；2017 年 10 月 19 日，财政部发布了《关于印发〈管理会计应用指引第 100 号——战略管理〉等 22 项管理会计应用指引的通知》；2018 年 8 月 17 日，财政部发布了关于印发《〈管理会计应用指引第 202 号——零基预算〉等 7 项管理会计应用指引的通知》；2018 年 12 月 27 日，财政部发布了关于印发《〈管理会计应用指引第 204 号——作业预算〉等 5 项管理会计应用指引的通知》，总结提炼了在企业普遍应用且较为成熟的管理会计工具，以指导单位选择运用适合的管理会计工具方法。需要明确的是，应用指引是开放性的，因而今后国家将会随着管理会计实践发展而不断增加、修订、完善应用指引的具体内容。2019 年财政部会计司编写组出版了《管理会计案例示范集》，建立管理会计案例库，为单位提供直观的参考借鉴，是管理会计指引体系指导实践的重要内容和有效途径，也是管理会计体系建设区别于企业会计准则体系建设的一大特色。

回顾管理会计产生和发展的历史，不难看出：社会生产力的进步、市场经济的繁荣及其对经营管理的客观要求，是导致管理会计产生与发展的内在原因；管理会计的产生与发展必然与一定时期的社会历史条件密切相关；新一代信息技术的进步加速了管理会计的完善与发展。管理会计的产生和发展是一个不断适应时代需求、不断创新和进步的过程。

二、管理会计的概念与特征

文本：关于全面推进管理会计体系建设的指导意见

（一）管理会计的概念

2014 年，《财政部关于全面推进管理会计体系建设的指导意见》中将“管理会计”定义如下：管理会计是会计的重要分支，主要服务于单位（包括企业和行政事业单位）内部管理需要，是通过利用相关信息，有机融合财务与业务活动，在单位规划、决策、控制和评价等方面发挥重要作用的管理活动。《管理会计基本指引》明确的管理会计目标是：通过运用管理会计工具方法，参与单位规划、决策、控制、评价活动并为之提供有用信息，推动单位实现战略规划。

根据以上关于管理会计的概念及目标可以看出，管理会计从定位上是服务于单位内部管理需要的管理信息系统；管理会计实现职能的途径是收集、整理、利用相关信息，并要有机融合财务与业务活动；管理会计活动的主要内容是进行战略、预算规划，参与投融资及营运项目决策，强化成本、风险控制，评价单位及其部门和员工的经营绩效；管理会计的本质是通过充分运用现代管理科学将单位业务与财务活动紧密相连，以最终实现企业价值创造的价值管理活动。

管理会计的内容是指管理会计服务的领域。《管理会计基本指引》中，概括说明了管理会计的基本内容主要包括战略管理、预算管理、成本管理、营运管理、投融资管理、风险管理、绩效管理七个领域的内容。形成了规划管理会计、决策管理会计、控制管理会计、评价管理会计四个职能体系。四个职能体系在战略管理的统一规划下，通过各自职能推动单位战略的实现。

（二）管理会计的特征

微课：财务会计 VS 管理会计

管理会计与财务会计相比较，其特征主要表现在以下几个方面：

1. 服务对象不同

管理会计主要向企业内部各管理层级提供有效经营和最优化决策所需的管理信息，是对内报告会计；财务会计主要侧重于对外部投资者、债权人等相关单位和人员提供财务信息，是对外报告会计。

2. 职能作用不同

管理会计的职能包括分析、预测、规划、决策、控制、评价职能，其职能定位主要是解析过去、控制现在与筹划未来的有机结合，侧重“创造价值”；财务会计通过确认、计量、记录和报告等程序提供并解释历史信息，侧重“记录价值”。

3. 程序与方法不同

管理会计采用的程序与方法灵活多样，具有较大的可选择性；财务会计有填制凭证、登记账簿、编制报表等较固定的程序与方法。管理会计在进行分析、预测、决策时，要大量应用现代数学方法（微积分、线性规划、概率论等）和新一代信息技术；财务会计多采用一般的数学方法（加、减、乘、除）进行会计核算。

4. 约束条件不同

管理会计不受会计准则、会计制度的制约，其处理方法可以根据企业的实际情况和需要确定，具有很大的灵活性；财务会计进行核算与监督必须受会计准则、会计制度及其他法规的制约，其处理方法只能在允许的范围内选用，灵活性较小。

5. 报告期间不同

管理会计面向未来进行规划、预测、决策、控制和评价，因此其报告的编制不受固定的会计期间（年、季、月）制约，而是根据管理的需要，按若干年、月、天甚至小时编制反映不同影响期间经济活动的各种报告；财务会计须按规定的会计期间（年、季、月）等编制财务会计报告。

6. 信息特征不同

管理会计工作的重点是面向未来，由于影响未来期间经济活动的不确定因素较多，且对信息的及时性要求较高，因而管理会计提供的信息一般只能相对精确，而不可能绝对精确；财务会计反映已经发生或已经完成的经济活动，因此其提供的信息应力求精确，其会计凭证、会计账簿、会计报表之间具有明确的勾稽关系。

7. 人员组成不同

管理会计是财务与业务高度融合的活动，因而参与管理会计工作的人员既有业务人员也有财务人员，单位的每一个部门和人员都有可能成为管理会计工作人员；财务会计的参与人员一般仅限于单位的会计人员。

三、管理会计原则

《管理会计基本指引》第四条规定：单位应用管理会计，应遵循下列原则：

（一）战略导向原则

管理会计的应用应以战略规划为导向，以持续创造价值为核心，促进单位可持续发展。因此，单位各责任主体的一切工作思路和方法应紧密结合单位总体战略目标，不得与单位的战略目标相抵触或大相径庭。

（二）融合性原则

管理会计应嵌入单位相关领域、层次、环节，以业务流程为基础，利用管理会计工具方法，将财务和业务等有机融合。因此，各单位在进行业务流程再造、工具方法应用和人力资源配置等方面，要充分考虑财务和业务的有机融合，财务人员应深入单位的各个环节，了解业务实践，与业务人员一起制定制度、规划流程、预测决策、分析评价，打破财务和业务的“隔离墙”，为科学管理打下良好的基础。

（三）适应性原则

管理会计的应用应与单位应用环境和自身特征相适应。单位自身特征包括单位性质、规模、发展阶段、管理模式、治理水平等。为此，无论是管理信息系统的选择还是工具方法的应用，必须结合单位自身的情况，做出最适合本单位实际情况的安排。要循序渐进，不能盲目跟风，不能求快求全，不能浮夸冒进。

（四）成本效益原则

管理会计的应用应权衡实施成本和预期效益，合理、有效地推进管理会计应用。在推进管理会计的过程中，无论是业务流程再造，还是管理信息系统的设计开发和财务共享中心的建设等都需要付出大量的人、财、物成本，所以，各单位要结合自身实际和财力，权衡成本效益，稳步推进，分步落实，不要急于求成，避免造成人、财、物的浪费。

四、管理会计师

随着经济社会的发展以及对管理会计需求的日益增强，会计师的角色已经从传统的准备财务报告扩展为帮助企业管理者实现企业财务目标，会计师不仅要掌握会计准则、税法等方面的知识，还要熟悉企业的运营机制和商业环境，从而帮助企业决策，管理会计师职业逐渐发展起来。在美国、英国等发达国家，管理会计师职业已形成比较完善的职业知识体系及行为规范。随着会计国际化的进程，中国也采用与国际机构合作和自我发展相结合的方式大力开展管理会计师职业建设。

目前国际上比较认可的是美国管理会计师协会（The Institute of Management Accountants，IMA）推出的美国注册管理会计师（Certified Management Accountant，CMA US/ICMA）资格认证证书，IMA 是国际上管理会计学科最具权威的机构，CMA 是管理会计全球评价最高的、顶级权威资格认证。CMA 考试包括“财务规划、绩效评估与控制”和“财务决策”两部分，取得 CMA 资格不仅代表其具备完整的会计及财务相关领域知识，也代表具备了高度专业标准与能力来分析企业内部财务报表，协助管理当局掌握状况，参与财务管理与拟定未来策略及执行。CMA 资格广泛地被世界 500 强企业采用并成为主要人力资源评估标准。近年来，IMA 与中国国家外国专家局培训中心、国资委、财政部会计司、中国注册会计师协会、中国顶尖学府合作在中国推广 CMA，目前其在中国的会员也越来越多，其中，绝大多数在著名跨国公司担任财务总监和高级财务经理职务。

除美国管理会计师协会外，另一个国际认可的是英国皇家特许管理会计师公会（Chartered Institute of Management Accountants，CIMA）。CIMA 资格考试科目分为基础阶段、运营阶段、管理阶段和战略阶段，通过每个阶段的考试都有相应的证书。

我国财政部在《财政部关于全面推进管理会计体系建设的指导意见》中也将管理会计人才建设作为推进管理会计体系建设的重要内容，提出“以提高单位持续价值创造力为导向，以提升管理会计实务能力为重点，推动研究发布管理会计人才能力框架；积极探索和优化管理会计人才的多种培养模式；加强管理会计人才培养国际交流与合作，打造更多符合市场和单位需要的高端管理会计人才，为管理会计在我国的深入应用打下坚实的人才基础，为我国管理会计发展建立人才储备”的管理会计职业建设目标。中国管理会计师是由中国总会计师协会推出的管理会计师专业能力考试，目前未得到财政部官方认可，也未列入人社部发布的《国家职业资格目录》。中国总会计师协会推出的管理会计师专业能力考试，分为初级、中级、高级三个等级。初级考试设一科，即专业知识水平科目；中级考试设两科，即专业知识水平科目和管理会计案例报告撰写；高级考试设两科，即高级管理会计综合科目和高级管理会计案例报告撰写。

第三节　大数据时代的会计

微课：大数据时代的会计

2014 年，大数据首次写入我国《政府工作报告》，2015 年 9 月，国务院发布指导中国大数据发展的国家顶层设计和总体部署文件——《促进大数据发展行动纲要》，从国家层面宣布了数据是中国基础性的国家战略资源，首次将大数据行业定位到国家战略层面，大数据成为推动经济转型发展的新动力，成为重塑国家竞争优势的新机遇，成为提升国民经济发展和政府治理能力的新途径。2015 年 9 月 18 日贵州省启动我国首个大数据综合试验区的建设工作，并于 2016 年发布《贵州省大数据发展应用促进条例》，成为我国第一部大数据地方性法规。2023 年，财政部先后印发《企业数据资源相关会计处理暂行规定》《关于加强数据资产管理的指导意见》，明确数据资源可以确认为会计上的资产，并列入资产负债表。

2016 年教育部公布普通高等学校本科专业备案和审批结果，首次增加了“数据科学与大数据技术专业”；2017 年中国商业联合会数据分析专业委员会发布《中国大数据人才培养体系标准》，包括大数据及大数据人才介绍、大数据发展与大数据人才培养现状、大数据人才知识体系架构以及大数据人才培养战略；2021 年教育部印发《职业教育专业目录》，高等职业教育“会计”专业改为“大数据与会计”专业、“审计”专业改为“大数据与审计”专业、“财务管理”专业改为“大数据与财务管理”专业、“财政”和“税务”专业改为“财税大数据应用”专业。

目前我国在互联网、电信、金融等各大行业领域，都已采用大数据、人工智能、区块链等新技术和应用解决方案，行业价值和市场发展空间巨大。数据类型和来源的拓展之于财务数据来说，一方面提高了财务数据的附加值，使其在企业管理决策中能够发挥更大的预测作用；另一方面，产生财务数据的过程会发生变革，财务数据的准确度和时效性将大幅提升。大数据技术将推动财务数据成为企业最具价值的资产之一。大数据技术的战略意义不在于掌握庞大的数据信息，而在于对这些含有意义的数据进行专业化处理。换言之，如果把大数据比作一种产业，那么这种产业实现盈利的关键，在于提高对数据的“加工能力”，通过“加工”实现数据的“增值”。

一、大数据的概念

微课：大数据

“大数据”这一概念最早公开出现于 1980 年，美国未来学家阿尔温·托夫勒在其《第三次浪潮》的著作中，首次提出“大数据”概念，并将大数据喻为“第三次浪潮的华彩乐章”；全世界最权威的杂志之一《自然》杂志于2008年推出名为“大数据”的封面专栏；被誉为“大数据商业应用第一人”的维克托·迈尔·舍恩伯格，2010年就在《经济学人》上发表了长达14页的对大数据应用的前瞻性研究，所著的《大数据时代》是国外大数据研究的先河之作。麦肯锡咨询公司于2011年在《大数据：下一个创新、竞争和生产力的前沿》的研究报告中指出大数据时代已经到来；联合国也在2012年发布了大数据政务白皮书，指出大数据对于联合国和各国政府来说是一个历史性的机遇，人们如今可以使用极为丰富的数据资源，来对社会经济进行前所未有的实时分析，帮助政府更好地响应社会和经济运行。

大数据权威研究机构Gartner认为：大数据是指无法在一定时间范围内用常规软件工具进行捕捉、管理和处理的数据集合，是需要新处理模式才能具有更强的决策力、洞察发现力和流程优化能力的海量高增长率和多样化的信息资产。

麦肯锡全球研究所给出的定义是：大数据是一种规模大到在获取、存储管理、分析方面大大超出了传统数据库软件工具能力范围的数据集合，具有海量的数据规模、快速的数据流转、多样的数据类型和价值密度低四大特征。

国际数据公司（IDC）的定义是：大数据是用来描述和定义信息化社会所产生的海量数据，所设计的新架构和技术，并进行技术发展与创新，目的是更经济、有效地从高频率、大容量、不同类型和结构的数据中获取相关价值。

2015年8月31日我国国务院《促进大数据发展行动纲要》给出的定义是：大数据是以容量大、类型多、存取速度快、应用价值高为主要特征的数据集合，正快速发展为对数量巨大、来源分散、格式多样的数据进行采集、存储和关联分析，从中发现新知识、创造新价值、提升新能力的新一代信息技术和服务业态。大数据需要专门的技术才能使其具有更强的决策力、洞察发现力和流程优化力，这些专门的大数据技术包括大数据获取技术、大数据存储和管理技术、大数据分析和挖掘技术、大数据可视化展现技术等，通过这些专门的技术最终让数据产生价值。

二、大数据的特征与精髓

（一）大数据的特征

大数据具有规模性（Volume）、多样性（Variety）、高速性（Velocity）、真实性（Veracity）、价值性（Value）5个特征，简称“5V”。

1. 规模性（Volume）

数据的规模从最初的GB级增加到TB级，再增加到PB级。1PB的数据量有多少？如果一首歌的大小为10MB，那么1PB的存储空间就可以存储约1亿首这样的歌。近年来，数据量甚至开始以EB和ZB来计算。2023年我国数据产量达到32.85ZB，1年的大数据体量已经超过了人类上千年印刷材料的数据总量。形象地说，百度首页导航每天需要提供的数据约为1PB至5PB，打印出来会超过5 000亿张A4纸。

【拓展阅读】

存储容量计量单位

字节（Byte）是用于计量存储容量的一种计量单位，一个字节是一个8位长的二进制数据，即1字节（Byte）=8位（bit）。

除了字节B外，存储容量的计量单位还有：KB、MB、GB、TB、PB、EB、ZB、YB和BB，相邻两个单位之间的换算关系是210，即1 024。以下是计量单位间的换算关系：

1KB（KiloByte，千字节）=1 024B

1MB（MegaByte，兆字节）=1 024KB

1GB（GigaByte，千兆字节，吉字节）=1 024MB

1TB（TeraByte，万亿字节，太字节）=1 024GB

1PB（PetaByte，千万亿字节，拍字节）=1 024TB

1EB（ExaByte，百亿亿字节，艾字节）=1 024PB

1ZB（ZettaByte，十万亿亿字节，泽字节）=1 024EB

1YB（YottaByte，一亿亿亿字节，尧字节）=1 024ZB

1BB（BrontoByte，千亿亿亿字节）=1 024YB

2. 多样性（Variety）

大数据时代的数据有数字、文本、图片、音频、视频等。根据数据的特点把大数据分为结构化数据、非结构化数据和半结构化数据三种。结构化数据是由二维表结构来表达和实现的数据，如Excel工作表、银行对账单均属于结构化数据；半结构化数据无法仅通过一个二维表来完整描述，否则会造成信息缺失，如服务器产生的日志文件、企业财务报表属于半结构化数据；非结构化数据没有固定结构，各种文档、图片、音频、视频都属于非结构化数据。而大数据中占比最大的是半结构化和非结构化数据，海量的非结构化数据将成为数字财务的重要资源。

3. 高速性（Velocity）

大数据的产生、处理和分析的速度正在持续变快，如今数据搜集和处理的大趋势是实时化。业界对大数据的处理能力有一个著名的“1秒定律”，也就是说仅需要1秒钟就能够从海量大数据中快速获得具有价值的信息。大数据的实效性和快速处理能力充分表现出它与传统数据处埋技术的根本区别。

4. 真实性（Veracity）

虽然大数据类型繁杂，但是大数据具有关联性，每份数据之间都存在千丝万缕的联系。从不同主体、不同渠道收集的信息可以互相验证、互相辅佐，数据的准确性和可信赖度大幅提高，从而在处理过程中能够更好地提取更具价值的信息，以提高决策的效率。

5. 价值性（Value）

大量的数据中，真正有价值的数据并不多，而为了挖掘出有价值的数据，必须具有强大的存储能力和计算能力。以视频为例，若发生交通肇事逃逸案件，交警需要调取沿路监控查看事故状况，需要查看的视频量很大，但可能真正有意义的信息只有几秒。

（二）大数据的精髓

1. 大数据包括的是全部数据，而不是随机采样

利用大数据技术，我们有能力分析更多的数据，有时候甚至可以处理研究某个问题所需的所有数据，而不再依赖于随机采样。过往我们通常把随机采样设计看成是理所应当的方案，但不断进步的数字技术让我们意识到，这其实是一种人为限制。在大数据时代，我们能够突破这种限制，实现数据的全面覆盖和研究。

2. 大数据追求的是大体方向，而不是精确制导

大数据技术发展之前因为可分析的样本量较小，所以必须尽可能将数据处理精确化，以得到更准确的分析结果。但随着可获得数据规模的扩大，我们对精确度的追求将大大减弱。拥有了大数据，我们不再需要对一个现象刨根问底，而应转向对事物发展方向的判断和分析，适当忽略微观层面上的精确度，会在宏观层面拥有更好的洞察力。

3. 大数据之间是相关关系，而不是因果关系

大数据时代，我们不需要关注于事物之间的因果关系，而可以尝试着探寻事物之间的相关关系。在很多时候，相关关系分析比因果分析更有效率。因果分析通常需要通过耗时耗力的严格实验来验证因果关系，在传统数据时代，因为样本量不足，我们需要利用因果关系，通过收集和分析数据来验证假设，但有了大数据之后，我们有能力通过改变思维方式，利用相关关系实现更有效率的思考，带来更多新的深刻见解。

会计数据是指从不同的来源和渠道取得的与会计工作相关的原始资料。不仅包括以数量形式出现的定量的属性值（数值数据），而且还包括以文字出现的定性的属性值（非数值数据）。会计数据主要包括伴随生产经营活动或计划（预算）执行过程中产生而引起资金增减变动的原始数据，也包括并不引起资金增减变动但需要在会计核算中记录和反映的客观事实。在会计工作中，会计数据通常反映在各种内部和外部会计报表中。

会计信息与会计数据是两个紧密联系而又有着本质区别的概念。会计信息是通过对会计数据的处理而产生的，会计数据也只有按照一定的要求或需要进行加工处理，生成会计信息后才能满足管理的需要。会计数据处理是指对会计数据进行加工处理，生产管理所需会计信息的过程，一般需要经过采集、录入、传输、加工、存储、输出等环节。会计数据处理不仅包括为提供对外报表所进行的一系列记账、算账、报账等工作，而且还包括在此基础上提供控制、预测、决策所需会计资料而进行的进一步处理工作。会计数据处理是会计工作的重要内容之一，是进行其他会计工作和管理工作的基础。会计数据来源于业务数据，新技术的发展使得业务和财务融合更加可行。会计信息与业务信息紧密融合，这是大数据时代会计数据的明显特征。

三、大数据时代对会计的影响

大数据时代指的是一个以数据为中心的时代，其中数据的收集、存储、处理和分析成为核心任务，以挖掘数据中的价值并服务于生活与生产。这个时代的出现，标志着人类从传统的以经验和直觉为主的决策方式，逐渐转向基于数据和分析的决策模式。通过大数据的分析，企业可以更好地理解消费者行为，预测市场趋势，优化运营模式，降低交易成本，进而提升竞争力。

（一）大数据时代对财务会计的影响

文本：企业数据资源相关会计处理暂行规定（2023 年）

财政部于 2023 年 8 月印发《企业数据资源相关会计处理暂行规定》，指导企业对确认为无形资产或存货等资产类别的数据资源，以及企业合法拥有或控制的、预期会给企业带来经济利益的、但由于不满足《企业会计准则》相关资产确认条件而未确认为资产的数据资源进行相应的会计处理。

大数据时代使社会各行各业都面对着新的挑战和发展机遇，财务会计也应适应高度信息化的社会，利用大数据、人工智能等技术，提高财务会计工作的效率。

1. 大数据时代财务会计的发展机遇

（1）有助于提升财务数据质量。会计计量上有多种方法可以选择，如历史成本、公允价值、重置成本等。但由于谨慎性原则的存在，会计准则在计量上的规定一般是比较保守的，大部分采用历史成本计量。市场瞬息万变，导致了财务报表有时与企业真实的经营情况偏差较大，财务数据无法反映真实情况失去了应有的价值。但是，在大数据时代下，通过大数据技术能快速获得会计信息，公允价值等数据会变得越来越准确化、透明化、公开化，从整体上提高了会计计量数据来源的可信度，实时会计已成为可能。大数据的普及也会对会计准则规定产生一定的影响，有助于财务报表在遵守谨慎性原则的同时变得更加公允。

（2）有助于企业之间的数据共享。大数据时代下，电子合同、电子发票等电子原始凭证代替了原有的纸质凭证，不仅可以直接分享原始数据凭证，在分享过程中也避免了失误，传播的效率大幅提升，安全也得到了保障。除此之外，也促进了公司之间的交流沟通，能够让企业总部的财会工作跟分公司之间的财会工作得以同步进行和实时交流，企业的上层领导也能及时做出相应的决策。

2. 大数据时代财务会计面临的挑战

（1）会计信息数据来源和结构复杂化。在大数据时代下所呈现的数据除具有数量多的特点以外，还有多样性的特征，因此企业的数据库面对着结构性和非结构性两种类型的信息。企业的财务大多数时候针对的就是结构性信息，加上现存的与收集信息和处理数据相关的软件也非常成熟，企业将注意力都放在结构性数据上，难免会忽略非结构性数据的收集和整理工作。分析和研究非结构性的数据有助于帮助企业拓展销售渠道、提升服务质量、掌握市场的发展趋势。但是非结构性数据的汇总和整合工作相较于结构性数据的整合工作来讲，有明显的更复杂、规律性差的特点。

（2）会计信息安全性难以保障。随着大数据的到来，企业有更多的数据需要处理，然而大量数据的出现也加剧了数据泄露的风险，对安全使用数据造成了威胁，影响着企业的生产活动。企业工作中，会计信息作为企业的核心内容之一，其存在的价值不只是企业经营和管理的重要参考资料，还是企业生存和持续发展的关键所在。但是，大多数财务软件着重于功能的开发，较少估计软件安全，同时，财务软件也面临被黑客攻击和病毒侵袭的问题，可能会导致系统瘫痪、数据丢失等风险，其中存有的大部分的商业机密存在被泄露的风险。

（二）大数据时代对管理会计的影响

1. 大数据时代管理会计的发展机遇

（1）优化成本预算控制工作。将大数据技术融入企业全面预算的工作中，充分发挥滚动预算编制技术的作用，可以切实降低相关人员的工作难度，从而提高管理会计工作的整体质量。将大数据技术融入成本控制工作中，可以有效改善原有因为信息量受限而造成的成本控制方式单一的现状，促使事后成本控制工作向全面动态控制体系的建立转变，从而切实增强成本控制效果，实现管理会计的工作目标。

（2）提高企业整体工作效率。随着大数据时代的到来和现代化信息数据技术的应用，各企业已经逐渐构建了以大数据技术应用为核心的管理会计工作体系，不但有效节省了工作时间和成本，而且能提升工作开展的精准度，为管理会计工作目标的实现奠定基础。

2. 大数据时代管理会计面临的挑战

（1）专业化管理人才的缺乏。专业化管理人才的缺乏是大数据时代背景下管理会计工作开展的关键问题。一方面，部分管理会计人员并没有意识到大数据技术应用的必要性，数据意识淡薄，也没有抓住大数据时代为企业管理发展带来的机遇，无法具体分析企业的经济状况和外界的经济状况，从而为企业管理决策的制定埋下了隐患，不利于企业的长期发展；另一方面，管理会计只是会计体系中的一个分支，在高校会计专业的教学过程中，对管理会计的重视程度不足，再加上管理会计课程的实践教学开展较少，导致专业管理会计人才稀缺，从而为企业管理会计工作开展增加了难度。

（2）对大数据的运用分析不够。一方面，部分企业管理人员并没有意识到大数据技术应用的重要性，对大数据技术的运用不够，同时也没有发挥出大数据分析技术给公司经营效益带来的提升作用，而这种应用理念的偏差不但会削弱企业的综合经营能力和市场竞争力，而且可能导致企业内部出现明显的管理问题，削弱企业自身的市场竞争能力，从而与企业长远目标的实现相背离；另一方面，对大数据的分析不够完善。信息化管理会计工作的开展要求相关人员具备良好的数据知识和专业化能力，而如果对大数据没有一定的了解和掌握，就不能充分挖掘出数据背后的潜在价值，也不能充分整合利用相关数据知识。长此以往，无法发挥大数据技术在管理会计工作中的应用优势。

当前，大数据技术被广泛应用，也给企业财务会计工作带来巨大改变，财务工作不仅要做好基础账务，还要厘清各种数据，在众多数据中挖掘有价值的信息。这对财务工作提出了更高的要求，传统的手工核算难以满足当前信息技术快速发展的要求，面对当前竞争激烈的市场形势，企业必须保证自身的数据处理能力，保证信息的处理效率。而管理会计的应用能够运用多种信息化技术手段对企业信息数据进行深入分析，提高工作质量，更为高效地完成工作。管理会计通过对企业财务状况的分析，为企业管理者提供决策依据，增强企业风险防范能力，与大数据时代的特点更加契合。因此，财务会计向管理会计转型，是大数据时代的必然要求。

素养提升

"会计数据增信"的"襄阳模式"

一直以来，中小微企业融资难、融资贵面临"三缺"的问题，即：缺产品，现有金融产品不足，中小微企业无力提供合格抵押品；缺平台，银企之间数据交换难度大；缺监督，银税企之间信息不对称，缺乏准确、可信的会计信息。

襄阳市建立会计信息化综合服务平台，应用会计数据标准，搭建数据增信平台，破解企业融资壁垒等做法，实现了推进"数据增信"一件事、解决"企业融资"一类事。襄阳的主要做法是：一是建智能财税云平台，提高小微企业会计信息可靠性；二是建"数据增信"平台，破解小微企业信息信用壁垒；三是创"数据增信"模式，助诚信经营企业可持续发展。

"会计数据增信"工作已在襄阳平稳运行两年，成效显著。一是拉低企业贷款门槛。原来银行仅对纳税能力评级B级以上的企业授信，现在利用"数据增信"可为经营不满1年的M级初创企业放款。目前，在无财政资金兜底的情况下，已累计为55家小微企业授信9 735万元，线上发放无抵押、无担保贷款4 542万元，未发生一起不良贷款。二是压缩企业贷款成本。通过"数据增信"直接向银行推送风险管理数据，节省了中间环节费用，企业贷款综合成本不高于5%，较市场常规的8%～12%大幅下降。三是提升会计服务精准度。智能财税云平台与税务部门信息系统对接，实现中小微企业财务报表批量联网报送，提高代理记账公司报税效率，预防财税信息不一致风险。截至目前，共向税务部门报送企业财务报表32万次，帮助企业预警财税报表不一致风险2 276次，会计准则备案不一致风险1 653次，未按会计准则编制报表5 479次，累计查验错票、套票4 387次。平台的云端记账软件和存储功能，还有效降低了会计服务成本，企业代理记账服务费用由年均6 000元降至3 600元，企业会计服务的获得感明显增强。

资料来源：http://czj.xiangyang.gov.cn/zxzx/gzdt/202309/t20230914_3385671.shtml（原文经过整理）。

问题："会计数据增信"的"襄阳模式"对我们有何启示？

启示：加快建设数字经济、数字政府建设是我国的重大战略决策部署，政府为数字经济发展提供助力，需要真实、准确、及时的会计数据信息作支撑。政府可以利用增信后的会计数据，对企业的财务状况和经营成果进行更深入的审查和分析，这有助于发现企业可能存在的财务风险和违规行为，从而及时采取相应的监管措施，维护市场秩序和公众利益。加强会计数据增信工作，提高会计信息的真实性和可靠性，助力诚信经营企业可持续发展，对于促进政府决策的科学性和有效性具有重要意义。随着数字化、智能化等技术的不断发展，会计数据增信还可以推动政府财务管理和决策的智能化水平提升。利用大数据、人工智能等技术对会计数据进行深度挖掘和分析，能够为政府提供更加精准、高效的财务管理和决策支持。

四、会计数字化与智能化

微课：会计数字化与智能化

当前，信息技术在各行各业的应用已达到一定深度和广度。在会计方面，许多信息技术已经应用到会计核算、财务报告、管理会计、内部控制等工作中。得益于信息技术的快速发展和应用落地，以及财务机器人和智能财务的成熟应用，拓展了会计人员工作职能，提升了会计数据的获取和处理能力，会计工作逐步向数字化、智能化迈进。

会计数字化是指通过数字化技术和工具，实现会计数据的采集、存储、处理和分析的电子化。这一过程涵盖了从原始数据的录入，到会计信息的生成，再到财务报告的输出的整个流程。数字化技术的应用，使会计数据得以更加便捷地获取、处理和传输，从而提高了会计工作的效率和质量。

会计智能化则是在数字化的基础上，进一步利用人工智能技术对财务数据进行自动化、智能化的管理和分析。智能化技术的应用，使得会计工作能够自动化地完成一些重复和烦琐的操作，如数据录入、票据扫描、报表生成等，从而解放了会计人员的双手，使他们能够更多地专注于有价值的战略规划和创新活动。此外，智能化技术还可以通过数据分析和挖掘，为企业提供更多的决策支持，帮助企业优化资源配置、降低运营成本、提高市场竞争力。

随着数字技术的发展，人类社会正在步入数字经济时代，数字技术已经实现了对社会经济生活的全方位渗透，并成为经济增长的新型驱动力。在“大智移云物链”（大数据、人工智能、移动互联网、云计算、物联网、区块链）等为代表的数字技术支持下，越来越多的企业走上了数字化之路，而会计数字化一直被认为是企业数字化转型的重要突破口。当前会计数字化和智能化领域流行的主要包括财务共享服务中心、业财融合、财务机器人等。

（一）财务共享服务中心

财务共享服务中心（Financial Shared Service Center，FSSC）是将企业各种财务流程集中在一个特定的地点和平台来完成。通常包括财务应收、应付、总账、固定资产等的核算业务处理，员工费用报销，资金结算处理。此外，还肩负着企业财务转型甚至企业转型的重任，帮助企业构建起战略型财务，充分发挥出管理会计的作用。从价值链的角度看，共享服务可以在释放会计核算资源的基础上，通过深入的业财融合，为业务部门提供优化资源配置和价值管理的信息服务，在服务与合作中实现价值链的延伸，由此带来财务功能内部的专业化分工，划分出业务财务、共享财务和战略财务三个功能。

财务共享服务最早出现在中国是在 1999—2004 年，摩托罗拉、通用电气、惠普等外资企业先后在中国建立了财务共享中心。中兴通讯于 2005 年建立国内第一家财务共享服务中心，此后华为、海尔、中国平安等也陆续建立了财务共享服务中心。2013 年以来，财务共享服务中心在中国进入了快速发展阶段，越来越多的大型企业集团开始实践财务共享模式，财务共享从孕育到诞生、从成熟到发展，经历了四个阶段：分散—集中—共享—外包。

1. 分散

财务共享服务的发展与企业自身的经营和发展密不可分。在初期，会计核算通常采用按会计主体进行分级核算的模式，即下属企业仍保留原来固有的一套财务组织。随着企业的扩张，每建设一个子公司或分支机构在达到一定的人员或业务规模后，就会设置一个财务机构支撑当地的财务需求，这就造成了分散型财务核算模式。这种模式在大型企业中非常常见，各个子公司设置财务部门，独立核算，定期将报表层层上报并汇总合并。

这些分散的财务管理部门，在不同的地方以相同的标准开展工作，自身业务处理完整，但存在着不少弊端：①管理层次多，会计主体多，存在大量的内部交易，核算复杂，合并报表的工作量大，财务报告层次多、流程长、效率低。②各下属企业通常各设银行账户，资金被分散沉淀和闲置，资金周转速度慢、使用效率低。③会计信息准确性和及时性差，决策支持功能弱。集团无法对下属企业的运行状况实施有效、及时的监管，容易形成信息孤岛，使得集团整体的信息收集和政策制定都存在死角，存在风险隐患。

2. 集中

随着20世纪90年代Internet和ERP技术的发展，企业财务信息系统的集中成为可能，集中的财务模式得以发展。集中式财务管理，即集团总部将财务人员、银行账户、资金乃至资源配置权、管理控制权都集中于总部，以此来加强整个集团的财务管控。集中处理业务简化了核算层次，避免了内部交易抵销不充分的现象，缩短了财务报告流程，并规范了会计核算，加强了财务监控能力。同时，集中核算促进了资金集中管理，降低资金沉淀和资金成本。集中的财务管理模式规避了分散模式下的诸多问题，加强了企业对分支机构的集中控制，通过将人员和业务集中在同一个地方以相同的标准开展工作，打破原来的壁垒，使信息得以充分共享，财务政策得到有力的执行。

3. 共享

随着经济全球化和信息化的发展，在资源有限的条件下，基于价值链的管理，寻找新的经济增长点和企业增值模式，资源整合成为实现企业目标的关键，共享财务服务应运而生。共享财务服务对流程进行优化再造，对操作进行标准化，对人员进行专业化分工，以一个独立运营的“服务部门”方式再造了财务核算，相对于财务集中而言，其财务工作的方式、理念都发生了质的变化。由财务共享服务中心对财务业务进行集成封装，一个服务端（共享服务中心）向多个客户端提供服务，客户端共享服务端的资源。服务端可以根据不同客户端业务量的多少在其内部的账务处理单元实现负载均衡。因此，财务会计的工作是对多个企业相同的流程进行的专业化分工处理，在对某一个企业进行账务处理时，不必掌握全部的财务流程就可胜任。

由于基础的财务工作由专业的财务会计人员来完成，保证了会计记录和报告的规范、标准，财务管理人员则从繁杂的财务工作中解放出来，将精力集中于经营分析和战略规划，提高了对企业的经营决策支持，财务管理人员的职能得以转型，成为企业管理者的参谋、业务伙伴和企业策略合伙人。

4. 外包

共享服务充分发展后，又将向社会化方向进一步延伸。各企业的财务工作可能会外包给社会上更专业、更具成本优势的财务公司，企业内部的财务部门则专注于对信息的监管、使用和需求规划。外包具有流程效率、灵活性、可扩性、不断改进等优点。

（二）业财融合

企业建成财务共享服务中心之后，企业的财务组织就分成三个层级：集团总部财务

（战略财务）、各业务单元财务（业务财务）以及财务共享服务中心（共享财务），这为业财融合提供了基础。

业财融合，也称业财一体化，是业务与财务融合的简称，是指业务发展与财务管理相结合，业务流程、财务流程、管理流程有机融合，从企业的整体去设计，建立财务一体化信息处理流程，使业务和财务数据融为一体。业财融合，是大数据时代会计数据的明显特性。

从业务部门来说，在业务开展的全过程，要有经营思维和风险意识，要清晰地认识到业务开展需要为公司创造价值和利润，控制和规避风险，减少损失，也是创造价值。从财务部门来说，要深入业务活动，特别是将财务管理前移到业务前端，通过对数据的预测和分析，反馈给业务部门及决策层，使企业的管理决策更加科学；同时，通过把握业务流程的关键控制点和潜在风险点，并实施有针对性的改进，降低运营风险。

传统的业财融合，更多强调需纳入会计核算的业务信息通过信息化手段同步至财务核算系统，这是业财融合的初步阶段。随着现代信息技术和财务共享中心建设的发展，业财融合已逐步进入深度融合阶段，业财融合的内容也发生了重大的变化。现阶段的业财融合，应包括如下基本内容：

1. 财务管理业务和财务核算业务的融合

财务管理业务不仅是会计核算，还包括资金管理、税务管理、资产管理、预算管理等。业财融合也不仅是其他业务部门和财务核算的融合，财务管理业务和财务核算业务的融合更是业财融合的起点和基础。

2. 业务管理数据和财务核算业务的融合

这是大部分业财融合系统重点解决的问题。由于业务信息系统和财务信息系统建设的时间、深度存在差异，大部分企业存在或多或少的业财信息孤岛现象，严重损害了企业的效率和效益，这也是推动业财融合的意义所在。

3. 财务管理数据和业务管理数据的融合

财务不仅是事后记录和反映经济业务，事前预测和事中控制更是现阶段的管控重点。这就需要财务管理部门随时提取业务管理数据，根据业务数据做出预测，及时发现运行差异，并将财务数据反馈业务部门、服务业务部门，为企业数字化决策奠定基础。

4. 企业外部数据和企业内部数据的融合

随着移动互联网技术的快速发展，社会上充斥着大量的数据，如何变数据为对企业决策有用的信息是企业需要着重考虑的问题。企业外部数据和内部数据的有机融合，是提升工作质量和工作效率的有效手段，更是企业准确识别所处位置、进行行业发展前景预测的重要方法。

（三）财务机器人

财务共享中心对规模化的业务，存在大量规则明确的重复性流程，形成标准化、流程化、系统化的作业过程，这为财务的自动化转型提供了基础。

财务机器人是机器人流程自动化（RPA）技术在财务领域的应用，是将企业财务工作流程中发生的各项业务通过财务人员的分配，把工作计划加入到机器人流程系统中的一些可以用人工智能（AI）技术智能替代相关操作的技术。财务机器人能够代替人工进行简单重复操作，处理量大易错业务，可在银企对账、合并报表、费用审核、财务处理等方面大大提高财务工作效率，让财务人力投入更具创造性的工作中，促进财务转型。2017 年 5 月，全球四大会计师事务所之一的德勤会计师事务所推出财务机器人，这是财务机器人第一次正式出现在公众的视野中。

一般而言，财务机器人并不是一个有实体的机器人，而是一种处理重复性工作、模拟手工操作的程序，能够做到 7×24 小时工作模式，可以节约人力成本和进行实时流程监测。目前财务机器人主要由三个部分组成：财务机器人的眼睛——光学字符识别系统（OCR）；财务机器人的双手——机器人流程自动化（RPA）；财务机器人的账簿——电子账务记账系统。财务机器人的应用场景需要符合两大要点：大量重复（让 RPA 有必要）、规则明确（让 RPA 有可能）。财务机器人的优势和劣势如下：

1. 财务机器人的优势

（1）财务机器人可以完成会计和税务上大量、重复、耗时等基础操作流程自动化执行的部署工作，并为银行对账、来款提醒、个人所得税汇算清缴和增值税票真伪查验等工作流程提供更好的服务，给财务工作带来了很大的促进作用。

（2）提高工作效率，有效节约成本。未引入机器人之前，财务人员需要耗费大量的精力在纳税申报上，而机器人可以将需要查验真伪的增值税票直接发送到国税总局的查验平台验证真伪，并把查验结果反馈给工作人员，在提高纳税工作效率的同时，也使财务共享中心得以节约人力成本的投入。

（3）增强会计信息可靠性，提高财务信息质量。财务机器人最大的特点就是能够自动执行企业基本的财务流程操作，流程的规范化、自动化能够在很大程度上避免掺和人为操纵会计信息的现象，弥补了因财务舞弊导致会计信息失真的漏洞，有利于增强会计信息可靠性。

（4）提高企业经济效益，提升企业竞争力。财务机器人大幅减轻了会计人员的工作量，因此会计人员有更多的时间参与更为增值的工作，如利用机器人提供的信息及数据从财务的角度综合分析企业的运营状况，为提高营运能力提出建议，从而给企业带来更高的经济效益。

2. 财务机器人的劣势

（1）有可能会产生会计信息的安全危机。如果遭到黑客恶意攻击，且企业的信息安全防护体系不够完善，很容易面临信息被泄露的风险。财务机器人虽然执行的是比较基础的工作任务，但是保存着企业的经营数据、客户信息、会计行为等商业机密，一旦泄露出去，将对企业的发展造成严重的影响。

（2）财务机器人的价格目前还不具备竞争力。特别对于中小型企业来说，可能无力支付高额的软件开发费用，而放弃更先进的财务机器人，因为更高价机器人技术带来的成本效益对中小企业来说可能还不够明显。

财务机器人要求系统标准化，从而使财务共享成为可能。建立财务共享中心，无须在成员单位设立会计部门，各项数据在标准化系统内自动生成，会计数据口径统一，财务信息集中处理后，分工更明细，数据更真实、准确，人员效率更高。同时，更多的财权可以集中在总部，从而使管理会计成为可能，为企业发展起到不可替代的作用。

财务机器人预示着智能财务时代来临，业财融合才是智能财务的发展趋势，而财务机器人的引入让业财融合成为可能，可以做到事前预测、事中控制、事后分析。

知识巩固

一、单项选择题

1. 会计的拓展职能不包括（　　）。

A. 预测经济前景　　B. 监督企业管理层受托责任履行情况

C. 参与经济决策　　D. 评价经营业绩

2. 某企业本年 3 月份发生以下经济业务：

①本月支付上年水电费 3 600 元；

②本月购入办公用品 2 000 元，款项尚未支付；

③支付本季度短期借款利息共 6 000 元，其中 1 月份 2 000 元，2 月份 2 000 元；

④预付下月房租 30 000 元；

⑤支付上年打印机租赁款 10 000 元。

按照权责发生制，该企业 3 月份应确认的费用为（　　）元。

A. 11 600　　B. 4 000　　C. 8 000　　D. 5 300

3. 中国现代会计学之父潘序伦先生终身倡导：“信以立志，信以守身，信以处事，信以待人，毋忘‘立信’，当必有成。”体现的会计职业道德是（　　）。

A. 坚持准则　　B. 坚持诚信　　C. 坚持惯例　　D. 坚持学习

4. 下列各项中，属于企业管理会计主要目标的是（　　）。

A. 提供现金流量信息　　B. 提供财务状况信息　　C. 提供经营成果信息

D. 推动企业实现战略规划活动并为之提供有用信息，推动单位实现战略规划

5. 中国企业第一个建立财务共享服务中心的是（　　）。

A. 华为　　B. 海尔　　C. 中兴　　D. 中国平安

二、多项选择题

1. 下列各项中，关于会计职能的表述正确的有（　　）。

A. 监督职能是核算职能的保障

B. 核算职能是监督职能的基础

C. 预测经济前景、参与经济决策和评价经营业绩是拓展职能

D. 核算与监督是基本职能

2. 下列事项中，按照权责发生制不应确认为本月收入的有（　　）。

A. 本月收到甲公司上月的销售货款

B. 本月销售乙公司商品一批，款项尚未收回

C. 本月收回去年支付给乙公司的包装物押金

D. 本月收到甲公司预付下月的销售货款

3. 下列关于会计基本假设的说法正确的有（　　）。

A. 会计基本假设包括会计主体、持续经营、会计分期与货币计量

B. 持续经营是指在可以预见的将来，企业将会按当前的规模和状态持续经营下去，不会停业，也不会大规模削减业务

C. 在会计主体假设下，企业应当对其发生的交易或事项进行会计确认、计量、记录和报告

D. 会计分期是指将一个企业持续经营的生产经营活动划分为一个个连续的长短相同的期间

4. 按照我国《会计人员职业道德规范》，新时代会计人员应当遵守的职业道德有（　　）。

A. 坚持诚信，守法奉公　　B. 坚持准则，守责敬业

C. 坚持惯例，守护传统　　D. 坚持学习，守正创新

5. 下列属于大数据特征的有（　　）。

A. 规模性（Volume）　　B. 多样性（Variety）

C. 高速性（Velocity）　　D. 真实性（Veracity）

三、判断题

1. 由于有了持续经营这个会计核算的基本假设，才产生了当期与其他期间的区别，从而出现了权责发生制与收付实现制的区别。（　　）

2. 会计基础，是指会计确认、计量、记录和报告的基础，包括实地盘点法和技术推算法。（　　）

3. 会计法律制度是会计职业道德的最低要求，是会计职业道德的基本制度保障。（　　）

4. 管理会计是会计的重要分支，主要服务于单位内部管理需要，是通过利用相关信息，有机融合财务与业务活动，在单位规划、决策、控制和评价等方面发挥重要作用的管理活动。（　　）

5. 业财融合的目的是创造价值。（　　）

第二章
单位经济活动与会计信息

学习目标

知识目标：

◆掌握企业的组织形式、主要经济活动和资金运动

◆熟悉政府收入、政府支出、政府采购和国库集中收付

◆掌握会计信息、会计信息使用者和会计信息质量要求

技能目标：

◆能够分清企业组织形式

◆能够厘清制造业主要活动及其资金运动

◆能够厘清政府主要活动及其资金运动

素质目标：

◆培养社会主义制度自信和家国情怀

◆培养客观公正的职业道德

思维导图

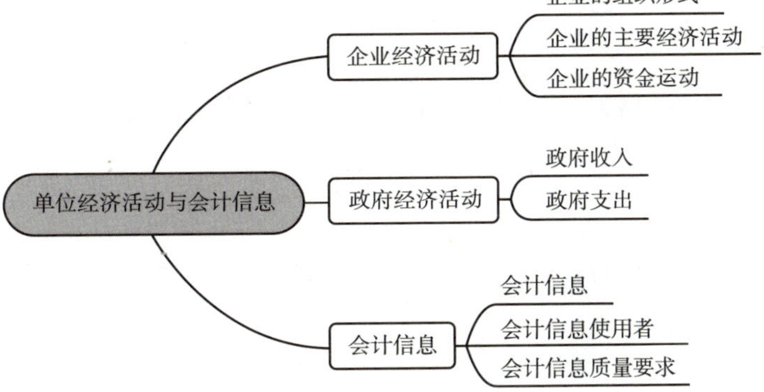

引导案例

美的集团股份有限公司简介

2024年3月，美的集团股份有限公司公布其年报，从年报中可以看出：美的集团股份有限公司是一家覆盖智能家居、新能源及工业技术、智能建筑技术、机器人与自动化及其他创新业务的领先的全球化科技集团，既可为消费者提供各类智能家居的产品与服务，也可为企业客户提供多元化的商业及工业解决方案。

美的在全球拥有约200家子公司、33个研发中心和40个主要生产基地，员工超过19万人，业务遍及二百多个国家和地区；在海外设有17个研发中心和21个主要生产基地，遍布十多个国家。2013年9月18日，美的集团在深交所上市 。2023年，美的集团在中国区域全面推进落实“数一”战略，在家用空调、台式泛微波、台式电烤箱、电暖气、电风扇、电磁炉、电热水器、空气炸锅等8个品类中，美的在国内线上与线下市场份额均排名行业第一。

2023年美的集团流动资产2 813.21亿元，非流动资产2 047.17亿元，资产总计4 860.38亿元；流动负债2 512.46亿元，非流动负债604.93亿元，负债合计3 117.39亿元，股东权益合计1 742亿元；营业总收入3 737.10亿元，营业成本2 734.81亿元；研发人员23 242人，研发投入1 458.33亿元；所得税费用653.18亿元，净利润337.45亿元，同比增长14%。2023年经营活动现金净流入579.03亿元，投资活动净流出312.20亿元，筹资活动净流出179.10亿元，该年度共实现87.55亿元的现金净流入。

截至2023年底，美的已有5家工厂获得世界经济论坛“灯塔工厂”荣誉，分别覆盖空调、微波炉、冰箱、洗衣机和洗碗机等品类生产线，充分展现美的在全球制造行业领先的智能制造和数字化水平；《福布斯》2023年全球上市公司2 000强排行榜，美的集团位列全球第199位。2016年，美的集团首次进入《财富》世界500强名单第481位，连续8年跻身世界500强企业，2023年位列第278位。

资料来源：美的集团2023年年度报告（原文经过整理）。

思考：美的集团的企业组织形式是什么？主要经济活动有哪些？如何看待该公司2023年的会计信息状况？

第一节　企业经济活动

单位通常包括企业、行政单位和事业单位。

一、企业的组织形式

微课：企业组织形式

根据市场经济的要求，现代企业的组织形式按照财产的组织形式和所承担的法律责任划分。国际上通常分类为：个人独资企业、合伙企业和公司制企业。

（一）个人独资企业

个人独资企业是由一个自然人投资，财产为投资人个人所有，投资人以其个人财产对企业债务承担无限责任的经济组织。个人独资企业属于《民法典》规定的非法人组织，它是由一个自然人出资创办的，有很大的自由度，要雇多少人，贷多少款，全由业主自己决定。赚了钱，交了税，一切听从业主的分配；赔了本，欠了债，全由业主的资产来抵偿。我国的个体户和私营企业很多属于此类企业。

对于个人独资企业业主而言：（1）需要业主对企业债务承担无限责任，当企业的损失超过业主最初对企业的投资时，需要用业主个人的其他财产偿债；（2）难以从外部获得大量资金用于经营；（3）个人独资企业所有权的转移比较困难；（4）企业的生命有限，将随着业主的死亡而自动消亡。有一部分个人独资企业能够发展壮大，规模扩大之后会发现其固有缺点日益被放大，于是转变为合伙企业或公司制企业。

（二）合伙企业

合伙企业是由各合伙人订立合伙协议，共同出资、合伙经营、共享收益、共担风险，并对合伙债务承担责任的经营性组织。通常，合伙人是两个或两个以上的自然人、法人或其他组织。合伙企业，分为普通合伙企业和有限合伙企业。

普通合伙企业是由普通合伙人组成，合伙人对合伙企业债务承担无限连带责任的组织。依照《合伙企业法》的规定，国有独资公司、国有企业、上市公司以及公益性的事业单位、社会团体不得成为普通合伙人。以专业知识和专门技能为客户提供有偿服务的专业服务机构，如会计师事务所、税务师事务所、律师事务所，可以设立为特殊普通合伙企业。在这种特殊普通合伙企业中，一个合伙人或者数个合伙人在执业活动中因故意或者重大过失造成合伙企业债务的，应当承担无限责任或者无限连带责任，其他合伙人以其在合伙企业中的财产份额为限承担责任。合伙人在执业活动中非因故意或者重大过失造成的合伙企业债务以及合伙企业的其他债务，由全体合伙人承担无限连带责任。

有限合伙企业是由普通合伙人和有限合伙人组成，普通合伙人对合伙企业债务承担无限连带责任，有限合伙人以其认缴的出资额为限对合伙企业债务承担责任的组织。有限合伙企业至少应当有一个普通合伙人，由普通合伙人执行合伙事务。有限合伙人不执行合伙事务，不得对外代表有限合伙企业。

（三）公司制企业

文本：中华人民共和国公司法（2024年）

我国《公司法》于2023年12月29日进行第二次修订，并于

2024 年 7 月 1 日起施行。根据新《公司法》，公司是依照法定条件和程序，由股东出资设立的以营利为目的的社团法人。公司制企业主要包括有限责任公司和股份有限公司，是现代企业制度的代表形式。

有限责任公司是股东以其认缴的出资额为限对公司承担责任的公司，一般由 1 个以上 50 个以下股东出资设立。在有限责任公司中，其资本无须划分为等额股份，股东在出让股权时受到一定的限制，董事和高层经理人员往往具有股东身份，所有权和管理权的分离程度不如股份有限公司那样高。有限责任公司的财务状况不必向社会披露，公司的设立和解散程序比较简单，管理机构也比较简单，比较适合中小型企业。

股份有限公司是股东以其认购的股份为限对公司承担责任的公司，分为发起设立和募集设立。发起设立，是指由发起人认购公司设立时应发行的全部股份，发起设立的股东为 1 人以上 200 人以下。募集设立，是指由发起人认购公司设立时应发行股份的一部分，其余股份向特定对象募集或者向社会公开募集，其中，发起人认购的股份不得少于 35%。股份有限公司的资本总额平分为金额相等的股份，股东以其所认购股份对公司承担有限责任，公司以其全部资产对公司债务承担责任。

公司制企业有如下特点：（1）股东负有有限责任；（2）股份可转让，流动性好；（3）可以募集大量资金；（4）管理权和经营权相分离，效率较高；（5）社会负担重，要承担双重税赋。

二、企业的主要经济活动

微课：企业经济活动

（一）筹资活动

企业组织商品运动，必须以一定的资金为前提。也就是说，企业从各种渠道以各种形式筹集资金，是资金运动的起点。所谓筹资，是指企业为了满足投资和用资的需要，筹措和集中所需资金的过程。在筹资过程中，企业一方面要确定筹资的总规模，以保证投资所需要的资金；另一方面要通过筹资渠道、筹资方式或工具的选择，合理确定筹资结构，以降低筹资成本和风险。

整体上看，任何企业都可以从两方面筹资并形成两种性质的资金来源：一是企业自有资金，二是企业债务资金。

企业自有资金是通过向投资者吸收直接投资、发行股票、企业内部留存收益等方式取得，其投资者包括国家、法人、个人等。所有者向公司注入资金，同时收取证明其所有权的凭证。若企业以公司的形式存在时，普通股的股份就是所有权的证明，此时，所有者被称为“股东”或“持股人”。公司无须在某个确定的日期向所有者偿还投资的本金，但它有可能会在某一时期向股东分配一定的利润，称为“股利”。只有当公司决定分配股利时，所有者才能得到股利。另外，所有者有权要求公司通过未来的营利性经营活动增加公司的价值。

企业债务资金是企业通过向银行借款、发行债券、应付款项等方式取得。债权人与所有者不同，债权人提供的资金要求企业在未来的某个具体日期还本并支付利息。长期债权人提供的资金，可以在较长一段时间后归还，可能是 3 年、5 年甚至是 20 年，债券就属于这一类借款；银行提供的贷款为期几个月到几年不等。一般而言，企业借债的时间越长，利率越高，所需支付的利息就越多。如果原材料供应商销售了原材料，买方却没有立即付款时，他们无形中也在向公司提供资金。同样的道理，应付未付公司员工的薪酬，实际上就是公司对员工资金的占用。

企业筹集资金，表现为企业资金的流入；企业偿还借款、支付利息、股利以及付出各种筹资费用等，则表现为企业资金的流出。这种因为资金筹集而产生的资金收支，便是由企业筹资而引起的财务活动。

（二）投资活动

公司筹得资金后，通常需要将资金进行投资，以开展业务活动，谋求最大的经济效益。企业投资可以分为狭义投资和广义投资两种：狭义的投资仅指对外投放资金的过程（如投资购买其他企业的股票、债券或与其他企业联营等）。广义的投资是指企业将筹集的资金投入使用的过程，包括企业内部使用资金的过程（如购置固定资产、无形资产等）以及对外投放资金的过程。无论是对内投资还是对外投资，其实质上都是企业将资产让渡给其他单位以获得另一项资产的行为。

对生产经营型企业而言，对内投资应该是企业投资的重点和基本方向，因为这是企业的发展源泉所在。对内投资的主要表现形式有：

（1）土地、房屋及建筑物和设备。这些投资为公司提供了生产和销售产品的能力，但往往数额较大，周期较长，风险较高，在较长一段时间内对企业产生影响。

（2）专利、商标、许可证和其他契约权利。这些投资使公司拥有了使用特定专有权或特定工艺来开展企业活动的权利。

（3）存货。为了满足客户的购买需求，企业必须维持一定的材料、产成品等存货以供销售。通常企业不会刻意长期投资于某一特定的存货项目，但是企业手头上必须备有起码的存货量，以避免缺货的损失。

在对外投资中，联营投资和以控股或介入被投资企业生产经营活动为主要目的的投资通常占主要地位，这类投资是企业对内投资活动的延伸，是企业以兼并或收购的形式扩大自身经营活动范围的表现。以获取高额股利、利息或证券增值收益为目的的投资通常不是生产经营型企业的投资主流或重点。对外投资的主要表现形式：普通股或其他公司的债券。企业通过购买股票或其他公司的债券从而成为所有者或债权人之一，企业持有这些证券资产也许为期不过数月，也可能长期持有。

无论企业是购买内部所需资产，还是购买各种证券，都需要支付资金。而当企业变卖其对内投资形成的各种资产或收回其对外投资时，则会产生资金的收入。这种因企业投资而产生的资金的收付，便是由投资而引起的财务活动。

（三）经营活动

企业的日常经营活动主要包括：

（1）采购活动。指通过交换获取物料和服务的购买行为，为企业经营在合适的时间、地点、价格获取质量、数量合适的资源。生产制造企业的采购部门通常采购生产所需的原材料等，商业企业采购部门则采购可直接用于销售的商品。

（2）生产活动。生产过程是指企业从原材料的投入开始到产品产出为止的全过程。制造企业的生产部门将原材料、劳动力以及其他辅助材料结合，生产出产品。服务企业将人工服务与其他要素相结合创造产品。

（3）销售活动。是指通过各种销售手段把产品提供给需要的客户。

（4）管理活动。管理是指通过计划、组织、指挥、协调、控制及创新等手段，结合人力、物力、财力、信息等资源，以期高效地达到组织目标的过程。公司的管理活动可以给采购、生产、销售和其他经营部门提供支持。

企业在日常经营中，会发生一系列的资金收付。企业要购买材料或商品，同时还要支付工资和其他营业费用，当企业把产品或商品售出后，便可取得收入，收回资金。这种因企业经营而产生资金的收付，便是由经营而引起的财务活动。

三、企业的资金运动

会计对象是指会计核算和监督的内容，具体是指社会再生产过程中能以货币表现的经济活动，即资金运动或价值运动。

在市场经济条件下，对社会再生产过程的管理主要以价值为中心，各级管理者广泛利用各种价值指标，对社会再生产过程中的经济活动进行管理。因此，社会再生产过程中发生的、能够用货币表现的经济活动，就构成了会计的一般对象。由此可见，会计对象不是社会再生产过程中的全部经济活动，而是其中能够用货币表现的方面。

由于各单位的经济活动的具体内容不同，经济活动、资金运动的方式也不同，具体的会计对象也不一样。如工业企业的主要活动之一是从事产品生产，为了进行生产经营活动，必须拥有一定的劳动资料、劳动对象和劳动者，劳动者将自己的劳动通过劳动资料作用于劳动对象，生产出劳动产品。其生产经营活动最终要借助价值形态，以货币形式表现出来。这些以货币形式表现的生产经营活动构成了工业企业的资金运动。

资金运动程序可分为资金投入、资金循环与周转（即资金的运用）、资金退出三个基本环节。

资金投入包括企业所有者投入的资金和债权人投入的资金两部分，前者属于企业所有者权益，后者属于企业债权人权益，即负债。

资金循环与周转过程，即工业企业的主要经营过程，是以生产过程为中心的供应、生产和销售的有机结合。工业企业进行生产经营活动，首先要用货币资金去购买生产设备和材料物资为生产过程做准备，然后将其投入企业生产过程中生产出产品，最后还要将所生产出来的产品对外出售并收回因出售产品而取得的货币资金。这样，工业企业的资金就陆续经过供应过程、生产过程和销售过程，其形态也随之而发生变化。用货币购买生产设备、材料物资的时候，货币资金转化为固定资金、储备资金；车间生产产品领用材料物资时，储备资金又转化为生产资金；将车间加工完毕的产品验收入到成品库后，此时，生产资金又转化为成品资金；将产成品出售又收回货币资金时，成品资金又转化为货币资金。我们把资金从货币形态开始，依次经过储备资金、生产资金、成品资金，最后又回到货币资金这一运动过程叫作“资金循环”，周而复始的资金循环叫作“资金周转”。实际上，企业的生产经营过程是周而复始、不间断、循环地进行的，即企业不断地投入原材料、不断地加工产品、不断地销售产品，其资金也是不断循环周转的。

资金退出包括偿还债务、上交税金、向所有者分配利润、经法定程序减少资本等。

工业企业资金运动如图 2－1 所示。

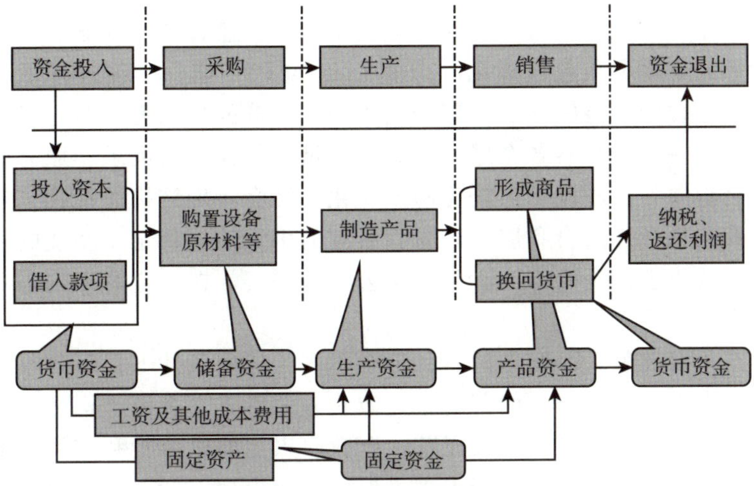

图 2－1 工业企业资金运动

上述由于资金的投入、运用和退出等经济活动所引起的各项财产物资和资源的增减变动情况及在生产经营过程中各项费用的支出和成本形成情况，就构成了资金运动的静态表现。工业企业的资金周转，标志着企业再生产过程的延续，使千变万化的经济业务呈现规律性变化。

第二节 政府经济活动

微课：政府经济活动

政府经济活动主要表现形式为政府收入、政府支出以及宏观经济管理。政府经济活动主要包括财政活动、金融活动、行业政策活动和市场调控活动。政府通过组织财政收入、安排财政支出的方式，进行资源配置和履行政府职责，并对生产、流通、分配和消费等整个国民经济运行过程进行有效调控，旨在通过经济活动实现社会稳定、增加社会财富、满足人民群众日益增长的物质和文化生活需要，构建和谐社会。

一、政府收入

（一）政府收入的概念

广义的政府可以被看成是一种制定和实施公共决策、实现有序统治的机构，它泛指各类国家公共权力机关，包括一切依法享有制定法律、执行和贯彻法律，以及解释和应用法律的公共权力机构，即通常所谓的立法机构、行政机构和司法机构。狭义的政府是国家政权机构中的行政机关，即一个国家行政体系中依法享有行政权力的组织体系。

1978 年以前，我国政府主要是全能型的“统制型”政府，政府通过指令性计划和行政手段直接进行经济管理和社会管理，同时扮演着生产者、监督者、控制者的角色，为社会和民众提供公共服务的职能和角色被淡化。20 世纪 90 年代中期，中国拉开了政府公共服务改革的大幕，其核心是政府职能的转变，即转变为公共服务的规划者和执行者。三十多年的改革实践，释放了蕴涵在中国社会各个层面巨大的能量和多样化的需求，原有的政治化、行政化、一体化的社会走向了开放化、市场化和多元化。社会治理结构的优化，给政府带来了新的发展空间，为我国社会迈向自我服务、自我管理的多元治理奠定了坚实的基础。

政府收入即财政收入，是政府为满足社会公共的需要，在一定时期内以一定方式取得的可供其支配的财力。

社会物质财富是财政收入的实质内容，但在不同的历史条件下，财政收入的形态存在很大的区别。财政收入也是一个历史的范畴，财政收入的形式、规模、构成都随着历史的发展而变化。在商品货币经济获得充分发展以前，财政收入主要以劳役和实物的形态存在。随着商品货币经济的逐步发展，尤其是在资本主义经济制度出现以后，财政收入一般以货币形式存在。在现代社会，财政收入均表现为一定量的货币收入。

财政收入作为财政分配活动的基本阶段，是一个组织收入、筹集资金的过程。财政收入不仅充当财政支出的源泉，而且也是贯彻政府政策意图的手段。例如，行政收入中的特别课征是为了加快公共建设，补充工程费用；罚款是为了抑制危害国家利益和公共利益的行为等。政府取得财政收入主要凭借公共权力，包括政治管理权、公共资产所有或占有权、公共信用权等。其中，政治管理权是取得财政收入最主要和最基本的形式，这决定于政府供给的公共产品性质。公共产品消费的非竞争性、非排他性，使公共产品的供给无法采用经营性方式进行，因而只能凭借政府的政治管理权对社会成员课征收入来补偿公共产品的成本。凭借政府其他权力取得的收入则随政府活动内容、范围、方式和需要的变化而变化。

政府取得财政收入不仅是政府自身的行为，其影响也是广泛的。财政收入的规模、构成、方式，对利益分配关系、经济主体的行为选择、商品的供需结构以及经济活动的总量等，均有重要的制约作用。因此，政府组织财政收入应当有确定的收入政策，以协调各方面的利益关系，促进资源的合理配置和经济的正常发展。

财政收入是政府运用国家强制力在参与社会总价值分配过程中所形成的资金收入，在筹集的整个过程中，政府不能滥取无度，而应该遵守一定的客观原则。组织财政收入活动也可以看成是公共产品成本的一种分摊活动。

（二）财政收入形式

财政收入形式是指政府为满足社会公共需要，筹措公共资源（财政收入）的具体方式或方法。财政收入形式是特定财政分配关系的反映，也是财政方针政策在收入上的具体体现。科学地选择财政收入形式，有利于充分发挥各种财政收入形式的优点和长处，有利于合理组织财政收入、协调各方利益关系，建立繁荣和谐的社会。

我国财政收入的具体形式主要包括税收（税）、国有资本收益（利）、公债收入（债）、政府收费收入（费）、罚没收入、政府基金收入、捐赠收入等。其中，税、利、费、债是我国主要的财政收入形式；公债收入属于有偿性收入，除此之外则属于无偿性收入；在无偿性收入中，除税收外，均为非税收入。

1. 税收收入

税收收入是财政收入的最主要来源。税收收入是指国家为了满足公共部门需要、凭借政治权力，依照法律规定标准取得财政收入的形式。税收是古老的财政范畴，当人类进入了民族部落时期，出现了公共事务，便出现了税收的雏形；它又是最现代的财政范畴，当前，世界上越是先进的国家，通过税收为提供公共产品筹资的比重越高。同时，税收还成为现代国家调控国民经济的重要的工具。

税收是一个历史范畴，同时也是一个经济范畴。从它的产生到如今，经历了不同的社会形态，有了几千年的历史。随着社会生产力的不断发展，剩余产品的出现，以及私有制、阶级和国家产生以后，才有了税收。所以，税收的产生要有两个条件：一是特定的经济条件，即剩余产品的出现，有了剩余产品就有了课税对象。二是特定的阶级条件，即阶级出现和国家的产生。国家出现以后，为了维持政府机器的正常运转，就需要有一定的物质资料。因此，为了得到这些物质资料，就需要凭借国家的政治权力从社会产品中拿去一部分，拿去的这部分社会产品便是税收。在现代社会中，税收不仅是政府取得财政收入最主要的形式，是政府机器和社会公共活动的经济基础，也是政府干预和调控经济的重要经济手段。

税收具有强制性、无偿性和固定性的特征。所谓强制性，是指国家以社会代表身份，凭借政治权力，通过法律形式确定征税人和纳税人的权利和义务，实行强制征收，负有纳税义务的纳税人必须依法纳税，否则就要受到法律制裁。所谓无偿性，是指国家征税以后，纳税人缴纳的实物或货币随之转变为国家所有，不需要付给纳税人任何代价或报酬，也不再直接返还纳税人。所谓固定性，是指国家通过法律形式和税收制度预先规定每一种税的课税对象、纳税人、税率和征税标准等，征纳双方都必须共同遵守。因此，税收是国家取得财政收入的一种最可靠的基本形式。

我国现行税法规定的税种共 18 个，分别是：增值税、消费税、企业所得税、个人所得税、资源税、城市维护建设税、房产税、印花税、城镇土地使用税、土地增值税、车船使用税、船舶吨税、车辆购置税、关税、耕地占用税、契税、烟叶税、环保税。每个税种都有其相应的税制要素，主要包括：纳税人、征税对象、税目、税率、纳税环节、纳税期限、减税免税、违章处理等，其中纳税人、征税对象和税率为税收制度的基本因素。2023 年我国税收收入项目及变动率如图 2－2 所示。

2. 国有资本收益

国有资本收益是指国家凭借所有权所应获取的经营利润、租金、股息（红利）等收入的总称。在现代企业制度下，企业是独立于投资者享有民事权利、承担民事责任的经济实体，具有法人资格，拥有包括国家在内的出资者投资形成的全部法人财产权。在所有权和财产权分离的条件下，财政分配主体与企业分配主体也由过去的合二为一变为相对分离，以政府为主体的财政分配中不再包含以企业法人为主体的财务分配，财政不再统负企业盈亏。这样，财政与企业的分配关系，除了对各类企业的税收关系外，对国有企业或拥有国有股份的企业还有一层规范的资本收益分配关系，即国家以所有者身份采用上缴利润、国家股分红等形式，凭借所有权分享资产收益，然后通过国有资产经营预算支出用于新建国有企业投资、对股份制企业的参股、控股以及对国家股的扩股、增资、兼并购买产权或股权等。

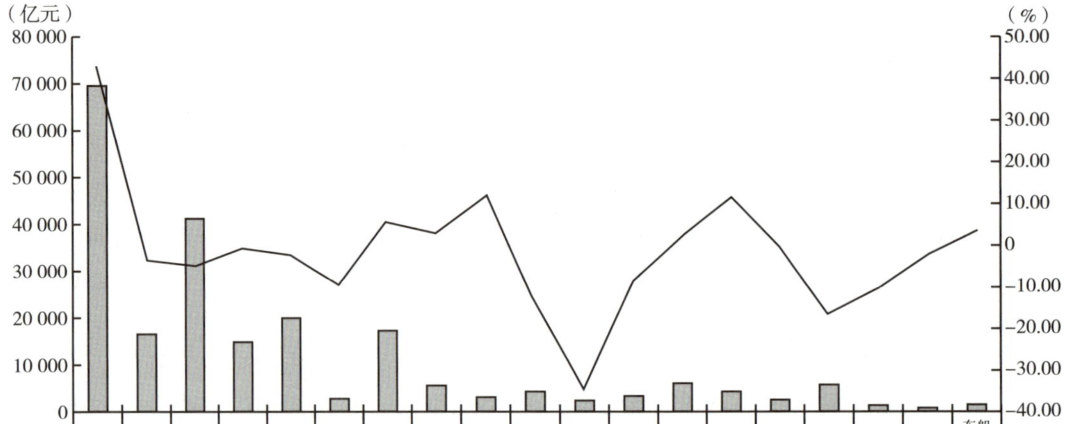

	国内增值税	国内消费税	企业所得税	个人所得税	进口货物增值税、消费税	关税	出口退税	城市维护建设税	车辆购置税	印花税	证券交易印花税	资源税	契税	房产税	城镇土地使用税	土地增值税	耕地占用税	环境保护税	车船税、船舶吨税、烟叶税等
总额（亿元）	69 332	16 118	41 098	14 775	19 485	2 591	17 122	5 223	2 681	3 784	1 801	3 070	5 910	3 994	2 213	5 294	1 127	205	1 351
变动率（%）	42.30	−3.50	−4.90	−1.00	−2.60	−9.40	5.30	2.90	11.80	−13.80	−34.70	−9.40	−2	11.20	−0.60	−16.60	−10.40	−2.90	−3.20

图 2－2　2023 年我国税收收入项目及变动率

资料来源：财政部网站。

国有资本收益不可能成为财政收入的主要形式，这是因为，第一，在市场经济国家内，为优化经济的资产构成，国有资本占社会总资产的比重应控制在最低水平上。因为一般来说，国有资本因产权方面的缺陷，效率方面总是不尽如人意的。第二，国有资本收益是不稳定的。资产收益相对税收而言受到更多不确定性因素的影响，如成本的升降、价格的波动、分配政策的调整、宏观经济面的变化等。

3. 债务收入

债务收入是指国家以债务人的身份，按照信用的原则从国内外取得的各种借款收入。

它包括在国内发行的各种公债（国库券、财政债券、保值公债、特种国债等），向外国政府、国际金融组织、国外商业银行的借款以及发行国际债券等取得的收入。在现代社会里，公债因具有有偿性、自愿性、灵活性和广泛性等基本特征，并具有弥补财政赤字、调剂国库余缺、筹集财政资金和调控经济运行等多种功能，已成为一种不可缺少的重要政府筹资形式。

债务收入凭借的是政府的信用，如果政府的信用被投资者认可，政府既可以通过债务在政权管辖范围内融资，又可以在政权管辖范围外融资。

4. 政府性收费

政府性收费是指政府为提供特定社会产品和服务，参与国民收入分配和再分配的一种形式，是政府非税收入的重要组成部分，同样体现了政府的职能。

政府性收费主要有规费和使用费两种。其中，规费是政府行政部门为个人或企业提供某种特定服务或实施行政管理所收取的手续费和工本费。规费通常包括行政规费和司法规费。行政规费是附随于政府各部门各种行政活动的收费，项目较多、范围较广，一般包括：外事规费（如护照费）、内务规费（如户籍规费）、经济规费（如商标登记费）以及其他行政规费（如会计师、律师等执照费）。司法规费分为诉讼规费（如民事诉讼费）和非诉讼规费（如出生登记费、继承登记费、结婚登记费）等。使用费是指对政府提供的特定公共设施或公共服务对使用者按照一定的标准收取的费用。例如，政府对教育设施、公共交通、排水、供水等收取的费用等。

按照我国的分类方法，通常将政府性收费分为行政性收费和事业性收费两部分。行政性收费是指国家机关、具有行政管理职能的企业主管部门和政府委托的其他机构在履行或代行政府职能过程中，为了特定目的，依照法律、法规并经有关部门批准，向单位和个人收取的费用，一般包括行政立法、执法和司法三方面的收费。行政性收费具有强制性和排他性特征。事业性收费是指事业单位向社会提供特定服务，依照国家法律、法规并经有关部门批准，向服务对象收取的补偿性费用，一般具有补偿性和排他性特征。长期以来，收费作为政府等公共部门筹集资金的手段，在我国不但大量存在，而且所包含的内容保留着明显的计划经济的痕迹。随着经济体制的改革、市场经济的发展以及政府职能的转变，政府性收费的内容也随之进行了适应性调整，一些可以由市场直接提供的产品和服务逐渐直接以市场价格的形式表现出来，不再属于政府部门收费的范畴。

根据公共财政理论，社会需要可分为私人需要和公共需要两部分。一般来说，满足私人需要的产品和服务可按照等价交换的原则由市场提供；满足公共需要的产品和服务，则由政府提供。由于公共产品的非排他性和非竞争性，政府提供公共产品和服务通常是不收费的。然而，由政府提供的公共产品又可以分为纯公共产品和准公共产品两类。在现实社会中，纯公共产品是非常稀少的，它的绝对外溢性使其难以由市场有效供给，而不得不由政府以税收来支撑。在政府提供的产品中，更多的还是具有公共产品的部分特征的产品——准公共产品。准公共产品所提供的利益一部分由其所有者享有，是可分的，从而具有私人产品的特征；利益的另一部分则由所有者以外的人享有，是不可分的，又具有公共产品的特征。这种现象也被称为是利益的外溢现象。在市场机制下，利益的外溢会带来效率损失，为了经济效率的实现，政府可以直接提供准公共产品，以较低的价格鼓励人们增加消费，从而达到有效率的消费量。由于某些公民可享有直接利益，所以也应向他们收取一定的费用。但如果完全免费供给，其结果必然是过度消费，也会带来福利损失。也就是说，如果政府以一般性税收来资助那些具有特定受益范围或受益群体的公共项目，实际上便导致了收入的再分配效应，不但增加了政府负担，也违背了消费者公平负担的原则。由此可见，政府收费的合理性和必要性是根植于准公共产品的生产或消费的特性，形成于增进社会福利和提高经济效益之中的。

非规范性极易导致地方政府及政府部门利用权力任意设立收费项目、扩大收费范围、提高收费标准，不仅加重了企业和居民的负担，扰乱了正常的生产生活秩序，还会导致政府官员的腐败和政府信用的下降。

但收费也有其存在的理由：第一，收费与收益的对称性，使收费筹资更符合收益原则，更能体现其公平性；第二，收费提高了公共设施使用和公共服务的门槛，有利于解决公共设施和公共服务的拥挤问题和过度使用问题；第三，收费不仅可以解决公共设施和公共服务新建新开办所需大量资金问题，而且还可以解决公共设施的运转和维护、公共服务可持续性所需资金问题；第四，因为其非规范性，从另一面来说就是灵活性，使收费具有更强的适应性。我国经济是多元并存的经济，既有最先进的信息经济，又有先进的工业经济，还有传统的农业经济。同时，地区间经济发展水平和收入水平相差很大，如果都采取税收形式筹资，很难在全国范围内统一，这样收费形式的长处就可以发挥出来，各地可以根据本地经济发展水平和收入水平，制定不同的公共设施供给水平和公共服务水平，并对应制定不同水平的收费标准。

二、政府支出

政府支出即财政支出。财政支出是政府为提供公共产品和服务，满足社会共同需要而进行的财政资金的支付。从性质上说，它既是政府行为的政府成本，也是实现政府职能的主要手段，是组织财政收入的直接目的。当财政收入大于财政支出时，则政府财政预算上会出现财政盈余；反之就会出现财政赤字。财政支出是政府分配活动的一个重要方面，财政对社会经济的影响作用主要是通过财政支出来实现的。因此财政支出的规模和结构，往往反映一国政府为实现其职能所进行的活动范围和政策选择的倾向性。

政府支出按其功能分类，具体包括以下内容：（1）一般公共服务支出；（2）外交支出；（3）国防支出；（4）公共安全支出；（5）教育支出；（6）科学技术支出；（7）文化旅游体育与传媒支出；（8）社会保障和就业支出；（9）卫生健康支出；（10）节能环保支出；（11）城乡社区事务支出；（12）农林水事务支出；（13）交通运输支出；（14）资源勘探工业信息等支出；（15）商业服务业等支出；（16）金融支出；（17）援助其他地区支出；（18）自然资源海洋气象支出；（19）住房保障支出；（20）粮油物资储备支出；（21）灾害防治及应急管理支出；（22）其他支出。这种政府支出划分方法，有利于体现政府各项支出在经济社会发展过程中的功能、作用，可分析资源在不同领域的配置状况。2023 年我国财政支出情况如图 2－3 所示。

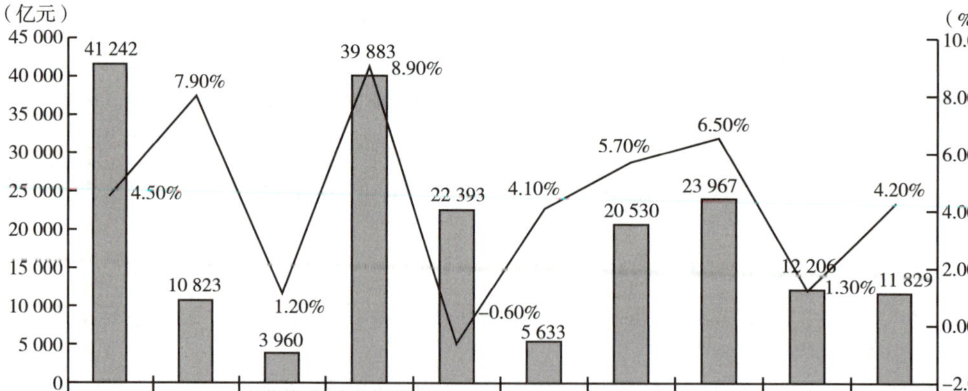

	教育支出	科学技术支出	文化旅游体育与传媒支出	社会保障和就业支出	卫生健康支出	节能环保支出	城乡社区支出	农林水支出	交通运输支出	债务付息支出
支出金额（亿元）	41 242	10 823	3 960	39 883	22 393	5 633	20 530	23 967	12 206	11 829
变动率（%）	4.50	7.90	1.20	8.90	-0.60	4.10	5.70	6.50	1.30	4.20

图 2－3　2023 年我国一般公共预算支出项目及变动率

资料来源：财政部网站。

政府支出按支出经济性质分类，可以分为购买性支出和转移性支出。购买性支出是政府用于购买为执行财政职能所需要的商品和劳务的支出，包括购买政府进行日常政务活动所需要的商品与劳务的支出和购买政府进行投资所需要的商品与劳务的支出。转移性支出指政府无偿向居民和企业、事业以及其他单位供给财政资金。转移性支出包括政府部门用于财政补贴、债务利息、失业救济金、养老保险、社会保障等方面的支出。

政府采购是政府购买性支出的主要形式，是指国家各级政府为从事日常的政务活动或为了满足公共服务的目的，利用国家财政性资金和政府借款购买货物、工程和服务的行为。财政部发布的2023年全国政府采购简要情况显示，2023年全国政府采购规模为33 929.6亿元，2023年中央转移支付首次突破10万亿元，最终执行数为102 945.19亿元。

第三节　会计信息

一、会计信息

微课：会计信息及其使用者

会计信息是实现会计目标的必要支撑。会计的基本目标是向财务报告使用者提供企业财务状况、经营成果和现金流量等有关的会计资料和信息，反映企业管理层受托责任履行情况，有助于财务报告使用者作出经济决策，达到不断提高企业事业单位乃至经济社会整体的经济效益和效率的目的和要求。从更高层面看，会计的目标还包括规范会计行为，保证会计资料真实、完整，加强经济管理和财务管理，提高经济效益，维护社会主义市场经济秩序，为市场在资源配置中起决定性作用和更好发挥政府作用提供基础性保障作用，实现经济高质量发展。会计目标的实现状况及其结果主要表现为会计的经济后果，即反映受托责任的履行情况和有助于作出经济决策以及维护经济秩序、提高经济效益等所产生的影响及其经济结果。实现会计目标需要有业务活动信息、财务会计信息和管理会计信息等会计信息的支撑。

业务活动信息，是指企业在从事采购、生产、销售、薪酬、投资与融资等日常业务活动产生的相关信息。此类信息变化产生的以货币计量来表示的信息就是财务信息。通过业财融合，形成业务财务整合的信息，如产品销售额、成本、利润、客户等销售业务的信息，原材料采购成本、供应商等采购业务信息。

财务会计信息，是指由会计凭证、会计账簿、财务会计报告和其他相关资料等构成的综合反映企业财务状况、经营成果、现金流量和所有者权益变动等内容的会计信息的总称。

管理会计信息，包括管理会计应用过程中所使用和生成的财务信息和非财务信息，是管理会计报告的基本元素。其中，财务信息是企业与各利益相关者连接的主要方式，包括成本、收入、销售、利润等；而非财务信息是驱动财务信息的各种活动，如新产品开发、产品生产工艺流程设计、产品品种结构设计、产品推广、产品销售、产品配送和服务顾客等。

管理会计信息的特征：（1）以财务和业务信息为基础。财务会计信息和业务活动信息是管理会计信息生成的基础。换言之，管理会计信息是对财务会计信息和业务活动信息进行深加工的结果。由于不同层级责任者决策过程中所需的管理会计信息的需求和核心不同，不同行业差异较大，因此，管理会计信息在内容、层次上呈现出多样性的特征。（2）以现代信息技术为手段。管理会计对信息需求一方面要求信息具有很强的及时性，有些甚至要求做到实时性，另一方面需要信息具有集中度，能够有效整合和科学分析大量的财务和非财务信息，要在海量的数据中寻找和挖掘有价值的信息，并予以整合分析，这一过程必须借助多种不同的现代信息技术手段。（3）以提供有用的信息为目标。管理会计信息是企业的决策支持系统，为企业有效开展管理会计活动提供全面、及时、准确的信息支持是管理会计信息的重要目标，也是管理会计信息强调的信息质量特征。

二、会计信息使用者

要确切定位会计目标，就需要了解会计信息使用者的结构，以及不同目的使用者的信息需求和特征。目前会计信息使用者，按照其与企业的关系可以分为外部会计信息使用者和内部会计信息使用者两个群体，由于其关注的重点与出发点不同，因而其对会计信息的需求也有所侧重。

（一）外部会计信息使用者

外部会计信息使用者主要指的是投资者、债权人、政府相关部门和社会公众等不直接参与企业日常经营管理决策的信息使用者。我国现行《企业会计准则》明确规定，财务会计报告使用者包括投资者、债权人、政府及其有关部门和社会公众等。

1. 投资者

满足投资者的信息需要是企业财务报告编制的首要出发点。在市场经济条件下，投资者是企业会计信息最主要的使用者，投资者既指现有的投资者，也包括潜在的投资者，主要是指目前持有和准备持有企业股权的其他企业、基金投资公司、券商、个人投资者等。他们关心的是其所投资企业或将要投资企业的内在风险和投资报酬，需要的是能够反映其盈利能力、偿债能力、股利支付能力、成长能力等经营状况的信息，以便作出相关的判断及投资决策。例如持有一家上市公司股票的投资者，通过上市公司对外公布的财务信息，判断出该公司的财务状况、经营成果和获利能力等方面的信息，以便作出相应的决策。若该公司呈现的会计信息反映其经营和获利情况较好，投资者可能追加投资以增强对该公司的影响和控制；若该公司呈现的会计信息反映其经营及获利情况不好，投资者可能出售该公司的股票转而投资其他经营和获利情况较好的公司。而潜在的投资者通过阅读上市公司对外公布的财务信息，判断出该公司的财务状况、经营成果和获利能力等方面的情况后，会相应做出或是成为该公司真正的投资者或是放弃为其投资者的决策。

2. 债权人

企业的债权人主要有银行、非银行金融机构、公司债券持有人以及为企业提供商业信用的其他债权人等，既包括现实的债权人，也包括潜在的债权人。随着资本市场的快速发展，企业的规模日益扩大，企业的债权人也需要运用企业的会计信息来评价其偿债能力以做出信贷决策。不管是长期债权人还是短期债权人，他们均关心自己债权的安全程度，需要的是反映企业偿债能力等方面的信息，以便做出有关的判断和决策。例如，银行在准备给企业发放贷款之前，都要求企业先提供近几年的财务报表以便了解该企业的偿债能力和现金流量的结构等会计信息，并根据这些会计信息来判断该企业将来能否按照贷款合同的约定按期还本付息。若判断企业偿债能力不太强，可能要求企业提供某种担保以保证自己债权的安全；若是根据会计信息判断出企业已严重资不抵债，银行甚至会做出不贷款的决策。

3. 政府相关部门

政府相关部门包括发改委、中国人民银行、税务部门、统计部门、财政部门、证券监管部门、国有资产监管部门、银行业和保险业监督管理部门等。这些政府部门需要通过企业的会计信息了解企业的经营状况以做出监管活动，制定宏观经济管理决策。因为会计信息是政府相关部门进行宏观经济决策所依据的基础信息之一，是政府相关部门规范证券市场、有效发挥市场配置资源功能、保护投资者权益、满足投资者决策需要的重要信息，同时也是政府相关部门评估国有资产经营者受托责任履行情况，确保国有资产保值增值的重要信息。所以政府相关部门不管是站在宏观经济管理者、证券市场监管者，还是国有资产所有者代表的角度，都会对会计信息产生不同的需求。例如，发改委作为国民经济的宏观调控和决策部门，在履行其职能时，需要大量的经济信息作为其决策的基础和支撑，虽然企业的会计信息不能直接支持发改委的经济决策，但许多宏观的经济数据都是通过对微观企业的会计信息汇总而来的；证券监管部门为了保证证券市场上市公司的质量，利用会计指标为公司上市和再融资设定“门槛”，关注的是反映企业资产质量和盈利能力的会计指标，如净资产收益率、每股收益每股净资产、无形资产占总资产比率等；证券监管部门还要求上市公司全面、及时和公允地披露持续性信息和重大事项，这时关注的是会计信息的真实性、及时性和客观性；国有资产监管部门需要通过企业会计信息了解国有资产经营者的受托责任履行情况，关注的是反映国有资产保值和增值的相关会计信息。

4. 社会公众

在当今社会，社会公众也是企业会计信息的需求者和使用者。这是因为一方面企业通过各种行为，如对当地经济的贡献、就业、雇员培训、医疗劳保、环境保护支出等会影响社会公众；另一方面随着可持续发展理念越来越深入人心，作为企业的利益相关者，社会公众也日益关心企业的经营活动对所在地区经济及环境带来的影响，关心企业的发展前景。因此社会公众关注的是企业与自身工作和生活息息相关的信息。

（二）内部会计信息使用者

内部会计信息使用者主要是指企业的管理层，包括企业董事会中的高管人员（如总经理、独立董事和监事等）、单位内部的财务经理和各部门经理等。此外，企业职工工会和职工等，也是法定的需要满足的会计信息需求者。企业的管理者一方面需要通过会计信息的传递来表明经营企业的业绩以完成其财产的受托责任，另一方面在当前市场经济环境条件下，面临变化无常的市场需求和日益激烈的市场竞争，企业迫切需要会计信息来了解其整体的经营情况，明确经营过程中存在的问题，以便于从经营者的角度对企业进行管理，在充满机遇和威胁的市场环境下得以生存和发展。因而，会计信息正是企业管理人员进行经营决策所依据的重要信息之一。

三、会计信息质量要求

微课：会计信息质量要求

会计信息质量，是指会计信息符合会计法律、会计准则等规定要求的程度，是满足企业利益相关者需要的能力和程度。

会计信息质量要求是对企业所提供会计信息质量的基本要求，是使会计报告所提供会计信息对投资者等信息使用者决策有用应具备的基本特征，主要包括可靠性、相关性、可理解性、可比性、实质重于形式、重要性、谨慎性和及时性等。

（一）可靠性

可靠性要求企业应当以实际发生的交易或者事项为依据进行确认、计量、记录和报告，如实反映符合确认和计量要求的各项会计要素及其他相关信息，保证会计信息真实可靠、内容完整。

可靠性是高质量会计信息的重要基础和关键所在。保证会计信息真实可靠，要求企业不能将不存在的交易或者事项在确认、计量、记录和报告及会计信息披露文件中予以记载；保证会计信息内容完整，企业在会计确认、计量、记录和报告及信息披露文件中不能存在遗漏行为，即不存在未将应当记载的交易或者事项完全或者部分予以记载的行为。如果企业以虚假的交易或者事项进程确认、计量、记录和报告或存在遗漏，属于违法行为，不仅会严重损害会计信息质量，而且会误导投资者，干扰资本市场，导致会计秩序、财经秩序混乱。保持会计信息可靠性还要求企业会计信息应当是中立的、无偏的，会计职业判断和会计政策选择应保持中立的、无偏的立场，不得为了达到某种事先设定的结果或效果，通过选择或列示有关会计信息以影响决策和判断。例如，在资产负债表日对应收款项的账面价值进行评估时，不是基于应收款项的信用减值迹象的客观事实进行职业判断并获得评估结果，而是迫于股东或管理层压力提高当期利润或降低当期利润的主观意图，确认、计量、记录和报告减值损失从而达到操纵当期利润的目的。

（二）相关性

相关性要求企业提供的会计信息应当与会计报告使用者的经济决策需要相关，有助于会计报告使用者对企业过去、现在或者未来的情况作出评价或者预测。

会计信息是否有用是会计信息质量的重要标志和基本特征之一。相关的会计信息应当能够有助于使用者评价企业过去的决策，证实或者修正过去的有关预测，因而具有反馈价值。相关的会计信息还应当具有预测价值，有助于会计报告使用者依据会计信息预测企业未来的财务状况、经营成果和现金流量，并作出相应的决策。在证券市场上，股东主要依据企业披露的会计信息对企业的偿债能力、营运能力、盈利能力、发展能力和现金流量等作出基本评价和预测，以此为基础对企业价值作出基本评估，进而形成其投资决策方案。例如，在财务会计报告中区分收入和利得、费用和损失，有助于财务会计报告使用者评价企业实际的盈利能力，同时还有助于预测企业未来的盈利能力。

（三）可理解性

可理解性要求企业提供的会计信息应当清晰明了，便于投资者等会计报告使用者理解和使用。

企业编制会计报告、提供会计信息的目的在于使用，要让使用者有效使用会计信息，应当让其了解会计信息的内涵，弄懂会计信息的内容，这就要求会计报告提供的会计信息应当清晰明了，易于理解，只有这样，才能提高会计信息的有用性，实现会计报告的目标，满足向投资者等财务报告使用者提供决策有用信息的要求。会计信息应当使用明确、贴切的语言和简明扼要、通俗易懂的文字，数据记录和文字说明应能一目了然地反映出交易或事项的来龙去脉。对于性质和功能不同的项目应当分项列示，对于性质和功能相同的项目应当合并列示，对于分项列示或合并列示的项目应加以附注说明。对于交易或事项本身较为复杂或者会计处理较为复杂的信息，与使用者的经济决策相关的，企业应当在财务会计报告中予以充分披露。不得含有含糊其词、夸大或者缩小等性质的词句，不得有误导性陈述。例如，对于财务会计报表中计提减值准备的资产项目，在财务会计报表的正表中采用净额列示的，应在附注中说明相应已计提减值准备的金额；财务会计报表中汇总合计列报的项目，如资产负债表中货币资金、存货等项目，应在附注中逐项列示并说明明细核算信息。

（四）可比性

可比性要求企业提供的会计信息应当相互可比。主要包括两层含义：

1. 同一企业不同时期可比

同一企业不同时期发生的相同或者相似的交易或者事项，应当采用一致的会计政策，不得随意变更。但是，如果按照规定或者在会计政策变更后能够提供更可靠、更相关的会计信息，企业可以变更会计政策。有关会计政策变更的情况，应当在附注中予以说明。会计政策是指企业在会计确认、计量、记录和报告中所采用的原则、基础和处理方法。

保持同一企业不同时期会计信息的可比性，有助于比较考核企业管理层受托责任的履行情况；有助于会计信息使用者了解企业财务状况、经营成果和现金流量的变化趋势，比较企业不同时期的会计信息，全面、客观地评价过去、预测未来，作出相应决策。

2. 不同企业相同会计期间可比

不同企业同一会计期间发生的相同或者相似的交易或事项，应当采用同一会计政策，确保会计信息口径一致、相互可比，以使不同企业按照一致的确认、计量、记录和报告要求提供有关会计信息。

保持不同企业相同时期会计信息的可比性，有助于会计信息使用者了解不同企业的财务状况、经营成果和现金流量及其差异，比较分析不同企业相同时期的会计信息产生差异的原因，全面、客观地评价不同企业的优劣，作出相应决策。

（五）实质重于形式

实质重于形式要求企业应当按照交易或者事项的经济实质进行会计确认、计量、记录和报告，不仅仅以交易或事项的法律形式为依据。

在实际工作中，交易或事项的法律形式并不总能完全反映其经济实质内容。多数情况下，企业发生交易或事项的经济实质与法律形式是一致的，但在有些情况下，会出现不一致。例如，企业租入的资产（短期租赁和低值资产租赁除外），虽然从法律形式来讲企业并不拥有其所有权，但是由于租赁合同规定的租赁期相当长，往往接近于该资产的使用寿命，租赁期结束时承租企业有优先购买该资产的选择权，在租赁期内承租企业拥有资产使用权并从中受益等。从其经济实质来看，企业能够控制租入资产所创造的未来经济利益，在会计确认、计量、记录和报告中就应当将租入的资产视为企业的资产，在资产负债表中填列使用权资产。

（六）重要性

重要性要求企业提供的会计信息应当反映与企业财务状况、经营成果和现金流量有关的所有重要交易或事项。

在实务中，如果某项会计信息的省略或者错报会影响投资者等会计报告使用者据此作出决策，该信息就具有重要性。重要性的应用需要依赖职业判断，企业应当根据其所处环境和实际情况，从项目的功能、性质和金额大小多方面加以判断。例如，企业发生的某些支出金额较小，从支出的受益期来看，可能需要在若干会计期间进行分摊，但根据重要性要求，可以一次性计入当期损益。如低值易耗品可以采用一次摊销法或分次摊销法摊销，尚未摊销的部分作为周转材料合并列入资产负债表存货项目，而不作为单独项目列报。

（七）谨慎性

谨值性要求企业对交易或事项进行会计确认、计量、记录和报告应当保持应有的谨慎，不应高估资产或者收益，低估负债或者费用。

在市场经济环境下，企业的生产经营活动面临着许多风险和不确定性，如应收款项的可收回性、固定资产的预期使用寿命、无形资产的预期使用寿命等。会计信息质量的谨慎性要求，需要企业在面临不确定性因素的情况下作出职业判断时，应当保持应有的谨慎，充分估计到各种风险和损失，既不高估资产或者收益，也不低估负债或者费用。如果企业高估资产或收益、低估费用会导致高估利润，可能导致会计信息使用者高估企业盈利能力而盲目乐观，作出不切合实际的决策，存在误导性列报和陈述的风险；如果低估负债，可能诱导会计信息使用者高估企业的偿债能力，作出不准确或不恰当的决策。例如，要求企业对可能发生的资产减值损失计提资产减值准备、要求企业对售出商品很可能发生的保修义务确认预计负债、对很可能承担的环保责任确认预计负债等，就体现了会计信息质量的谨慎性要求。

（八）及时性

及时性要求企业对于已经发生的交易或事项，应当及时进行确认、计量、记录和报告，不得提前或延后。

在会计确认、计量、记录和报告过程中贯彻及时性要求，一是要求及时收集会计信息，即在交易或者事项发生后，及时收集整理各种原始单据或者凭证；二是要求及时处理会计信息，即按照会计准则的规定，及时对交易或事项进行确认和计量，并编制财务报告；三是要求及时传递会计信息，即按照国家规定的有关时限，及时地将编制的会计报告传递给会计报告使用者，便于其及时使用和决策。例如，某企业将自行研制的软硬件为一体的商品进行销售，销售合约约定商品销售后还将提供免费维护和免费升级服务。如果企业不考虑商品销售后提供免费维护和升级服务将全部销售一次性确认为当期销售收入，就属于提前确认、计量、记录和报告销售收入；反之，如果企业在提供后续服务合约到期日再确认全部销售收入，则属于延后确认、计量、记录、报告销售收入。正确的会计处理应当按合理的比例在销售当期和后期维护及升级合约持续期间分配确认各期销售收入。

素养提升

*ST 华仪成 2024 年退市第一股

2024 年 1 月 9 日晚间，*ST 华仪发布公告称，收到上交所终止其股票上市的决定。公司股票因连续 20 个交易日的收盘价均低于 1 元，已触及交易类退市指标，成为 2024 年退市第一股。上交所于 1 月 9 日作出公司股票终止上市的决定，公司股票将于 2024 年 1 月 16 日终止上市暨摘牌。

即便没有“1 元退市”，*ST 华仪也难逃退市命运。其实，*ST 华仪的退市地雷早在 2019 年便已埋下。当年，*ST 华仪就受到控股股东违规担保、资金占用，公司银行账户被冻结、资产查封、冻结等问题的困扰。受此影响，公司二级市场股价表现也是每况愈下。

2023 年 6 月 21 日，*ST 华仪公告，公司当日收到证监会下发的《立案告知书》，因公司涉嫌信息披露违法违规，证监会决定对公司立案。时隔半年后，*ST 华仪公告，因公司重大事项尚须核实，公司股票于 11 月 22 日起开始停牌，预计停牌时间不超过 3 个交易日。

2023 年 11 月 24 日晚 *ST 华仪发布公告，公司收到浙江证监局下发的《行政处罚事先告知书》，公司 2017 年至 2022 年的年度报告均存在虚假记载的情况。2017 年，华仪电气全资子公司华仪风能有限公司对不符合收入确认条件的风机销售业务确认收入，并结转相应成本，导致公司 2017 年年度报告虚增营业收入约 3.47 亿元，虚增利润总额 6 699.05 万元。2017 年虚增风机销售收入形成的应收账款一直存续并每年计提坏账准备，导致 2018 年至 2022 年年度报告虚减利润总额，影响金额分别为 959.78 万元、3 729.13 万元、5 501.49 万元、4 600.77 万元和 6 258.11 万元。上述事项导致该公司 2017—2022 年连续 6 年年度财务报告出现虚假记载的情况。根据当事人违法行为的事实、性质、情节与社会危害程度，依据《证券法》第一百九十七条第二款的规定，浙江证监局拟决定对 *ST 华仪责令改正，给予警告，并处以 300 万元罚款。对相关责任人给予警告，并处以罚款。

资料来源：https：//new. qq. com/rain/a/20240110A081NF00（原文经过整理）。

问题：财务造假对同学们有什么启示？

启示：会计信息质量要求企业提供的会计信息是真实可靠的，不能将不存在的交易或者事项在确认、计量、记录和报告及会计信息披露文件中予以记载。而 *ST 华仪没有按照可靠性的要求提供会计信息，虚增营业收入、虚增利润，导致财务报告虚假记载，最终企业退市并受到法律的制裁和惩罚。

作为财务会计类专业学生，应该认真学习并严格按照会计信息质量的要求，遵守相关法律法规和会计准则，强化自身职业操守。在未来的职业生涯中保持诚信，并学会识别和防范潜在的财务风险。

知识巩固

一、单项选择题

1. 下列各项中，体现谨慎性会计信息质量要求的表述是（　　）。
   A. 不同时期发生的相同交易，应采用一致的会计政策，不得随意变更
   B. 提供的会计信息应当清晰明了，便于理解和使用
   C. 对已售商品的保修义务确认预计负债
   D. 及时将编制的财务报告传递给使用者
2. 下列不属于公司制企业优点的是（　　）。
   A. 容易转让所有权　　B. 承担有限债务责任
   C. 容易筹集所需资金　　D. 组建成本低
3. （　　）是政府为履行职能、取得所需商品和劳务而进行财政资金支付。
   A. 财政预算　　B. 财政收入　　C. 财政支出　　D. 财政分配
4. 下列属于会计信息内部使用者的是（　　）。
   A. 银行　　B. 投资者　　C. 财务经理　　D. 税务局
5. 根据《政府采购法》，政府采购的主要方式是（　　）。
   A. 邀请招标　　B. 公开招标　　C. 竞争性谈判　　D. 询价

二、多项选择题

1. 下列关于会计信息质量要求的说法中，正确的有（　　）。
   A. 实质重于形式要求企业不仅以交易或者事项的法律形式为依据
   B. 可比性要求包括横向可比和纵向可比
   C. 谨慎性要求企业应当尽可能低估资产或收益
   D. 重要性要求附注主要披露那些未在表内确认但又会影响报表使用者决策的会计信息
2. 下列属于企业主要经济业务的有（　　）。
   A. 筹资业务　　B. 投资业务　　C. 经营业务　　D. 捐赠业务
3. 下列各项中，属于会计对象的有（　　）。
   A. 会计核算和监督的内容
   B. 资金运动或价值运动
   C. 社会再生产过程中的经济活动
   D. 社会再生产过程中能以货币表现的经济活动
4. 下列属于财政收入的有（　　）。
   A. 税收　　B. 政府收费　　C. 公债　　D. 国有资本经营收益
5. 下列各项中，属于会计信息使用者的有（　　）。
   A. 社会公众　　B. 企业管理者　　C. 政府及其相关部门　　D. 投资者

三、判断题

1. 实质重于形式要求企业应当按照交易或者事项的经济实质进行会计确认、计量、记录和报告，而不仅以交易或者事项的法律形式为依据。（　　）
2. 普通合伙企业由普通合伙人组成，合伙人对合伙企业债务承担有限连带责任。（　　）
3. 有限责任公司的财务状况不必向社会披露，公司的设立和解散程序比较简单，通常比较适合中小型企业。（　　）
4. 会计信息使用者，按照其与企业的关系可以分为外部会计信息使用者和内部会计信息使用者两个群体。（　　）
5. 税收是我国财政收入的最主要来源，具有强制性、有偿性和变动性等特点。（　　）

第三章 企业会计信息处理基础

学习目标

知识目标：

◆掌握财务会计信息处理七种方法

◆掌握会计信息处理流程

◆掌握管理会计常见工具方法

◆熟悉大数据处理工具

技能目标：

◆能够根据经济业务设置会计科目和会计账户

◆能够运用借贷记账法编制经济业务的会计分录

◆能够根据经济业务填制和审核会计凭证

◆能够根据经济业务登记会计账簿

素质目标：

◆培养诚信为本、操守为重、坚持准则、不做假账的职业道德

◆培养学生精益求精的工匠精神

思维导图

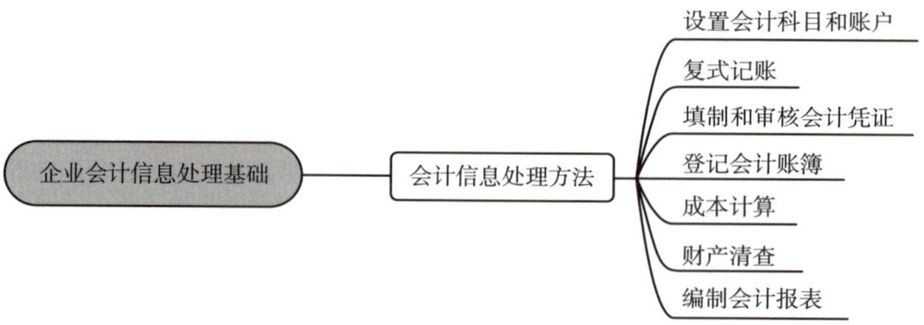

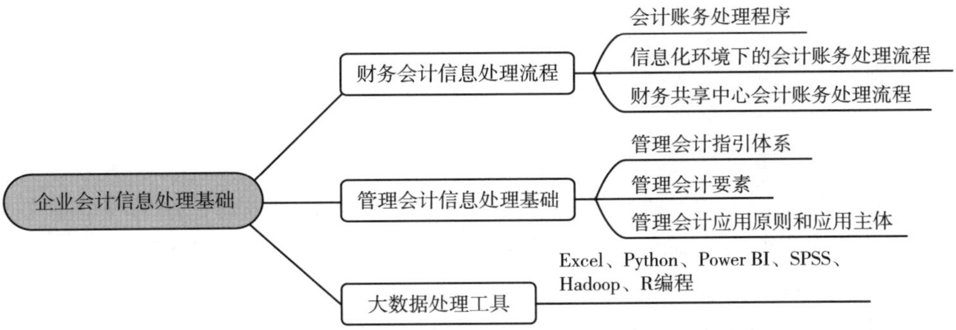

引导案例

小米集团高效的财务管理系统

小米集团，作为一家典型的数字原生企业，仅用了8年时间便跻身全球最年轻的世界500强企业之列，其智能手机出货量更是稳居全球前三。至2023年底，小米的业务已遍布全球超过100个国家和地区，实现了高达2 710亿元的总营收。这一令人瞩目的成绩背后，离不开小米特色的高效财务管理模式所发挥的重要作用。

财务创造价值的核心在于利用财务数据为管理决策提供有力支持，而数据的质量和完整性则是决策分析广度和深度的关键。为了提升财务数据的质量和完整性，小米积极探索智能财务的建设。企业的财务数据主要来源于费用报销、应付、对公付款、合同审核等日常工作。在处理复杂的交易事项时，财务人员除了依赖制式单据外，还需借助非制式、自制单据作为交易凭证。然而，传统的人工审核方式仅将这些数据停留在纸面，无法转化为结构化数据录入系统，从而无法形成有价值的数据资产。自2021年起，小米财务共享中心以智能审核为核心，将标准化程度高、重复性强的工作交由系统自动处理，从而提高了业务处理效率和质量，减少了人为失误和舞弊风险。更为重要的是，通过运用IOCR智能识别技术与财务众包模式，小米实现了全类型票据的100%结构化提取，并将完整且高质量的结构化数据储存于基础数据库中。这不仅为管理者提供了完整的数据链支持决策，更为小米的财务数据管理和应用开辟了新的篇章。

在智能化浪潮的推动下，小米集团已实现了财务数字化转型的深刻变革，其工作重点已由传统的“核算+监督”模式转型升级为“规划+赋能+服务”的新格局，为企业管理层、业务层及员工层注入了新的活力。

首先，从管理层面来看，小米集团通过强化制度执行，摒弃了以往过度依赖人为经验的做法，将财务制度和公司战略转化为智能化的系统逻辑，通过机器语言来执行，大幅减少了人为因素的干扰和执行中的疏漏，使管理痕迹更加清晰、精准。

其次，从业务层面分析，小米集团通过广泛、及时地采集企业内外部数据，成功将各业务系统的小数据集整合为大数据中心，极大地拓宽了业务管理的视野和深度。这不仅提升了企业的移植能力和战略洞察力，也有效支持了小米的国际化业务拓展，实现了财务管理从简单的记录服务向战略支撑和多维纵深型的转变。最终，这些数据的应用范围从企业内部扩展至整个生态圈，为打造更智能化的财务共享中心奠定了基础。

最后，从人才层面考量，小米集团利用AI技术将标准化、重复性高的工作交由数字会计员工处理，从而解放了财务人员，使他们能够专注于更高附加值的管理会计工作。这不仅优化了财务组织的结构，也为企业的“纺锤型”转型提供了有力的人才保障。从小米的实践中可见，财务数字化转型是互联网企业提升竞争力、创新力、控制力、影响力和抗风险能力的重要途径。通过推动共享模式、流程再造和技术创新，利用智能财务审核为业财融合与智能财务的实现提供坚实的数据支撑，进一步推动财务共享中心向企业大数据中心和数据中台转型，实现财务数字化的柔性共享。

资料来源：微信公众号数智研究局《小米集团：数据驱动下的高效财务管理模式》（原文经过整理）。

思考：会计的方法有哪些？会计处理流程是怎样的？如何做到高效会计处理？

第一节　会计信息处理方法

会计信息处理方法，是用来核算和监督会计对象、完成会计目标的手段。主要包括会计核算方法、会计分析方法、会计检查方法、会计预测方法、会计决策方法和会计控制方法等。这些方法既相对独立，又相互联系、相互配合，共同构成统一的方法体系。其中会计核算方法是指以统一的货币单位为量度标准，连续、系统、完整地对会计对象进行计量、记录、计算和核算的方法。它是整个会计信息处理方法体系中最基本、最重要的基本方法。会计核算方法又包括一系列具体方法：填制和审核会计凭证、设置会计科目和账户、复式记账、登记会计账簿、成本计算、财产清查、编制财务会计报告等。

在大数据时代下，会计的数字化和智能化已广泛应用在企业的会计工作中，市场上涌现了一些财务处理系统，系统可以基于图片识别功能，处理纸质凭证或者电子凭证中的信息，只要通过预先录入系统内的数据信息并做好相关公式、模型的设定，就可以实现对数据的分类和汇算，进行自动化操作，扫描或自动获取原始凭证，实时生成记账凭证、会计账簿、会计报表。系统能够按照预先设定的公式和模型自动填制和审核会计凭证、登记会计账簿、对账等。本节主要分析会计核算方法的原理和规范，以便能更好地掌握财务处理系统设定的逻辑。

一、设置会计科目和账户

会计核算与监督的内容就是会计对象。为了对会计对象的具体内容进行系统的核算和监督，就应将其进行科学分类为会计要素。根据各会计要素的特点，以及经济管理的具体要求，对会计要素再分类，即会计科目。根据会计科目在账簿中开设的户头，称为账户。设置账户是对会计对象的具体内容进行归类核算和监督的一种专门方法。它可以对会计对象的复杂多样的具体内容进行科学的分类和记录，以便取得各种核算指标，并随时加以分析、检查和监督。

（一）会计要素

微课：静态会计要素

会计要素就是为了实现会计目标，便于具体地实施会计核算，对会计对象根据经济交易或者事项的经济特征所确定的财务会计对象所作的基本分类。我国《企业会计准则》将会计要素分为资产、负债、所有者权益、收入、费用和利润六个会计要素。其中资产、负债和所有者权益是反映企业财务状况的要素，也是资产负债表的基本要素；而收入、费用和利润是反映企业经营成果的要素，也是利润表的基本要素。前三个要素反映企业资金运动的静态情况，而后三个要素则是反映企业资金流动的动态情况。

1. 资产

资产是指企业过去的交易或事项所形成的，由企业所拥有或控制的，预期会给企业带来经济利益的资源。将一项资源确认为资产，需要符合资产的定义，还应同时满足以下两个条件：一是与该资源有关的经济利益很可能流入企业；二是该资源的成本或价值能够可靠地计量。

想一想：融资租赁的固定资产算企业的资产吗？

广州天峰公司有两台机器，其中A机器型号较老，自B机器投入使用后一直未再使用；B机器是公司通过融资租赁取得替代A机器的。目前承担该工序的全部生产任务。A、B机器是否都是企业的固定资产？

企业的资产按流动性的强弱，可以分为流动资产和非流动资产。流动资产是指可以在1年或者超过1年的一个营业周期内变现或耗用的资产，主要包括库存现金、银行存款、交易性金融资产、应收账款、应收票据、预付账款、其他应收款、存货、合同资产等；非流动资产是指除了流动资产以外的其他资产，主要包括长期股权投资、固定资产、在建工程、无形资产、长期待摊费用等。此外数据资产作为经济社会数字化转型进程中的新兴资产类型，根据2023年8月财政部印发的《企业数据资源相关会计处理暂行规定》，企业日常活动中持有、最终目的用于出售的数据资源，符合存货的定义和确认条件的，应当确认为存货；企业使用的数据资源，符合无形资产的定义和确认条件的，应当确认为无形资产。

2. 负债

负债是指企业过去的交易或者事项形成的，预期会导致经济利益流出企业的现时义务。将一项现时义务确认为负债，需要符合负债的定义，还应同时满足以下两个条件：一是与该义务有关的经济利益很可能流出企业；二是未来流出的经济利益的金额能够可靠地计量。

负债按偿还期限的长短可以分为流动负债和非流动负债。其中，流动负债是指将在1年（含1年）或者超过1年的一个营业周期内偿还的债务，包括短期借款、应付账款、预收款项、应交税费、合同负债、应付职工薪酬等；非流动负债是指流动负债以外的负债，包括长期借款、应付债券、预计负债、长期应付款等。

3. 所有者权益

所有者权益是指企业资产扣除负债后由所有者享有的剩余权益。公司的所有者权益又称为股东权益。所有者权益是所有者对企业资产的剩余索取权，它是企业资产中扣除债权人权益后应由所有者享有的部分。所有者权益的来源包括所有者投入的资本、直接计入所有者权益的利得和损失、留存收益等，通常由股本（或实收资本）、资本公积（含股本溢价或资本溢价、其他资本公积）、其他综合收益、盈余公积和未分配利润构成。所有者权益具有如下特点：

（1）除非发生减资、清算，企业一般不需偿还所有者权益。

（2）企业清算时，只有在清偿所有的负债之后，所有者权益才返还给所有者。

（3）所有者凭借所有者权益能够参与企业利润的分配。

所有者权益和负债存在以下区别：

（1）企业给予的回报不同。企业给予投资者的回报是税后利润的分配，不能抵减所得税；而债权人只能得到固定的利息，利息费用可以在税前支付，用来抵减所得税。

（2）清算时偿还的顺序不同。企业解散清算时，债权人的求偿权应优先于投资者，偿还了债权人的债务后，如有剩余财产才能退还给投资者。

（3）偿还期不同。所有者权益一般不用偿还，负债一般有确切的偿还期，到期必须偿还。

（4）权利、风险不同。投资者可以参与企业的经营管理，承担的风险大；而债权人无权参与企业的经营管理，承担的风险相对较小。

4. 收入

收入是指企业在日常经营活动中所形成的、会导致所有者权益增加的、与所有者投入资本无关的经济利益的总流入。收入按企业经营业务的主次不同，可分为主营业务收入和其他业务收入。

微课：动态会计要素

《企业会计准则第 14 号——收入》已于 2017 年 7 月由财政部修订发布，自 2018 年 1 月 1 日起，在境内外同时上市的企业以及在境外上市并采用《国际财务报告准则》或《企业会计准则》编制财务报表的企业施行；自 2020 年 1 月 1 日起，在其他境内上市企业施行；自 2023 年 1 月 1 日起，在执行《企业会计准则》的非上市企业施行。

当企业与客户之间的合同同时满足下列五项条件的，企业应当在客户取得相关商品控制权时确认收入：

（1）合同各方已批准该合同并承诺将履行各自义务。

（2）该合同明确了合同各方与所转让商品或提供劳务相关的权利和义务。

（3）该合同有明确的与所转让商品或提供劳务相关的支付条款。

（4）该合同具有商业实质，即履行该合同将改变企业未来现金流量的风险、时间分布或金额。

（5）企业因向客户转让商品或提供劳务而有权取得的对价很可能收回。

收益、利得与收入的概念区分：

收益：是指企业在会计期间增加的除所有者投资外的经济利益的总流入，包括收入和利得。

利得：是指收入以外的其他收益，通常是从偶发的经济业务中取得，属于那种不经过经营过程就能取得或不曾期望获得的收益，如企业接受捐赠或政府的补助而取得的资产、因他人违约而获取的罚款收入等。

【边学边做】

计算区分收益、利得、收入

广州天峰公司本月销售商品10万元，出租包装物租金收入1万元，获得某企业赞助捐赠5万元，出售固定资产获收入3万元。则收益、利得、收入分别为多少？

5. 费用

费用是指企业在日常经济活动中所发生的、会导致所有者权益减少的、与向所有者分配利润无关的经济利益的总流出。费用的确认除了应当符合定义外，还应符合以下条件：一是与费用相关的经济利益很可能流出企业；二是经济利益流出企业的结果会导致资产的减少或者负债的增加；三经济利益的流出额能够可靠计量。

按费用与收入的关系可将费用分为：营业成本（指所销售商品或者所提供劳务的成本，包括直接材料、直接人工、制造费用）、税金及附加和期间费用（指本期发生、不能直接或间接归入营业成本、直接计入当期损益的各项费用，包括管理费用、销售费用、财务费用）。

6. 利润

利润是企业在一定会计期间的经营成果。通常情况下，如果企业实现了利润，表明企业的所有者权益将增加；反之，如果企业发生亏损（即利润为负数），表明企业的所有者权益将减少。

利润包括收入减去费用后的净额、直接计入当期利润的利得和损失。利得是指企业非日常活动所形成的、会导致所有者权益增加的、与所有者投入资本无关的经济利益的流入；损失是指由企业非日常活动所形成的、会导致所有者权益减少的、与向所有者分配利润无关的经济利益的流出。

利润反映的是收入减去费用、利得减去损失后的净额。因此，利润的确认主要依赖于收入和费用，以及利得和损失的确认，其金额的确定也主要取决于收入、费用、利得和损失的金额。

【拓展阅读】

其他国家对会计要素的分类

各个国家对会计要素的划分是不完全一致的，例如：美国财务会计准则委员会将会计要素划分为资产、负债、权益或净资产、业主投资、派给业主款、收入、费用、利润、损失、综合收益十大类；国际会计准则委员会将会计要素划分为资产、负债、产权、收益、费用五大类；我国《企业会计准则》将会计要素划分为资产、负债、所有者权益、收入、费用、利润六大类。

为了将符合确认条件的会计要素登记入账，并列报于财务报表而确定其金额的过程中，企业应当按照规定的会计计量属性进行计量，确定相关金额。

会计计量属性是指会计要素的数量特征或外在表现形式，反映了会计要素金额的确定基础。从会计角度，会计计量属性反映的是会计要素金额的确定基础，主要包括历史成本、重置成本、可变现净值、现值和公允价值等。

（1）历史成本。又称实际成本，是指为取得或制造某项财产物资实际支付的现金或其他等价物。采用历史成本计量时，资产按照其购置时支付的现金或现金等价物的金额，或者按照购置资产时所付出的对价的公允价值计量。负债按照其因承担现时义务而实际收到的款项或资产的金额，或者承担现时义务的合同金额，或者按照日常活动中为偿还负债预期需要支付的现金或者现金等价物的金额计量。

微课：会计要素计量属性

（2）重置成本。又称现行成本，是指按照当前市场条件，重新取得同样一项资产所需要支付的现金或现金等价物金额。采用重置成本计量时，资产按照现在购买相同或者类似资产所需支付的现金或者现金等价物的金额计量。负债按照现在偿付该项债务所需支付的现金或现金等价物的金额计量。

（3）可变现净值。是指在正常的生产经营过程中，以资产预计售价减去进一步加工成本和预计销售费用以及相关税费后的净值。采用可变现净值计量时，资产按照其正常对外销售所能收到的现金或现金等价物的金额扣减至完工时估计将发生的成本、估计的销售费用以及相关税费后的金额计量。

（4）现值。是指对某一资产的未来现金流量以恰当的折现率进行折现后的价值，是考虑货币时间价值的一种计量属性。在现值计量属性下，资产按照预计从其持续使用和最终处置中所产生的未来净现金流入量的折现金额计量。负债按照预计期限内需要偿还的未来净现金流出量的折现金额计量。

（5）公允价值。是在公平交易中，熟悉情况的交易双方自愿进行资产交换或债务清偿的金额。在公允价值计量下，资产和负债按照在公平交易中，熟悉情况的交易双方自愿进行资产交换或债务清偿的金额计量。

大数据对会计计量工作产生较大的影响：一是对资产初始计量单位产生的影响。传统的会计工作中的初始计量成本主要是包括了历史成本以及公允价值等几方面的内容。其中，计量公允价值因为自身具有的非唯一性与不可靠性特点，制约了公允价值应用效率的提升。随着大数据时代的来临，数量的不断增加，不仅使公允价值更加透明清晰，同时公允价值应用的可信度与可靠性也得到了显著提高。二是对计量单位产生的影响。传统会计工作模式下，计量单位主要是以元为单位，以时间、数量等作为非元计量单位为主导的大数据时代会计工作体系，为会计工作模式的改革与创新奠定了良好的基础。

（二）会计等式

1. 财务状况等式

财务状况等式，也称基本会计等式和静态会计等式，即：

微课：会计等式

资产 = 负债 + 所有者权益（或资产 = 权益）

这一会计等式表明某一会计主体在某一特定时点所拥有的各项资产以及债权人和投资者对企业资产要求权的基本状况，表明资产、负债和所有者权益的基本关系，同时也构成资产负债表的三个基本要素，是复式记账法的理论基础，也是编制资产负债表的依据。

2. 经营成果等式

经营成果等式，也称动态会计等式，是用以反映企业一定时期收入、费用和利润之间恒等关系的会计等式。即：

收入－费用＝利润

这一等式反映了利润的实现过程，是编制利润表的依据。

由于企业是投资者投资的，按照“谁投资谁得利”的原则，企业实现的利润只能归属于投资者，所以利润是所有者权益的一部分；如果企业亏损，只能由投资者承担，则所有者权益减少。因此可得到：

资产＝负债＋（所有者权益＋利润）

＝负债＋（所有者权益＋收入－费用）

费用＋资产＝负债＋所有者权益＋收入

这一等式反映了企业的财务状况与经营成果之间的关系。企业的经营成果影响企业的财务状况。当收入大于费用，企业有利润，将使资产增加或负债减少，财务状况好转；当收入小于费用，企业发生亏损，将会使资产减少或负债增加，财务状况恶化。

3. 经济业务对会计等式的影响

企业在生产经营过程中，每天都会发生多种多样的经济业务，从而引起各会计要素的增减变动，但并不影响“资产＝负债＋所有者权益”的恒等关系。

经济业务的发生引起会计要素的变动有以下九种情形：

（1）资产和负债要素同时等额增加。

【例3－1】天峰公司从银行取得3个月的短期借款80 000元，存入公司存款账户。

业务分析：该经济业务的发生使企业的资产（银行存款）增加80 000元，同时使企业的负债（短期借款）增加80 000元。由于资产与负债等额增加，不破坏会计基本等式。

（2）资产和负债要素同时等额减少。

【例3－2】天峰公司以银行存款10 000元偿还前欠某单位账款。

业务分析：该经济业务的发生，使企业资产（银行存款）减少10 000元，使负债（应付账款）减少10 000元。由于资产与负债同时等额减少，不破坏会计基本等式。

（3）资产和所有者权益要素同时等额增加。

【例3－3】天峰公司收到投资方投入的设备一台，投资合同约定其价值30 000元（假定该约定价值公允）。

业务分析：该经济业务的发生使企业的资产（固定资产）增加30 000元，同时使所有者权益（实收资本）增加30 000元。由于资产与所有者权益等额增加，不破坏会计基本等式。

（4）资产和所有者权益要素同时等额减少。

【例3－4】天峰公司按规定办妥减资手续，退还某投资方的投资50 000元，以银行存款支付。

业务分析：该经济业务的发生，使企业的资产（银行存款）减少 50 000 元，使所有者权益（实收资本）减少 50 000 元。由于资产与权益等额减少，不破坏会计基本等式。

（5）资产要素内部项目等额有增有减，负债和所有者权益要素不变。

【例 3－5】天峰公司从银行提取现金 2 000 元，以备零星开支之用。

业务分析：该经济业务的发生，使企业的一项资产（库存现金）增加 2 000 元，而另一项资产（银行存款）减少 2 000 元，增减金额相等。由于企业的资产总额不变，权益总额也不变，不破坏会计基本等式。

（6）负债要素内部项目等额有增有减，资产和所有者权益要素不变。

【例 3－6】天峰公司开出并承兑面值为 20 000 元的商业汇票一份，抵付前欠某单位货款。

业务分析：该经济业务的发生，使企业的一项负债（应付票据）增加 20 000 元，而另一项负债（应付账款）减少 20 000 元，增减金额相等。由于企业负债总额、所有者权益总额和资产总额均不变，不破坏会计基本等式。

（7）所有者权益要素内部项目等额有增有减，资产和负债要素不变。

【例 3－7】天峰公司按规定办妥增资手续后，将资本公积 20 000 元转增实收资本。

业务分析：该经济业务的发生，使企业的一项所有者权益（实收资本）增加 20 000 元，而另一项所有者权益（资本公积）减少 20 000 元，增减金额相等。由于所有者权益总额、负债总额和资产总额均不变，不破坏会计基本等式。

（8）负债要素增加，所有者权益要素等额减少，资产要素不变。

【例 3－8】天峰公司按规定分配给投资者利润 50 000 元，款项尚未支付。

业务分析：该经济业务的发生，使企业的负债（应付股利）增加 50 000 元，使所有者权益（未分配利润）减少 50 000 元，增减金额相等。由于企业权益总额和资产总额均不变，不破坏会计基本等式。

（9）负债要素减少，所有者权益要素等额增加，资产要素不变。

【例 3－9】天峰公司将应付给投资者的股利 30 000 元，经投资者同意并按规定办妥增资手续后，转作投资者向企业的投资。

业务分析：该经济业务的发生，使企业的负债（应付股利）减少 30 000 元，使所有者权益（实收资本）增加 30 000 元，增减金额相等。由于企业权益总额和资产总额均不变，不破坏会计基本等式。

在实际工作中，企业每天发生的经济业务要复杂得多，但无论其引起会计要素如何变动，都不会破坏资产与权益的恒等关系。具体可以分为以下三种情形：例 3－5、例 3－6、例 3－7、例 3－8、例 3－9 使财务状况等式左右两边的金额保持不变；例 3－1、例 3－3 使财务状况等式左右两边的金额等额增加；例 3－2、例 3－4 使财务状况等式左右两边的金额等额减少。

由此可见，每一项经济业务的发生，都会引起会计等式的一边或两边有关项目发生等额的变化，但始终不会影响会计等式的平衡关系。

（三）会计科目和账户

微课：会计科目

1. 会计科目

会计科目是对会计对象的具体内容进行分类核算的项目，是进行会计核算和提供会计信息的基础。会计科目按其反映的经济内容（即所属会计要素）、所提供信息的详细程度及其统驭关系分类。

(1) 按反映的经济内容分类。企业单位的会计科目，按其反映经济内容不同，一般可分为资产类、负债类、所有者权益类、共同类、成本类和损益类。

前三类会计科目，基本上是对“资产类”“负债类”“所有者权益类”要素进一步分类后的结果；成本类会计科目，是对“费用”要素中包含的“成本”进一步分类后的项目，主要有“生产成本”“制造费用”“研发支出”；损益类会计科目是对构成利润（或亏损）的收入、费用会计要素进一步分类形成的，其中反映收入的科目主要有“主营业务收入”“其他业务收入”，反映费用的科目主要有“主营业务成本”“其他业务成本”“销售费用”“管理费用”“财务费用”；共同类会计科目是既有资产性质又有负债性质的科目，如“清算资金往来”“货币兑换”等。应注意的是，收入抵减费用后的结果（利润和亏损）归所有者所有，对利润的分配和亏损的弥补也属于所有者权益的变动，因此，所设置如“本年利润”“利润分配”应归属所有者权益类会计科目。

会计科目按经济内容分类，是对会计科目最直接、最基本的分类。通过对会计科目按经济内容分类，便于了解和掌握会计科目所核算和监督的内容。工业企业常用的会计科目如表 3－1 所示。

表 3－1　　会计科目名称和编号

编号	名称	编号	名称
	(一) 资产类		(二) 负债类
1001	库存现金	2001	短期借款
1002	银行存款	2201	应付票据
1012	其他货币资金	2202	应付账款
1101	交易性金融资产	2203	预收账款
1121	应收票据	2204	合同负债
1122	应收账款	2211	应付职工薪酬
1123	预付账款	2221	应交税费
1131	应收股利	2231	应付利息
1132	应收利息	2232	应付股利
1221	其他应收款	2241	其他应付款
1231	坏账准备	2501	长期借款
1401	材料采购	2502	应付债券
1402	在途物资	2701	长期应付款
1403	原材料	2711	专项应付款
1404	材料成本差异	2801	预计负债
1405	库存商品	2901	递延所得税负债
1406	发出商品		(三) 共同类（略）
1407	商品进销差价		(四) 所有者权益类
1408	委托加工物资	4001	实收资本（或股本）
1461	存货跌价准备	4002	资本公积

续表

编号	名称	编号	名称
1462	合同资产	4101	盈余公积
1511	长期股权投资	4103	本年利润
1512	长期投资减值准备	4104	利润分配
1521	投资性房地产		（五）成本类
1531	长期应收款	5001	生产成本
1532	未实现融资收益	5101	制造费用
1601	固定资产	5201	劳务成本
1602	累计折旧	5301	研发支出
1603	固定资产减值准备		（六）损益类
1604	在建工程	6001	主营业务收入
1605	工程物资	6051	其他业务收入
1606	固定资产清理	6101	公允价值变动损益
1701	无形资产	6111	投资收益
1702	累计摊销	6301	营业外收入
1703	无形资产减值准备	6401	主营业外成本
1711	商誉	6402	其他业务成本
1801	长期待摊费用	6403	税金及附加
1811	递延所得税资产	6601	销售费用
1901	待处理财产损溢	6602	管理费用
		6603	财务费用
		6701	资产减值损失
		6711	营业外支出
		6801	所得税费用
		6901	以前年度损益调整

（2）按提供信息的详细程度及其统驭关系分类。会计科目按其所提供信息的详细程度及其统驭关系，可分为总分类科目和明细分类科目。总分类科目，又称总账科目或一级科目，是对会计要素的具体内容进行总括分类的科目，如表 3－1 中所列示的会计科目均属于总分类科目；明细分类科目，又称明细科目，是对总分类科目进一步分类的科目，所提供的信息更为详细和具体。如果某一总分类科目下属的明细分类科目较多时，可在总分类科目与明细分类科目之间设置二级或多级明细科目。如在“原材料”科目（总分类科目）下先按原材料的类别分别设置二级科目，再在每个二级科目下按原材料的品种和规格分别设置三级明细科目。

2. 会计账户

会计账户是根据会计科目设置的，具有一定格式和结构，用于分类反映会计要素增减变动情况及其结果的载体。

微课：会计账户

（1）账户的结构。引起资金变动的经济业务尽管错综复杂，但从数量上看不外乎是增加和减少两种情况，增减相抵后的差额为账户余额。

因此账户规定了左、右两个方向，用一个方向记录某项经济业务的增加金额，用另一个方向记录某项经济业务的减少金额。至于账户左、右两方的名称，以及用哪一方记录增加金额，哪一方记录减少金额，则取决于所采用记账方法和账户本身的性质。会计账户的结构中除了增加、减少两个要素外，通常还有一项，称为“余额”。

在借贷记账法下，账户的左方称为“借方”，右方称为“贷方”。在会计工作中，常用的会计账户在借贷记账法下的结构如表 3－2 所示。

表 3－2　　账户名称（会计科目）

年		凭证编号	摘要	借方	贷方	余额
月	日					

由于账户的一般结构较为复杂，在教学过程中通常简化为“丁”字形账户（又称为 T 形账户）。账户简化格式如图 3－1 所示。

图 3－1　T 形账户

会计要素在特定会计期间增加和减少的金额，分别称为账户的“本期增加发生额”和“本期减少发生额”，二者统称为账户的“本期发生额”；会计要素在会计期末的增减变动结果，称为账户的“余额”，具体表现为期初余额和期末余额，账户上期的期末余额转入本期，即为本期的期初余额；账户本期的期末余额转入下期，即为下期的期初余额。账户的期初余额、期末余额、本期增加发生额和本期减少发生额统称为账户的四个金额要素。对于同一账户而言，它们之间的基本关系为：

期末余额 = 期初余额 + 本期增加发生额 － 本期减少发生额

（2）账户的分类。与会计科目的分类对应，账户按反映的经济内容可分为资产类账户、负债类账户、所有者权益类账户、成本类账户、损益类账户和共同类账户；账户按所提供信息的详细程度和统驭关系，可分为总分类账户（总账）和明细分类账户（明细账）。总分类账户和所属明细分类账户核算的内容相同，只是反映内容的详细程度有所不同，两者相互补充，相互制约，相互核对。总分类账户统驭和控制所属明细分类账户，明细分类账户从属于总分类账户。

（3）账户与会计科目的关系。账户是根据会计科目设置，会计科目是账户的名称，二者的内容相同，开设的目的一致，都是对经济业务进行分类、整理，以提供管理所需要的会计信息。会计科目仅是账户的名称，本身不存在的结构，而账户则有一定的格式和结构。会计科目由国家统一制定，是会计制度的组成部分，而账户则是由各单位根据会计科目的要求，结合本单位的实际情况开设的。

二、复式记账

记账方法是指在账户中记录经济业务的方法。会计记账的方法主要包括单式记账法和复式记账法两种，但随着信息技术的应用，三式记账法或多式记账法已成为可能。

（一）单式记账法

单式记账法是对于经济业务只在一个账户中进行记录的方法。采用单式记账法，手续比较简单，但不能全面地、系统地反映经济业务的全貌，不便于检查账户记录的准确性，因此是一种不完整的记账方法，现已很少使用。

（二）复式记账法

复式记账法，是指每一项经济业务事项，都要以相等的金额，在相互关联的两个或两个以上的账户中同时进行登记，全面、系统地反映会计要素增减变化的一种记账方法。

微课：借贷记账法

复式记账，是指每一项经济业务事项，都要以相等的金额，在相互关联的两个或两个以上的账户中同时进行记录的方法。

任何一项经济业务事项，都会引起起码两个方面的变化，或同时出现增减，或此增彼减。这种变化既相互独立，又密切联系。如果采取单式记账法，只能对其中的一种变化进行核算和监督，无法全面地反映经济业务事项的全貌。采用复式记账法，可以通过账户的对应关系完整地反映经济业务的来龙去脉，还可以通过每一项经济业务事项所涉及的两个或两个以上的账户之间的平衡关系，来检查会计记录的正确性。有学者提出三式记账法，也有学者提出可以采用基于现代信息技术应用、服务于多元化会计需求、具有复式记录形式和多重会计分类标识并存的多式记账法。

本书主要以社会普遍采用的复式记账法为主。复式记账法主要有借贷记账法、增减记账法和收付记账法。我国会计准则规定，企业、行政单位和事业单位会计核算应采用借贷记账法记账。

【拓展阅读】

复式记账法的演变

复式记账法起源于中世纪的意大利城市（如威尼斯、热那亚等），当时地中海沿岸的商业和手工业发展迅速，活跃的银钱兑换业务要求从簿记中获得有关经济往来和经营成果的重要信息。科学的复式记账法就在意大利诞生了。它经历了三个不同的发展阶段：

（1）佛罗伦萨式——萌芽阶段（1211—1340 年），以佛罗伦萨银行家采用的簿记为代表（现收藏于佛罗伦萨梅蒂奇·拉乌莱芝纳博物馆）。记账方法：转账结算；记账对象：债权债务人；记录形式：借贷上下连续登记。

（2）热那亚式——改良阶段（1340—1494 年），以热那亚市政厅的总账为代表（现收藏于热那亚古文化馆）。记账方法：复式；记账对象：较之前增加了商品和现金；记录形式：左借右贷账户对照。

（3）威尼斯式——完备阶段（1494—1854 年），以卢卡·帕乔利所著的《算术、几何、比及比例概要》一书的出版为代表。书中全面总结了威尼斯复式记账法，标志着现代会计的开始。记账方法：复式；记账对象：较之前两个阶段增加了损益账户和资本账户；记录形式：账户式。

三式记账法

三式记账法是指对每项经济业务以相等金额记入相互对应的三类账户的一种记账方法。它是美籍日裔会计学家井尻雄士于 1982 年在所著的《三式簿记和收益动量》一书中提出的，认为复式记账法的纯粹方程式可以归纳为“财富 = 资本”；式中，财富的定义为资产减负债。推导出以下两种三式记账法：

（1）时间三式记账法。记账方程式为“预算 = 财富 = 资本”。式中，资本说明过去积累的经营成果，财富反映现在，而预算则面向未来。在复式记账法基础上增加的预算类账户记录目标资本的增减变化，即未来计算期目标资本要求达到的水平。于是把预算指标纳入了账户体系。

（2）微分三式记账法。记账方程式为“财富 = 资本 = 动力”。它把资本解释为财富的微分，即为财富现状提供了理由；而动力则为资本的微分，即为财富现状提供理由的理由。在复式记账法的基础上，添加动力类账户记录收益变动的原因，即差异。于是把各种差异纳入了账户体系。

如将上述两种记账法结合起来，就构成多式记账法，其方程式为“预算 = 财富 = 资本 = 动力”。

借贷记账法是世界各国普遍采用的一种复式记账方法，它是以“资产 = 负债 + 所有者权益”为理论依据，以“借”和“贷”为记账符号，以“有借必有贷，借贷必相等”为记账规则的一种复式记账法。T 形账户左方为借方，右方为贷方，至于哪一方记增加，哪一方记减少，要根据账户的性质来决定。也就是说，借和贷本身不表示增和减，只有与具体的账户相结合后才可以表示增和减。通常情况下，对于资产类、成本类和费用类账户，增加用“借”表示，减少用“贷”表示；而在负债类、所有者权益类和收入类账户，增加用“贷”表示，减少用“借”表示。

1. 资产类和成本类账户的结构

在资产类和成本类账户中，借方登记增加额，贷方登记减少额，期末余额一般在借方。其期末余额可根据下列公式计算：

期末借方余额 = 期初借方余额 + 本期借方发生额 − 本期贷方发生额

2. 负债类账户和所有者权益类账户的结构

负债及所有者权益类账户的结构与资产类账户正好相反，其贷方登记增加额；借方登记减少额，期末余额一般应在贷方。其期末余额可根据下列公式计算：

期末贷方余额 = 期初贷方余额 + 本期贷方发生额 − 本期借方发生额

3. 损益类账户的结构

损益类账户主要包括收入类账户和费用类账户。在借贷记账法下，收入类账户贷方登记增加额，借方登记减少额，本期收入净额在期末转入"本年利润"账户，用以计算当期损益，结转后无余额；费用类账户借方登记增加额，贷方登记减少额，本期费用净额在期末转入"本年利润"账户用以计算当期损益，结转后无余额。

在借贷记账法下，账户的结构如图 3－2 至图 3－5 所示。

账户名称

借方	贷方
期初余额 本期增加额	本期减少额
本期借方发生额合计	本期贷方发生额合计
期末余额	

图 3－2　资产类和成本类账户

账户名称

借方	贷方
本期减少额	期初余额 本期增加额
本期借方发生额合计	本期贷方发生额合计
	期末余额

图 3－3　负债类和所有者权益类账户

账户名称

借方	贷方
本期减少额	本期增加额
本期借方发生额合计	本期贷方发生额合计

图 3－4　收入类账户

账户名称

借方	贷方
本期增加额	本期减少额
本期借方发生额合计	本期贷方发生额合计

图 3－5　费用类账户

借贷记账法记账规则的具体运用，如例 3－10 至例 3－12 所示。

【例 3－10】 6 月 5 日，以银行存款购进设备 3 000 元。

业务分析： 这项经济业务的发生，一方面使单位的固定资产这一资产项目增加了 3 000元，另一方面使单位的银行存款这一资产项目减少了 3 000 元。因此，这项经济业务涉及"固定资产"和"银行存款"这两个账户，资产的增加，应记在"固定资产"账户的借方；资产的减少，应记在"银行存款"账户的贷方。这项经济业务登账的结果如图 3－6 所示。

借方	银行存款	贷方	借方	固定资产	贷方
期初余额 4 500			期初余额 6 000		
		（1）3 000	（1）3 000		

图 3－6

【例 3－11】6 月 10 日，从银行借入短期借款 100 000 元偿还前欠外单位货款。

业务分析：这项经济业务的发生，一方面使单位的银行借款这一负债项目增加了100 000元，另一方面使单位的应付账款这一负债项目减少了 100 000 元。因此，这项经济业务涉及“短期借款”和“应付账款”这两个账户，负债的增加，应记在“短期借款”账户的贷方；负债的减少，应记在“应付账款”账户的借方。这项经济业务登账的结果如图 3－7 所示。

借方	短期借款	贷方	借方	应付账款	贷方
		期初余额 100 000			期初余额 150 000
		（2）100 000	（2）100 000		

图 3－7

【例 3－12】6 月 13 日，从外单位赊购一项专利，金额为 20 000 元。

业务分析：这项经济业务的发生，一方面使单位的无形资产这一资产项目增加了20 000元，另一方面使单位的应付账款这一负债项目也相应的增加了 20 000 元。因此，这项经济业务涉及“无形资产”和“应付账款”这两个账户，资产的增加，应记在“无形资产”账户的借方；负债的增加，应记在“应付账款”账户的贷方。这项经济业务登账的结果如图 3－8 所示。

借方	应付账款	贷方	借方	无形资产	贷方
		期初余额 150 000	期初余额 250 000		
		（3）200 000	（3）20 000		

图 3－8

综合以上三项经济业务，所有经济业务的发生，都是有借方必有贷方，而且记入借方的金额与记入贷方的金额必须相等。因此，借贷记账法的记账规则，可以概括为“有借必有贷，借贷必相等”。

在实际运用借贷记账法的记账规则记录一项经济业务时，要从以下三个方面分析：

1. 分析所发生的经济业务，根据经济业务的内容，确定它所涉及的账户及账户的性质（资产类、负债类、所有者权益类、收入类和成本费用支出类账户）。

2. 分析所发生的经济业务，对所涉及的账户的影响情况，即引起的是有关账户金额的增加或减少。

3. 根据账户的结构特点，确定借方应登记哪个账户，贷方应登记哪个账户。

（二）会计分录

微课：会计分录

1. 会计分录的含义

会计分录是指对某项经济业务标明其应借应贷账户及其金额的记录，简称“分录”。会计分录是由应借应贷方向、对应账户（科目）名称及应记金额三要素构成。在我国，会计分录记载于记账凭证中。会计分录按照所涉及账户的多少，分为简单会计分录和复合会计分录。简单会计分录指只涉及一个账户借方和另一个账户贷方的会计分录，即一借一贷的会计分录；复合会计分录指由两个以上（不含两个）对应账户所组成的会计分录，即一借多贷、一贷多借或多借多贷的会计分录。

一借多贷：借方一个会计账户对应（即金额的对应相等）贷方多个会计账户；

多借一贷：借方多个会计账户对应贷方一个会计账户；

多借多贷：借方多个会计账户对应贷方多个会计账户；一般只在一笔经济交易或事项客观存在复杂关系时才使用，编制会计分录时应尽量避免。

2. 会计分录的格式

会计分录常见的格式为：

第一：应是先借后贷，借贷分行，借方在上，贷方在下；

第二：贷方记账符号、账户、金额都要比借方退后一格，表明借方在左，贷方在右。

3. 会计分录的编制方法

在编制会计分录时，可以按以下步骤进行：

第一：涉及的账户，分析经济业务涉及哪些账户发生变化；

第二：账户的性质，分析涉及的这些账户的性质，即它们各属于什么会计要素，位于会计等式的左边还是右边；

第三：增减变化情况，分析确定这些账户是增加了还是减少了，增减金额是多少；

第四：记账方向，根据账户的性质及其增减变化情况，确定分别记入账户的借方或贷方；

第五：根据会计分录的格式要求，编制完整的会计分录。

4. 会计分录的具体运用

【例 3－13】天峰公司本月发生下列经济业务：（1）接受乙企业商标使用权的投资，该项商标使用权的协议价是 90 500 元（公允价值），增加注册资本 80 500 万元。（2）从大东公司购入材料并取得增值税专用发票。材料金额为 800 000 元，增值税额 104 000 元，以转账支票支付，材料当天验收入库，材料按实际成本计价。（3）以转账支票支付企业广告费2 000元。（4）采用电汇结算方式向石山小学捐赠 69 500 元。要求：分别编制上述业务的会计分录。

业务分析：根据编制会计分录的 5 个步骤，结合本例的业务，编制的会计分录如下：

（1）借：无形资产　　90 500
　　　　贷：实收资本　　80 500
　　　　　　资本公积　　10 000

（2）借：原材料　　800 000
　　　　应交税费——应交增值税（进项税额）　　104 000
　　　　贷：银行存款　　904 000（800 000＋104 000）

（3）借：销售费用　　2 000

　　　贷：银行存款　　2 000

（4）借：营业外支出　　69 500

　　　贷：银行存款　　69 500

（三）试算平衡

微课：试算平衡

试算平衡就是指在某一时日（如会计期末），为了保证本期会计处理的正确性，依据借贷记账法的记账规则和资产与权益的恒等关系，对本期所有账户的发生额和余额的汇总计算和比较，以检验账户记录是否正确的一种方法。试算平衡分为发生额试算平衡和余额试算平衡。

1. 发生额试算平衡

发生额试算平衡，是指全部账户的本期借方发生额合计和本期贷方发生额合计保持平衡，其理论依据为“有借必有贷，借贷必相等”的记账规则。其试算平衡公式如下：

全部账户本期借方发生额合计 = 全部账户本期贷方发生额合计

2. 余额试算平衡

余额试算平衡，是指全部账户借方期初（末）余额合计与全部账户贷方期初（末）余额合计保持平衡，其理论依据是“资产 = 负债 + 所有者权益”的恒等关系。余额试算平衡又可分为期初余额平衡与期末余额平衡两类。其试算平衡公式如下：

全部账户的借方期末余额 = 全部账户的贷方期末余额

全部账户的借方期初余额 = 全部账户的贷方期初余额

如果试算不平衡，说明账户的记录肯定有错；如果试算平衡，说明账户的记录基本正确，但不一定完全正确。这是因为有些错误并不影响借贷双方的平衡，比如重记、多记、少记、记错账户、应借应贷账户相互颠倒等。因此需要对会计记录进行日常或定期的复核，以保证账户记录的正确性。

3. 试算平衡表的编制

试算平衡是通过编制试算平衡表进行的。试算平衡表通常是在期末结出各账户的本期发生额和期末余额后编制的，试算平衡表中一般应设置“期初余额”“本期发生额”和“期末余额”三大栏目，其下分设“借方”和“贷方”两个小栏目。各大栏目中的借方合计与贷方合计应该平衡相等，否则，便存在记账错误。具体如表 3－3 所示。

表 3－3　　**试算平衡表**

202×年 9 月 30 日

会计科目	期初余额		本期发生额		期末余额	
	借方	贷方	借方	贷方	借方	贷方
库存现金	10 000		15 000	5 000	20 000	
银行存款	200 000		350 000	50 000	500 000	
应收账款	80 000		350 000	400 000	30 000	

续表

会计科目	期初余额		本期发生额		期末余额	
	借方	贷方	借方	贷方	借方	贷方
原材料	35 000		250 000	32 000	253 000	
固定资产	750 000		320 000	20 000	1 050 000	
无形资产	35 000			6 000	29 000	
短期借款		210 000	20 000			190 000
应付账款		30 000	50 000	23 000		3 000
预收账款		260 000	60 000	379 000		579 000
长期借款		60 000	1 500 000	2 000 000		560 000
实收资本		500 000				500 000
盈余公积		50 000				50 000
合　　计	1 110 000	1 110 000	2 915 000	2 915 000	1 882 000	1 882 000

三、填制和审核会计凭证

会计凭证是具有一定格式、用以记录经济业务发生和完成情况的书面证明，是登记账簿的依据，包括纸质会计凭证和电子会计凭证两种。填制和审核会计凭证，是指采用具有一定格式的书面证明文件记录经济业务、明确经济责任，并经审核无误后据以登记账簿的一种方法。填制和审核凭证有利于保证会计记录的完整、可靠以及经济业务的合理、合法，为账簿记录提供真实可靠的原始数据，保证会计核算的质量。对于任何一项经济业务，都要由经办人员取得或填制凭证，所有凭证都要经过会计部门和有关部门的审核，只有经过审核无误的凭证，才能作为记账的依据。填制和审核会计凭证是会计核算工作的起点，正确填制和审核会计凭证，是进行核算和实施监督的基础。

【拓展阅读】

中国最早的会计凭证

我国最早的会计凭证，是公元前 11 世纪西周时代官厅会计核算中使用的“法”或“法式”。《周礼·天官》中记载：“司会掌邦之六典、八法、八则之贰，以逆邦国都鄙官府之治。以九贡之法致邦国之财用，以九赋之法令田野之财用，以九功之法令民职之财用，以九式之法均节邦之财用。掌国之官府、郊野、县都之百物财用。凡在书契、版图者之贰，以逆群吏之治而听其会计……”这里的“贰”指的是一式两份法，用来反映和控制钱物的出和入。晚清经学大师孙诒让在《周礼正义》一书中记录了“法”或“法式”记录的内容，大致包括钱物的名称、数量、财物性质、事项说明等，完全起到了凭证的作用，是我国会计凭证的开端。

会计凭证的形式多种多样，可以按照不同的标准进行分类。会计凭证按照填制程序和用途可以分为原始凭证和记账凭证。

微课：原始凭证

（一）原始凭证

原始凭证是指在经济业务发生或完成时取得或填制的，用以记录或证明经济业务的发生或完成情况的原始凭据。原始凭证是证明经济业务发生的初始文件，具有较强的法律效力，是填制记账凭证和登记账簿的原始依据。常见的原始凭证有现金收据、领料单、增值税普通发票、增值税专用发票等。2021 年 12 月 1 日起，国家税务总局推行全面数字化的电子发票试点，全面数字化的电子发票（增值税专用发票）如图 3－9 所示。

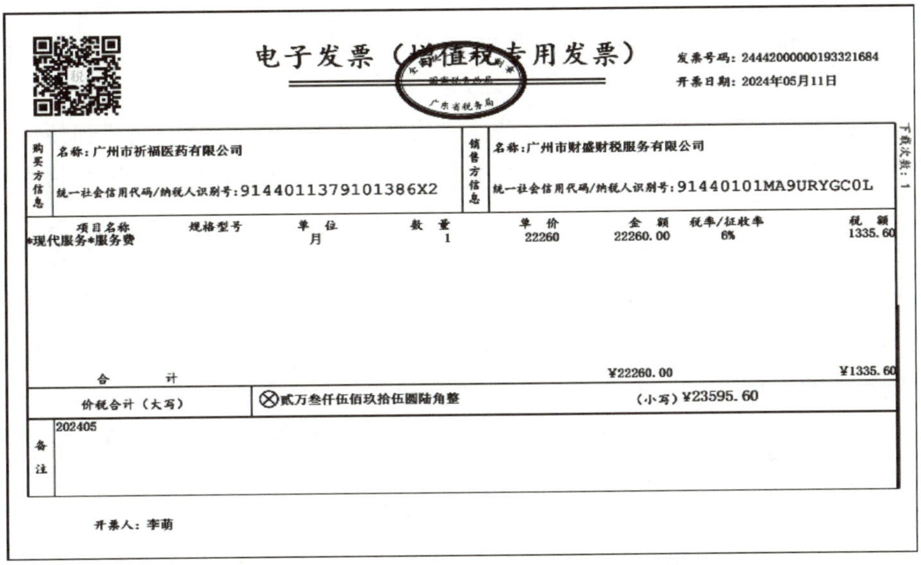

电子发票（增值税专用发票）

发票号码：24442000000193321684
开票日期：2024年05月11日

购买方信息 名称：广州市祈福医药有限公司
统一社会信用代码/纳税人识别号：9144011379101386X2

销售方信息 名称：广州市财盛财税服务有限公司
统一社会信用代码/纳税人识别号：91440101MA9URYGC0L

项目名称	规格型号	单位	数量	单价	金额	税率/征收率	税额
*现代服务*服务费		月	1	22260	22260.00	6%	1335.60
合计					¥22260.00		¥1335.60

价税合计（大写） ⊗贰万叁仟伍佰玖拾伍圆陆角整 （小写）¥23595.60

备注 202405

开票人：李萌

下载次数：1

图 3－9 电子发票（增值税专用发票）

1. 原始凭证的内容

原始凭证的内容及格式取决于它所要反映的经济业务的内容。所有的原始凭证，都必须详细地记录经济业务的发生或完成情况，必须明确经办单位和有关人员的经济责任，因此，任何原始凭证都应具备一些共同的基本内容，又称为原始凭证的要素，主要包括以下内容：

（1）原始凭证的名称；

（2）填制凭证的日期；

（3）填制凭证的单位名称和填制人姓名；

（4）接受凭证的单位名称；

（5）经济业务的内容；

（6）经济业务所涉及的数量、单价和金额；

（7）经办人员的签名或盖章。

2. 原始凭证的分类

原始凭证的分类，如表 3－4 所示。

表 3－4　　原始凭证分类表

分类依据	凭证类别	凭证举例
1. 按取得来源	自制原始凭证	领料单、产品入库单、借款单等
	外来原始凭证	购货取得的增值税专用发票、飞机票、火车票、餐饮发票等
2. 按照格式	通用凭证	增值税专用发票、由人民银行制作的银行转账结算凭证等
	专用凭证	折旧计算表、差旅费报销单、工资费用分配表、领料单等
3. 按填制的手续和内容	一次凭证	收据、销货发票、购货发票、银行结算凭证等
	累计凭证	限额领料单
	汇总凭证	发料凭证汇总表

自制原始凭证是指由本单位有关部门和人员，在经办或完成某项经济业务时填制的原始凭证；外来原始凭证是指在经济业务发生或完成时，从其他单位或个人直接取得的原始凭证。

通用凭证是指由有关部门统一印制、在一定范围内使用的具有统一格式和使用方法的原始凭证，通用凭证可以是分地区、分行业使用，也可以全国通用；专用凭证是指由单位自行印制的原始凭证。

一次凭证是指一次填制完成，只记录一笔经济业务且仅一次有效的原始凭证；累计凭证是指在一定时期内多次记录发生的同类经济业务且多次有效的原始凭证；汇总凭证是指对一定时期内反映经济业务内容相同的若干张原始凭证，按照一定标准综合填制的原始凭证。

3. 原始凭证的审核

为了正确地反映和监督各项经济业务，确保会计资料真实、完整和合法，必须对原始凭证进行严格的审核。审核的内容主要包括：

（1）真实性审核。审核凭证所反映的内容是否符合所发生实际经济业务的情况，日期、数据等是否真实。对自制原始凭证，必须有经办部门和人员的签名或盖章；对外来原始凭证，必须有填制单位公章或财务专用章和填制人签章，其中，电子形式的外来原始凭证，应当附有符合《电子签名法》的电子签名（章）。

（2）完整性审核。审核原始凭证各项基本要素是否齐全，是否有漏项情况，日期是否完整，数字是否清晰，文字是否工整，有关人员签章是否齐全等。

（3）合法性审核。审核原始凭证所记录经济业务是否符合国家法律法规，是否履行了规定的凭证传递和审核程序等。

（4）合理性审核。审核原始凭证所记录经济业务是否符合企业生产经营活动的需要、是否符合有关的计划和预算等。

经审核的原始凭证应根据不同情况进行处理：

第一，对于完全符合要求的原始凭证，应及时据以编制记账凭证入账；

第二，对于真实、合法、合理但内容不够完整、填写有错误的原始凭证，应退回给有关经办人员，由其负责将有关凭证补充完整、更正错误或重开后，再办理正式会计手续；

第三，对于不真实、不合法的原始凭证，会计机构、会计人员有权不予接受，并向单位负责人报告。

素养提升

一张报销单引发的“吐槽大会”

费用报销是会计日常处理最多的事务，可占到凭证总数量的70%以上。每每提到报销，茶余饭后总是能听到很多吐槽，一张报销单忙坏了不少小伙伴。当前，财税行业新政频出，财务人员压力沉重，报销人员对效率积怨已久，老板们更是对每笔费用走向不能及时掌握。

报销人员：我们每个月在外面出差为公司奔波，一张费用报销单你让我来来回回改，这里不对那里不对，这样流程那样要求的，有时候还得自己垫钱，你们财务就是不通情达理，做事死板，能不能提高点效率？

财务人员：这话我就不乐意听了，你以为我跟你有仇啊？你没有按税法、会计准则和公司规定报销，税局找上门，你负责？老板问起来，这事怪谁？你轻轻松松把钱拿走，发票、涉税风险……全部甩给我？想得美。

资料来源： https：//www. chinaacc. com/kuaijishiwu/zzjn/li1801313249. shtml（原文经过整理）。

问题： 根据本案例，财务人员如何做好报销工作？

分析提示： 费用报销中的审核要点包括：一是审核费用是否超出预算；二是审核费用报销是否经过适当的审批，主要看费用审批人是否得到了授权、审批人是否在授权范围内进行的审批、该授权是否被不正当使用、报销单据的审批流程是否符合公司的规定、需由两个及两个以上部门共同承担的一笔费用是否取得各个费用承担部门负责人的审批；三是审核报销标准是否符合公司规定；四是审核发票是否合规，主要看单位名称和统一社会信用代码是否正确、货物或应税劳务名称是否与实际经济业务一致、发票是否加盖发票专用章、是否存在应该填写发票备注栏但是未填写的发票，并通过官方途径查询发票真伪。

“诚信为本、操守为重、坚持准则、不做假账”是会计人员的基本职业道德和行为准则。财会工作的根本要求是一个“真”字，要求会计数据真实、可靠、可信，绝不可弄虚作假。财务人员在费用报销审核时应坚持准则，坚持国家的法规，坚持公司的规章制度，认真审核原始凭证，做到精益求精，在平凡的岗位上做到诠释“工匠精神”。

（二）记账凭证

微课：记账凭证

记账凭证是根据审核无误的原始凭证，将经济业务的内容按照复式记账法和会计科目的设置要求整理编制的，作为登记账簿依据的会计凭证。

原始凭证是记账的原始证据，但原始凭证来自各个不同的方面，种类繁多，格式不一，它不能清楚地表明应记入账户的名称和方向。直接根据原始凭证记账容易发生差错，所以在记账前，一般先要根据原始凭证编制记账凭证，在记账凭证中确定会计分录，再据以记账。这样原始凭证就成为记账凭证的附件和原始依据，而记账凭证则成为记账的直接依据。有些会计事项，如更正错账、期末结账等，因无法取得原始凭证，也可由会计人员直接根据账簿资料编制记账凭证。原始凭证与记账凭证的区别如表3－5所示。

表 3－5　　原始凭证与记账凭证的区别

	原始凭证	记账凭证
填制人员	经办人员	会计人员
填制依据	发生或完成的经济业务	审核后的原始凭证
填制作用	记录、证明经济业务已经发生或完成，是填制记账凭证的依据	依据会计科目对已经发生的或完成的经济业务进行归类、整理，是登记账簿的依据

1. 记账凭证的种类

记账凭证按其适用的经济业务，分为专用记账凭证和通用记账凭证。如表 3－6 所示为通用记账凭证。

表 3－6

记　账　凭　证

202×年　8　月　18　日　　　　记字第　18　号

摘要	总账科目	明细科目	借方金额											贷方金额											
			亿	千	佰	十	万	千	百	拾	元	角	分	亿	千	佰	十	万	千	百	拾	元	角	分	附单据
支付印刷费	管理费用								1	5	0	0	0												
	库存现金																			1	5	0	0	0	1
合计								¥	1	5	0	0	0						¥	1	5	0	0	0	张

财务主管 黄玉英　　记账 黄建明　　出纳 刘丽红　　审核 陈礼敢　　制单 黄建明

（1）专用记账凭证，是专门用来记录某一类经济业务的记账凭证。按照反映的经济业务的内容通常可分为收款凭证、付款凭证和转账凭证。

收款凭证，是用来记录现金和银行存款收款业务的记账凭证。根据有关现金和银行存款收款业务的原始凭证填制。在实际工作中，还可以将收款凭证分为现金收款凭证和银行存款收款凭证两种。经审核无误的收款凭证，不仅是登账的依据，同时也是出纳人员收款的依据。出纳人员根据收款凭证收款时，要在凭证上加盖“收讫”戳记，以避免差错。

付款凭证，是用来记录现金和银行存款付款业务的记账凭证。根据有关现金和银行存款付款业务的原始凭证填制。在实际工作中，也可以将付款凭证分为现金付款凭证和银行存款付款凭证两种。出纳人员根据审核无误的付款凭证登记有关账簿，并据以支付款项。付款时，要在付款凭证上加盖“付讫”戳记，以免重复。对于现金和银行存款之间的相互划转业务，为了避免重复记账，统一只编制付款凭证，不编收款凭证。将现金存入银行，只填制现金付款凭证，不再填制银行存款收款凭证；同样从银行提取现金时，也只填制银行存款付款凭证，不再填制现金收款凭证。

转账凭证，是用来记录与现金和银行存款收付款业务无关的转账业务的记账凭证。根据不涉及现金和银行存款的转账业务的原始凭证填制。

（2）通用记账凭证，不分收款、付款和转账业务，都使用一种记账凭证，这种记账凭证称为通用记账凭证。通用记账凭证的格式同转账凭证。在经济业务比较简单、经营规模较小的单位，为了简化会计凭证，一般使用通用记账凭证记录所发生的各种经济业务。

2. 记账凭证的内容

记账凭证是登记账簿的依据，为了保证账簿记录的正确性，记账凭证必须具备以下基本内容：

（1）记账凭证的名称；

（2）记账凭证的填制日期；

（3）凭证编号；

（4）经济业务的内容摘要；

（5）应借应贷的会计科目及其金额；

（6）所附原始凭证张数；

（7）填制人员、记账人员、审核人员、会计机构负责人、会计主管人员签名或者盖章；收款和付款凭证还应有出纳人员的签名或盖章。

3. 记账凭证的审核

正确编制记账凭证是正确处理账务的前提，特别是收、付款凭证是出纳人员收、付款项的依据。因此，为了保证会计信息的质量，对于记账凭证，除了编制人员要认真负责，加强自审外，财会部门还应建立相互复核和专人审核的制度，在记账前，必须经过严格的审核。审核的内容主要包括：记账凭证是否有原始凭证为依据，所附原始凭证或原始凭证汇总表的内容与记账凭证的内容是否一致；记账凭证各项目的填写是否齐全，如日期、凭证编号、摘要、会计科目、金额、所附原始凭证张数及有关人员签章等；记账凭证的应借应贷科目以及对应关系是否正确；记账凭证所记录的金额与原始凭证的有关金额是否一致，计算是否正确；记账凭证中的记录是否文字工整、数字清晰，是否按规定进行更正等；出纳人员在办理收款或付款业务后，是否已在原始凭证上加盖“收讫”或“付讫”的戳记。

四、登记会计账簿

微课：会计账簿

会计账簿，简称账簿，是指由一定格式的账页组成的，以经过审核的会计凭证为依据，全面、连续、系统地记录各项经济业务和会计事项的簿籍。登记会计账簿必须按照规定的会计科目，在账簿中序时地或分门别类地登记，并定期进行对账和结账，做到账证相符、账账相符、账实相符，以便提供编制财务报表所需的各种资料。登记账簿是会计核算的一种专门方法，是会计核算的中心环节，也是编制财务会计报告的重要依据。

1. 会计账簿的基本内容

账簿的种类是多种多样的，各种账簿所记录的经济业务、账簿格式也不尽相同，但各种主要账簿都应具备封面、扉页和账页等内容。封面主要用来表明账簿的名称；扉页主要用来列明会计账簿的使用信息；账页是记录经济业务的主要载体，是账簿的主要组成部分，一般包括账户名称（或会计科目）、登账日期栏、凭证种类和编号栏、摘要栏、金额栏（借方贷方的金额和余额）、账页号数（总页次和分户页次）等内容。

2. 会计账簿的种类

我国《会计基础工作规范》规定，各单位应当按照国家统一会计制度的规定和会计业务的需要设置会计账簿。会计账簿的种类多样，在记账手段实现现代化之前，账簿可以按用途、外表形式和账页格式等进行分类。具体如表 3 - 7 所示。

表 3 – 7　　　　会计账簿分类表

分类依据	类别
按用途分类	①序时账簿，即日记账
	②分类账簿，包括总分类账簿和明细分类账簿
	③备查账簿，即辅助登记簿或补充登记簿
按账页格式分类	①三栏式账簿；②多栏式账簿；③数量金额式账簿
按外形特征分类	①订本式账簿；②活页式账簿；③卡片式账簿（固定资产采用此形式）

会计账簿按用途不同可以分为序时账簿、分类账簿和备查账簿。序时账簿又称日记账，是按照经济业务发生时间的先后顺序逐日、逐笔登记的账簿，在我国，库存现金日记账和银行存款日记账是应用比较广泛的日记账；分类账簿是按照分类账户设置登记的账簿，分类账簿是会计账簿的主体，也是编制财务报表的主要依据，按反映经济业务的详细程度，分为总分类账簿（总账）和明细分类账簿（明细账）；备查账簿又称辅助账簿，是对某些在序时账簿和分类账簿中未能记载或记载不全的经济业务进行补充登记的账簿，如反映企业租入固定资产的“租入固定资产登记簿”。

会计账簿按账页格式不同主要分为三栏式账簿、多栏式账簿和数量金额式账簿。三栏式账簿是指账簿的账页格式开设借方、贷方和余额三个栏目的账簿，各种日记账、总分类账以及资本、债权、债务明细账都可以采用三栏式账簿，如表 3 – 8 所示；多栏式账簿是在账簿的两个金额栏目（借方和贷方）按需要分设若干专栏的账簿，收入、费用、成本明细账一般多采用多栏式账簿；数量金额式账簿是在账簿的借方、贷方和余额三个栏目下再分设数量、单价和金额栏，以便全面记录反映经济业务数量和金额的账簿，原材料、库存商品等明细账一般都采用数量金额式账簿，其格式如表 3 – 9 所示。

表 3 – 8

原材料　　总账

202×年		凭证		摘要	对方科目	借方										贷方										借或贷	余额									
月	日	种类	号数			千	百	十	万	千	百	十	元	角	分	千	百	十	万	千	百	十	元	角	分		千	百	十	万	千	百	十	元	角	分
8	1			期初余额																										9	0	0	0	0	0	0
8	8	记	18	购入生铁一批	应付账款			1	3	6	0	0	0	0	0														2	2	6	0	0	0	0	0

表 3 – 9

最高储量
最低储量
编号　208　　规格　L12　　　原材料明细账　　　单位　吨.元　　名称　生铁

202×年		凭证		摘要	对方科目	借方												贷方												借或贷	结存											
月	日	种类	号数			数量	单价	千	百	十	万	千	百	十	元	角	分	数量	单价	千	百	十	万	千	百	十	元	角	分		数量	单价	千	百	十	万	千	百	十	元	角	分
8	1			期初余额																											20000	4.5				9	0	0	0	0	0	0
																															20000	4.5				9	0	0	0	0	0	0
8	8	记	18	购买生铁	应付账款	20000	6.8			1	3	6	0	0	0	0	0														20000	6.8			1	3	6	0	0	0	0	0

会计账簿按外形特征不同可以分为订本式账簿、活页式账簿和卡片式账簿。订本式账簿又称订本账，是在启用前就把编有顺序号的若干账页固定装订成册的账簿，主要适用于总账、现金日记账和银行存款日记账。活页式账簿又称活页账，是把若干张零散的账页放置在活页夹内，可根据记账内容的变化随时增加或减少部分账页的账簿，主要适用于各种明细账。卡片式账簿又称卡片账，是由若干卡片式账页存放在卡片箱内，可以根据需要随时增添账页的账簿，主要适用于固定资产的核算。

会计账簿与会计账户是形式和内容的关系。账户存在于账簿之中，账簿中的每一账页就是账户的存在形式和载体，没有账簿，账户就无法存在。账簿序时、分类地记载经济业务，是在个别账户中完成的。因此，账簿只是一个外在形式，账户才是它的真实内容。

3. 会计账簿的登记与生成

会计人员应根据审核无误的会计凭证登记会计账簿。登记账簿的基本要求是：

（1）登记会计账簿时，将会计凭证日期、编号、业务内容摘要、金额和其他有关资料逐项记入账内。账簿记录中的日期，应该填写记账凭证上的日期，登记完毕后，要在记账凭证上签名或者盖章，并注明已经登账的符号，表示已经记账。

（2）在手工账务处理下，为了保持账簿记录的持久性，防止涂改，登记账簿必须使用蓝黑墨水或者碳素墨水笔书写，不得使用圆珠笔（银行的复写账簿除外）或者铅笔书写。下列情况可以用红色墨水笔记账：①按照红字冲账的记账凭证，冲销错误记录；②在不设借贷等栏的多栏式账页中，登记较少数；③在三栏式账户的余额栏前，如未印明余额方向的，在余额栏内登记负数余额。其他情况，一般不得使用红色墨水笔登记账簿。

（3）各种账簿按页次顺序连续登记，不得跳行、隔页。如果发生跳行、隔页，应当将空行、空页划线注销，或者注明“此行空白”“此页空白”字样，并由记账人员签名或者盖章。

（4）凡需要结出余额的账户，结出金额后，应当在“借或贷”等栏内写明“借”或者“贷”等字样，以示余额方向；没有余额的账户，应当在“借或贷”等栏内写“平”字，并在余额栏内“元”除用“θ”表示。库存现金日记账和银行存款日记账必须逐日结出余额。

（5）每一账页登记完毕结转下页时，应当结出本页发生额合计及余额，写在本页最后一行的有关栏内，并在摘要栏内注明“过次页”字样；同时将金额写在下页第一行的有关金额栏内，并在“摘要”栏注明“承前页”字样，以保持账簿记录的连续性。

（6）账簿记录发生错误时，不得刮擦、挖补或更改字迹，而应按规定的方法更正。

五、成本计算

成本计算是按一定的成本对象，归集和分配生产经营过程中所发生的各项成本费用，计算各对象的总成本和单位成本的一种方法。产品成本是指企业在生产产品（包括提供劳务）过程中所发生的材料费用、职工薪酬等，以及不能直接计入而按一定标准分配计入的各种间接费用。工业企业在生产经营过程的每个阶段，都要用到成本计算这一方法，如材料采购成本的计算、产品制造成本的计算、产品销售成本的计算等。准确计算成本可以掌握成本构成情况，考核成本计划的完成情况，对于挖掘潜力、降低成本、提高经济效益具有重要的作用。成本计算的要求如下：

（一）合理确定成本计算对象

成本计算对象，是指确定归集和分配生产费用的对象。进行成本计算，必须首先确定成本计算对象，如果成本计算对象确定得不准确或不恰当，就会大大增加成本计算的难度，计算出来的成本不能满足企业管理的需要，甚至不能完成成本计算的任务。因此成本计算对象的确定，是正确计算产品成本的前提，也是区别各种成本计算方法的主要标志。

（二）恰当确定成本计算期

成本计算期，是指多长时间计算一次成本。从理论上说，产品成本计算期应该与产品的生产周期相一致。但这种情况只适合于企业的生产过程为一批（件）接一批（件），即第一批（件）完工了再生产第二批（件）的情况。而事实上现代企业的生产大多采用流水线的形式，不是一批接一批地生产，而是不断投产，不断完工，绵延不断，无法分清前后批次。在这种情况下，按批计算成本显然是很困难的，只有人为地划分成本计算期（一般是以一个月作为一个成本计算期），成本计算才有可行性。

（三）正确选择成本计算的方法

由于企业的情况千差万别，成本的具体计算方式也不可能有一个统一的模式。经过人们的长期实践，适应各类型生产的特点和管理要求，形成了几种常用的成本计算方法，即品种法、分批法和分步法等。

品种法是以产品品种作为成本计算对象的一种成本计算方法；分批法是以产品批别作为成本计算对象的一种成本计算方法；分步法是以产品生产阶段、“步骤”作为成本计算对象的一种成本计算方法。三种方法的核算对象、适用范围及特点如表 3－10 所示。

表 3－10　　成本计算方法

基本方法	计算对象	适用范围	特点
品种法	产品品种	适用于单步骤、大量生产的企业。如发电、供水、采掘等企业	（1）一般定期（每月月末）计算产品成本； （2）月末一般无在产品，如果有，要将生产成本在完工产品和在产品之间进行分配
分批法	产品批别	适用于单件、小批生产的企业，如造船、重型机器制造、精密仪器制造、新产品试制或试验的生产、在建工程以及设备修理作业等	（1）产品成本的计算与生产任务通知单的签发和结束紧密配合，产品成本计算不定期； （2）成本计算期与产品生产周期基本一致，但与财务报告期不一致。月末一般不存在完工产品与在产品之间分配成本的问题
分步法	生产步骤	适用于大量大批的多步骤生产企业，如冶金、纺织、机械制造等	（1）月末需要将生产成本在完工产品和在产品之间进行分配； （2）成本计算期是固定的，与产品的生产周期不一致

（四）合理设置成本项目

为了比较全面、系统地反映产品的成本耗费情况，使成本计算能提供比较丰富的信息，在计算产品成本时，不仅要计算产品的总成本和单位成本，而且要对总成本按用途分类，以反映产品成本的组成和结构。这样，便于我们对成本进行控制，也便于我们分析产品生产中的经济效益问题和对生产部门进行考核评价。在计算产品成本时，一般把成本分成三个项目，即：直接材料、直接人工、制造费用。

（五）合理选定费用分配标准

生产过程往往是比较复杂的，一项费用发生后，其用途往往不止一个，生产的产品不止一种，成本计算的对象也不止一个。这样，一项费用发生后，往往不能直接地、全部地计入反映某一个对象的明细账户，而需要把这项费用在几个对象之间进行分配。

那么，哪个对象负担的费用应该多一点，哪个对象负担的费用应该少一点呢？其分配的原则是："谁耗费，谁负担"，或者是"谁受益，谁负担"。但是，要对费用进行精确的分配是比较困难的，要对一定对象所发生的成本消耗（受益）情况进行准确的计量，同样是比较困难的。在对费用进行具体分配时，一般是选择一定的标准来进行分配。例如，材料费用一般可以按产品的重量、体积或定额消耗量进行分配，人工费用可以按工时进行分配等。

六、财产清查

微课：财产清查

（一）财产清查的含义

财产清查是指通过对货币资金、实物资产和往来款项等财产物资进行盘点或核对，确定其实存数，查明账存数与实存数是否相符的一种专门方法。财产清查既是会计核算的一种方法，又是财产物质管理的一项重要制度，企业必须有计划、有组织地进行财产清查。实务中采用账证核对、账账核对、账实核对等措施以保证账簿记录的真实性和准确性，其中账实核对就是财产清查的主要内容。

造成账实不符的原因有：

（1）在收发财产物资时，由于计量、检验不准确而发生品种、数量或质量上的差错；

（2）账务处理中出现漏记、重记、错记或计算上的错误；

（3）财产物资在保管过程中发生自然损耗；

（4）未达账项；

（5）由于管理不善、工作人员失职，以及不法分子的营私舞弊、贪污失职；

（6）发生自然灾害和意外事故，导致财产物资毁损。

（二）财产清查的种类

财产清查按照不同的分类标准可以划分为不同的种类。

1. 按照清查范围分类

按照清查范围不同，财产清查可以分为全面清查和局部清查。

（1）全面清查，是对属于本单位或存放在本单位的全部财产物资进行的清查。需要进行全面清查的情况通常主要有：年终决算之前；单位撤销、合并或改变隶属关系前；中外合资、国内合资前；企业股份制改制前；开展全面的资产评估、清产核资前；单位主要领导调离工作前。

（2）局部清查，是根据需要对部分财产物资进行盘点与核对。局部清查一般包括下列清查内容（流动性较强的资产）：现金应每日清点一次，银行存款每月至少同银行核对一次，债权债务每年至少核对一至两次，各项存货应有计划、有重点地抽查，贵重物品每月清查一次等。

2. 按照清查时间分类

按照清查时间不同，财产清查可以分为定期清查和不定期清查。

（1）定期清查，是指按照预先计划安排的时间对财产进行的盘点和核对。定期清查一般在月末、季末、年末进行，它可以是全面清查，也可以是局部清查。

（2）不定期清查，是指事前不规定清查日期，而是根据特殊需要临时进行的盘点和核对。不定期清查一般是局部清查，也可以是全面清查，如：

①财产物质、库存现金保管人员更换时所进行的清查；

②发生自然灾害或意外时所进行的清查；

③上级主管、财政、审计等部门对本单位进行会计检查时所进行的清查。

3. 按照清查的执行系统分类

按照清查的执行系统不同，财产清查可以分为内部清查和外部清查。

（1）内部清查，是指由本单位内部自行组织清查工作小组所进行的财产清查工作。大多数财产清查都是内部清查。

（2）外部清查，是指由上级主管部门、审计机关、司法部门、注册会计师等根据国家有关规定或情况需要对本单位所进行的财产清查。一般来说，进行外部清查时应有本单位相关人员参加。

（三）财产清查的方法

1. 货币资金的清查方法

（1）库存现金的清查，是采用实地盘点法确定库存现金的实存数，然后与库存现金日记账的账面余额相核对，确定账实是否相符。库存现金清查一般由主管会计或财务负责人和出纳人员共同清点出各种纸币的张数和硬币的个数，并填制库存现金盘点报告表。

（2）银行存款的清查，是指月末采用与开户银行核对账目的方法进行的，即将本单位银行存款日记账的账簿记录与开户银行转来的对账单逐笔进行核对，来查明银行存款的实有数额。二者余额相符，通常说明没有错误；如果二者余额不相符，则可能是企业或银行一方或双方记账过程有错误或者存在未达账项。

未达账项，是指企业与银行之间，一方收到凭证并已入账，另一方未收到凭证因而未能入账的账项。未达账项一般分为以下四种情况：①企业已收款记账，银行未收到凭证因而未记账的款项；②企业已付款记账，银行未付款未记账的款项；③银行已收款记账，企业未收款未记账的款项；④银行已付款记账，企业未付款未记账的款项。如果存在未达账项，应当编制“银行存款余额调节表”，据以确定企业银行存款实有数。

银行存款余额调节表的编制，是以企业银行存款日记账余额和银行对账单余额为基础，各自分别加上对方已收款入账而己方尚未入账的数额，减去对方已付款入账而己方尚未入账的数额。

【例3-14】 甲公司12月31日银行存款日记账的余额为5 400 000元，银行转来对账单的余额 为8 300 000元，经核对，发现如下未达账项：

①企业送存转账支票6 000 000元，并已登记银行存款增加，但银行尚未记账；

②企业开出转账支票4 500 000元，并已登记银行存款减少，但持票单位尚未到银行办理转账，银行尚未记账；

③企业委托银行代收某公司购货款4 800 000元，银行已收妥并登记入账，但企业未收到收款通知，尚未记账；

④银行代企业支付电话费400 000元，银行已登记减少企业银行存款，但企业未收到银行付款通知，尚未记账。

业务分析： 编制银行存款余额调节表（见表3-11）。

表3-11 银行存款余额调节表

202×年12月31日

项目	金额	项目	金额
企业银行存款日记账余额	5 400 000	银行对账单余额	8 300 000
加：银行已收、企业未收款	4 800 000	加：企业已收、银行未收款	6 000 000
减：银行已付、企业未付款	400 000	减：企业已付、银行未付款	4 500 000
调节后的存款余额	9 800 000	调节后的存款余额	9 800 000

2. 实物资产的清查方法

实物资产主要包括固定资产、存货等。通常采用以下两种清查方法：

（1）实地盘点法。通过点数、过磅、量尺等方法来确定实物资产的实有数量。

（2）技术推算法。利用一定的技术方法对财产物质的实存数进行推算。这种方法只适用于成堆量大而价值不高、逐一清点难度较大的财产物质的清查。例如，露天堆放的煤炭。

3. 往来款项的清查方法

往来款项主要包括应收、应付款项和预收、预付款项等，一般采用发函询证的方法进行清查。

七、编制会计报表

编制会计报表是指定期总结和反映经济活动，提供财务状况、经营成果和现金流量等信息的一种专门方法。财务报告包括会计报表及其附注和其他应当在财务会计报告中披露的相关信息和资料，其中会计报表包括资产负债表、利润表、现金流量表、所有者权益变动表。编制会计报表是对日常会计核算的总结，是根据账簿记录，定期进行分类整理和汇总，提供经济管理所需会计信息的过程。会计报表所反映的会计信息，不仅是企业内部管理人员全面了解和检查计划完成情况、评定工作成绩、发现存在问题从而改进经营管理、挖掘内部潜力的重要依据，也是外部有关单位和人员进行经济决策及企业受托责任解除的重要依据。

会计核算的七种方法相互联系，紧密结合，构成一个完整的会计核算方法体系。当经济业务发生后，首先要取得原始凭证，根据审核后的原始凭证编制记账凭证，编制记账凭证时，要运用复式记账方法，根据记账凭证，在账簿的有关账户中系统地记录经济业务。根据审核后的账户记录，采用成本计算的方法计算产品成本。期末，进行财产清查，根据清查结果，填制有关凭证，调整账面记录，保证账实相符。根据账实相符、账账相符、账证相符的核算资料，定期编制会计报表。会计核算方法体系如图 3－10 所示。

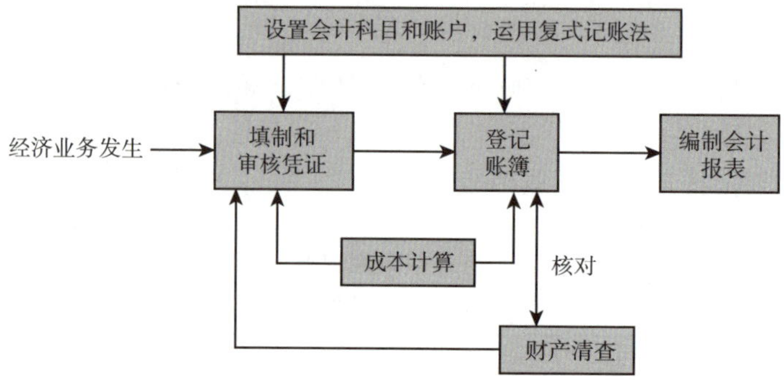

图 3－10　会计核算方法体系

第二节　财务会计信息处理流程

微课：财务会计信息处理流程

有学者认为我国会计信息化 40 年发展经历了会计电算化、会计信息化（狭义）和会计智能化三个阶段。会计信息化的发展为企业经营大数据的积累、数据赋能、数据支持决策提供了一定基础和实施条件，未来会计信息化将引领会计工作向纵横延伸：（1）财务会计将向管理会计转型，两类会计的工作职责、工作内容将更加融合。随着商业模式的变革、大数据等技术的发展，未来财务工作的方向必然是基础的核算会计向管理会计方向发展。（2）会计将加快业财融合的发展。财务会计的工作源于业务活动，借助信息技术，使企业财务与业务的一体化程度进一步加深。（3）会计信息系统将与外界系统连接更加顺畅、高效。企业内部的会计信息系统不仅会与内部业务系统打通，还将与外部的税务、银行系统高效协同，甚至与供应链条上的伙伴、战略伙伴等机构互联互通。（4）随着未来会计信息越来越透明，可视化程度越来越高，信息从收集到展现的时间越来越缩短，这将使会计信息更加有利于企业经营者与政府部门管理职能的实现。

在大数据时代下，会计的数字化和智能化已广泛应用在企业的会计工作中，市场上涌现了一些财务处理系统，系统可以基于图片识别功能，处理纸质凭证或者电子凭证中的信息，只要通过预先录入系统内的数据信息并做好相关公式、模型的设定，就可以实现对数据的分类和汇算，进行自动化操作，扫描或自动获取原始凭证，实时生成记账凭证、会计账簿、会计报表。本节主要分析会计账务处理程序的原理和规范，以便能更好地掌握财务处理系统设定的逻辑。

一、会计账务处理程序

会计账务处理程序，也称会计核算组织程序或者会计核算形式，是指会计凭证、会计账簿、会计报表相结合的方式。

企业常用的账务处理程序，主要有记账凭证账务处理程序、汇总记账凭证账务处理程序和科目汇总表账务处理程序，它们之间的主要区别是登记总分类账的依据和方法不同。

（一）记账凭证账务处理程序

记账凭证账务处理程序是指对发生的经济业务，先根据原始凭证或汇总原始凭证填制记账凭证，再根据记账凭证登记总分类账的一种账务处理程序，适用于规模较小、经济业务较少的单位。

记账凭证账务处理程序的一般步骤有：

（1）根据原始凭证填制汇总原始凭证；

（2）根据原始凭证或汇总原始凭证，填制收款凭证、付款凭证和转账凭证，也可以填制通用记账凭证；

（3）根据收款凭证和付款凭证逐笔登记库存现金日记账和银行存款日记账；

（4）根据原始凭证、汇总原始凭证和记账凭证，登记各种明细分类账；

（5）根据记账凭证逐笔登记总分类账；

（6）期末，将库存现金日记账、银行存款日记账和明细分类账的余额与有关总分类账的余额核对相符；

（7）期末，根据总分类账和明细分类账的记录，编制财务报表。

记账凭证账务处理程序流程如图 3－11 所示。

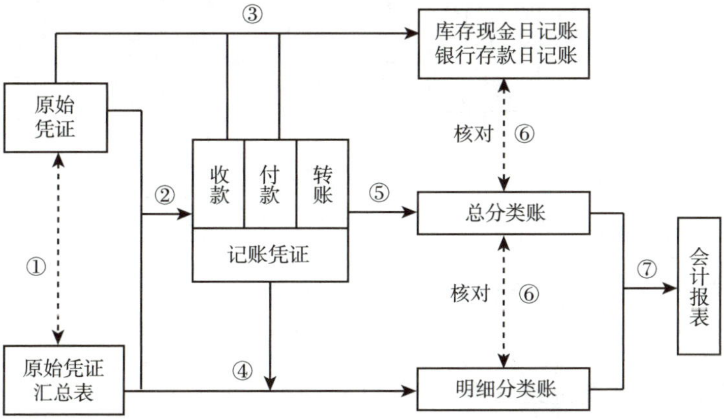

图 3－11　记账凭证账务处理程序流程

记账凭证账务处理程序的主要特点是直接根据记账凭证逐笔登记总分类账。其优点是简单明了，易于理解，总分类账可以反映经济业务的详细情况；缺点是登记总分类账的工作量较大。

（二）科目汇总表账务处理程序

科目汇总表账务处理程序又称记账凭证汇总表账务处理程序，是指根据记账凭证定期编制科目汇总表，再根据科目汇总表登记总分类账的一种账务处理程序。科目汇总表，又称记账凭证汇总表，是企业定期对全部记账凭证进行汇总后，按照不同的会计科目分别列示各账户借方发生额和贷方发生额的一种汇总凭证。科目汇总表账务处理程序，适用于经济业务较多的单位。

科目汇总表账务处理程序的一般步骤有：

（1）根据原始凭证填制汇总原始凭证；

（2）根据原始凭证或汇总原始凭证填制记账凭证；

（3）根据收款凭证、付款凭证逐笔登记库存现金日记账和银行存款日记账；

（4）根据原始凭证、汇总原始凭证和记账凭证，登记各种明细分类账；

（5）根据各种记账凭证编制科目汇总表；

（6）根据科目汇总表登记总分类账；

（7）期末，将库存现金日记账、银行存款日记账和明细分类账的余额同有关总分类账的余额核对相符；

（8）期末，根据总分类账和明细分类账的记录，编制财务报表。

科目汇总表账务处理程序的主要特点是先将所有记账凭证汇总编制成科目汇总表，然后根据科目汇总表登记总分类账。其优点是减轻了登记总分类账的工作量，并且科目汇总表可以起到试算平衡的作用；缺点是科目汇总表不能反映各个账户之间的对应关系，不利于对账目进行检查。科目汇总表账务处理程序流程如图 3－12 所示。

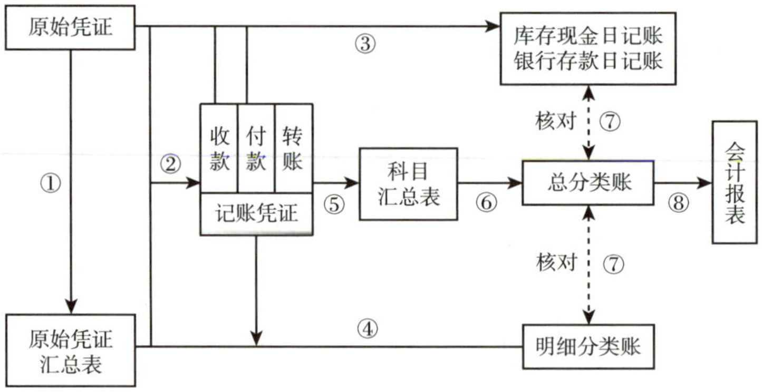

图 3－12　科目汇总表账务处理程序流程

（三）汇总记账凭证账务处理程序

汇总记账凭证账务处理程序是指先根据原始凭证或汇总原始凭证填制记账凭证，定期根据记账凭证分类编制汇总收款凭证、汇总付款凭证和汇总转账凭证，再根据汇总记账凭证登记总分类账的一种账务处理程序。汇总记账凭证，是指对一段时间内同类记账凭证进行定期汇总而编制的记账凭证。汇总记账凭证账务处理程序适合于规模较大、经济业务较多的单位。

汇总记账凭证账务处理程序的一般步骤有：

（1）根据原始凭证填制汇总原始凭证；

（2）根据原始凭证或汇总原始凭证，填制收款凭证、付款凭证和转账凭证，也可以填制通用记账凭证；

（3）根据收款凭证、付款凭证逐笔登记库存现金日记账和银行存款日记账；

（4）根据原始凭证、汇总原始凭证和记账凭证，登记各种明细分类账；

（5）根据各种记账凭证编制有关汇总记账凭证；

（6）根据各种汇总记账凭证登记总分类账；

（7）期末，将库存现金日记账、银行存款日记账和明细分类账的余额与有关总分类账的余额核对相符；

（8）期末，根据总分类账和明细分类账的记录，编制财务报表。

汇总记账凭证账务处理程序的主要特点是先根据记账凭证编制汇总记账凭证，再根据汇总记账凭证登记总分类账。其优点是减轻了登记总分类账的工作量；缺点是当转账凭证较多时，编制汇总转账凭证的工作量较大，并且按每一贷方账户编制汇总转账凭证，不利于会计核算的日常分工。

二、信息化环境下的会计账务处理流程

会计信息化，是指企事单位利用计算机、网络通信等现代信息技术手段开展会计核算，以及利用上述技术手段将会计核算与其他经营管理活动有机结合的过程。

信息化环境下的会计账务处理是指运用会计软件进行账务处理的过程。

文本：会计软件基本功能和服务规范（2025年）

（一）会计软件

会计软件，是指企事业单位使用的、专门用于会计核算和财务管理的计算机软件、软件系统或者其他功能模块。会计软件一般具有以下功能：

（1）为会计核算和财务管理直接采集数据。

（2）生成会计凭证、账簿、报表等会计资料。

（3）对会计资料进行转换、输出、分析、利用。

（二）会计信息系统

会计信息系统，是指由会计软件及其运行所依赖的软硬件环境组成的集合体。按照发展程度大致可分为三个阶段：

（1）会计核算信息化。处于会计核算信息化阶段的企业，结合自身情况，逐步实现资金管理、资产管理、预算控制、成本管理等财务管理信息化。

（2）决策支持信息化。处于财务管理信息化阶段的企业，结合自身情况，逐步实现财务分析、全面预算管理、风险控制、绩效考核等决策支持信息化。

（3）财务共享中心。分公司、子公司数量多、分布广的大型企业、企业集团，利用信息技术手段将会计工作集中处理，建立财务共享中心，实现会计核算资料和会计信息共享。

（三）信息化环境下会计账务处理流程

1. 账务处理流程的主要角色

与手工环境下的账务处理流程相比，信息化环境下的账务处理流程更高效。典型的账务处理流程中的主要角色包括：（1）业务人员，如采购人员、销售人员等；（2）凭证编制人员，即编制记账凭证的会计人员；（3）凭证审核人员，即对记账凭证进行审核的会计人员；（4）记账和结账人员，即将记账凭证信息转换为账簿信息和进行月末结账的会计人员；（5）查询与分析人员，如财务经理、总经理等。

2. 信息化环境下会计账务处理基本流程

信息化环境下会计账务处理的基本流程如下：

（1）经济业务发生时，业务人员将原始凭证（含纸质凭证和电子凭证）提交会计部门。

（2）凭证编制人员对原始凭证的正确性、合规性、合理性进行审核，然后根据审核无误的原始凭证编制记账凭证。

（3）凭证审核人员从凭证文件中获取记账凭证并进行审核。系统对审核通过的记账凭证做审核标记，将审核未通过的凭证返还给凭证编制人员。

（4）在记账人员的记账指令发出后，系统自动对已审核凭证进行记账，更新科目汇总文件等信息，并对相关凭证做记账标记。会计期末，结账人员发出指令进行结账操作。

（5）会计信息系统根据凭证文件和科目汇总文件自动、实时生成日记账、明细账和总账、提供内部和外部使用者需要的内部分析表和财务报表。

目前金蝶和用友是国内会计软件中使用最为广泛的两个品牌。金蝶与用友软件会计信息处理流程大致相同，以金蝶为例，在会计的日常工作中，金蝶软件在使用的过程中可以分为三大部分：初始化、日常管理、期末处理，如图 3－13 所示。

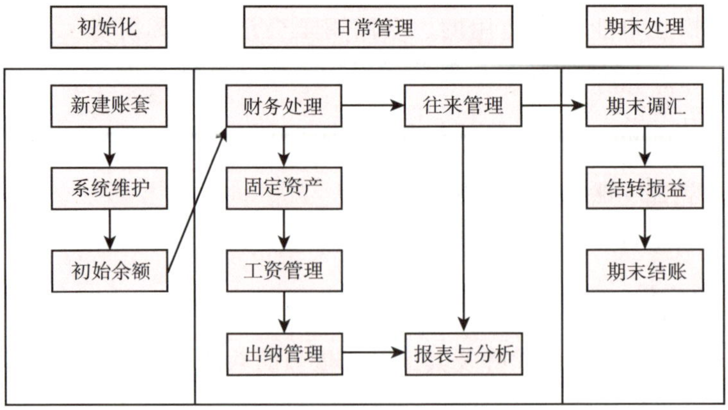

图 3－13　金蝶会计软件业务处理流程

初始化。金蝶的初始建账流程，在系统初始化设置部分主要有五个方面：（1）新建账套；（2）账套选项；（3）基础资料；（4）初始数据录入；（5）启用账套。如图 3－14 所示。

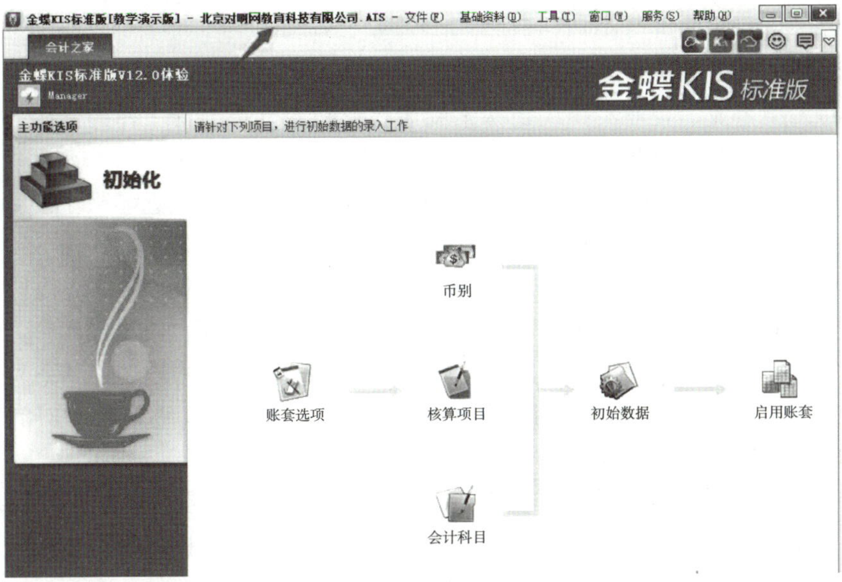

图 3－14　金蝶系统初始化设置

日常管理。主要包括账务处理、固定资产管理、工资管理、出纳管理、往来管理、报表与分析等。

在凭证录入窗口中单击【凭证录入】按钮，在这个窗口中就可以录入凭证，进行日常账务处理。如图 3－15 所示。

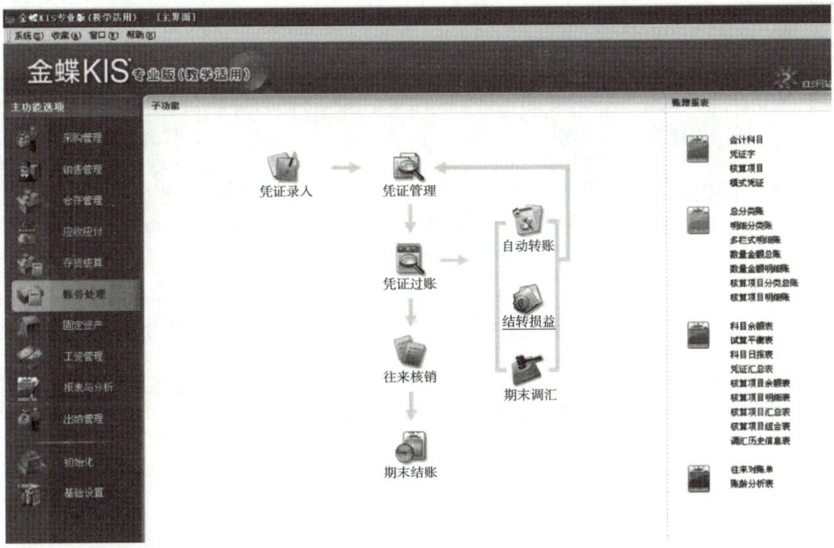

图 3－15　金蝶会计系统日常管理

期末处理。主要包括期末调汇、结转损益和期末结账。

三、财务共享中心会计账务处理流程

大数据时代，财务共享中心已成为大型企业财会工作的发展趋势，分公司、子公司数量多、分布广的大型企业、企业集团应当探索利用信息技术促进会计工作的集中，逐步建立财务共享服务中心，进行信息化环境下的会计账务处理。

财务共享服务中心（Financial Shared Service Center，FSSC）是近年来出现并流行起来的会计和报告业务管理方式。它是将不同国家、地点的实体会计业务拿到一个 SSC（共享服务中心）来记账和报告，这样做的好处是保证了会计记录和报告的规范、结构统一，而且由于不需要在集团的每个公司和办事处都设会计部门，节省了系统和人工成本。

作为一种新型的会计账务处理模式和管理模式，共享服务的本质是由信息网络技术推动的运营管理模式的变革与创新。在财务领域，它是基于统一的系统平台、ERP 系统、统一的会计核算方法、操作流程等来实现的。

以金蝶 EAS 财务共享软件为例，财务共享服务的主要功能是接收各业务领域产生的任务，根据任务分配规则自动推送给业务人员处理，并提供服务监控方便管理人员了解任务处理分布状况、业务人员的任务处理质量和及时率以及任务异常处理的分布情况。共享任务管理与共享运营管理、工作流、总账共享、费用共享、出纳共享、资产共享、应收应付共享、银企共享、报表共享、第三方系统等各业务系统一体化集成，保障财务共享能够顺畅运行。

金蝶 EAS 财务共享业务架构如图 3－16 所示。

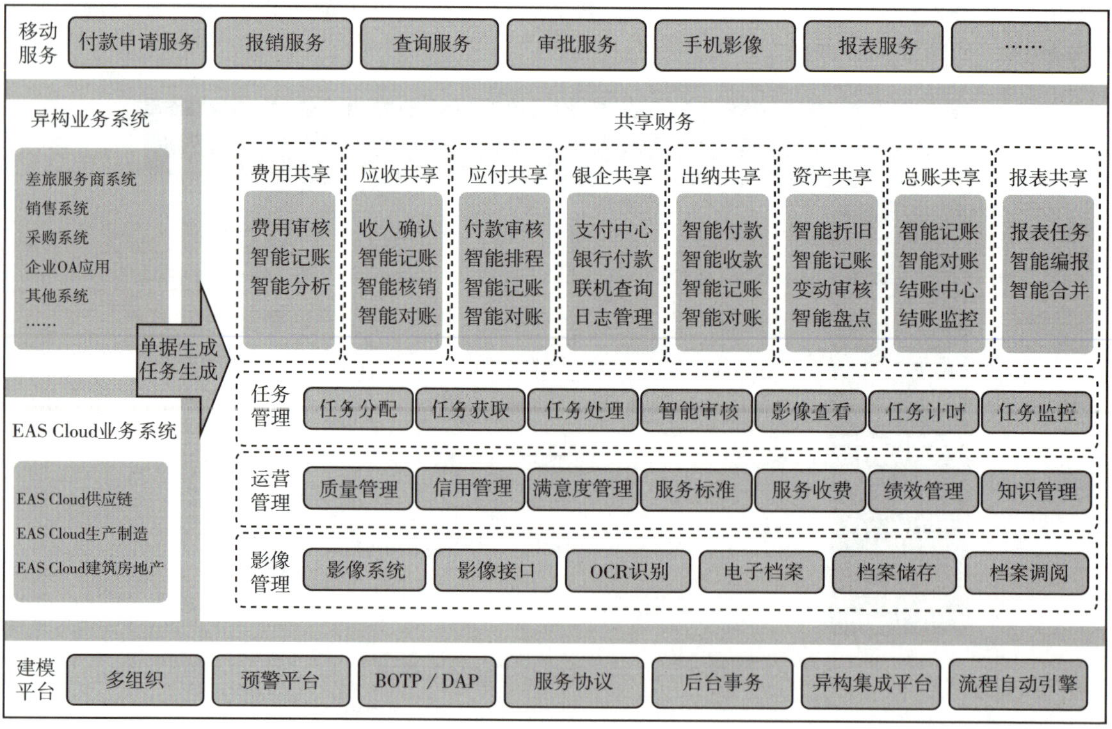

图 3－16　金蝶 EAS 财务共享业务架构

金蝶 EAS 财务共享软件主要功能模块如图 3－17 所示。

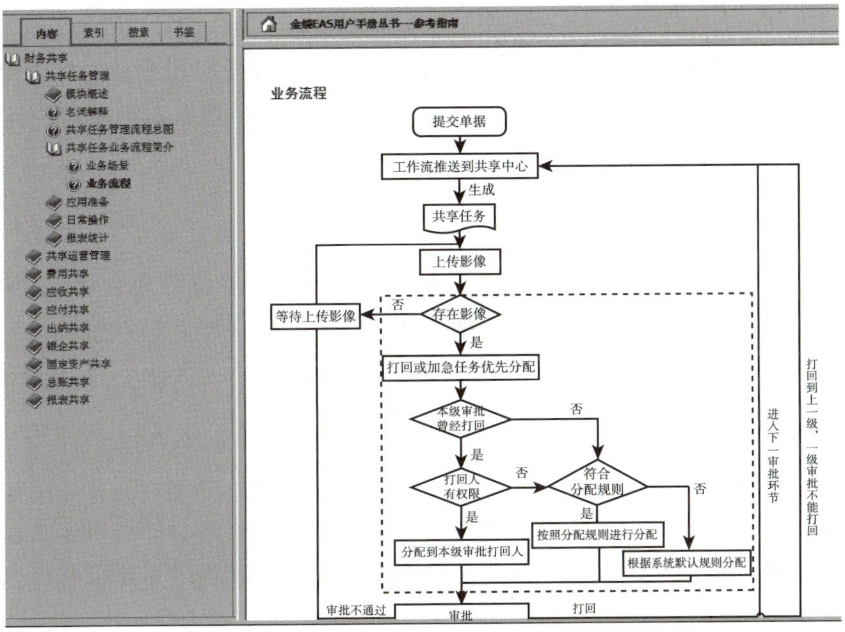

图 3－17　金蝶 EAS 财务共享软件主要功能模块

第三节　管理会计信息处理基础

微课：管理会计信息处理基础

会计按照服务对象划分，分为财务会计和管理会计两大分支。本节重点是以《管理会计基本指引》《管理会计应用指引》为依据，介绍单位（包括企业和行政事业单位，下同）管理会计的相关内容。

管理会计是会计的重要分支，主要服务于单位内部管理需要，是通过利用相关信息，有机融合财务与业务活动，在单位规划、决策、控制和评价等方面发挥重要作用的管理活动。

管理会计的目标是通过运用管理会计工具方法，参与单位规划、决策、控制、评价活动并为之提供有用信息，推动单位实现战略规划。

一、管理会计指引体系

管理会计指引体系是在管理会计理论研究成果的基础上形成的可操作性的系列标准。管理会计指引体系包括基本指引、应用指引和案例库。

（一）管理会计基本指引

管理会计基本指引在管理会计指引体系中起统领作用，是制定应用指引和建设案例库的基础。基本指引是对管理会计基本概念、基本原则、基本方法、基本目标等内容的总结、提炼。但是，不同于《企业会计准则——基本准则》，管理会计基本指引不对应用指引中未作出描述的新问题提供处理依据。

（二）管理会计应用指引

在管理会计指引体系中，应用指引居于主体地位，是对单位管理会计工作的具体指导。管理会计应用指引既遵循基本指引，也体现了实践特点；既形成一批普遍适用、具有广泛指导意义的基本工具方法，也有特殊行业的应用指引；既考虑了企业也考虑了行政事业单位。

（三）管理会计案例库

案例库是对国内外管理会计经验的总结提炼，是对如何运用管理会计应用指引的实例示范。建立管理会计案例库，为单位提供直观的参考借鉴，是管理会计指引体系指导实践的重要内容和有效途径，也是管理会计体系建设区别于企业会计准则体系建设的一大特色。

二、管理会计要素

管理会计要素包括应用环境、管理会计活动、工具方法、信息与报告四项。这四项要素构成了管理会计应用的有机体系，单位应在分析管理会计应用环境的基础上，合理运用管理会计工具方法，全面开展管理会计活动，并提供有用信息，生成管理会计报告，支持单位决策，推动单位实现战略规划。

（一）管理会计应用环境

管理会计应用环境是单位应用管理会计的基础。单位应用管理会计，首先应充分了解和分析其应用环境，包括外部环境和内部环境。外部环境主要包括国内外经济、市场法律、行业等因素。内部环境主要包括：

（1）价值创造模式。单位应准确分析和把握价值创造模式，推动财务与业务等的有机融合。

（2）组织架构。单位应根据组织架构特点，建立健全能够满足管理会计活动所需的由财务、业务等相关人员组成的管理会计组织体系。有条件的单位可以设置管理会计机构，组织开展管理会计工作。

（3）管理模式。单位应根据管理模式确定责任主体，明确各层级以及各层级内的部门、岗位之间的管理会计责任权限，制订管理会计实施方案，以落实管理会计责任。

（4）资源。单位应从人力、财力、物力等方面做好资源保障工作，加强资源整合，提高资源利用效率效果，确保管理会计工作顺利开展。单位应注重管理会计理念、知识培训，加强管理会计人才培养。

（5）信息系统。单位应将管理会计信息化需求纳入信息系统规划，通过信息系统整合、改造或新建等途径，及时、高效地提供与管理相关的信息，推进管理会计实施。

（二）管理会计活动

管理会计活动是单位管理会计工作的具体开展，是单位利用管理会计信息，运用管理会计工具方法，在规划、决策、控制、评价等方面服务于单位管理需要的相关活动。在了解和分析其应用环境的基础上，单位应将管理会计活动嵌入规划、决策、控制、评价等环节，形成完整的管理会计闭环。

在规划环节，单位应用管理会计，应做好相关信息支持，参与战略规划拟订，从支持其定位、目标设定、实施方案选择等方面，为单位合理制定战略规划提供支撑。

在决策环节，单位应用管理会计，应融合财务和业务等活动，及时充分提供和利用相关信息，支持单位各层级根据战略规划作出决策。

在控制环节，单位应用管理会计，应设定定量或定性标准，强化分析、沟通、协调、反馈等控制机制，支持和引导单位持续高质高效地实施单位战略规划。

在评价环节，单位应用管理会计，应合理设计评价体系，基于管理会计信息等，评价单位战略规划实施情况，并以此为基础进行考核，完善激励机制；同时，对管理会计活动进行评估和完善，以持续改进管理会计应用。

（三）管理会计工具方法

管理会计工具方法是实现管理会计目标的具体手段，是单位应用管理会计时所采用的战略地图、滚动预算、变动成本、本量利分析、平衡计分卡等模型、技术、流程的统称。单位应根据管理特点和实践需要选择适用的管理会计工具方法，并加强管理会计工具方法的系统化、集成化应用。

管理会计工具方法主要应用于以下领域：战略管理、预算管理、成本管理、营运管理、投融资管理、绩效管理、风险管理等。《管理会计应用指引》涉及的管理会计工具方法见表 3－12。

表 3－12　　管理会计工具方法

一级内容	二级内容
100——战略管理	101——战略地图
200——预算管理	201——滚动预算；零基预算；弹性预算；作业预算
300——成本管理	301——目标成本法；302——标准成本法；303——变动成本法；304——作业成本法
400——营运管理	401——本量利分析；402——敏感性分析；403——边际分析；内部转移定价；多维度盈利能力分析
500——投融资管理	501——贴现现金流法；502——项目管理；情景分析；约束资源优化
600——绩效管理	601——关键绩效指标法；602——经济增加值法；603——平衡计分卡；604——绩效棱柱模型
700——风险管理	701——风险矩阵；702——风险清单

以下仅介绍基本的管理会计工具方法：

1. 战略地图

战略地图，是指为描述企业各维度战略目标之间因果关系而绘制的可视化的战略因果关系图。战略地图通常以财务、客户、内部业务流程、学习与成长四个维度为主要内容，通过分析各维度的相互关系，绘制成战略因果关系图。

2. 滚动预算

滚动预算，是指企业根据上一期预算执行情况和新的预测结果，按既定的预算编制周期和滚动频率，对原有的预算方案进行调整和补充，逐期滚动，持续推进的预算编制方法。滚动预算一般由中期滚动预算和短期滚动预算组成。中期滚动预算的预算编制周期通常为 3 年或 5 年，以年度作为预算滚动频率。短期滚动预算通常以 1 年为预算编制周期，以月度、季度作为预算滚动频率。

3. 变动成本法

变动成本法，是指企业以成本性态分析为前提条件，仅将生产过程中消耗的变动生产成本作为产品成本的构成内容，而将固定生产成本和非生产成本作为期间成本，直接由当期收益予以补偿的一种成本管理方法。

成本性态，是指成本与业务量之间的相互依存关系。成本按照成本性态划分，可分为固定成本、变动成本和混合成本。固定成本，是指业务量在一定范围内增减变动，其总额保持不变，但单位成本随着业务量增加而相对减少的成本。变动成本，是指业务量在一定范围内增减变动，其总额发生相应的正比例变动，而单位成本保持不变的成本。混合成本，是指总额随业务量变动但不成正比例变动的成本。

变动成本法主要适用于同时具备下列特征的企业：短期经营决策发生较为频繁；企业固定成本比重较大，企业规模大，产品或服务的种类多，固定成本分摊存在较大困难；企业作业保持相对稳定。

4. 本量利分析

本量利分析，是指以成本性态分析和变动成本法为基础，运用数学模型和图示，对成本、利润、业务量与单价等因素之间的依存关系进行分析，发现变动的规律性，为企业进行预测、决策、计划和控制等活动提供支持的一种方法。其中，“本”是指成本，包括固定成本和变动成本；“量”是指业务量，一般指销售量；“利”一般指营业利润。

本量利分析的基本公式如下：

营业利润 =（单价 − 单位变动成本）× 业务量 − 固定成本

本量利分析主要用于企业生产决策、成本决策和定价决策，也可以广泛地用于投融资决策等。企业在营运计划的制订、调整以及营运监控分析等程序中通常会应用到本量利分析。

【边学边做】

（1）假设好味道快餐店平均每份快餐售价 15 元，每份快餐的食物原材料成本为 8 元，每个月能卖 10 000 份快餐，每个月快餐店固定开支为房租 10 000 元、员工工资28 000元、水电费 2 000 元，则好味道快餐店每个月的利润是多少？

（2）若其他条件不变，如果好味道快餐店每个月想获得 50 000 元利润，那每份快餐定价应该是多少元？

（3）若其他条件不变，如果好味道快餐店每个月想获得 60 000 元利润，那每个月要卖多少份快餐？

5. 平衡计分卡

平衡计分卡，是指基于企业战略，从财务、客户、内部业务流程、学习与成长四个维度，将战略规划目标逐层分解转化为具体的、相互平衡的业绩指标体系，并据此进行绩效管理的方法。平衡计分卡通常与战略地图等其他工具结合使用。

平衡计分卡适用于战略规划目标明确、管理制度比较完善、管理水平相对较高的企业。平衡计分卡的应用对象可为企业、所属单位（部门）和员工。

（四）管理会计信息与报告

管理会计信息包括管理会计应用过程中的财务信息和非财务信息，是管理会计报告的基本元素。管理会计信息应相关、可靠、及时、可理解。

管理会计报告是管理会计活动成果的重要表现形式，旨在为报告使用者提供满足管理需要的信息，是管理会计活动开展情况和效果的具体呈现。管理会计报告按期间可以分为定期报告和不定期报告，按内容可以分为综合性报告和专项报告，按报告使用者所处的管理层级可以分为战略层管理会计报告、经营层管理会计报告和业务层管理会计报告。

三、管理会计应用原则和应用主体

（一）管理会计应用原则

单位应用管理会计，应当遵循以下原则：

（1）战略导向原则。管理会计的应用应以战略规划为导向，以持续创造价值为核心，促进单位可持续发展。

（2）融合性原则。管理会计应嵌入单位相关领域、层次，环节，以业务流程为基础利用管理会计工具方法，将财务和业务等有机融合。

（3）适应性原则。管理会计的应用应与单位应用环境和自身特征相适应。单位自身特征包括单位性质、规模、发展阶段、管理模式、治理水平等。

（4）成本效益原则。管理会计的应用应权衡实施成本和预期效益，合理、有效地推进管理会计应用。

（二）管理会计应用主体

管理会计应用主体视管理决策主体确定，可以是单位整体，也可以是单位内部的责任中心；可以是企业，也可以是行政事业单位。

第四节 大数据处理工具

微课：大数据处理工具

大数据是一种需要专门技术来处理才能发挥强大决策力、洞察发现力和流程优化力的信息资产，是一种全新的思维方式和商业模式。大数据的特点可以概括为 5 个 V：规模性（Volume）、多样性（Variety）、高速性（Velocity）、真实性（Veracity）、价值性（Value）。大数据分析是指对规模巨大的数据进行分析，是在研究大量数据的过程中寻找模式、相关性和其他有用的信息，可以帮助企业更好地适应变化，并做出更明智的决策。

大数据处理工具是专门用于处理和分析大规模数据集的软件和平台。这些工具能够高效地处理、存储、查询和分析海量数据，帮助企业和组织从数据中提取有价值的洞察和决策依据。

企业利用大数据进行经营和辅助预决策时，大致需要以下四个步骤：数据获取、数据预处理、数据分析、数据可视化。能够实现数据分析和处理的工具很多，包括数据采集工具、数据分析工具、数据可视化工具、数据库工具等，比如 Excel、Python、Power BI、SPSS、Hadoop、R 等都能用于数据分析和处理，有的人甚至直接用数据库技术 Oracle、SQL Server、Spark、MongoDB 等进行大量且快速的数据处理。即使不具备任何编程经验或对算法知之甚少的人，也可以借助这些工具来对数据进行分析和处理。当然，上述各种数据处理工具在处理数据的效率、数据量大小和复杂度、数据模型的数量和效率、界面友好性等方面都存在一定的差异。

一、Excel

在当前的财务分析工作中，Excel 是一个必不可少的工具。Excel 是一款功能强大的电子表格软件，广泛应用于数据处理、分析、可视化等领域。它拥有直观的界面、出色的计算功能和丰富的图表工具，可以帮助用户轻松地进行数据录入、公式计算、数据分析和可视化展示。

Excel 作为办公自动化家族中的一员，是能够进行数据分析和处理的工具中人们最为熟悉的一个，是最全能的数据分析工具之一。如今的 Excel 功能十分强大，对于从事数据处理和分析的新手来说，使用 Excel 处理日常数据量较小的业务数据时既容易上手，效果也不太逊色于专业数据分析处理软件。

在 Excel 中，用户可以创建和编辑表格，输入和编辑数据，使用各种函数和公式进行计算，如求和、平均、最大值、最小值等。同时，Excel 还提供了丰富的数据分析工具，如排序、筛选、条件格式等，帮助用户快速处理和分析大量数据。此外，Excel 还支持创建各种类型的图表，如柱状图、折线图、饼图等，以使用户更加直观地了解数据的分布和趋势。用户还可以根据需要对图表进行自定义和格式化，使其更加符合自己的需求。但是处理数据量大的任务时，Excel 由于不能胜任庞大的数据量会出现卡顿。

二、Python

Python 是由荷兰数学和计算机科学研究学会的吉多・范罗苏姆于 20 世纪 90 年代初设计的计算机编程语言。生活中，如果和英国人交流要用英语，和俄国人交流要用俄语，和计算机交流该使用什么语言呢？和计算机交流的语言有很多，不同的语言对应解决不同的问题。若要实现数据分析的功能，那么 Python 语言是首选。Python 能处理数据量大的任务，特别是当数据分析任务重复度很高的时候，Python 只要改动少数代码即可，极大地提高了效率；此外，Python 还有强大的绘图功能，可以自动生成可视化图形，再复杂的绘图过程都可以一次性完成，数据结果非常清晰直观。对于初学者来说，Python 非常易学易用，它的语言结构简单，通俗易懂，同时借助各种第三方库，Python 能实现无所不能的数据管理和分析任务。

Python 在数据分析领域称得上是一个强大的语言工具。你可以随心所欲地写代码执行你想要的东西。尽管入门的学习难度要高于 Excel 和 BI，但是作为数据科学家的必备工具，从职业高度上讲，它高于 Excel、BI 工具，尤其是在统计分析和预测分析等方面，Python 等编程语言更有着其他工具无可比拟的优势。

三、Power BI

Power BI 是基于云的商业数据分析和共享工具，无论用户的数据是简单的 Excel 电子表格，还是基于云和本地混合数据仓库的集合，Power BI 都可让用户轻松地连接到数据源，直观地看到或发现重要内容，与他人共享。可以创建可视化交互式报告，可以用手机端 App 随时查看。

Power BI 简单且快速，能够从 Excel 电子表格或本地数据库创建快速见解。同时 Power BI 也可进行丰富的建模和实时分析及自定义开发，因此它既是用户的个人报表和可视化工具，还可用作组项目、部门或整个企业背后的分析和决策引擎。

四、SPSS

SPSS 即“统计产品与服务解决方案”软件，是世界上最早的统计分析软件，为 IBM 公司推出的一系列用于统计学分析运算、数据挖掘、预测分析和决策支持任务的软件产品及相关服务的总称，有 Windows 和 Mac OS X 等版本。

1984 年 SPSS 总部首先推出了世界上第一个统计分析软件微机版本 SPSS/PC +，开创了 SPSS 微机系列产品的开发方向，极大地扩充了它的应用范围，并使其能很快地应用于自然科学、技术科学、社会科学的各个领域。世界上许多有影响的报刊纷纷就 SPSS 的自动统计绘图、数据的深入分析、使用方便、功能齐全等方面给予了高度的评价。

五、Hadoop

Hadoop 是一个能够对大量数据进行分布式处理的软件框架，以一种可靠、高效、可伸缩的方式进行处理。Hadoop 是可靠的，因为它假设计算元素和存储会失败，因此它维护多个工作数据副本，确保能够针对失败的节点重新分布处理；Hadoop 是高效的，因为它以并行的方式工作，通过并行处理加快处理速度；Hadoop 还是可伸缩的，能够处理 PB 级数据。此外，Hadoop 依赖于社区服务器，因此它的成本比较低，任何人都可以使用。

Hadoop 带有用 Java 语言编写的框架，应用程序也可以使用其他语言编写，比如 C++。

六、R 编程

R 编程是一种免费的大数据分析工具。它是一种领先的统计编程语言，可用于统计分析、科学计算、数据可视化等。R 编程语言还可以扩展自身以执行各种大数据分析操作。

在这个强大语言的帮助下，数据科学家可以轻松创建统计引擎，根据相关和准确的数据收集提供更好、更精确的数据洞察力。它具有类数据处理和存储，还可以在 R 编程中集成其他数据分析工具。

除此之外，还可以与任何编程语言（例如 Java、C、Python）集成，以提供更快的数据传输和准确的分析。R 提供了大量可用于任何数据集的绘图和图形。

【议一议】 大数据技术对财会行业有哪些机遇和挑战？

知识巩固

一、单项选择题

1. 下列关于会计科目和账户的说法中，不正确的是（　　）。
   A. 会计科目按其提供信息的详细程度及其统驭关系，可以分为总分类科目和明细分类科目
   B. 账户可以根据其核算的经济内容、提供信息的详细程度及其统驭关系进行分类
   C. 会计科目按其反映的经济内容不同，可分为总分类科目和明细分类科目
   D. 账户是具有一定的格式和结构、用于分类反映会计要素增减变动情况及其结果的载体
2. “应付账款”账户期初贷方余额为 78 000 元，本期借方发生额为 230 000 元，贷方发生额为 200 000 元。下列关于账户余额的表述中，正确的是（　　）。
   A. 贷方 88 000 元　　B. 贷方 48 000 元
   C. 借方 30 000 元　　D. 借方 278 000 元
3. 下列各项中，不属于原始凭证基本内容的是（　　）。
   A. 接受凭证单位名称　　B. 交易或事项的数量、单价和金额
   C. 经办人员的签名或盖章　　D. 应借应贷会计科目
4. 下列各项中，不会引起会计等式两边同时发生变动的业务是（　　）。
   A. 取得投资者投资款存入银行　　B. 收回赊销货款
   C. 向银行取得借款　　D. 实际发放现金股利

5. 下列各项中，按会计科目反映的经济内容分类，属于成本类科目的是（　　）。

A. 管理费用　　B. 制造费用　　C. 所得税费用　　D. 其他业务

6. 账簿按外形特征分类，不包括的是（　　）。

A. 订本账　　B. 日记账　　C. 活页账　　D. 卡片账

7. 下列各项中，关于以银行存款偿还所欠货款业务对会计要素影响的表述正确的是（　　）。

A. 一项资产增加，另一项资产等额减少　　B. 一项资产与一项负债等额增加

C. 一项负债增加，另一项负债等额减少　　D. 一项资产与一项负债等额减少

8. 下列各项经济业务的会计处理中（假定不考虑相关税费），错误的是（　　）。

A. 购入原材料，用银行存款支付价款 5 000 元

借：原材料　　5 000

　　贷：银行存款　　5 000

B. 从银行取得 20 000 元短期借款

借：银行存款　　20 000

　　贷：短期借款　　20 000

C. 公司成立时，收到投资者投入款项 10 000 元存入银行

借：银行存款　　10 000

　　贷：实收资本　　10 000

D. 从银行提取备用金 2 000 元

借：银行存款　　2 000

　　贷：库存现金　　2 000

9. 管理会计指引体系不包括（　　）。

A. 管理会计基本指引　　B. 管理会计应用指引

C. 管理会计要素　　D. 管理会计案例库

10. 下列可以作为大数据处理工具的是（　　）。

A. Baidu　　B. Google　　C. Windows　　D. Power BI

二、多项选择题

1. 财务状况等式“资产 = 负债 + 所有者权益”在具体业务中涉及的情形有（　　）。

A. 财务状况等式左右两边的金额保持不变

B. 财务状况等式左右两边的金额等额增加

C. 财务状况等式左右两边的金额等额减少

D. 财务状况等式左右两边的金额一增一减

2. 下列各项中，关于会计账簿种类的表述正确的有（　　）。

A. 按照账页格式可分为三栏式账簿、多栏式账簿和数量金额式账簿

B. 订本式账簿一般适用于明细分类账

C. 按照用途可分为序时账簿、分类账簿和备查账簿

D. 按照账页格式可分为订本式账簿、活页式账簿和卡片式账簿

3. 下列关于借贷记账法的表述中，正确的有（　　）。

A. 借贷记账法的记账规则为“有借必有贷，借贷必相等”

B. 借贷记账法下“借”表示增加，还是“贷”表示增加，取决于账户的性质与所记录经济内容的性质

C. 借贷记账法以“借”和“贷”作为记账符号

D. 借贷记账法属于一种复式记账法

4. 下列属于流动资产的有（　　）。

A. 预收账款　　B. 预付账款　　C. 应收账款　　D. 应收票据

5. 下列各项经济业务中，能引起资产和负债同时增加的有（　　）。

A. 企业赊购材料一批　　B. 用银行存款偿还所欠货款

C. 从银行借入一笔款项并存入银行　　D. 收到投资人投入的资金存入银行

6. 下列各项中，关于错账更正方法表述错误的有（　　）。

A. 结账前发现账簿记录有数字错误，但记账凭证正确，采用红字更正法予以更正

B. 结账前发现账簿记录有文字错误，而记账凭证正确无误，采用划线更正法予以更正

C. 记账凭证中的文字或数字发生错误，在尚未过账前，可以采用划线更正法更正

D. 记账后发现记账凭证和账簿记录中应借、应贷科目无误，但所记金额小于应记金额，采用红字更正法更正

7. 下列各项关于账务处理程序的说法中，不正确的有（　　）。

A. 汇总记账凭证账务处理程序适合于规模较小、经济业务量较少的单位

B. 记账凭证账务处理程序的优点是简单明了，易于理解，总分类账可以较详细地反映经济业务的发生情况

C. 科目汇总表账务处理程序的优点是减轻了登记总分类账的工作量，并可做到试算平衡

D. 科目汇总表账务处理程序的缺点是当转账凭证较多时，编制汇总转账凭证的工作量较大，并且按每一贷方账户编制汇总转账凭证，不利于会计核算的日常分工

8. 下列有关本量利分析的说法中，正确的有（　　）。

A. 本量利分析中的“本”是指变动成本

B. 本量利分析中的“量”是指销售量

C. 本量利分析中的“利”是指营业利润

D. 本量利分析的基本公式是营业利润 =（单价 − 单位固定成本）× 业务量 − 变动成本

9. 下列各项中，属于管理会计要素的有（　　）。

A. 管理会计活动　　B. 信息与报告　　C. 应用环境　　D. 工具方法

10. 关于大数据时代的会计描述中，下列说法错误的有（　　）。

A. 大数据时代，财务共享中心是未来的发展趋势

B. 大数据时代，财务人员能更精准地制定预算管理，为企业提供决策依据

C. 大数据时代，大量的财务报表数据由程序自动处理，工作效率大大提升

D. 大数据时代，财会人员既要关注企业内部的数据，也要关注行业数据

三、判断题

1. 仓库中已失效或已毁损的商品，由于企业对其拥有所有权并且能够实际控制，因此应该作为本企业的资产。（ ）
2. 借贷记账法的记账规则为：有借必有贷，借贷必相等。即对于每一笔经济业务都要在两个或两个以上相互联系的会计账户中以借方和贷方相等的金额进行登记。（ ）
3. 企业漏记某项经济业务的结果，会导致试算平衡表中的本期借贷方发生额不平衡。（ ）
4. 原始凭证金额有错误的，可以在原始凭证上更改。（ ）
5. 资产类账户和负债类账户一般都有期末余额，而资产类账户由于增加在借方，所以期末余额的方向与记录增加的方向一致；而负债类账户由于增加在贷方，所以期末余额的方向与记录增加的方向相反。（ ）
6. 所有的记账凭证都必须附有原始凭证，否则，不能作为记账的依据。（ ）
7. 企业结账前发现账簿记录有数字错误，但记账凭证正确，应当采用红字更正法进行更正。（ ）
8. 企业使用的会计软件的界面可以使用中文，也可以使用外国或者少数民族文字。（ ）
9. 管理会计是会计的重要分支，主要服务于单位内部管理需要，是通过利用相关信息，有机融合财务与业务活动，在单位规划、决策、控制和评价等方面发挥重要作用的管理活动。（ ）
10. 作业成本法是以“资源消耗作业，作业消耗产出”为原则。（ ）

四、业务操作题

1. 掌握会计分录和试算平衡表的编制。

202×年6月初，广州天成公司各账户的余额如下表所示。

期初余额表

202×年6月1日

会计科目	期初借方余额	会计科目	期初贷方余额
库存现金	10 000	短期借款	130 000
银行存款	160 000	应付票据	120 000
原材料	200 000	应付账款	100 000
固定资产	11 000 000	实收资本	11 020 000
合计	11 370 000	合计	11 370 000

202×年6月，广州天成公司发生的经济业务如下：

（1）收到投资者按投资合同交来的资本金420 000元，已存入银行；

（2）从银行借入期限为3个月的借款600 000元存入银行；

（3）从银行提取现金 8 000 元作为备用；

（4）购买材料 60 000 元（不考虑增值税）已验收入库，款未付；

（5）签发 3 个月到期的商业汇票 50 000 元抵付上月所欠货款；

（6）用银行存款 100 000 元偿还前欠的短期借款；

（7）用银行存款 300 000 元购买无须安装的机器设备一台（不考虑增值税），设备已交付使用；

（8）购买材料 40 000 元（不考虑增值税），其中用银行存款支付 30 000 元，其余货款尚欠，材料已验收入库；

（9）以银行存款偿还短期借款 100 000 元，偿还应付账款 60 000 元。

根据以上资料，编制相关会计分录，并编制广州天成公司 6 月末的试算平衡表。

2. 掌握银行存款余额调节表的编制。

广州天峰公司 202×年 6 月 30 日银行存款日记账的余额为 68 000 元。经逐笔核对，发现以下未达账项：

（1）企业送存银行转账支票 30 000 元，并已登记银行存款增加，银行尚未记账。

（2）企业开出转账支票 25 000 元，持票单位未到银行办理转账业务，银行尚未记账。

（3）企业委托银行代收某公司购货款 39 000 元，银行已收妥入账，但企业尚未收到收款通知，尚未记账。

（4）银行代扣企业电话费 5 000 元，银行已登记企业银行存款减少，但企业未收到银行通知，尚未记账。

要求：根据以上资料填制银行存款余额调节表。

银行存款余额调节表

202×年 6 月 30 日

项目	金额	项目	金额
企业账面余额		银行对账单余额	
加：银行已收，企业未收		加：企业已收，银行未收	
减：银行已付，企业未付		减：企业已付，银行未付	
调节后余额		调节后余额	

第四章

企业典型业务分析与管理

学习目标

知识目标：

◆了解融资管理、采购管理、成本管理、销售管理的概念

◆了解融资管理流程、采购管理流程

◆熟悉常见的融资方式

◆熟悉经济进货批量的测算方法

◆熟悉利润分配的顺序

◆掌握采购预算、生产预算、销售预算的编制方法

◆掌握变动成本法下利润表的编制方法

技能目标：

◆能够编制采购预算、生产预算、销售预算

◆能够运用变动成本法编制利润表

素质目标：

◆树立“凡事预则立，不预则废”的职业理念

◆养成量入为出、勤俭节约的工作作风

思维导图

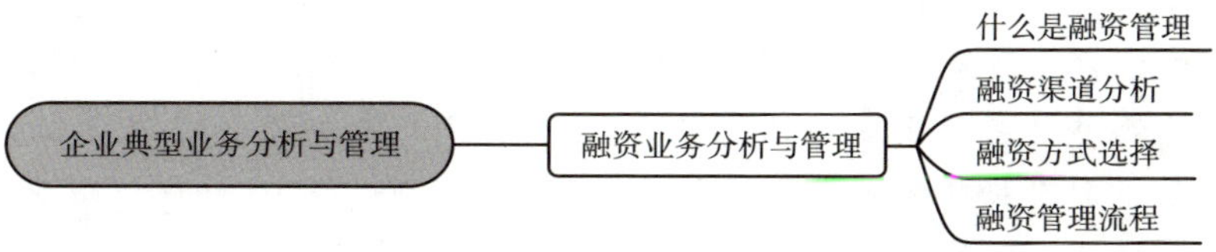

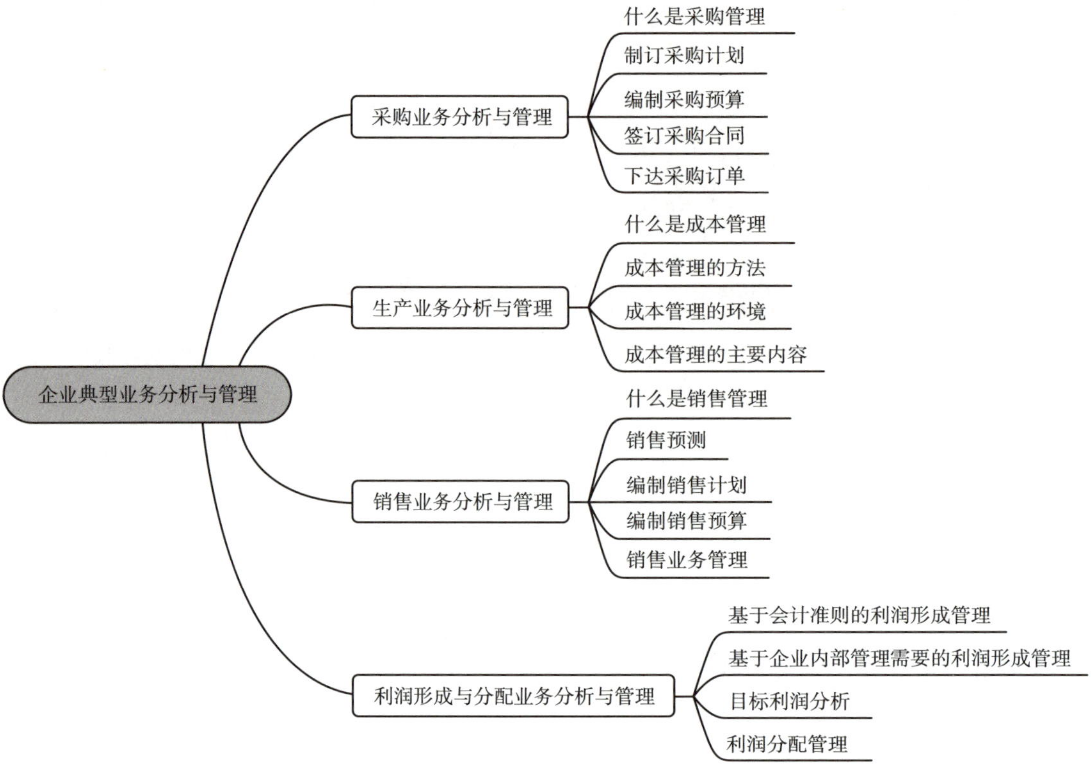

引导案例

吉利 CFO：汽车财务里最懂业务的人

吉利汽车集团高级副总裁兼 CFO 戴庆最基本的财务观就是业财融合，从 2000 年进入吉利汽车担任财务工作开始，吉利的财务氛围就是财务必须了解业务，甚至要站在比业务更高的层面上理解业务。

以财务专业教育背景进入吉利，2007 年，戴庆被派到成都负责吉利成都工厂项目，作为财务部部长在业务层面支持工厂的建设和运营工作，在生产研发等方面的投入要考虑营收平衡，为了能够控制采购成本，他带领团队做了很多财务管控的创新，比如工程量清单招标的方式，这是财务部跟工程部一起去构建的。

财务成为吉利各部门以及产业链之间的精密血管。从前期的立项、采购需求，到招标后签订合同，再到项目验收后的付款与决算，戴庆建立了全环节、全流程的投资把控体系，并派驻财务 BP 进行业财融合。特别是实行招标控制价机制，协同业务部门根据市场变化，不断对标分析，对集团资本开支进行指导和控制，合理降低了集团固定资产投资成本，大幅提高了效率。说到投资，戴庆认为，财务应该像血液一样渗透到公司的每个部门，无论是融资还是内部的预算释放，财务体系要融入具体的业务中，跟业务部门一起制订相应的落地执行计划，从而实现各方资源的匹配，满足部门需求的同时，再做好开源节流的工作。财务部门需要对各业务板块、上下游乃至市场状况等非常熟悉，才有可能通过财务杠杆来带动各方，最终达成非常极限的多赢，并且保障企业的利润水平。以吉利为例，财务是企业中唯一一个串联起人、财、物、供、产、销等各价值链的管理部门，且又拥有货币这个统一计量尺度。在现代化企业管理体系中，财务部门的角色正在发生巨大变化。基于公司明确的战略目标，吉利很早便将财务纳入与达成业绩强关联的企业体系中，与业务部门紧密联动。首先，财务目标和业务目标一致，避免出现部门墙；其次，财务深度参与经营管理决策。

目前吉利财务始终在积极践行三大财务体系：管理财务、共享财务和战略财务。一是“管理财务”，作为业务合作伙伴深入业务部门并提供专业支持。业务财务会深度参与产品研发、营销、用户运营等业务流程中，目的是让预算更精确，清楚每个环节该花多少钱，提升资金使用效率。这要求财务人员不仅要熟悉业务流程，还得懂产品优势，并从财务角度给出专业建议。二是共享中心，又称“共享财务”，建立财务标准化体系，提升财务内部工作效率。现在吉利财务团队共有 900 余人。其中“管理财务”和“共享财务”的人员分布在公司各品牌、各板块，紧密衔接业务部门，保证资源投放高效和精确。三是“战略财务”，负责财务战略及顶层设计，提供公司财务分析、会计报告、财税管理，投融资等专业财务支持。同时，也构建了内部控制体系，以保证各项经济活动反映在财务报表中是真实有效的。

“汽车财务里最懂业务的，汽车业务里最懂财务的。”这是 80 后 CFO 戴庆对自己的评价。同时他要求：吉利的财务人员不仅要懂财务，更要懂经营、懂业务，“只要有业务的地方，都有财务人员的身影”，财务部门的首要任务是为全企业员工构建一致性目标。在公司发布的“智能吉利 2025”战略中，2025 年 EBIT（息税前利润）达到 8% 的 KPI，而这个任务，首当其冲地落在 CFO 身上。

资料来源： https：//t. cj. sina. com. cn/articles/view/1676416442/63ec15ba0190122vj（原文经过整理）。

思考： 财务人员如何在融资、采购、生产、销售、利润形成与分配等典型业务中发挥自己的作用，做到业财融合？

第一节 融资业务分析与管理

一、什么是融资管理

“巧妇难为无米之炊”，一个企业要生存和发展，首先必须要有足够的资金。但实际很困难。一是企业想要融资并不容易，尤其是中小微企业融资通道不畅；二是企业要融的资金并非越多越好，资金都有成本，企业融来的资金越多，意味着要承担更多的资金成本。

那么企业应该采取什么合法合规的方式才能融到钱？到哪里融资？融多少？融资成本是多少？这些都是企业在融资过程中要考虑的问题。

融资业务是一个企业的资金筹集的行为与过程，即公司根据自身的财务状况和经营状况，以及公司未来经营发展的需要，采用一定的方式，从一定的渠道向投资者和债权人筹集资金以保证公司正常生产经营需要的财务活动。

融资管理，是指企业为实现既定的战略目标，在风险匹配的原则下，对通过一定的融资方式和渠道筹集资金进行分析和管理的财务管理活动。

二、融资渠道分析

（一）外部融资

外部融资指来源于公司外部的融资，即公司通过资本市场或某些投资者筹集投资项目所需要的资金的行为。外部融资方式通常包括银行贷款、股权融资、债权融资、投融资平台融资，公司获得的商业信用、融资租赁、政府补助等也属于外部融资的范围。

外部融资有直接融资和间接融资两种方式：

直接融资是指资金盈余者与短缺者相互之间直接进行协商或者在金融市场上由前者购买后者发行的有价证券，从而资金盈余者将资金的使用权让渡给资金短缺者的资金融通活动，包括股票融资、公司债券融资、国债融资、不通过银行等金融机构的货币借贷等。

间接融资是指拥有暂时闲置货币资金的单位通过存款的形式，或者购买银行、信托、保险等金融机构发行的有价证券，将其暂时闲置的资金先行提供给这些金融中介机构，然后再由这些金融机构以贷款、贴现等形式，或通过购买需要资金的单位发行的有价证券，把资金提供给这些单位使用，从而实现资金融通的过程。

企业外部融资具有速度快、弹性大、资金量大的优点，因此，一般是筹集资金的主要来源。但其缺点是保密性差，企业需要负担高额成本，因此产生较高的风险。

（二）内部融资

内部融资是指企业依靠其内部积累进行的融资，融资方式包括盈余公积、未分配利润、折旧基金等。内部融资企业不必向外支付借款成本，因而风险很小。相对于外部融资，它可以减少信息不对称问题及与此相关的激励问题，节约交易费用，降低融资成本，增强企业剩余控制权。但是，内部融资能力要受到企业的盈利能力、净资产规模和未来收益预期等方面的制约。

企业常见的融资方式如图 4－1 所示。

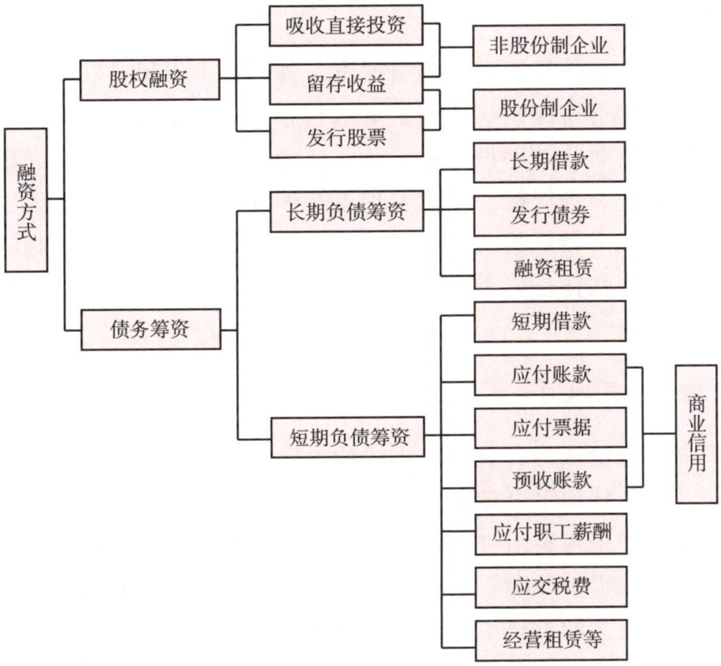

图 4－1 企业常见的融资方式

三、融资方式选择

（一）MM 理论

1958 年，美国学者莫迪格利安尼与米勒（以下简称 MM）在完美资本市场假设条件的基础上提出 MM 理论，主要讨论负债融资对企业价值的影响，MM 理论的提出，标志着现代企业融资理论的开端。MM 理论指出，假如没有企业所得税，那么负债融资既不会对企业资本成本构成影响，也不会对企业价值构成影响，企业价值仅仅由预期收益决定，即在不考虑企业所得税的情况下，企业不管采用哪一种融资方式进行融资，对企业来讲，效果是一样的；如果考虑企业所得税，负债融资会对企业资本成本及企业价值都会产生影响，理论上讲，当企业全部采用负债融资时，企业资本成本会达到最低，而企业价值会达到最大。

（二）权衡理论

MM 理论只关注到负债融资给企业带来的正面效应，忽略了负债融资给企业带来的财务风险和额外费用。事实上，随着企业债务的增加，企业因不能偿还到期本息从而导致财务危机甚至破产的可能性也在增加，另外还会导致一些其他的额外损失，比如企业客户、供应商以及员工的流失，融资成本增加等。权衡理论认为在强调债务利息带来的抵税收益的同时，也应考虑债务可能带来的破产风险，企业应该权衡负债带来的优势与劣势，在两者之间寻找平衡点，结合企业自身情况使企业资本结构达到最合适自己的状态。

（三）优序融资理论

优序融资理论认为，在信息不对称的情况下，外部投资者很难获知企业经营真相，为此他们会通过观察企业的融资情况来从侧面了解融资企业对未来收益的预期，比如当企业管理者采用外源融资方式融资时，外部投资者可能会认为企业发展前景不好，因此发行新股总会使企业股价下跌。为避免市场误解，企业管理者会偏好采用内部融资方式，如果确实需要外部融资，也是优先考虑成本较低的债权融资，其次才考虑股权融资。其核心思想为：当企业需要融资时，其融资顺序往往是先考虑内部融资再考虑外部融资，在外部融资中则是先考虑债权融资再考虑股权融资。

（四）企业金融成长周期理论

企业金融成长周期理论认为：企业在不同的发展阶段其规模、资金需求及外部条件等实际上是不同的，企业资本结构也会随之发生变化并不断调整。在企业初创期，企业资产规模一般比较小，往往重生产销售轻财务，财务管理不太规范，企业信息也不透明，企业面临的外部融资约束比较大，获得外源融资的机会也比较少，外部融资渠道不是很通畅，因此，在企业初创期，企业获取资金的方式主要是内源融资；企业进入成长阶段后，企业的资产规模逐渐扩大，出于管理的需要，企业也开始重视财务，财务管理日趋规范，企业信息透明度有所提高，随着企业的发展，企业对资金的需求也越来越多，内源性融资已经明显不能满足企业发展扩张的需求，此时企业开始把目光转向外源融资；在企业成熟阶段，企业财务制度逐渐完善，企业管理更为规范，企业规模也越来越大，逐渐具备证券融资的条件，此时，企业将会更多地依赖股权融资，债权融资比重开始下降。

四、融资管理流程

微课：融资管理流程

企业应建立健全融资管理的制度体系，融资管理一般采取审批制。企业应设置满足融资管理所需的，由业务、财务、法律及审计等相关人员组成的融资委员会或类似决策机构，对重大融资事项和融资管理制度等进行审批，并设置专门归口管理部门牵头负责融资管理工作。

融资管理一般按以下流程进行：

（一）制订融资计划

企业对融资安排应实行年度统筹、季度平衡、月度执行的管理方式，根据战略需要、业务计划和经营状况，预测现金流量，统筹各项收支，编制年度融资计划，并据此分解至季度和月度融资计划。必要时根据特定项目的需要，编制专项融资计划。年度融资计划的内容一般包括编制依据、融资规模、融资方式、资本成本等；季度和月度融资计划的内容一般包括年度经营计划、企业经营情况和项目进展水平、资金周转水平、融资方式、资本成本等。企业融资计划可作为预算管理的一部分，纳入企业预算管理。

1. 融资规模

融资规模是指一定时期投资主体筹集资金的总额，通常以货币形态表示。融资规模的确定是先根据企业经营与投资的实际需要确定融资的总规模，再核算投资主体自有资金的数额，融资总规模与自有资金的差额即为应筹措的企业外部资金的数额。

由于企业融资需要付出成本，因此企业在筹集资金时，首先要确定企业的融资规模。融资过多，或者可能造成资金闲置浪费增加融资成本，或者可能导致企业负债过多，使其无法承受，偿还困难，增加经营风险；而企业融资不足，则又会影响企业融资计划及其他业务的正常开展。因此，企业在进行融资决策时，要根据企业对资金的需要、企业自身的实际条件以及融资的难易程度和成本情况，来确定企业合理的融资规模。在实际操作中，企业确定融资规模一般可使用定性预测法、定量预测法。

定性预测法是指依靠专家等个人的经验和主观分析判断能力来预测企业未来的资金需要量，通常在企业缺乏完备、准确的历史财务资料情况下采用。预测过程是：由熟悉财务情况和生产经营的专家进行分析，提出预测的初步意见；然后召开座谈会或发出各种表格等形式，对初步意见进行修正和补充，得出最终预测结果。定性预测法很多时候都很有效，特别是小规模经营的企业往往采用此法。但是，此种方法经常靠个人的主观判断，容易与实际产生偏差。所以，企业在采用此法时，应尽量结合能用的技术方法，减少主观臆断带来的差错。

定量预测法是指企业运用资金需要量与生产量、销售量等的内在依存关系来预测资金需要量的方法。如果企业的历史财务资料齐全，可采用此法进行预测。定量预测法主要有销售百分比法、资金习性法、时间序列法、比例预测法等。

2. 融资成本

融资成本是资金所有权与资金使用权分离的产物，融资成本的实质是资金使用者支付给资金所有者的报酬。由于企业融资是一种市场交易行为，有交易就会有交易费用，资金使用者为了能够获得资金使用权，就必须支付相关的费用。如委托金融机构代理发行股票、债券而支付的注册费和代理费，向银行借款支付的手续费等。企业融资成本实际上包括两部分：即融资费用和资金使用费。融资费用是企业在资金筹资过程中发生的各种费用；资金使用费是指企业因使用资金而向其提供者支付的报酬，如股票融资向股东支付股息、红利，发行债券和借款支付的利息，借用资产支付的租金等。

（二）编制融资方案

企业应根据融资计划进行融资决策分析，分析的内容一般包括资本结构、资本成本、融资用途、融资规模、融资方式、融资机构的选择依据、偿付能力、融资潜在风险和应对措施、还款计划等。企业应根据融资决策分析的结果编制具体的融资方案。

融资方案中需要分析的资本结构，是指企业各种资本的价值构成及其比例关系，是企业一定时期筹资组合的结果。广义的资本结构是指企业全部资本的构成及其比例关系。企业一定时期的资本可分为债务资本和股权资本，也可分为短期资本和长期资本。狭义的资本结构是指企业各种长期资本的构成及其比例关系，尤其是指长期债务资本与（长期）股权资本之间的构成及其比例关系。最佳资本结构便是使股东财富最大或股价最大的资本结构，或者站在资本成本的角度来讲，是指使公司资本成本最小的资本结构。资本结构反映的是企业债务与股权的比例关系，它在很大程度上决定着企业的偿债和再融资能力，决定着企业未来的盈利能力，是企业财务状况的一项重要指标。合理的融资结构可以降低融资成本，发挥财务杠杆的调节作用，使企业获得更大的自有资金收益率。

（三）实施与调整融资方案

融资方案经审批通过后，进入实施阶段，一般由归口管理部门具体负责落实。如果融资活动受阻或者融资量无法达到融资需求目标，归口管理部门应及时对融资方案进行调整，数额较大时应按照融资管理程序重新报请融资委员会或类似决策机构审批。

（四）分析融资管理情况

企业融资完成后，应对融资进行统一管理，必要时应建立融资管理台账。企业应定期进行融资管理分析，内容一般包括还款计划、还款期限、资本成本、偿付能力、融资潜在风险和应对措施等。还款计划应纳入预算管理，以确保按期偿还融资。

（五）编制融资管理报告

融资管理报告应根据融资管理的执行结果编制，反映企业融资管理的情况和执行结果。

1. 融资管理报告的主要内容

（1）融资管理的情况说明。一般包括融资需求测算、融资渠道、融资方式、融资成本、融资程序、融资风险及应对措施、需要说明的重大事项等。

（2）融资管理建议。可以根据需要以附件形式提供支持性文档。

2. 融资管理报告编制要求

（1）真实可靠。融资管理报告是重要的管理会计报告，应确保内容真实、数据可靠、分析客观、结论清楚，为报告使用者提供满足决策需要的信息。

（2）编制及时。企业可定期编制融资管理报告，反映一定期间内融资管理的总体情况，一般至少应于每个会计年度出具一份；也可根据需要编制不定期报告，主要用于反映特殊事项和特定项目的融资管理情况。

企业应及时进行融资管理回顾和分析，检查和评估融资管理的实施效果，不断优化融资管理流程，改进融资管理工作。

【例 4－1】深圳市柔宇科技股份有限公司于 2012 年 5 月在深圳创立，注册资本 3.6 亿元，是一家柔性显示屏及传感器研发商，专注于新型显示与传感及其相关电子产品的研究、开发、生产及销售。2018 年 6 月，柔宇科技在深圳市龙岗区投资 110 亿元建设了全球第一条可折叠全柔性显示屏量产线。从 2012 年 5 月创立至 2021 年 9 月近十年期间，公司共进行 8 轮融资，获得股权投资约 61.97 亿元，债权融资约 36.53 亿元。2020 年，柔宇科技还曾以 60 亿美元的估值跻身于《2020 中国新经济独角兽 200 强榜单》前 12 名，并成为《中国企业家》2020 年度“中国科创企业百强榜”的榜首。

为解决资金问题，柔宇科技也一直在谋求上市。据彭博社报道，2020 年初，柔宇科技就已提交美国 IPO 申请，以筹集约 10 亿美元，但这一计划最终搁浅，公司决定在国内 A 股科创板上市。2020 年 6 月，公司完成股份制改造，柔宇科技的公司名称由“深圳市柔宇科技有限公司”变更为“深圳市柔宇科技股份有限公司”。公司于 2020 年 11 月 25 日完成上市辅导工作，并抢在2020年的最后一天在上交所披露招股书，正式冲刺科创板。公司计划募资144.34亿元，其中用于扩产的募资达到49.39亿元，具体如表4-1所示。但因为各种原因，2021年2月，公司撤回上市申请。

表4-1　　　　柔宇科技募集资金用途

序号	项目名称	使用募集资金投入金额（万元）
1	柔性前沿技术研发项目	46 161.97
2	柔性显示基地升级扩增建设项目	493 891.09
3	柔性技术的企业解决方案开发项目	112 359.62
4	新一代柔性智能终端开发项目	70 976.90
5	补充流动资金	720 000.00
合计		1 443 389.58

招股说明书显示，2017年至2020年上半年，柔宇科技分别实现营业收入0.65亿元、1.09亿元、2.26亿元和1.16亿元，归母净利润分别是-3.59亿元、-8.02亿元、-10.73亿元和-9.61亿元，“扣非”归母净利润分别为-3.59亿元、-7.86亿元、-9.86亿元和-7.44亿元。三年半的时间，柔宇科技亏掉了31.95亿元。对于持续亏损的主要原因，柔宇科技在招股说明书中的解释是“公司产品仍在市场拓展阶段，销售规模较小且新产品的研发需要投入大量资金。”2017年至2020年上半年，柔宇科技的研发费用分别为1.6亿元、4.9亿元、5.9亿元和5.8亿元，研发费用远超当年营业收入。经过三年半的亏损与投入，柔宇科技融到的钱也花得差不多了，公司资金捉襟见肘。为了解决公司规模发展的资金需求，柔宇科技将其所拥有的唯一土地使用权抵押、子公司柔宇显示股权质押、部分设备抵押和部分专利质押用于向银行申请借款。

另外值得一提的是，2018年至2020年上半年，柔宇科技的全柔性屏设计产能分别为11.67千张、46.67千张、23.33千张，对应的产量分别为1.76千张、14.56千张、1.23千张，产能利用率分别为15.08%、31.20%、5.27%。

通过柔宇科技案例，我们可以简单分析其融资管理过程中存在的问题。

（1）融资计划不合理。一是公司在“年度经营计划、企业经营情况”方面未能将资金使用做出合理安排，公司在销量非常不好的情况下仍然投资110亿元建设生产线，投资后其产能利用率最高仅31.2%；即便如此，公司在2020年的计划募集的资金中仍然准备拿出49.39亿元用于购买设备扩大生产规模。二是在公司资金紧张的情况下，其研发支出依然非常惊人，2017—2020年上半年研发费用均远远超过同期所获营业收入。

（2）融资方案不合理。一是在融资渠道的选择上举棋不定。临时取消赴美上市，又临时冲刺国内A股市场，最终又主动终止上市。在融资渠道的选择上，公司摇摆不定，导致在国内申请上市明显准备不足。二是对融资风险考虑不足。为了解决公司规模发展的资金需求，柔宇科技将其所拥有的唯一土地使用权抵押、子公司柔宇显示股权质押、部分设备抵押和部分专利质押用于向银行申请借款，这些抵押物、质押物均为公司的重要生产经营资产，一旦公司不能及时足额偿还银行借款，将会对公司正常生产经营造成灾难性的影响。三是对公司偿付能力估计不足。公司每年营业收入一般且连年亏损，偿债能力很弱，财务风险很高。从公司招股说明书来看，公司打算将融资总额的一半用于补充流动资金，推测其中很大一部分可能打算用于支付到期债务，毕竟公司账上摆着高达27.88亿元的长期借款，再加上其他债务，总计负债38.30亿元，可谓债台高筑。

总而言之，柔宇科技外部融资渠道受阻，内部自我造血能力又不足，双重困局之下，柔宇科技的未来之路会非常艰难。

第二节　采购业务分析与管理

一、什么是采购管理

采购管理是指对采购业务过程进行组织、实施与控制的管理过程。采购管理最首要的职能，就是要实现对整个企业的物资供应，企业生产需要的原材料、零配件、机器设备和工具要及时采购，在保障企业生产正常进行的同时，力求提高采购效率，降低采购成本。采购业务流程一般如图4－2所示。

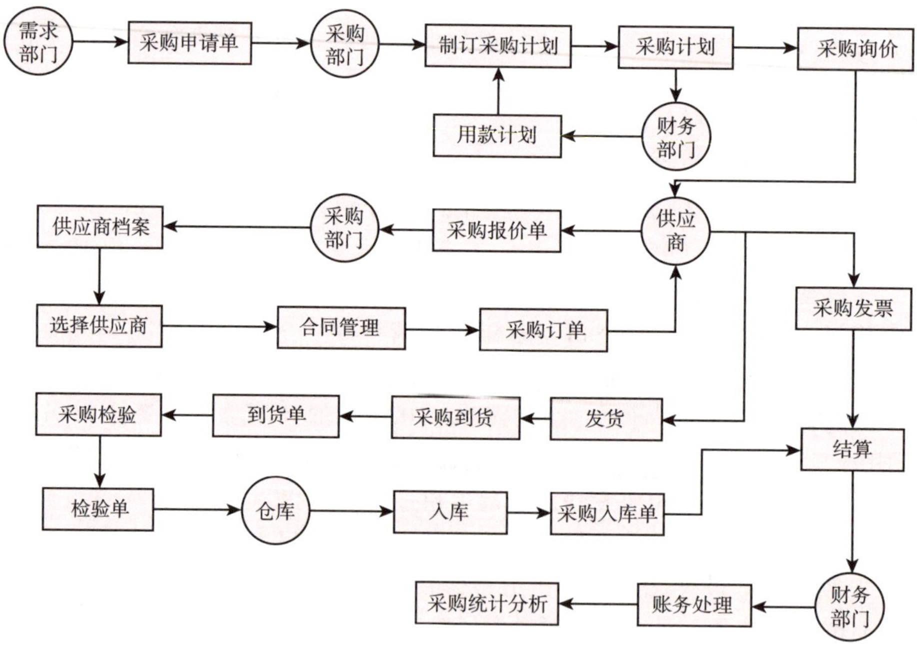

图4－2　采购业务流程

如图4－2所示采购业务流程为一般采购流程，并不表示所有企业采购都要遵循这个流程，事实上，有些问题值得我们深入探讨，比如谁来发起采购？采购什么物料？采购多少？

谁来审批？审批的依据是什么？谁来收集供应商档案？谁负责与供应商谈判？谁来选择供应商？选择几个供应商？标准是什么，等等。小小的业务流程改动，都能节约成本，提高效率，尤其在引进现代信息技术之后，在人工成本急剧下降的同时，工作效率还能大幅提升。所以，每一家企业结合自身特点及信息技术条件，选择合适的采购流程显得非常重要。

【想一想】

A 公司旗下有万余家分支机构，长期以来形成了各省市采购、物流分散管理的模式，A 公司的供应商也有万余家，但 A 公司缺乏对供应商协同环节的统一管理；其次，A 公司物料主数据的定义标准及分类原则不统一，存在多套物料编码体系，系统流程贯穿困难，且各省供应链系统不统一、业务数据分散，难以及时看到全网采购和物流数据；另外，采购与物流业务流程缺少贯穿，总部、大区与省公司流程没有打通，造成较高的集采风险。你有什么办法能帮助 A 公司加强采购管理吗？

二、制订采购计划

微课：采购管理流程

通常情况下，物料采购要审核和整合企业各业务部门需求并制订采购计划，再根据采购计划下达采购指令。采购计划包括定期采购计划和非定期采购计划。通过编制采购计划，将企业的采购需求变为直接的采购任务。生产企业采购计划一般依据生产计划来制定，如图 4－3 所示。

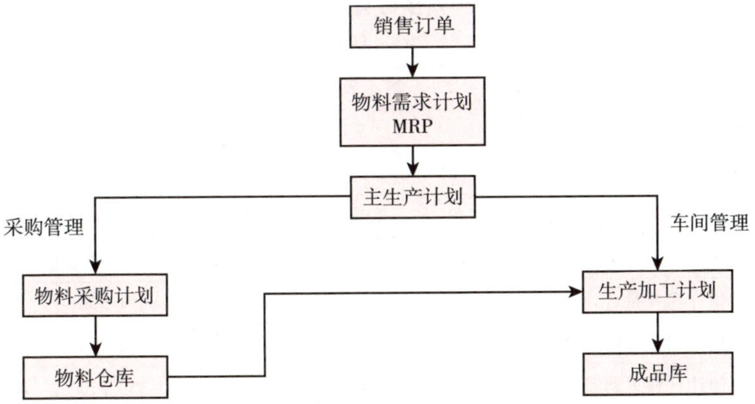

图 4－3　制造型企业物料采购计划制订依据

三、编制采购预算

预算是指企业以战略目标为导向，通过对未来一定期间内的经营活动和相应的财务结果进行全面预测和筹划，科学、合理地配置企业各项财务和非财务资源，并对执行过程进行监督和分析，对执行结果进行评价和反馈，指导经营活动的改善和调整，进而推动实现企业战略目标的管理活动。预算管理的内容主要包括经营预算、专门决策预算和财务预算。其中经营预算（也称业务预算），是指与企业日常业务直接相关的一系列预算，包括销售预算、生产预算、采购预算、费用预算、人力资源预算等。

采购预算是指企业在预算期内为保证生产或经营的需要而从外部购买各类商品、各项材料、低值易耗品等存货的预算。主要根据销售预算、生产预算、期初存货情况和期末存货经济存量编制，就生产企业而言，其采购预算一般融入生产成本预算中，比如融入“直接材料预算”中一起编制。

直接材料预算编制以生产预算为基础，主要内容有直接材料的单位产品用量、生产需用量、期初和期末存货量等。“预计生产量”的数据来自生产预算。“单位产品用量”的数据来自标准成本资料或消耗定额资料；“生产需用量”是“预计生产量”和“单位产品用量”的乘积；各季度“期末材料存货量”一般是根据下一季度生产需用量的一定比例确定的。“预计采购量”由下式计算确定：

预计材料采购量 = 生产需用量 + 期末材料存量 – 期初材料存量

因直接材料预算往往涉及现金支付，在编制直接材料预算的同时还要预计材料各季度的现金支出，目的是便于以后编制现金预算。

【例 4 –2】 德英工厂生产甲产品，单件甲产品 A 材料消耗定额为 25 千克，每千克计划价格为 15 元。A 材料采购货款当月付 60%，其余 40% 于下季度支付。年初应付材料款 1 400 000元。预计年初材料存货 30 000 千克，年末材料存货 21 000 千克。各季度末材料库存量为下一季度生产需要量的 15%。编制德英工厂 202 × 年度直接材料预算如表 4 –2 所示。

表 4 –2　　直接材料预算

202 × 年度

项目		第一季度	第二季度	第三季度	第四季度	全年合计
直接材料采购预算	预计生产量（件）	9 000	12 400	13 800	12 400	47 600
	单件用料量（千克）	25	25	25	25	25
	材料需要量（千克）	225 000	310 000	345 000	310 000	1 190 000
	加：预计期末材料存货量（千克）	46 500	51 750	46 500	21 000	21 000
	预计需要量合计（千克）	271 500	361 750	391 500	331 000	1 211 000
	减：预计期初材料存货量（千克）	30 000	46 500	51 750	46 500	30 000
	预计材料采购量（千克）	241 500	315 250	339 750	284 500	1 181 000
	材料单价（元）	15	15	15	15	15
	预计采购材料金额（元）	3 622 500	4 728 750	5 096 250	4 267 500	17 715 000
预计现金支出	上年应付账款余额（元）	1 400 000				1 400 000
	第一季度采购材料款（元）	2 173 500	1 449 000			3 622 500
	第二季度采购材料款（元）		2 837 250	1 891 500		4 728 750
	第三季度采购材料款（元）			3 057 750	2 038 500	5 096 250
	第四季度采购材料款（元）				2 560 500	2 560 500
	合计（元）	3 573 500	4 286 250	4 949 250	4 599 000	17 408 000

四、签订采购合同

采购合同在企业之间是非常常见的一种合同，它的主要目的是体现双方为了经济利益而进行的一种交易。采购合同是企业（供方）与分供方，经过双方谈判协商一致同意而签订的“供需关系”的法律性文件，合同双方都应遵守和履行，并且是双方联系的共同语言基础。签订合同的双方都有各自的经济目的，采购合同是经济合同，双方受民法典保护和承担责任。

采购合同是商务性的契约文件，其内容条款一般应包括：供方与分供方的全名、法人代表，以及双方的通信联系的电话、电报、电传等；采购物品的名称、型号和规格、数量、单价、价格构成；交货期、交付方式和交货地点；折扣方式、结算方式；质量要求、验收方法、违约责任等。

五、下达采购订单

根据采购合同可以向供应商下达采购订单。采购订单是企业根据产品的用料计划和实际能力以及相关的因素所制订的切实可行的采购订单计划，并下达至供应商执行。一份采购合同可以拆分为多个采购订单，采购订单是存货在采购业务中流动的起点，是详细记录企业物流的循环流动轨迹、累积企业管理决策所需要的经营运作信息的关键。采购订单管理以采购单为源头，对从供应商确认订单、发货、到货、检验、入库等采购订单流转的各个环节进行准确的跟踪，采购业务的处理过程可以做到一目了然，从而实现采购全过程管理。

企业在签订采购合同以后，下达每一个订单时需要确定合理的进货批量。为防止盲目采购造成的损失，一般可采用经济进货批量法测算订单采购量。所谓经济进货批量法，是指能够使一定期间存货的总成本达到最低点的进货数量。经济进货批量法下，首先要分析保持一定量存货的总成本有哪些，即存货成本。

（一）存货成本

1. 进货成本

进货成本是指为取得存货而发生的成本，包括订货成本和购置成本两项。订货成本是指企业向供应方发出订货单起，直到材料、商品入库为止所发生的各种成本，包括订购手续费、差旅费、仓库验收费等。这部分成本一般与订货次数有关，称为“订货的变动成本”。另一部分与订货次数无关，如采购机构的基本开支和采购人员的工资等，称为“订货的固定成本”。一般说来，采购批量越大，订货次数越少，订货成本越小；反之，采购批量越小，订货次数越多，订货成本越大。

订货成本 $=F_1+A/Q\cdot B$

其中，B 表示每次订货成本，F_1表示订货固定成本，A 表示存货年度计划进货总量，Q

表示每次进货量，A/Q 表示订货次数。

购置成本是指存货本身的价值，由采购数量与单价的乘积表示。如果存货的年需求量一定，采购批量是不会影响购置成本的，因此，在经济批量模型中不予考虑。购置成本只有在供应方给予数量折扣时才予以考虑。

购置成本 $= D \cdot P$

其中，D 表示采购数量，P 表示单价。因此，进货成本的计算公式如下：

进货成本 TC_a = 订货成本 + 购置成本 = $F_1 + A/Q \cdot B + D \cdot P$

2. 储存成本

储存成本是指企业在生产领用和出售前因储存存货而发生的各种成本，包括仓储费、保险费、正常仓储损耗、存货占用资金的利息等。储存成本包括固定成本和变动成本两部分，其中固定成本是与存货数量无关，如仓库租赁费、仓库职工固定工资等。变动成本随存货数量的变动而变动的成本，如存货的破损和变质损失、存货的保险费等。

储存成本 $TC_c = F_2 + Q/2 \cdot C$

其中：F_2表示储存固定成本，C 表示单位存货年储存成本。

3. 缺货成本

缺货成本是指由于存货供应中断而造成的损失，包括材料供应中断造成的停工损失、产成品库存缺货造成的拖欠发货损失和丧失销售机会的损失等。缺货成本难以定量分析，特别是当企业因缺货而无法按时履行合同所造成的商誉的损失。如果企业允许缺货，则缺货成本与存货数量反向相关，即属于决策相关成本；反之，如果企业不允许发生缺货，则缺货成本为零，企业可通过保险储备等方法避免缺货。缺货成本用 TC_s 表示。

因此，存货总成本 = 进货成本 + 储存成本 + 缺货成本

$$= TC_a + TC_c + TC_s$$

$$= (F_1 + A/Q \cdot B + D \cdot P) + (F_2 + Q/2C) + TC_s$$

（二）经济进货批量法的假设

进货成本、储存成本和缺货成本存在一定的相互关联关系，如减少进货批量 Q，增加进货次数，在降低储存成本的同时，也会导致进货成本与缺货成本提高；相反，增加进货批量 Q，减少进货次数，尽管有利于降低进货费用与缺货成本，但同时会令储存成本的提高。

为使其总成本达到最低，最大限度提高存货管理效率，理论界与实务界提出经济进货批量模型进行分析。经济进货批量模型建立在以下的假设基础之上：

（1）企业一定时期的进货总量可以较为准确的预测；

（2）存货的耗用或销售比较均衡；

（3）存货的价格稳定，且不存在数量折扣；

（4）每次进货数量和进货日期完全由企业自行决定，且每次存货量下降为零时，下一批存货即能马上到位；

（5）仓储条件及所需资金不受限制；

(6) 不允许出现缺货情形。

(三) 确定经济进货批量

在上述假设成立的前提下，存货总成本中的由于价格稳定，因此购置成本固定不变；不允许出现缺货，所以缺货成本为零。此时要考虑的相关成本只有订货变动成本和储存变动成本两项，存货相关总成本的相关公式为：

存货相关总成本 TC = 订货变动成本 + 储存变动成本

$$= A/Q \cdot B + Q/2 \cdot C$$

其中，Q 为经济进货批量；A 为存货年度计划进货总量；B 为每次订货成本；C 为单位存货年储存成本。

将存货相关总成本的计算公式进行一阶求导求极值，简化变形可得：

经济进货批量为：$Q = \sqrt{\dfrac{2A \cdot B}{C}}$

经济进货平均占用资金：$W = \dfrac{Q}{2} \cdot P = P \cdot \sqrt{\dfrac{A \cdot B}{2C}}$

最佳进货批次：$N = \dfrac{A}{Q} = \sqrt{\dfrac{A \cdot C}{2B}}$

经济进货批量示意图如图 4－4 所示。

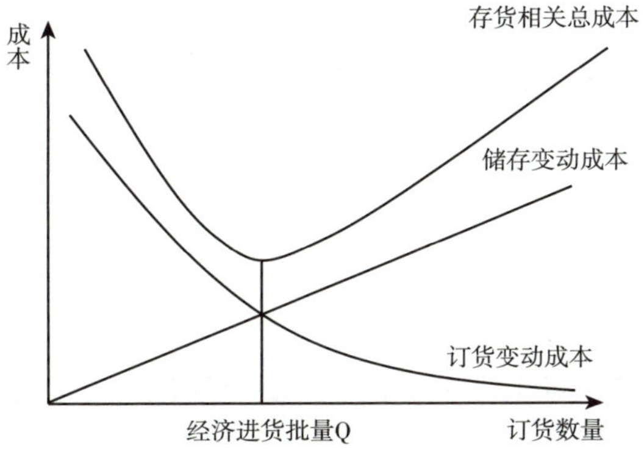

图 4－4 经济进货批量示意图

【例 4－3】某企业每年需消耗乙材料 8 000 千克，该材料的单位采购成本为 200 元，单位年储存成本 8 元，平均每次进货费用为 2 000 元。要求：计算经济进货批量、经济进货平均占用资金、年度最佳进货批次及存货相关总成本。

经济进货批量：$Q = \sqrt{\dfrac{2A \cdot B}{C}} = \sqrt{\dfrac{2 \times 8\ 000 \times 2\ 000}{8}} = 2\ 000$（千克）

经济进货平均占用资金：$W = \dfrac{Q}{2} \cdot P = \dfrac{2\ 000}{2} \times 200 = 200\ 000$（元）

最佳进货批次：$N = \dfrac{A}{Q} = \dfrac{8\ 000}{2\ 000} = 4$（次）

存货相关总成本：$TC=\sqrt{2A\cdot B\cdot C}=\sqrt{2\times 8\ 000\times 2\ 000\times 8}=16\ 000$（元）

第三节　生产业务分析与管理

一、什么是成本管理

成本管理，是指企业在营运过程中实施成本预测、成本决策、成本计划、成本控制、成本核算、成本分析和成本考核等一系列管理活动的总称。企业进行成本管理，一般应遵循以下原则：

融合性原则。成本管理应以企业业务模式为基础，将成本管理嵌入业务的各领域、各层次、各环节，实现成本管理责任到人、控制到位、考核严格、目标落实。

适应性原则。成本管理应与企业生产经营特点和目标相适应，尤其要与企业发展战略或竞争战略相适应。

成本效益原则。成本管理应用相关工具方法时，应权衡其为企业带来的收益和付出的成本，避免获得的收益小于其投入的成本。

重要性原则。成本管理应重点关注对成本具有重大影响的项目，对于不具有重要性的项目可以适当简化处理。

二、成本管理的方法

成本管理领域应用的管理会计工具方法，一般包括目标成本法、标准成本法、变动成本法、作业成本法等。

目标成本法也称为成本企划，是指企业以市场为导向，以目标售价和目标利润为基础确定产品的目标成本，从产品设计阶段开始，通过各部门、各环节乃至与供应商的通力合作，共同实现目标成本的成本管理方法。一般适用于制造业企业成本管理，也可在物流、建筑、服务等行业应用。

标准成本法是运用科学方法预计在良好的生产经营效率条件下应当发生的成本，并通过控制成本、评价实际成本、衡量工作效率达到成本管理的一种方法。标准成本是指在正常和高效率的运转情况下制造产品的成本，而不是指实际发生的成本，也称为“应该成本”。

变动成本法也叫直接成本计算法，是指以成本性态分析为基础，在计算产品成本时，将生产过程中发生的变动生产成本（包括直接材料、直接人工和变动制造费用）计入产品成本，而将固定制造费用和非生产成本作为期间成本在当期损益中扣减的一种成本计算方法。传统的成本概念认为成本是为了达到一个特定的目的而已经发生或可能发生的，以货币计量的牺牲。依照这个传统观点，成本分为生产成本和期间费用。其中，计入产品成本的直接材料、直接人工和制造费用，不论是固定成本还是变动成本，都是一种牺牲，都要计入产品成本，我们称为完全成本法。长久以来，会计准则要求企业对外披露的报表依据完全成本法进行。

作业成本法是指以“作业消耗资源、产出消耗作业”为原则，按照资源动因将资源费用追溯或分配至各项作业，计算出作业成本，然后再根据作业动因，将作业成本追溯或分配至各成本对象，最终完成成本计算的成本管理方法。因此，这里的“产出”可以理解为成本对象，通常来说是我们所说的产品，但也可以是工艺、流程、零部件、产品、服务、分销渠道、客户、作业、作业链等需要计量和分配成本的项目。

企业应结合自身的成本管理目标和实际情况，在保证产品的功能和质量的前提下，选择应用适合企业的成本管理工具方法或综合应用不同成本管理工具方法，以更好地实现成本管理的目标。

综合应用不同成本管理工具方法时，应以各成本管理工具方法具体目标的兼容性、资源的共享性、适用对象的差异性、方法的协调性和互补性为前提，通过综合运用成本管理的工具方法实现最大效益。

三、成本管理的环境

企业应根据其内外部环境选择适合的成本管理工具方法。

企业应建立健全成本管理的制度体系，一般包括费用审报制度、定额管理制度、责任成本制度等。

企业应建立健全成本相关原始记录，加强和完善成本数据的收集、记录、传递、汇总和整理工作，确保成本基础信息记录真实、完整。

企业应加强存货的计量验收管理，建立存货的计量、验收、领退及清查制度。

企业应充分利用现代信息技术，规范成本管理流程，提高成本管理的效率。

四、成本管理的主要内容

微课：成本管理的主要内容

（一）从成本管理程序的角度

从成本管理程序的角度来看，成本管理一般按照事前管理、事中管理、事后管理等程序进行。

1. 事前管理

事前成本管理阶段，主要是对未来的成本水平及其发展趋势所进行的预测与规划，一般包括成本预测、成本决策和成本计划等步骤。

成本预测是以现有条件为前提，在历史成本资料的基础上，根据未来可能发生的变化，利用科学的方法，对未来的成本水平及其发展趋势进行描述和判断的成本管理活动。

成本决策是在成本预测及有关成本资料的基础上，综合经济效益、质量、效率和规模等指标，运用定性和定量的方法对各个成本方案进行分析并选择最优方案的成本管理活动。

成本计划是以营运计划和有关成本数据、资料为基础，根据成本决策所确定的目标，通过一定的程序，运用一定的方法，针对计划期企业的生产耗费和成本水平进行的具有约束力的成本筹划管理活动。

2. 事中管理

事中成本管理阶段，主要是对营运过程中发生的成本进行监督和控制，并根据实际情况对成本预算进行必要的修正，即成本控制步骤。

成本控制是成本管理者根据预定的目标，对成本发生和形成过程以及影响成本的各种因素条件施加主动的影响或干预，把实际成本控制在预期目标内的成本管理活动。

就生产型企业而言，为保证生产成本目标的达成，可以通过编制生产成本预算对生产成本进行控制。生产成本预算包括生产预算、直接材料预算、直接人工预算、制造费用预算、产品成本预算。

（1）生产预算。生产预算是根据销售预算编制的为满足预算期的销售量以及期末所需存货的预算。生产预算在编制过程中，除必须有足够的产品以供销售之外，还应注意保持生产量、销售量、期末存货之间合理的比例关系，以避免储备不足、产销脱节或超储积压等。预计产量可按下式计算：

预计生产量 = 预计销售量 + 预计期末存货 − 预计期初存货

为了了解现有生产能力是否能够完成预计的生产量，生产设备管理部门有必要再审核生产预算，若无法完成，预算委员会可以修订销售预算或考虑增加生产能力；若生产能力超过需要量，则可以考虑把生产能力用于其他方面。

【例4－4】 德英工厂预计202×年初存货为4 400件，年末存货为2 000件，预计各季度的季末存货量为下一季度销售量的20%。编制德英工厂202×年度生产预算（见表4－3）。

表4－3　　　　生产预算

202×年度　　　　单位：件

项目	第一季度	第二季度	第三季度	第四季度	全年合计
预计销售量	11 000	12 000	14 000	13 000	50 000
加：预计期末存货量	2 400	2 800	2 600	2 000	2 000
合计	13 400	14 800	16 600	15 000	2 070
减：期初存货量	4 400	2 400	2 800	2 600	4 400
预计生产量	9 000	12 400	13 800	12 400	47 600

（2）直接人工预算。直接人工预算是根据已知标准工资率、标准单位产品直接人工工时及生产预算等资料，对一定预算期内人工工时的消耗和人工成本所编制的预算。直接人工

预算可以反映预算期内人工工时的消耗水平和人工成本。其主要内容有预计产量、单位产品工时、人工总工时、每小时人工成本和人工总成本。“预计产量”数据来自生产预算，“单位产品直接人工小时”和“小时平均工资率”数据来自标准成本资料。人工总工时和人工总成本是在直接人工预算中计算出来的。需要说明的是由于职工薪酬都必须以现金支付，此处不用再编制现金支出的预算。

【例 4-5】 接例 4-4，德英工厂生产甲产品每件需用直接人工 5 小时，每小时直接人工成本 20 元。编制德英工厂 202×年度直接人工预算（见表 4-4）。

表 4-4 **直接人工预算**

202×年度

项目	第一季度	第二季度	第三季度	第四季度	全年合计
预计生产量（件）	9 000	12 400	13 800	12 400	47 600
单位产品工时（小时/件）	5	5	5	5	5
人工总工时（小时）	45 000	62 000	69 000	62 000	238 000
每小时人工成本（元/小时）	20	20	20	20	20
直接人工总额（元）	900 000	1 240 000	1 380 000	1 240 000	4 760 000

（3）制造费用预算。制造费用是在直接材料和直接人工以外为生产产品而发生的间接费用。在编制制造费用预算时，通常先按成本性态将制造费用分为变动性制造费用和固定性制造费用两大类并采用不同的预算编制方法。变动性制造费用可根据预定分配率（比如产品标准费用率、小时标准费用率等）和预计的生产量（比如产量、直接人工标准总工时等）进行预计；固定性制造费用一般与产量无关，因此需要在上年的基础上根据预期变动逐项进行预计，通常按每季实际需要的支付额预计，然后计算出全年数。

计算公式如下：

预计制造费用 = 预计变动性制造费用 + 预计固定性制造费用

预计变动性制造费用 = 预计生产量 × 预计变动性制造费用分配率

因制造费用预算往往涉及现金支付，制造费用预算一般还附有预算期间关于预计现金支付的计算，以便于现金预算的编制。

【例 4-6】 接例 4-5，德英工厂按直接人工小时计算变动性制造费用的预计分配率，每直接人工小时应分配变动性制造费用 3 元，固定制造费用每季度均为 59 500 元，其中折旧 30 000 元。编制德英工厂 202×年度制造费用预算（见表 4-5）。

表 4-5 **制造费用预算**

202×年度

项目	第一季度	第二季度	第三季度	第四季度	全年合计
直接人工小时预算（小时）	45 000	62 000	69 000	62 000	238 000
小时变动性制造费用（元）	3	3	3	3	3
变动性制造费用（元）	135 000	186 000	207 000	186 000	714 000

续表

项目	第一季度	第二季度	第三季度	第四季度	全年合计
固定性制造费用（元）	59 500	59 500	59 500	59 500	238 000
合计（元）	194 500	245 500	266 500	245 500	952 000
减：折旧（元）	30 000	30 000	30 000	30 000	120 000
预计现金支出（元）	164 500	215 500	236 500	215 500	832 000

（4）产品成本预算。产品成本预算是对生产预算、直接材料预算、直接人工预算和制造费用预算的汇总，是为规划预算期内每种产品的单位产品成本、生产成本、销售成本等内容而编制的预算。同时，也为编制预计利润表和预计资产负债表提供数据。本预算中单位产品成本的有关数据来自于直接材料预算、直接人工预算和制造费用预算；生产量、期末存货量数据来自生产预算；销售量来自销售预算；生产成本、存货成本和销售成本等数字，根据单位成本和有关数据计算得出。

【例 4－7】综合例 4－2、例 4－4、例 4－5、例 4－6 数据，假设期初存货成本为 2 000 000 元，编制德英工厂 202×年度产品成本预算（见表 4－6）。

表 4－6 **产品成本预算**

202×年度

项目	价格标准（元）	用量标准	单位成本（元）	预计产量（件）	总成本（元）
直接材料	15	25 千克	375	47 600	17 850 000
直接人工	20	5 小时	100	47 600	4 760 000
变动制造费用	3	5 小时	15	47 600	714 000
固定制造费用	1	5 小时	5	47 600	238 000
合计			495	47 600	23 562 000
加：期初存货					2 000 000
减：期末存货					990 000
销售成本					24 572 000

3. 事后管理

事后成本管理阶段，主要是在成本发生之后进行的核算、分析和考核，一般包括成本核算、成本分析和成本考核等步骤。

（1）成本核算。成本核算是根据成本核算对象，按照国家统一的会计制度和企业管理要求，对营运过程中实际发生的各种耗费按照规定的成本项目进行归集、分配和结转，取得不同成本核算对象的总成本和单位成本，向有关使用者提供成本信息的成本管理活动。常见的产品成本计算方法有品种法、分批法、分步法等。

品种法是指以产品品种为成本核算对象，归集生产费用，计算产品成本的一种方法。其特点是：成本核算对象一般是企业的最终完工产品；成本计算期与会计报告期一致，通常需要分配计算在产品成本。它适用于单步骤大量生产的企业，如发电、供水、采掘等企业；或者生产是按流水线组织的，管理上不要求按照生产步骤计算半成品成本的大批量、多步骤生产。品种法是成本核算最基本的方法，其他成本核算方法均建立在品种法的基础之上，其核算产品成本的流程如图 4－5 所示。

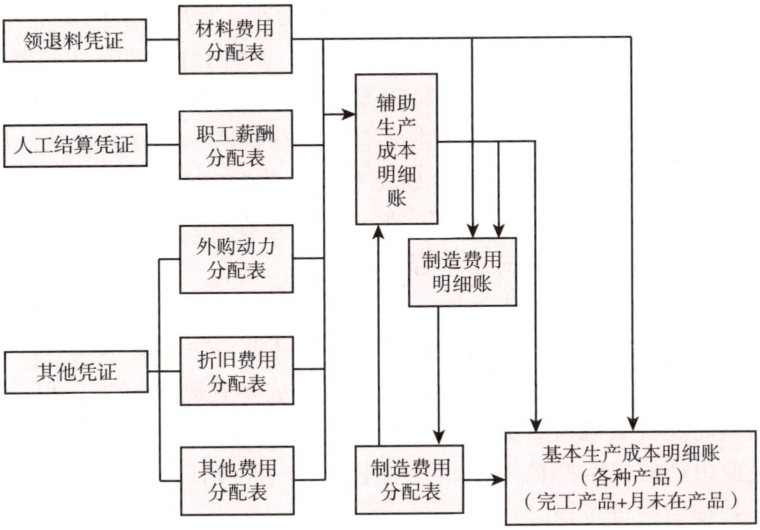

图 4－5　品种法核算产品成本流程

分批法是以产品批别为成本核算对象，归集生产费用，计算产品成本的一种方法。其特点是成本核算对象是企业投产的一件或一批产品；成本计算期往往与生产周期一致；一般不需要分配计算在产品成本。它主要适用于单件小批类型的单步骤生产或管理上不要求分步骤计算成本的多步骤生产，如造船业、重型机器制造业等，也可用于企业新产品试制、设备修理作业等的成本核算。

分步法是按照产品及其所经过的生产步骤为成本核算对象，归集生产费用，计算产品成本的一种方法。其特点是：成本核算对象是最终完工产品及其所经过的各个加工步骤，除了按品种计算结转产品成本外，还需要计算和结转产品的各步骤成本。成本计算期和报告期一致，通常需要分配计算在产品成本。这种方法适用于大量大批生产且管理上要求分步骤计算成本的多步骤生产的企业和车间，如纺织、冶金等。

（2）成本分析。成本分析是利用成本核算提供的成本信息及其他有关资料，分析成本水平与构成的变动情况，查明影响成本变动的各种因素和产生的原因，并采取有效措施控制成本的成本管理活动。

成本分析的作用主要表现在三个方面：第一，在核算资料的基础上，通过深入分析，正确评价企业成本计划的执行结果，提高企业和职工讲求经济效益的积极性；第二，揭示成本升降的原因，正确地查明影响成本高低的各种因素及其原因，进一步提高企业管理水平；第三，寻求进一步降低成本的途径和方法。成本分析还可以结合企业生产经营条件的变化，正确选定适应新情况的最合适的成本水平。

成本分析的内容十分丰富，分析工作可以贯穿成本管理工作的始终。成本分析的内容应包括事前成本分析、事中成本分析和事后成本分析。

成本的事前分析是指在成本未形成之前所进行的成本预测。进行事前成本分析，可使企业的成本控制有可靠的目标。

成本的事中分析是指对正在执行的成本计划的结果所进行的分析。事中分析主要是为了进行成本控制，防止实际成本超过目标成本的范围。

成本的事后分析是指对成本实际执行的结果所作的分析。事后分析主要是对成本执行的结果进行评价，分析产生问题的原因，总结成本降低的经验，以利于下一期成本控制活动的开展。

成本分析采用的技术方法多种多样，可以采用会计的、统计的或数学的方法。具体进行成本分析工作中，最广泛使用的技术方法主要有对比分析法、比率分析法和因素分析法。

（3）成本考核。成本考核是对成本计划及其有关指标实际完成情况进行定期总结和评价，并根据考核结果和责任制的落实情况，进行相应奖励和惩罚，以监督和促进企业加强成本管理责任制，提高成本管理水平的成本管理活动。

成本考核时，可以将成本实际指标同计划、定额、预算指标对比，考核成本计划完成情况、评价成本管理业绩，是实现全面成本管理的重要环节，是对成本实行计划管理的重要手段。考核时，应以国家的政策法令为依据，以企业的成本计划为标准，以完整可靠的资料、指标为基础，以提高经济效益为目标。在企业内部可以将产品的计划成本或目标成本指标进行分解，制定企业内部的成本考核指标，分别下达各内部责任单位，明确其在完成成本指标上的经济责任，并按期进行考核。

责任成本是指特定的责任中心所发生的耗费。为了正确计算责任成本，必须先将成本按已确定的经济责权分管范围分为可控成本和不可控成本。划分可控成本和不可控成本，是计算责任成本的先决条件。所谓可控成本和不可控成本是相对而言的，是指产品在生产过程中所发生的耗费能否为特定的责任中心所控制。可控成本应符合三个条件：能在事前知道将发生什么耗费；能在事中发生偏差时加以调节；能在事后计量其耗费。三者都具备则为可控成本，缺一则为不可控成本。

责任成本与产品成本是企业的两种不同成本核算组织体系，它们有时是一致的，有时则不一致。责任成本是按责任者归类，即按成本的可控性归类，产品成本则按产品的对象来归集成本。

成本考核的内容一般包括：①编制和修订责任成本预算，并根据预定的生产量、生产消耗定额和成本标准，运用弹性预算方法编制各责任中心的预定责任成本，作为控制和考核的重要依据。②确定成本考核指标，如目标成本节约额、目标成本节约率。③根据各责任中心成本考核指标的计算结果，综合各个方面因素的影响，对各责任中心的成本管理工作作出公正合理的评价。

（二）从成本管理所处价值链角度

从成本管理所处价值链角度来看，成本管理的主要内容包括基于内部价值链的成本管理和基于外部价值链的成本管理。

内部价值链是由企业内部各项作业组成的、为顾客创造价值的主要活动及相关支持活动，涵盖研发设计、材料采购、生产制造、产品销售和售后服务等整个产品生命周期过程，这些作业活动按一定顺序构成的生产经营链就是企业的内部价值链。企业的内部价值链按照不同的职能和作用可分为基本活动和辅助活动两大类。基本活动是企业价值活动中最主要和最明显的活动，主要包括产品设计、物料采购、生产、销售及服务等；辅助活动通过提供技术、人力资源和各种基础职能来辅助基本活动并支持整个价值链，主要包括企业基础设施建设活动、人力资源管理、基础管理、后勤服务等。企业内部价值链分析的主要目的在于消除或减少非增值作业的投入，调整完善各作业环节和价值活动间的关系，尽可能地降低企业生产环节价值的流失，提高企业成本管理效率。

外部价值链是指与企业有紧密联系的外部行为主体的价值活动。企业与供应商、分销商和消费者之间的各种联系，以及同行业竞争对手的价值活动，都能够影响企业的成本高低和利益获取。因此外部价值链主要包括供应商价值链、客户价值链和竞争对手价值链。供应商价值链分析主要以改善与供应商的关系为目的，通过制订相应的战略合作计划，从而降低企业的采购成本；客户价值链分析是为了稳定现有销售渠道及客户，同时针对市场潜在客户进行挖掘与开发，扩大市场规模；分析竞争对手价值链能够有效掌握自身和竞争对手分别具有的竞争优势与不足，使企业在建立竞争优势、提升市场地位时可以做到有的放矢。

在战略成本管理体系下，企业通过借助价值链及成本动因分析，可以了解自身和上下游企业以及竞争者之间的发展，调整或改进企业战略定位，将成本管理提升到企业战略层面，使企业成本要素与企业其他战略要素相协调，有效解决企业成本管理中存在的问题。

第四节　销售业务分析与管理

一、什么是销售管理

微课：销售业务管理流程

马克思在《资本论》中有句名言：商品到货币是一次惊险的跳跃。商品被生产者生产出来后，就与生产者的切身利益联系在一起了，在以货币为媒介交换的过程中，商品—货币—商品，商品生产者只有顺利实现商品到货币的跳跃，把商品换成可以和其他一切商品相交换的货币，生产者才能交换到自己所需要的商品，否则生产者就无法在市场中生存下去。由此可见，销售业务管理于企业而言是多么的重要。

销售管理是为了实现企业销售目标而进行的预测、计划、执行和控制活动。加强销售管理，能促使企业研究市场变化，做出正确的经营决策，经营适销对路的商品，避免盲目经营，及时回收货款，从而提高企业市场竞争力和资金使用效率。

二、销售预测

销售预测是指对未来特定时间内，全部产品或特定产品的销售数量与销售金额的估计。销售预测是在充分考虑未来各种影响因素的基础上，结合本企业的销售实绩，通过一定的分析方法提出切实可行的销售目标。销售预测的方法有定性分析法和定量分析法。

定性分析法。一般是在企业缺乏完备、准确的历史资料的情况下，首先由熟悉企业经济业务和市场的专家，根据过去所积累的经验进行分析判断，提出预测的初步意见；然后再通过召开座谈会或函询的方式，对初步预测意见进行修正、补充，并作出预测分析最终结论的专门预测方法。

定量分析法。即运用现代数学方法对历史数据进行科学的加工处理，并建立经济数学模型，以揭示各有关变量之间的规律性联系的一类科学方法。定量分析法按照预测分析方法论所遵循的原则、依据的理论基础及具体做法不同又分为因果预测法、趋势预测法。因果预测法是从某项指标与其他有关指标之间的规律性联系中进行分析研究，即根据各有关指标之间的内在相互依存、相互制约的关系，建立起相应的因果数学模型，以实现预测目标的一种数学预测方法，如本量利分析法、回归分析法等。趋势预测法也叫时间序列法、外推分析法，是根据某项指标过去和现在按时间顺序排列的数据资料，运用一定的数学方法进行加工、计算，借以预计推断事物未来发展趋势的一种数量分析方法，如简单平均法、移动平均法、移动加权平均法、指数平滑法等。

【例4－8】 广州欧泊利商贸公司202×年1－6月份销售额的资料如表4－7所示。分别运用简单平均法、移动平均法（取近三期数据）预测公司7月份销售额。

表4－7　　广州欧泊利商贸公司202×年1－6月销售统计表

月份	1	2	3	4	5	6
销售额（万元）	10 000	11 000	10 500	9 950	9 900	9 970

（1）运用简单平均法预测7月份销售额如下：

7月份销售预测值＝(10 000＋11 000＋10 500＋9 950＋9 900＋9 970)/6＝10 220（万元）

（2）运用移动平均法预测7月份销售额如下：

7月份销售预测值＝(9 950＋9 900＋9 970)/3＝9 940（万元）

三、编制销售计划

销售计划是指导企业在计划期内进行产品销售活动的计划。它规定企业在计划期内产品销售的品种、数量、销售价格、销售对象、销售渠道、销售期限、销售收入、销售费用、销售利润等，是企业编制生产计划和财务计划的重要依据。

销售计划从时间长短来分，可以分为周销售计划、月度销售计划、季度销售计划、年度销售计划等。销售计划从范围大小来分，可以分为企业总体销售计划、分公司（部门）销售计划、个人销售计划等。销售计划从市场区域来分，可以分为整体销售计划、区域销售计划，区域一般按大区或省区、地市、县市、乡镇等行政区域来划分，也可以根据公司的实际销售范围和统计区域来划分。

四、编制销售预算

销售预算，是指为销售活动编制的预算，是总预算的基础，它同其他各项预算之间，在不同程度上有着直接或间接的相互关系。销售预算一经确定，就成为生产预算以及各项生产成本预算等的编制依据。

根据“以销定产”原则，销售预算一般是企业编制全面预算的起点，生产、材料采购、存货及费用等方面的预算，都要以销售预算为基础。销售预算是在销售预测完成之后才进行的，销售预测的主要依据是各种产品历史销售量的分析，结合市场预测中各种产品发展前景等资料，先按产品、地区、顾客和其他项目分别加以编制，然后加以归并汇总。根据销售预测确定未来期间预计的销售量和销售单价后，求出预计的收入。因销售往往涉及现金，销售预算一般还附有预算期间关于预计收回现金的计算，以便于现金预算的编制。

预计销售收入 = 预计销售量 × 预计销售单价

销售预算一般要按产品品种分月、季度、年及销售区域乃至业务员来编制，然后由公司汇总。

【例 4－9】广州德英工厂生产销售甲产品，经预测 202×年全年预计销售量 50 000 件，分别为第一季度 11 000 件，第二季度 12 000 件，第三季度 14 000 件，第四季度 13 000 件。单价 800 元。假设每季度销售收入的 80% 于当季度收到现金，其余 20% 于下一季度收回，无坏账。另外，年初应收账款余额 1 500 000 元。编制德英工厂 202×年度销售预算（见表 4－8）。

表 4－8 **销售预算**

202×年度

项目		第一季度	第二季度	第三季度	第四季度	全年合计
预计销售量（件）		11 000	12 000	14 000	13 000	50 000
销售单价（元/件）		800	800	800	800	800
预计销售收入（元）		8 800 000	9 600 000	11 200 000	10 400 000	40 000 000
预计现金收入	应收账款年初余额（元）	1 500 000				1 500 000
	第一季度销售收入（元）	7 040 000	1 760 000			8 800 000
	第二季度销售收入（元）		7 680 000	1 920 000		9 600 000
	第三季度销售收入（元）			8 960 000	2 240 000	11 200 000
	第四季度销售收入（元）				8 320 000	8 320 000
	现金收入合计（元）	8 540 000	9 440 000	10 880 000	10 560 000	39 420 000

五、销售业务管理

销售业务管理是指针对销售与回款过程进行的管理，比如对销售报价、销售订单、销售发货、退货、销售发票、客户回款等环节的管理。通过规范销售与收款业务流程，确保产品销量与收款业务按规定程序和适当授权进行，实现预期经营目标；确保销售与收款业务及其相关会计处理真实、完整、规范、防止差错和舞弊，保证财务报表合理揭示产品销售业务发生的折扣与折让及货款的及时回收。常见销售与回款流程如图 4－6 所示。

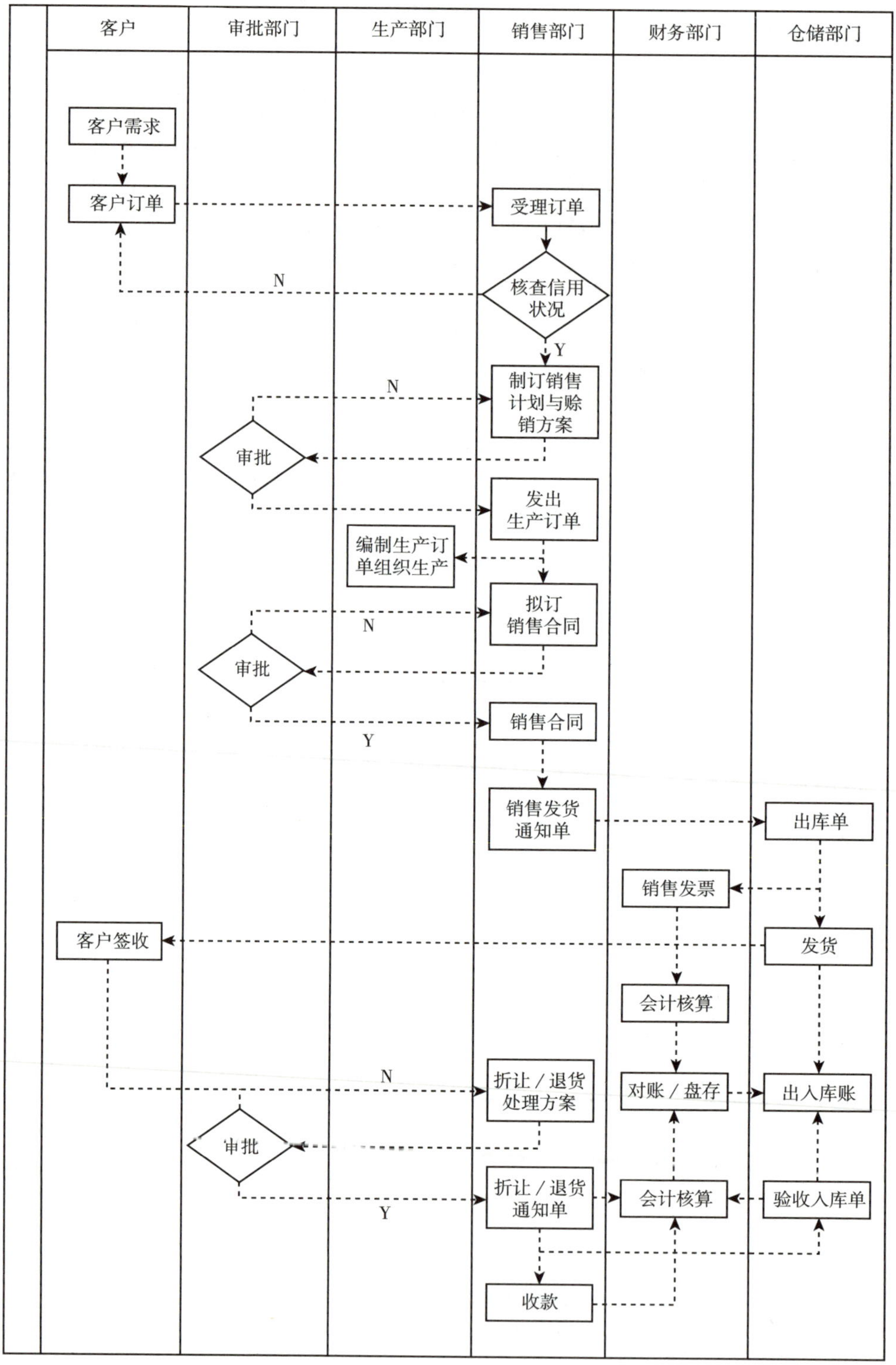
客户
审批部门
生产部门
销售部门
财务部门
仓储部门
客户需求
客户订单
受理订单
N
核查信用状况
Y
制订销售计划与赊销方案
N
审批
发出生产订单
编制生产订单组织生产
拟订销售合同
N
审批
销售合同
Y
销售发货通知单
出库单
销售发票
客户签收
发货
会计核算
N
折让/退货处理方案
对账/盘存
出入库账
审批
折让/退货通知单
Y
会计核算
验收入库单
收款

图 4-6 销售与回款流程

第五节 利润形成与分配业务分析与管理

一、基于会计准则的利润形成管理

利润包括收入减去费用后的净额、直接计入当期利润的利得和损失等。根据《企业会计准则》，利润包括营业利润、利润总额、净利润。

营业利润＝营业收入－营业成本－税金及附加－销售费用－管理费用－研发费用－财务费用＋其他收益＋投资收益（－投资损失）＋净敞口套期收益（－净敞口套期损失）＋公允价值变动收益（－公允价值变动损失）－信用减值损失－资产减值损失＋资产处置收益（－资产处置损失）

其中：营业收入包括主营业务收入和其他业务收入，营业成本包括主营业务成本和其他业务成本。

利润总额＝营业利润＋营业外收入－营业外支出

净利润＝利润总额－所得税费用

营业收入是利润的源泉，是利润形成的关键项目。其中主营业务收入又是企业最稳定的收入来源，在企业总收入中所占的比重通常最大，企业应对主营业务收入予以高度关注。如果一个企业的主营业务收入逐年下降，而营业收入却在上升，说明该企业可能在经营战略和经营方式上正在进行转型和调整；另一种考虑就是企业可能正处在衰退阶段，其营业收入上升的持久性可能不强。

无论是生产型企业还是商品流通企业，占成本额较大的一般是营业成本，也是企业成本管控的重点。企业既要关注营业成本总额，更要关注单位产品营业成本。对于全部营业成本可以采用变动趋势分析和营业成本占营业收入的结构分析相结合的方式进行；也可以分产品进行分析，观察每类产品的利润贡献度。在全部营业成本分析的同时还需深入地对单位产品营业成本进行分析，对单位成本的分析能够更深入地洞察成本变动的具体原因。企业营业成本的高低，既有企业不可控的因素，如受市场因素的影响而引起的价格波动，也有企业可以控制的因素，如在一定的市场价格水平条件下，企业可以通过选择供货渠道、采购批量等来控制成本水平。

企业在利润管理的过程中，除了要关注利润的构成，也要关注企业产品的市场竞争力，反映企业产品竞争力的重要指标是毛利率。

毛利率＝毛利/营业收入×100%

毛利＝营业收入－营业成本

鉴于企业其他业务收入往往在营业收入中占比较小，故毛利率计算公式也可以用下式代替：

毛利率 = 毛利/主营业务收入 ×100%

毛利 = 主营业务收入 – 主营业务成本

毛利是企业经营获利的基础，企业要经营盈利，首先要获得足够的毛利，在其他条件不变的情况下，毛利额大，毛利率高，则意味着利润总额也会增加。一般情况下，毛利率越高的企业，其市场竞争力也越强，企业应尽可能提高产品毛利率，在获取尽可能多的利润的同时，提高利润质量。

二、基于企业内部管理需要的利润形成管理

微课：变动成本法下利润形成与分析

【例 4 – 10】广州礼福保温杯厂是一家生产礼品保温杯的小微企业，该厂成立以来专注于生产一款新型茶水分离保温杯。近三年相关财务数据如表 4 – 9 所示。

表 4 – 9　　20 ×2—20 ×4 年保温杯相关财务数据　　单位：元

项目	20 ×2 年	20 ×3 年	20 ×4 年
生产量（件）	10 000	11 000	9 000
销量（件）	8 000	10 000	11 000
单价	130	130	130
直接材料	30	30	30
直接人工	20	20	20
变动制造费用	10	10	10
固定制造费用	300 000	300 000	300 000
变动销售费用	3	3	3
固定销售费用	50 000	50 000	50 000

礼福保温杯厂存货发出成本采用先进先出法计算，该厂 20 ×2 年至 20 ×4 年利润形成过程如表 4 – 10 所示。

表 4 – 10　　20 ×2—20 ×4 年利润表（简表）　　单位：元

项目	20 ×2 年	20 ×3 年	20 ×4 年
一、销售收入	1 040 000	1 300 000	1 430 000
减：销售成本			
期初存货成本	0	180 000	261 810
本期生产成本	900 000	959 970	839 970
可供销售的产品成本	900 000	1 139 970	1 101 780
期末存货成本	180 000	261 810	93 330
销售成本	720 000	878 160	1 008 450

续表

项目	20×2 年	20×3 年	20×4 年
二、毛利	320 000	421 840	421 550
减：销售费用	74 000	80 000	83 000
三、利润	246 000	341 840	338 550

让公司管理层困惑的是，保温杯成本水平、售价三年来均未变化，但 20×4 年较之 20×3 年销量上升了 1 000 件，利润反而下降了 3 290 元。这是为什么呢？

表 4－10 是根据会计准则的利润计算程序计算出来的利润，我们可以观察到，保温杯厂在价格水平和成本水平没有变化的情况下，20×4 年销量上升，但利润反而下降，这种现象很难让人理解，如果用该利润指标来考核销售部门业绩，应该很难让人接受，那么是什么地方出问题了呢？

其实答案很简单，问题出在产量上面，20×3 年产量为 11 000 件，20×2 年产量为9 000 件，导致 20×3 年单位产品成本由 20×2 年的 90 元下降为 87.27 元，而 20×4 年则上升到 93.33 元。单位产品成本计算如下：

20×2 年单位产品成本＝30＋20＋10＋300 000/10 000＝90（元）

20×3 年单位产品成本＝30＋20＋10＋300 000/11 000＝87.27（元）

20×4 年单位产品成本＝30＋20＋10＋300 000/9 000＝93.33（元）

实际上，企业生产多少产品并不是由销售部门来决定的，销售部门并不需要对产量的多少承担责任。因此，为了满足企业内部管理的需要，我们可以引入变动成本法计算企业利润。其计算公式为：

利润＝销售收入－变动成本－固定成本

　　＝单价×销量－单位变动成本×销量－固定成本

　　＝$(p-b)x-a$

上式中：p 表示单价，x 表示销量，b 表示单位变动成本，a 表示固定成本。

其中：销售收入－变动成本＝边际贡献

所以，上式也可以表达为：

利润＝边际贡献－固定成本

变动成本是指成本总额在相关范围内随业务量变化成正比例变化的那部分成本，如生产成本中的直接材料、生产工人的计件工资等。

固定成本是指在相关范围内业务量虽然发生变化但成本总额保持不变的成本。如厂房和机器设备的折旧费、管理人员的薪酬等。

从上述公式可以很清晰地观察到，当单价、单位变动成本、固定成本保持不变的情况下，利润仅受到业务量的影响，业务量越大，利润也就越大。

【例 4－11】沿用例 4－10 中数据，改用变动成本法计算 20×2 年至 20×4 年利润。计算结果如表 4－11 所示。

表 4－11　　20×2—20×4 年利润表（变动成本法）　　单位：元

项目	20×2 年	20×3 年	20×4 年
销售收入	1 040 000	1 300 000	1 430 000
减：变动成本			
其中：变动生产成本	480 000	600 000	660 000
变动销售费用	24 000	30 000	33 000
变动成本合计	504 000	630 000	693 000
边际贡献	536 000	670 000	737 000
减：固定成本			
其中：固定制造费用	300 000	300 000	300 000
固定销售费用	50 000	50 000	50 000
固定成本合计	350 000	350 000	350 000
利润	186 000	320 000	387 000

从表 4－11 我们可以观察到，在价格水平、成本水平不变的情况下，利润会随着销量的变化同方向变化，不会出现销量上升利润反而下降的情况，有利于企业运用利润指标对销售部门进行绩效考核。

三、目标利润分析

目标利润分析是在本量利分析方法的基础上，计算为达到目标利润所需达到的业务量、收入和成本的一种利润规划方法，该方法应反映市场的变化趋势、企业战略规划目标以及管理层需求等。

目标利润分析包括单一产品的目标利润分析和产品组合的目标利润分析。单一产品的目标利润分析重在分析每个要素的重要性，产品组合的目标利润分析重在优化企业产品组合。

企业应结合市场情况、宏观经济背景、行业发展规划以及企业的战略发展规划等确定目标利润。

企业要实现目标利润，在假定其他因素不变时，通常应提高销售数量或销售价格，降低固定成本或单位变动成本。单一产品的目标利润分析公式如下：

实现目标利润的业务量＝(目标利润＋固定成本)÷(单价－单位变动成本)

实现目标利润的销售额＝单价×实现目标利润的业务量

或　　＝(目标利润＋固定成本)÷边际贡献率

企业在应用该方法进行如何提高销售量的策略分析时，可以根据市场情况的变化对销售价格进行调整，降价通常可能促进销售量的增加，提价通常可能使销售量下降；在市场需求极为旺盛的情况下，可以通过增加固定成本支出（如广告费、租赁设备等）、扩大生产能力来扩大销售量。

产品组合的目标利润分析通常采用以下方法：

在单一产品的目标利润分析基础上，依据分析结果进行优化调整，寻找最优的产品组合。基本分析公式如下：

实现目标利润的销售额 =（综合目标利润 + 固定成本）÷（1 − 综合变动成本率）

实现目标利润率的销售额 = 固定成本 ÷（1 − 综合变动成本率 − 综合目标利润率）

企业在应用该方法进行优化产品产量结构的策略分析时，在既定的生产能力基础上，可以提高具有较高边际贡献率的产品的产量。

【例 4－12】 某企业只生产一种产品，预计本年销量为 50 000 件，单价 50 元，单位变动成本 30 元，全年固定成本 400 000 元。要求：计算企业在计划期内预计可实现的目标利润。

目标利润 = 50 000 × 50 − 50 000 × 30 − 400 000 = 600 000（元）

【例 4－13】 某企业只生产一种产品，上年销量为 10 000 件，单价为 70 元，单位变动成本为 50 元，固定成本为 100 000 元，该企业计划本年利润比上年增加 20%。要求：说明企业如果要完成目标利润可采取什么样的单项措施。

企业上年利润 =（70 − 50）× 10 000 − 100 000 = 100 000（元）

企业本年利润 = 100 000 ×（1 + 20%）= 120 000（元）

企业要完成 240 000 元的目标利润可采取以下措施：

（1）销量 $=\dfrac{100\ 000+120\ 000}{70-50}=11\ 000$（件）

（2）单位 $=\dfrac{100\ 000+120\ 000}{10\ 000}+50=72$（元）

（3）单位变动成本 $=70-\dfrac{100\ 000+120\ 000}{10\ 000}=48$（元）

（4）固定成本 =（70 − 50）× 10 000 − 120 000 = 80 000（元）

从上面计算可知，企业如果要完成 20% 的利润增长计划，可以采取以下措施之一：将销量提升至 11 000 件；将单价提高到 72 元；压缩成本将单位变动成本降至 48 元；压缩成本将固定成本降至 80 000 元。

四、利润分配管理

（一）利润分配顺序

公司利润分配应遵守公司法的规定，《中华人民共和国公司法》第二百一十条规定：

公司分配当年税后利润时，应当提取利润的 10% 列入公司法定公积金。公司法定公积金累计额为公司注册资本的 50% 以上的，可以不再提取。

公司的法定公积金不足以弥补以前年度亏损的，在依照前款规定提取法定公积金之前，应当先用当年利润弥补亏损。

公司从税后利润中提取法定公积金后，经股东会决议，还可以从税后利润中提取任意公积金。

公司弥补亏损和提取公积金后所余税后利润，有限责任公司按照股东实缴的出资比例分配利润，全体股东约定不按照出资比例分配利润的除外；股份有限公司按照股东所持有的股份比例分配利润，公司章程另有规定的除外。

公司持有的本公司股份不得分配利润。

（二）股利政策

股利政策是指在法律允许的范围内，企业是否发放股利、发放多少股利以及何时发放股利的方针及对策。股利政策的最终目标是使公司价值最大化。股利政策有剩余股利政策、固定或稳定增长的股利政策、固定股利支付率政策、低正常股利加额外股利政策。

1. 剩余股利政策

剩余股利政策是指公司在有良好的投资机会时，根据目标资本结构，测算出投资所需的权益资本额，先从盈余中留用，然后将剩余的盈余作为股利来分配。

采用剩余股利政策时，应遵循以下程序：设定目标资本结构，即确定权益资本与债务资本的比率，在此资本结构下，加权平均资本成本将达到最低水平；确定目标资本结构下投资所需的权益资本数额；最大限度地使用保留盈余来满足可接受投资项目所需的权益资本数额；可接受投资项目所需权益资本已经满足后若还有剩余，再将其作为股利发放给股东。

2. 固定或稳定增长的股利政策

固定或稳定增长的股利政策指公司将每年派发的股利额固定在某一特定水平或是在此基础上维持某一固定比率逐年稳定增长。

主张该种股利政策的理由在于：（1）稳定股利可以消除投资者内心的不确定性。（2）许多依靠固定股利收入生活的股东更喜欢稳定的股利支付方式。（3）具有稳定股利的股票有利于机构投资者购买。一般适用于经营比较稳定，处于成长期或成熟期的企业使用。

稳定增长股利政策的缺点在于：（1）股利与公司本年度的实际盈利没有直接的联系。股利不能反映公司的经营成果，反而在某种程度上掩盖了真实情况，容易导致股东的投资决策错误。（2）股利分配与公司的现金流量不一致。公司亏损也一样要发放股利，这将导致公司财务状况进一步恶化，特别是在公司盈利连年滑坡的情况下，这种分配政策将难以为继。

3. 固定股利支付率政策

固定股利支付率政策指公司将每年净利润的某一固定百分比作为股利分派给股东。这一百分比通常称为“股利支付率”。在这一股利政策下，各年股利额随企业经营的好坏而上下波动，获得较多盈余的年份股利额高，获得盈余少的年份股利额就低。

主张实行固定股利支付率的理由在于，能够使股利与企业盈余紧密结合，以体现多盈多分、少盈少分、不盈不分的原则，一般适用于财务状况稳定发展的公司使用。但这种股利分配政策容易导致股价大幅波动。因为股票的价格在相当大程度上受股利分配额的影响，这种股利分配政策使各年股利不均衡，引起股价大幅度波动，不但增加股东的投资风险，也会给公司信誉和资本筹集造成一定影响；这种政策难以将股利决策与筹资决策统筹考虑，也使得股利分配缺乏灵活性，当公司迫切需要大量资金时无法通过多留收益解决，当公司有大量闲置资金时又不能多分配，公司的财务管理变得较为被动。

4. 低正常股利加额外股利政策

低正常股利加额外股利政策指公司事先设定一个较低的正常股利额，每年除了按正常股利额向股东发放股利外，还在公司盈余较多、资金较为充裕的年度向股东发放额外股利。

主张这一股利政策的理由在于：（1）向股东发放稳定的正常股利，可以增强股东对企业的信心。（2）给企业以较大的弹性，即使企业盈利很少或需要多留盈利时，企业仍可发放固定的正常股利。（3）当企业盈利较多时，还可给股东以额外股利。这种股利政策一般适用于高速发展阶段的公司使用。

低正常股利加额外股利政策的缺点在于：股东往往难以区分正常股利与额外股利，当公司持续地支付额外股利时，容易给股东造成额外股利是正常股利的印象，从而希望公司一直保持某一额外股利的水平。如果公司因盈利下降而减少额外股利时，会引起股东不满。

不同的股利政策对企业留存收益筹资有不同的影响，企业管理层应充分考虑企业的实际情况后再制定适合企业的利润分配政策。

素养提升

华为公司的股利分配

2022 年 4 月，华为公告称，拟向股东分配股利 614 亿元，按 13 万员工持股计算，每人平均能分到约 47 万元。年报数据显示，2021 年，华为净利润为 1 137 亿元，此次大手笔分红金额占据华为 2021 年净利润的 54%。

华为大手笔分红或与其股权结构较为特殊有关。华为是一家 100% 由员工持股的民营企业，通过工会实行员工持股计划，绝大多数股份由在职或退休员工持有。截至 2021 年 8 月 17 日，发行人注册资本增至 388.63 亿元，华为投资控股有限公司工会委员会持股 99.25%，任正非持股 0.75%。截至 2021 年末，公司员工持股计划约有 13 万人参与。

一名高新技术企业高管告诉时代周报记者，高科技企业重视人才，一般会通过期权、分红等方式留住人才，华为等顶尖科技企业更是如此。

近年，华为重金延揽科技人才。2019 年，华为发起“天才少年”招聘计划，引进数学、计算机、物理、材料、芯片、智能制造、化学等相关领域的人才。华为在 2021 年年报发布会上透露，2019 年和 2020 年两年，华为大概招聘了 2.6 万应届毕业生，其中 300 多人为华为定义的“天才少年”。工资按年薪制分为三档，年薪最高可达 201 万元。

资料来源：https：//baijiahao. baidu. com/s？id = 1740184289827280576&wfr = spider&for = pc。

问题：华为股利分配政策对企业管理有何启示？

启示：华为的股利分配政策不只是一个简单的利润分配过程，而是体现了华为对人才的重视。华为创始人任正非认为：“‘知’本永远是高于资本的，这就是我们在人才上的理念，我认为人才是决定一切因素的关键。”“未来的竞争，一定是人才与人才的竞争，企业的竞争力也决定于是否拥有最优秀的人才。”

人才对企业很重要，对一个国家的未来发展也非常重要。任正非在 2021 年带队访问上海交通大学、复旦大学、东南大学和南京大学期间谈到科研创新、人才培养时曾表示：“中国的未来与振兴要靠孩子，靠孩子唯有靠教育。多办一些学校，实行差别教育，启发他们的创新精神，就会一年比一年有信心，一年一年地逼近未来世界的大门。”

看华为以人为本的股利分配政策，听任正非对中国人才培养的期盼，我们能感受到华为公司及其创始人任正非先生的家国情怀与责任担当。

知识巩固

一、单项选择题

1. 编制销售预算时，应遵守（　　）原则。

A. 产销平衡　B. 谨慎性　C. 以销定产　D. 以产定销

2. 根据《企业会计准则》，利润不包括（　　）。

A. 营业利润　B. 营业收入　C. 利润总额　D. 净利润

3. （　　）是利润的源泉，是利润形成的关键项目。

A. 营业收入　B. 投资收益　C. 营业外收入　D. 净利润

4. 毛利是营业收入扣减（　　）后的余额。

A. 期间费用　B. 营业外收支净额

C. 投资成本　D. 营业成本

5. 下列关于边际贡献与利润的关系表述正确的是（　　）。

A. 边际贡献大于利润　B. 边际贡献小于利润

C. 边际贡献本质上就是利润　D. 边际贡献扣减固定成本后才形成利润

6. 下列关于变动成本表述正确的是（　　）。

A. 变动成本是指成本总额随业务量变化成正比例变化的那部分成本

B. 变动成本是指成本总额在相关范围内随业务量变化成反比例变化的那部分成本

C. 变动成本是指成本总额在相关范围内随业务量变化成正比例变化的那部分成本

D. 变动成本是指成本总额在相关范围内随业务量变化保持不变的那部分成本

7. 公司分配当年税后利润时，应当提取利润的（　　）列入公司法定公积金。

A. 5%　B. 10%　C. 15%　D. 20%

8. 公司法定公积金累计额为公司注册资本的（　　）以上的，可以不再提取。

A. 10%　B. 30%　C. 50%　D. 60%

9. 公司的法定公积金不足以弥补以前年度亏损的，在依照规定提取法定公积金之前，应当先用（　　）弥补亏损。

A. 资本公积　B. 营业收入　C. 其他收益　D. 当年利润

二、多项选择题

1. 融资管理，是指企业为实现既定的战略目标，在风险匹配的原则下，对通过一定的（　　）筹集资金进行分析和管理的财务管理活动。

A. 融资风险　B. 融资总额　C. 融资方式　D. 融资渠道

2. 融资渠道包括（　　）。

A. 银行借款　B. 股权融资　C. 外部融资　D. 内部融资

3. 外部融资包括（　　）。

A. 商业信用　B. 融资租赁　C. 政府补助　D. 信用贷款

4. 下列属直接融资方式的有（　　）。
   A. 股票融资　　B. 债券融资　　C. 银行贷款　　D. 外部融资
5. 内部融资常见的融资方式有（　　）。
   A. 折旧基金　　B. 债券融资　　C. 盈余公积　　D. 未分配利润
6. 下列融资管理流程中应按（　　）顺序进行排序。
   A. 编制融资方案　　B. 制订融资计划
   C. 分析融资管理情况　　D. 编制融资管理报告
7. 采购预算主要根据（　　）编制。
   A. 销售预算　　B. 生产预算
   C. 期初存货情况　　D. 期末存货经济存量
8. 预计材料采购量时，应考虑的因素包括（　　）。
   A. 生产需用量　　B. 期末材料存量
   C. 期初材料存量　　D. 生产已经耗用量
9. 经济进货批量法下的存货成本包括（　　）。
   A. 进货成本　　B. 差旅费　　C. 储存成本　　D. 缺货成本
10. 经济进货批量法下的进货成本包括（　　）。
   A. 订货成本　　B. 购置成本　　C. 储存成本　　D. 缺货成本
11. 经济进货批量模型建立在以下的假设基础之上（　　）。
   A. 存货的耗用或销售比较均衡
   B. 企业一定时期的进货总量可以较为准确地预测
   C. 允许出现缺货情形
   D. 仓储条件及所需资金不受限制
12. 成本管理活动包括（　　）。
   A. 成本预测　　B. 成本核算　　C. 成本计划　　D. 利润分配
13. 成本管理常用的方法包括（　　）。
   A. 品种法　　B. 标准成本法　　C. 作业成本法　　D. 目标成本法
14. 生产成本预算包括（　　）。
   A. 生产预算　　B. 制造费用预算
   C. 直接人工预算　　D. 材料采购预算
15. 股利政策包括（　　）。
   A. 剩余股利政策　　B. 稳定增长的股利政策
   C. 固定股利支付率政策　　D. 低正常股利加额外股利政策

三、判断题

1. 企业需要生产经营资金时，随时可以通过微信、抖音等媒体向社会发布融资需求信息，吸纳公众资金。（　　）
2. 融资业务是一个企业的资金筹集的行为与过程，通常情况下，企业应本着多多益善的原则，融来的资金越多越好。（　　）
3. 融资管理是企业为实现既定的战略目标所从事的一种财务管理活动。（　　）

4. 外部融资有直接融资和间接融资两种方式。 ( )
5. 企业内部融资具有速度快、弹性大、资金量大的优点。 ( )
6. 企业内部融资保密性差，企业需要负担高额成本，会产生较高的风险。 ( )
7. 外部融资企业不必向外支付借款成本，因而风险很小。 ( )
8. 内部融资能力受到企业的盈利能力、净资产规模和未来收益预期等方面的制约。 ( )
9. 权衡理论认为在强调债务利息带来的抵税收益的同时，也应考虑债务可能带来的破产风险。 ( )
10. 优序融资理论认为当企业需要融资时，其融资顺序往往是先考虑外部融资再考虑内部融资。 ( )
11. 企业金融成长周期理论认为，在企业初创期，企业获取资金的方式主要是内源融资。 ( )
12. 生产企业采购计划一般依据生产计划来制定。 ( )
13. 采购过程中始终要坚持提高采购效率，降低采购成本的采购管理思想。 ( )
14. 为防止盲目采购造成的损失，一般可采用经济进货批量法测算订单采购量。( )
15. 经济进货批量法是指能够使一定期间存货的总成本达到最低点的进货数量。( )
16. 储存成本中的仓库租赁费一般划归固定储存成本。 ( )
17. 缺货成本一般可以做定量分析，只是当企业因缺货而无法按时履行合同而造成的商誉损失不太好做定量分析。 ( )
18. 如果企业不允许发生缺货，则缺货成本为零。 ( )
19. 标准成本是在正常和高效率的运转情况下制造产品的成本，是一种“应该成本”。 ( )
20. 完全成本法下，固定制造费用应作为期间费用处理，这是和变动成本法本质的不同之处。 ( )
21. 作业成本法以“资源消耗作业、作业消耗产出”为原则来计算作业成本。 ( )
22. 从成本管理所处价值链角度来看，成本管理的主要内容包括成本的事前管理、事中管理和事后管理三个阶段。 ( )
23. 销售预算的定性分析法包括简单平均法、移动平均法等。 ( )
24. 销售预算一般是企业编制全面预算的起点。 ( )
25. 公司分配当年税后利润时，先提取一定比例税后利润分红，之后再提取盈余公积。 ( )
26. 公司持有的本公司股份不得分配利润。 ( )

四、业务操作题

1. 根据下列资料编制生产成本预算。

广州祥瑞工厂生产乙产品，预计 202× 年初存货为 2 000 件，年末存货为 1 500 件，预计各季度的季末存货量为下一季度销售量的 10%。编制广州祥瑞工厂 202× 年度生产预算（见表 1）。

表 1 **生产预算**

202×年度

项目	第一季度	第二季度	第三季度	第四季度	全年合计
预计销售量（件）	38 500	42 000	49 000	45 500	175 000
加：预计期末存货量（件）					
合计（件）					
减：期初存货量（件）					
预计生产量（件）					

单件乙产品 B 材料消耗定额为 20 千克，每千克计划价格为 30 元。B 材料采购货款当月付 60%，其余 40% 于下季度支付。年初应付材料款 400 000 元。预计年初材料存货 40 000 千克，年末材料存货 30 000 千克。各季度末材料库存量为下一季度生产需要量的 15%。编制祥瑞工厂 202×年度直接材料预算（见表 2）。

表 2 **直接材料预算**

202×年度

项目		第一季度	第二季度	第三季度	第四季度	全年合计
直接材料采购预算	预计生产量（件）					
	单件用料量（千克）					
	材料需要量（千克）					
	加：预计期末材料存货量（千克）					
	预计需要量合计（千克）					
	减：预计期初材料存货量（千克）					
	预计材料采购量（千克）					
	材料单价（元）					
	预计采购材料金额（元）					
预计现金支出	上年应付账款余额（元）					
	第一季度采购材料款（元）					
	第二季度采购材料款（元）					
	第三季度采购材料款（元）					
	第四季度采购材料款（元）					
	合计（元）					

生产乙产品每件需用直接人工 4 小时，每小时直接人工成本 23 元。编制祥瑞工厂 202×年度直接人工预算（见表 3）。

表 3　　**直接人工预算**

202×年度

项目	第一季度	第二季度	第三季度	第四季度	全年合计
预计生产量（件）					
单位产品工时（小时/件）					
人工总工时（小时）					
每小时人工成本（元/小时）					
直接人工总额（元）					

祥瑞工厂按直接人工小时计算变动性制造费用的预计分配率，每直接人工小时应分配变动性制造费用 5 元，固定制造费用每季度均为 523 500 元，其中折旧 300 000 元。编制祥瑞工厂 202×年度制造费用预算（见表 4）。

表 4　　**制造费用预算**

202×年度

项目	第一季度	第二季度	第三季度	第四季度	全年合计
直接人工小时预算（小时）					
小时变动性制造费用（元）					
变动性制造费用（元）					
固定性制造费用（元）					
合计（元）					
减：折旧（元）					
预计现金支出（元）					

乙产品期初成本为 1 440 000 元，编制祥瑞工厂 202×年度产品成本预算（见表 5）。

表 5　　**产品成本预算**

202×年度

项目	价格标准（元）	用量标准	单位成本（元）	预计产量（件）	总成本（元）
直接材料		（千克）			
直接人工		（小时）			
变动制造费用		（小时）			
固定制造费用		（小时）			
合计					
加：期初存货					
减：期末存货					
销售成本					

2. 广州秋月跑鞋厂 20×2 年开发生产一款新型轻便跑鞋，近三年相关财务数据如表 1 所示。

表 1　　20×2—20×4 年跑鞋相关财务数据　　单位：元

项目	2022 年	2023 年	2024 年
生产量（双）	16 500	20 000	15 000
销量（双）	15 000	17 000	18 000
单价	388	388	388
直接材料	100	100	100
直接人工	50	50	50
变动制造费用	20	20	20
固定制造费用	850 000	850 000	850 000
变动销售费用	10	10	10
固定销售费用	200 000	200 000	200 000

秋月跑鞋厂采用先进先出法计算存货发出成本。请分别运用完全成本法及变动成本法编制该厂 20×2—20×4 年利润表。

表 2　　20×2—20×4 年利润表
（完全成本法）　　单位：元

项目	20×2 年	20×3 年	20×4 年
一、销售收入			
减：销售成本			
期初存货成本			
本期生产成本			
可供销售的产品成本			
期末存货成本			
销售成本			
二、毛利			
减：销售费用			
三、利润			

表 3　　20×2—20×4 年利润表
（变动成本法）　　单位：元

项目	20×2 年	20×3 年	20×4 年
销售收入			
减：变动成本			
其中：变动生产成本			
变动销售费用			
变动成本合计			
边际贡献			

续表

项目	20×2 年	20×3 年	20×4 年
减：固定成本			
其中：固定制造费用			
固定销售费用			
固定成本合计			
利润			

第五章

企业典型业务数据的会计处理

学习目标

知识目标：

◆掌握筹资业务涉及的会计账户及会计处理

◆掌握采购业务涉及的会计账户及会计处理

◆掌握生产业务涉及的会计账户及会计处理

◆掌握销售业务涉及的会计账户及会计处理

◆掌握利润形成及分配业务涉及的会计账户及会计处理

技能目标：

◆能够正确完成筹资业务的会计处理

◆能够正确完成采购业务的会计处理

◆能够正确完成生产业务的会计处理

◆能够正确完成销售业务的会计处理

◆能够正确完成利润形成及分配业务的会计处理

素质目标：

◆培养诚信为本、操守为重、坚持准则、不做假账的职业道德

◆培养精益求精的工匠精神

思维导图

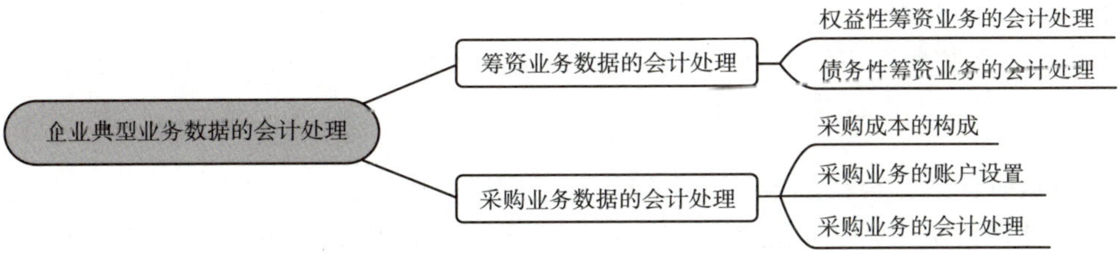

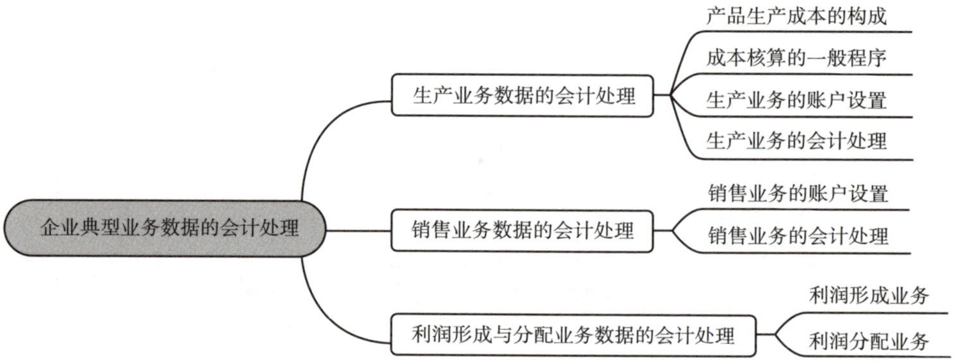

引导案例

广汽集团财务核算一体化

广汽集团是在 A+H 股整体上市的大型股份制汽车企业集团，目前拥有员工约 10 万人，连续 11 年入围《财富》世界 500 强，2023 年排名 165 名，较上年上升 21 位，创历史最好成绩。全年实现汽车产销均超 250 万辆，其中自主品牌销量近 89 万辆，产销量均创历史新高。广汽乘用车销量超 40 万辆，MPV 销量稳居国内市场首位；广汽埃安销量达 48 万辆，同比增长 77%，销量跻身国内新能源车前三。

广汽集团实行财务核算一体化，集团 259 家投资企业财务核算标准得到统一，财务报表数据采集及处理周期由原来的 14 天缩短至 5 天。财务核算一体化项目上线后，让各企业财务凭证级数据自动抽取到集团大数据平台，以处于同业先进水平的校验技术，保证数据“看得见、管得着、查得清”。通过对集团 259 家投资企业 15 类前端及 64 个版本的财务核算系统改造，优化统一形成“6—7—8”管控精细化与标准化的协同标准体系。6 个接口标准：科目余额表、账龄表、现金流量表、凭证明细表、客商主数据、综合管理维度；7 大科目技术维度：科目、币种、客商、现金流量代码、变动维度、时间维度、综合管理维度；8 套不同业态科目：整车、零部件、商贸生产、商贸物流、商贸 4S、通用、金融、保险板块，以及相应辅助核算管理维度（1 500 个科目、4 500 个辅助管理维度）。

广汽集团制定统一财务业务规范、核算管理要求、数据接口标准等，搭建综合类财务大数据平台，统一存储管理所有企业财务数据，实现各类经营管理报表同时分析展现，也可应用于非现场数字化自动审计及风险管理，满足集团披露需求及数据业务扩展。各分析报表生成自动化率达到 98%，259 家投资企业约 500 名财务人员的工作效率得到快速提升。数据采集后实行各板块、各企业之间横向财务数据对比分析，也能做好纵向的下钻分析（整体到细节），帮助尽早发现问题，辅助决策。

资料来源： https：//mp. weixin. qq. com/s/GPsxNjBqmK4ax6f9H11j2w（原文经过整理）。

思考： 企业发生的各种不同类型的经济业务，如何按企业会计准则或企业会计制度的要求进行相关经济业务的确认与计量。

在大数据时代下，会计的数字化和智能化已广泛应用在企业的会计工作中。市场上涌现了一些财务处理系统，系统可以基于图片识别功能，处理纸质凭证或者电子凭证中的信息，只要通过预先录入系统内的数据信息并做好相关公式、模型的设定，就可以实现对数据的分类和汇算，进行自动化操作，扫描或自动获取原始凭证，实时生成记账凭证、会计账簿、会计报表，大幅减少人工处理的工作量和出错率，提高数据的规范性和处理效率。本章主要以制造业为例，分析典型业务数据处理背后的会计处理原理、逻辑和规范。

第一节 筹资业务数据的会计处理

企业的筹建和发展必须以筹集到一定数量的资金作为前提。企业资金筹集业务需先制订资金筹集计划、再确定融资方案，进而实施融资方案。当筹集的资金进入企业时，财务部门则需根据具体的筹集方式进行相应的财务核算。企业资金筹集包括权益性资金筹集和债务性资金筹集，以下具体介绍两种不同筹资方式的会计处理。

一、权益性筹资业务的会计处理

权益性筹资是指来源于投资者投入的资本。投资者实际投入的资本金额，是企业所有者权益的基本组成部分，是企业所需资金来源的渠道之一。投资者除了可用货币资金投资外，也能以实物、知识产权、土地使用权等非货币资产作价出资。

投资者以货币资金出资的，应当将货币出资足额存入公司在银行开设的账户；以非货币性资产出资的，应当依法办理产权的转移手续。投资者缴纳出资后，必须经依法设立的验资机构验资并出具证明。

权益性筹资业务财务核算流程如图 5－1 所示。

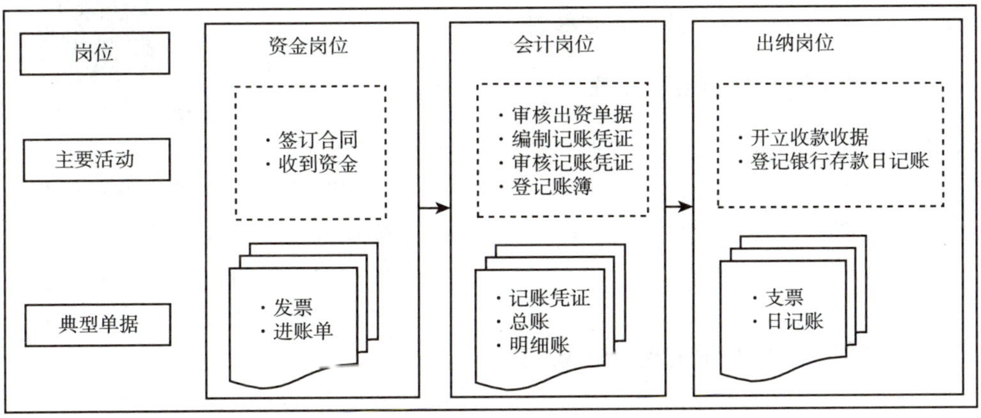

图 5－1 权益性筹资业务财务核算流程

（一）权益性筹资业务的账户设置

1. “实收资本”账户

“实收资本”账户属于所有者权益类账户，用来核算企业接受投资者投入的实收资本。贷方登记企业实际收到所有者缴付的资本数额以及经批准用资本公积、盈余公积转增资本的数额；借方登记企业按法定程序减资时所减少的注册资本数额；账户余额在贷方，反映期末企业实有的资本数额。

企业收到的投资者出资超过其在注册资本或股本中所占份额的部分，作为资本溢价或股本溢价，在“资本公积”账户核算。本账户应根据投资者设置明细账，进行明细分类核算。

2. “资本公积”账户

“资本公积”账户属于所有者权益类账户，用来核算企业收到投资者出资超过其在注册资本或股本中所占份额的部分。贷方登记资本公积的增加额；借方登记资本公积的减少额，期末贷方余额反映企业的实有资本公积数额。

企业应当分别按“资本溢价（股本溢价）”“其他资本公积”进行明细核算。

3. “银行存款”账户

“银行存款”账户属于资产类账户，用来核算企业存入银行及其他金融机构的存款。借方登记银行存款的增加；贷方登记银行存款的减少；期末余额在借方，反映企业存放在银行及其他金融机构的各种款项。

本账户可按开户银行和其他金融机构、存款种类等设置明细账户。

4. “固定资产”账户

“固定资产”账户属于资产类账户，用来核算企业持有固定资产的原价。借方登记固定资产原始价值的增加额；贷方登记固定资产原始价值的减少额；期末借方余额反映企业固定资产的原价。本账户可按固定资产类别和项目进行明细核算。

5. “无形资产”账户

“无形资产”账户属于资产类账户，用来核算企业持有的无形资产的成本。包括专利权、非专利技术、商标权、著作权、土地使用权等。借方登记无形资产的增加；贷方登记无形资产的减少；期末借方余额，反映无形资产期末总成本。

本账户可按无形资产项目进行明细核算。

微课：权益筹资业务的会计处理

（二）权益性筹资业务的会计处理

根据投资者出资的方式不同，所涉及的基本会计分录如下：

借：银行存款　　【按实际收到投资者的出资额】
　　固定资产　　【按双方投资协议价或公允价】
　　无形资产　　【按双方投资协议价或公允价】
　　原材料　　【按双方投资协议价或公允价】
　　应交税费——应交增值税（进项税额）
　　　　【按增值税专用发票上记载的税额】
　贷：实收资本　　【按投资合同协议约定的投资份额】
　　　资本公积——资本溢价　　【按借贷方的差额，也可能在借方】

【例 5-1】 202×年 1 月 1 日，李辉、杨立、张顺共同出资设立番悦有限责任公司（以下简称“番悦公司”），公司注册资本为 10 000 000 元，李辉、杨立、张顺持股比例分别为 50%、30% 和 20%。202×年 1 月 5 日，番悦公司如期收到各投资者一次性缴足的款项。

业务分析：根据各投资者的持股比例，番悦公司应收到李辉投入的资本款 = 10 000 000 × 50% = 5 000 000 元；应收到杨立投入的资本 = 10 000 000 × 30% = 3 000 000 元；应收到张顺投入的资本款 = 10 000 000 × 20% = 2 000 000 元。具体的账务处理流程如下：

步骤 1：会计岗审核资金管理岗转来的银行进账单、相关投资协议等，审核无误后填制记账凭证并交记账凭证审核岗审核。会计分录如下：

借：银行存款	10 000 000	
贷：实收资本——李辉		5 000 000
实收资本——杨立		3 000 000
实收资本——张顺		2 000 000

步骤 2：会计岗依据审核后的记账凭证，分别登记“银行存款”“实收资本”总账；并由负责登记明细账的会计人员登记“实收资本明细账”。

步骤 3：出纳岗审核记账凭证后登记“银行存款日记账”。

【例 5-2】 悦达股份有限公司发行普通股 20 000 000 股，每股面值为 1 元，发行价格为 6 元。股款 120 000 000 元已经全部收到，发行过程中发生相关税费 60 000 元。

根据上述资料，悦达股份有限公司的账务处理如下：

业务分析：悦达公司属股份公司，发行股份收到的金额，按面值计入“股本”，记入“股本”账户的金额 = 20 000 000 × 1 = 20 000 000 元，发行过程中发生的相关税费应冲减“资本公积”。因此，记入“资本公积”的金额 =（6 - 1）× 20 000 000 - 60 000 = 99 940 000 元。具体的账务处理流程如下：

步骤 1：会计岗审核银行进账单、相关投资协议等，审核无误后填制记账凭证并交记账凭证审核岗审核。会计分录如下：

借：银行存款	119 940 000	
贷：股本		20 000 000
资本公积——股本溢价		99 940 000

步骤 2：会计岗依据审核后的记账凭证，登记“银行存款”“股本”“资本公积”总账；并由负责登记明细账的会计人员登记“资本公积明细账”。

步骤 3：出纳岗审核记账凭证后登记“银行存款日记账”。

【例 5-3】 202×年 1 月 16 日，番悦公司收到胜达公司投入的机器设备一台，双方投资协议价作价 900 000 元，所占股份比例为 6%（注册资本 10 000 000 元），已收到设备并投入使用。

业务分析：根据所占股份比例，番悦公司应确认实收资本金额 = 10 000 000 × 6% = 600 000 元，协议价超过所占注册资本份额的部分即 300 000 元（900 000 - 600 000），应记入资本公积中的资本溢价。具体的账务处理流程如下：

步骤 1：会计岗审核相关发票单据、投资协议，审核无误后填制记账凭证并交记账凭证审核岗审核。

会计分录如下：

借：固定资产——机器设备　　900 000

　　贷：实收资本——胜达公司　　600 000

　　　　资本公积——资本溢价　　300 000

步骤 2：会计岗依据审核后的记账凭证，登记“固定资产”“实收资本”“资本公积”总账；由负责登记明细账的会计人员登记“固定资产”“实收资本”“资本公积”明细账。

二、债务性筹资业务的会计处理

债务性筹资是指企业通过从银行或其他金融机构借入，或者通过发行债券的方式从资本市场上借入的各种款项。一般情况，向银行或其他金融机构借款是企业筹集资金的基本渠道，也是企业的一项重要负债，根据借款期限的不同，可以分为短期借款和长期借款。

短期借款是指企业从银行或其他金融机构借入的还款期限在 1 年以内（含 1 年）的各种借款。因为短期借款需要在较短时间内偿还，因此，短期借款的资金一般是企业为维持正常的生产经营需要借入的。

长期借款指企业向银行或其他金融机构借入的期限在 1 年以上的各种借款。长期借款资金一般用于长期资产的支出。

债务性筹资业务财务核算流程如图 5－2 所示。

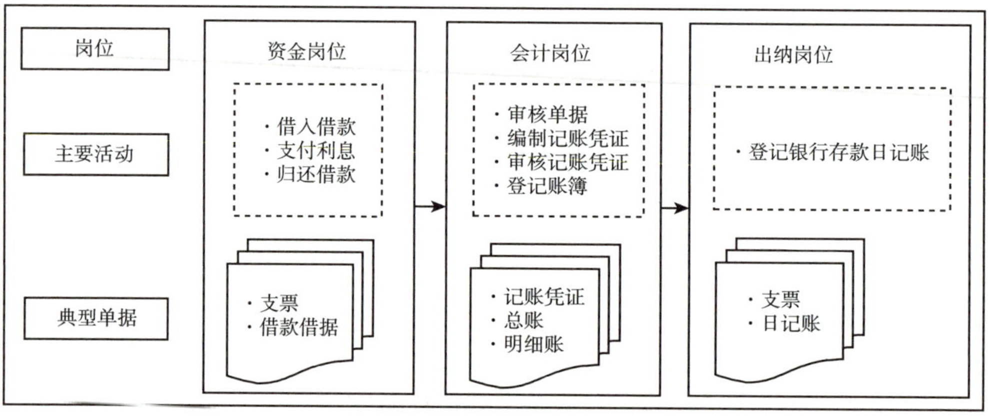

图 5－2　债务性筹资业务财务核算流程

（一）债务性筹资业务的账户设置

1. “短期借款”账户

“短期借款”账户属于负债类账户，用来核算企业从银行或其他金融机构等借入的期限在 1 年以下（含 1 年）的各种借款。该账户贷方登记企业借入的各种短期借款；借方登记到期归还的借款；期末余额在贷方，表示尚未归还的短期借款本金。

2. “长期借款”账户

“长期借款”账户属于负债类账户，用来核算企业借入的期限在 1 年以上（不含 1 年）的各种借款。该账户贷方登记企业借入的各种长期借款数（包括本金和利息）；借方登记各种长期借款归还数（包括本金和利息）；期末贷方余额表示企业尚未归还的长期借款本金和利息数。

3. “应付利息”账户

“应付利息”账户属于负债类账户，用来核算企业按照合同约定应支付的利息，包括短期借款、分期付息到期还本的长期借款、发行企业债券等应支付的利息。该账户贷方登记按借款合同约定应支付的利息；借方登记实际支付的利息；期末余额在贷方，反映企业按照合同约定应支付但尚未支付的利息。

4. “财务费用”账户

“财务费用”账户属于费用类账户，用来核算企业为筹集生产经营所需资金等而发生的筹资费用，包括利息支出（减利息收入）、汇兑差额以及相关的手续费等。该账户借方登记企业发生的财务费用，贷方登记期末结转入“本年利润”账户的财务费用总额，期末结转后，本账户无余额。

（二）债务性筹资业务的会计处理

1. 短期借款业务的会计处理

微课：短期借款业务的会计处理

企业从银行或其他金融机构取得短期借款时：

借：银行存款　　　　【按照实际收到的借款数】

　　贷：短期借款　　　　【按照贷款协议收到的贷款本金】

在实际工作中，银行一般于每季度末收取借款利息。因企业是采用权责发生制核算，借款利息月末一般采用计提的方式进行核算。借款利息属于筹资费用，一般应记入“财务费用”账户借方。

企业应当在资产负债表日按照计算确定的短期借款利息费用：

借：财务费用

　　贷：应付利息

当实际支付利息款项时：

借：应付利息

　　贷：银行存款

到期偿还短期借款本金时：

借：短期借款

　　贷：银行存款

【例5-4】 番悦公司于202×年1月1日从工行番禺支行银行借入一笔生产经营用短期借款，金额120 000元，期限为9个月，年利率为4%。根据与银行签署的借款协议，该项借款的本金到期一次归还，利息按季支付。番悦有限公司具体的账务处理如下：

（1）1月1日收到短期借款款项时：

步骤1： 会计岗收到工行的贷款凭证，审核无误后填制记账凭证并交凭证审核岗审核。会计分录如下：

借：银行存款　　　　120 000

　　贷：短期借款——工行番禺支行　　　　120 000

步骤2： 会计岗依据审核后的记账凭证，登记“银行存款”“短期借款”总账；并由负责登记明细账的会计人员登记“短期借款明细账”。

步骤3：出纳岗审核记账凭证后登记银行存款日记账。

（2）1月31日，计提应计利息。

步骤1：202×年1月31日，会计岗编制“借款利息计算表”（见表5－1）并作为附件，填制计提短期借款记账凭证并交凭证审核岗审核。

表5－1 **借款利息计算表**

202×年1月31日

项目	借款本金（元）	年利率	利息期间	应计利息
短期借款（工行）	120 000.00	4%	202×.01.01—202×.01.31	400.00

会计分录如下：

借：财务费用——利息支出　　400

　　贷：应付利息——工行番禺支行　　400

步骤2：会计岗依据审核后的记账凭证，登记“财务费用”“应计利息”总账；负责登记明细账的会计人员登记“财务费用”“应计利息”明细账。

注：2月月末计提2月份利息费用的处理与1月的处理相同，此处略。

（3）3月末支付第一季度银行借款利息：

步骤1：会计岗审核银行利息凭证、利息扣款通知单，填制记账凭证并交凭证审核岗审核。

会计分录如下：

借：财务费用——利息支出　　400

　　应付利息——工行番禺支行　　800

　　贷：银行存款　　1 200

步骤2：会计岗依据审核后的记账凭证，登记“财务费用”“应付利息”“银行存款”总账；并由负责登记明细账的会计人员登记“财务费用”“应付利息”明细账。

步骤3：出纳岗审核记账凭证后登记银行存款日记账。

（4）10月1日偿还银行借款本金。

步骤1：会计岗收到并审核工行还款凭证，审核无误后填制记账凭证并交凭证审核岗审核。

借：短期借款——工行番禺支行　　120 000

　　贷：银行存款　　120 000

步骤2：会计岗依据审核后的记账凭证，登记“短期借款”“银行存款”总账；负责登记明细账的会计人员登记“短期借款明细账”。

步骤3：出纳岗审核记账凭证后登记银行存款日记账。

2. 长期借款业务的会计处理

企业取得长期借款时的会计分录：

借：银行存款　　【按实际收到的金额】

　　长期借款——利息调整　　【按借贷方的差额】

　　贷：长期借款——本金　　【按借款合同约定的借款额】

【例5-5】 番悦公司为增值税一般纳税人，于202×年11月30日从银行借入资金4 000 000元，借款期限为3年，年利率为6.75%（到期一次还本付息，不计复利）。所借款项已存入银行。番悦公司对该业务具体的账务处理如下。

202×年11月30日取得借款时：

步骤1：会计岗收到贷款凭证，审核无误后填制记账凭证并交凭证审核岗审核。会计分录如下：

借：银行存款　　4 000 000

　　贷：长期借款——本金　　4 000 000

步骤2：会计岗依据审核后的记账凭证，登记“银行存款”“长期借款”总账；负责登记明细账的会计人员登记“长期借款明细账”。

步骤3：出纳岗审核记账凭证后登记银行存款日记账。

【例5-6】 接例5-5，番悦公司于202×年12月31日计提该笔长期借款利息。该公司具体的账务处理如下：

步骤1：202×年12月31日，会计编制“借款利息计算表”（见表5-2）作为附件，填制记账凭证并交凭证审核岗审核。

表5-2　　**借款利息计算表**

202×年12月31日

项目	借款本金（元）	年利率	利息期间	应计利息
长期借款	4 000 000.00	6.75%	202×.12.01—202×.12.31	22 500.00

会计分录如下：

借：财务费用——利息支出　　22 500

　　贷：长期借款——应计利息　　22 500

步骤2：会计岗依据审核后的记账凭证，登记“财务费用”“长期借款”总账；负责登记明细账的会计人员登记“财务费用”“长期借款”明细账。

后续期间的利息计提分录同上。

长期借款到期企业归还本金时，应按归还的本金金额，借记“长期借款——本金”，贷记“银行存款”；按归还的利息，如果是到期一次还本付息，则借记“长期借款——应计利息”，贷记“银行存款”。如果是分期付息，到期还本方式的，则借记“应付利息”，贷记“银行存款”。

偿付本金的会计分录如下：

借：长期借款——本金

　　贷：银行存款

偿付利息的会计分录如下：

借：长期借款——应计利息（或应付利息）

　　贷：银行存款

【例5-7】 接例5-6，借款期限到期时，番悦公司偿还该笔银行借款本息。该公司的具体账务处理如下：

步骤 1：会计岗收到并审核银行还款凭证，审核无误后填制记账凭证并交凭证审核岗审核。会计分录如下：

借：长期借款——本金	4 000 000	
长期借款——应计利息	787 500	
财务费用——利息支出	22 500	
贷：银行存款		4 810 000

步骤 2：会计岗依据审核后的记账凭证，登记“长期借款”“财务费用”“银行存款”总账；负责登记明细账的会计人员登记“长期借款”“财务费用”明细账。

步骤 3：出纳岗审核记账凭证后登记银行存款日记账。

【边学边做】

202×年1月1日，乐华公司从工商银行取得一笔为期两年的经营性借款500万元，款项已收存银行，年利率为4.8%，借款利息按月计提，本息到期一次付清。

要求：编制该笔借款借入、每个月计提利息、到期还本付息的会计分录。

第二节　采购业务数据的会计处理

制造业企业要进行产品的生产，就必须采购储备多种不同种类和数量的材料。在材料采购过程中除了要向材料供应商支付材料的购买价款和增值税外，也有可能会发生其他各种采购费用，如运费、保险费、装卸费等。材料运达企业，经仓管部门验收合格并入库，即为企业可供生产消耗的库存材料。因此，材料采购成本的确定、采购货款及费用的结算支付、材料验收入库等就构成采购业务财务核算的主要内容。

采购部门在完成材料采购业务后，相关发票、结算单据转至财务部门，进行采购业务的财务核算。

采购业务的财务核算流程如图5－3所示。

一、采购成本的构成

材料的采购成本是构成产品成本的重要组成部分，准确确定材料采购成本是后续确定产品生产成本的基础。材料采购成本主要包括：

（1）购买价款，是指企业购入材料的发票账单上列明的价款，但不包括按规定可以抵扣的增值税税额。

（2）运杂费，包括材料采购过程中发生的运输费、装卸费、保险费、仓储费、包装费等。

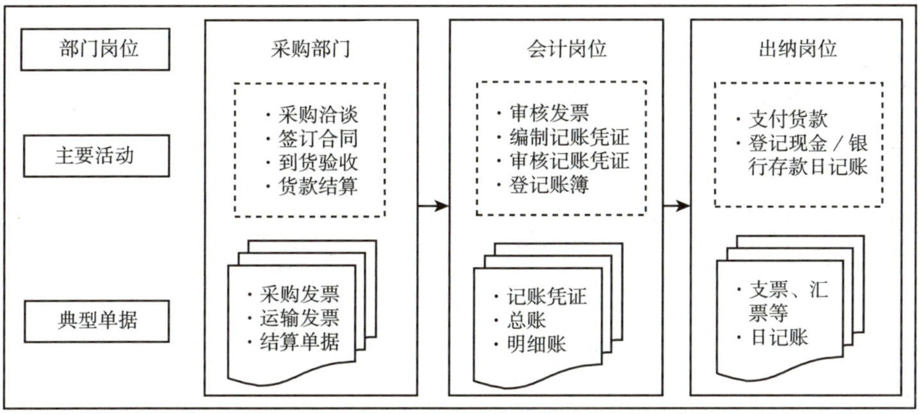

图 5-3 采购业务的财务核算流程

（3）运输途中的合理损耗，指企业与供应商或运输部门所签订的合同中规定的合理损耗或必要的自然损耗。

（4）入库前的挑选整理费用，指购入的材料在入库前需要挑选整理而发生的费用，包括挑选过程中所发生的人工费用支出和必要的损耗。

（5）相关税费，指购入材料发生的进口关税、消费税、资源税和不能抵扣的增值税进项税额等应计入材料采购成本的税费。

（6）其他可直接归属于材料采购成本的费用。

【边学边做】

3月1日，乐华公司（系增值税一般纳税人）购入材料150千克，收到的增值税专用发票注明价款200 000元，增值税额26 000元。另发生运输费用3 600元，包装费1 500元，途中保险费用2 700元。材料运抵企业后，经仓管验收入库材料数量为150千克。请问：该批材料的采购成本是多少？

【拓展阅读】

不同结算方式对应的会计科目

1. 商业汇票

商业汇票分银行承兑汇票和商业承兑汇票，结算双方须具有真实的交易关系或债权债务关系才能使用。纸质商业汇票最长期限6个月，电子商业汇票最长期限为1年。对于收款方，所对应的会计科目是“应收票据”，对于票据付款方，对应的会计科目是“应付票据”。

2. 银行汇票

单位和个人各种款项的结算，均可使用银行汇票。采用银行汇票结算，对应的会计科目是“其他货币资金”。

3. 银行本票

银行本票适用于同一票据交换区域需要支付各种款项的单位和个人使用。采用银行本票结算，对应的会计科目是“其他货币资金”。

4. 支票

支票是一种较为方便的结算方式。支票分为现金支票、转账支票和普通支票。现金支票，只能提取现金；转账支票，只能用于转账；普通支票，既可以用来支付现金，也可以用来转账。当企业需要从银行账户提取现金时，可以填写一张现金支票，递交到开户银行，银行审核无误后，支取现金；企业需要给往来单位付款时，可以填写一张转账支票，递交到开户银行，审核无误后，将款项划拨给收款账户。支票结算使用的会计科目是“银行存款”。

5. 汇兑

汇兑指汇款人委托银行将其款项支付给收款人的结算方式。单位和个人的各种款项的结算，均可使用汇兑结算方式。汇兑结算使用的会计科目是“银行存款”。

6. 委托收款

委托收款是指收款人委托银行向付款人收取款项的结算方式。凡在银行或其他金融机构开立账户的单位和个体经营者的商品交易、公用事业单位向用户收取水电费、邮电费、煤气费、公房租金等劳务款项以及其他应收款项，无论是在同城还是异地，均可使用委托收款的结算方式。委托收款结算使用的会计科目是“银行存款”。

二、采购业务的账户设置

1. “在途物资”账户

“在途物资”账户属于资产类账户，用于实际成本法下核算企业材料、商品等物资，反映尚未验收入库的在途物资的采购成本。该账户的借方登记外购材料的实际采购成本；贷方登记已验收入库材料的实际成本；月末借方余额，表示尚未验收入库的在途物资实际成本。该账户可按供应单位和物资品种进行明细核算。

2. “原材料”账户

“原材料”账户属于资产类账户，用来核算企业库存的各种材料，包括原料及主要材料、辅助材料、外购半成品、修理用备件、包装材料、燃料等的实际成本或计划成本。该账户的借方登记已验收入库材料的成本；贷方登记发出材料的成本；期末余额在借方，反映企业库存材料的实际成本或计划成本。

该账户可按材料的保管地点（仓库）、材料的类别、品种和规格进行明细核算。

3. “应交税费”账户

“应交税费”账户属于负债类账户，用来核算企业按照税法等规定计算应缴纳的各种税费，包括增值税、消费税、所得税、资源税、土地增值税、城市维护建设税、房产税、土地使用税、车船使用税、教育费附加、矿产资源补偿费等，企业代扣代缴的个人所得税等，也通过本账户核算。该账户贷方登记各种应缴未缴税费；借方登记实际缴纳的各种税费；期末余额在贷方，反映企业尚未缴纳的税费；期末余额在借方，反映企业多缴或尚未抵扣的税费。

该账户可按应缴纳的税费项目进行明细核算。

4. “应付账款”账户

“应付账款”账户属于负债类账户，用来核算企业因购买材料、商品和接受劳务等经营活动应支付的款项。该账户贷方登记企业因购入材料、商品和接受劳务等应付但尚未支付的款项；借方登记偿还的应付账款；期末余额一般在贷方，反映企业期末尚未支付的款项；如果在借方，反映企业期末预付账款余额。

该账户可按债权人进行明细核算。

5. “应付票据”账户

“应付票据”账户属于负债类账户，用来核算企业购买材料、商品和接受劳务等开出、承兑的商业汇票，包括银行承兑汇票和商业承兑汇票。该账户贷方登记企业开出、承兑的商业汇票；借方登记企业已经支付或者到期无力支付的商业汇票；期末余额在贷方，反映企业尚未到期的商业汇票的金额。

该账户可按债权人进行明细核算。

6. “预付账款”账户

“预付账款”账户属于资产类账户，用来核算企业按照合同规定预付的款项。预付款项情况不多的，也可以不设置该账户，将预付的款项直接记入“应付账款”账户。该账户的借方登记企业因购货等业务预先支付的款项；贷方登记企业收到货物后应转销的预付款项；期末余额在借方，反映企业预付的款项；期末余额在贷方，反映企业尚需补付的款项。

该账户可按供货单位进行明细核算。

三、采购业务的会计处理

微课：采购业务的会计处理

企业核算材料采购成本的方式有实际成本法和计划成本法。以下介绍实际成本法下采购业务的会计处理。

（一）货款已付，发票已到，材料已验收

企业采购材料，如果付款后随即收到材料，或货款支付与材料验收入库同时进行，则在业务发生后，即可根据银行结算凭证、发票账单和材料验收入库单等确定的材料成本，借记“原材料”；按照取得的增值税专用发票上注明的税额，借记“应交税费——应交增值税（进项税额）”；按照不同的支付情况，贷记“银行存款”“库存现金”“其他货币资金”“应付票据”等账户。

【例 5-8】 番悦公司为一般纳税人，3 月 10 日购入一批甲材料，取得的增值税专用发票上注明的甲材料为 3 800 千克，款项 22 800 元，增值税税额为 2 964 元，发票、结算凭证已经收到，货款已通过银行转账支付，材料已验收入库。

业务分析： 本业务采购发票已收到，即可以进行采购的入账处理，且材料已验收入库（即有入库单），应借记“原材料”；已取得银行结算凭证，即已支付款项，应贷记“银行存款”。

步骤1：会计岗审核收到的购货发票、银行结算凭证、材料验收入库单等凭证，审核无误后填制记账凭证并交凭证审核岗审核。会计分录如下：

借：原材料——甲材料　　22 800
　　应交税费——应交增值税（进项税额）　　2 964
　　贷：银行存款　　25 764

步骤2：会计岗依据审核后的记账凭证，登记“原材料”“应交税费”“银行存款”总账；负责登记明细账的会计人员登记“原材料”“应交税费”明细账。

步骤3：出纳岗审核记账凭证后登记银行存款日记账。

（二）货款已付，发票已到，材料未验收

此种情况一般是企业从外地采购材料，发票、结算凭证等单据已到，但材料尚在运输途中。在会计上将此项业务作为在途物资处理，通过“在途物资”科目核算。

【例5-9】假设例5-8中购入材料的业务，购货发票、银行结算凭证已到，货款已经支付，但材料尚未运到验收（即未有验收入库单）。

业务分析：本业务采购发票已收到，即可以进行采购的入账处理，但材料尚未到达（未见到入库单），未完成验收过程，不能使用“原材料”账户，因采用实际成本法核算，应借记“在途物资”；已取得银行结算凭证，即已支付款项，则贷记“银行存款”。

步骤1：会计岗审核收到的购货发票、银行结算凭证等凭证，审核无误后填制记账凭证并交凭证审核岗审核。会计分录如下：

借：在途物资——甲材料　　22 800
　　应交税费——应交增值税（进项税额）　　2 964
　　贷：银行存款　　25 764

步骤2：会计岗依据审核后的记账凭证，登记“在途物资”“应交税费”“银行存款”总账；负责登记明细账的会计人员登记“在途物资”“应交税费”明细账。

步骤3：出纳岗审核记账凭证后登记银行存款日记账。

当材料到达并验收入库时，再做如下会计处理：

步骤1：会计岗审核材料验收入库单，审核无误后填制记账凭证并交凭证审核岗审核。会计分录如下：

借：原材料——甲材料　　22 800
　　贷：在途物资——甲材料　　22 800

步骤2：会计岗依据审核后的记账凭证，登记“原材料”“在途物资”总账；负责登记明细账的会计人员登记“原材料”“在途物资”明细账。

（三）货款未付，发票已到，材料已验收

企业在材料采购过程中，如见到采购发票、材料入库单，但未见到其他结算单据，则先办理采购业务入库手续，由于企业暂未付款，属于企业占用了供应单位的资金，形成了应付而未付供应单位的款项，构成了企业的一项流动负债，应通过“应付账款”科目核算。编制会计分录如下：

借：原材料

应交税费——应交增值税（进项税额）

贷：应付账款

【例 5-10】 3 月 15 日，番悦公司从外地顺达公司购入甲材料 1 000 千克，买价为60 000 元，增值税专用发票上的增值税税额为 7 800 元，供应单位代垫运杂费 500 元。材料已到达并已验收入库，但货款尚未支付。

业务分析： 采购发票已到，则可进行材料采购的入账处理，而且已有验收入库单，应借记“原材料”，由于未有结算凭证，即货款未付，应贷记“应付账款”。具体账务处理如下：

步骤 1： 会计岗审核收到的购货发票、材料验收入库单等凭证，审核无误后填制记账凭证并交凭证审核岗审核。会计分录如下：

借：原材料——甲材料	60 500	
应交税费——应交增值税（进项税额）	7 800	
贷：应付账款——顺达公司		68 300

步骤 2： 会计岗依据审核后的记账凭证，登记“原材料”“应交税费”“应付账款”总账，并由负责登记明细账的会计人员登记“原材料”“应交税费”“应付账款”明细账。

（四）货款未付，发票未到，材料已验收

材料已到，但供应单位发票未到，货款也尚未支付。因采购发票未到，可先不做账务处理，直到期末，如发票依然尚未到达，为保证期末库存材料账实相符，应先按双方合同价格或计划价格暂估入账，借记“原材料”，贷记“应付账款——暂估应付款”。下月初用红字做同样的记账凭证，予以冲回，以便下月发票到达时，按正常程序，借记“原材料”“应交税费——应交增值税（进项税额）”，贷记“银行存款”或“应付票据”等账户。

【例 5-11】 假设例 5-10 中购入材料的业务，材料已经运到并验收入库，但发票等凭证尚未收到，货款尚未支付。可以先不做处理，如月末即 3 月 31 日发票依然未到，则可按照暂估价入账，假设其暂估价为 60 000 元。账务处理如下：

步骤 1： 3 月 31 日，会计岗按暂估价暂估，填制记账凭证并交凭证审核岗审核。会计分录如下：

借：原材料——甲材料	60 000	
贷：应付账款——暂估应付款		60 000

步骤 2： 会计岗依据审核后的记账凭证，登记“原材料”“应付账款”总账，并由负责登记明细账的会计人员登记“原材料”“应付账款”明细账。

下月初（即 4 月 1 日）用红字将上述分录原账冲回：

步骤 1： 4 月 1 日，会计岗按红字冲销原材料暂估，填制记账凭证并交凭证审核岗审核。会计分录如下：

借：原材料——甲材料	（60 000）	
贷：应付账款——暂估应付款		（60 000）

注：括号内表示红字冲销。

步骤 2： 会计岗依据审核后的记账凭证，登记“原材料”“应付账款”总账，并由负责登记明细账的会计人员登记“原材料”“应付账款”明细账。

待购货发票到达时，再按正常的采购入账处理。

【边学边做】

乐华公司是增值税一般纳税人，材料核算采用实际成本法。公司9月发生以下采购业务：

(1) 9月4日从南方公司购进甲材料一批，增值税专用发票上记载的价款是25 000元，增值税税额是3 250元，材料已验收入库，货款以银行存款支付。

(2) 9月6日从长宏公司购入丁材料一批，增值税专用发票上注明的价款为7 500元，增值税税额975元，运费增值税专用发票价款为500元，增值税税额为45元，款项尚未支付，材料尚未验收入库。

要求：完成上述业务的会计处理。

第三节 生产业务数据的会计处理

企业完成生产所需的物资储备后，接下来就要进行产品生产。在生产过程中，需要领用材料或辅助材料，需要投入人力资源以及承担产品生产加工过程中各种不同的间接费用，如车间水电、设备折旧等。此时的财务核算工作主要是按照国家统一的会计制度和企业管理要求，对生产过程中实际发生的各种耗费按照规定的成本项目进行归集、分配和结转，取得不同成本核算对象的总成本和单位成本，为后续的成本管理活动提供相应的基础数据。

制造业企业产品的生产过程实质就是资源的耗费过程。产品所凝聚的成本耗费具体包括：直接材料费用、支付给直接生产的工人工资和按工资总额的比例提取的职工福利，以及生产车间为组织和管理产品生产而发生的各种间接费用（即制造费用）。因此，生产业务财务核算的主要内容包括：生产所耗用材料的归集核算；生产过程人工费用的归集核算；设备折旧的计提核算；其他生产费用的归集核算；期末制造费用的归集与分配；产品成本的计算等。

一、产品生产成本的构成

产品成本是指企业为生产产品所发生的各项生产耗费的总额，包括企业在生产产品、提供劳务过程中发生的材料费用、职工薪酬，以及不能直接计入而按一定标准分配计入的各种间接费用。制造业企业一般可以设置直接材料、直接人工和制造费用等成本项目。

(1) 直接材料，是指为生产产品而耗用的原材料、辅助材料、备品备件、外购半成品、燃料、动力、包装物、低值易耗品以及其他直接材料。

(2) 直接人工，是指企业直接从事产品生产人员的工资、奖金、津贴和补贴、福利等。

(3) 制造费用，是指企业各生产单位为组织和管理生产所发生的各项间接费用。它包括各生产单位管理人员工资和福利费、折旧费、修理费、机物料消耗、办公费、水电费、保险费、劳动保护费等。

议一议：企业为生产工人提供免费住房住宿属于直接人工吗？

微课：成本核算的一般程序

二、成本核算的一般程序

1. 确定成本计算对象

所谓确定成本计算对象，就是确定归集和分配生产费用的具体对象，是设立成本明细分类账户、归集和分配生产费用及正确计算成本的前提。在制造业企业里，成本计算对象可以是产品、在产品，也可以是车间或生产步骤，企业应根据生产特点和成本管理要求，确定成本计算对象。

2. 确定成本计算期

成本计算期是指多长时间计算一次成本。制造业企业一般应以生产周期为成本计算期，即产品完工时计算产品成本。重复大量生产的企业可以以一个月为成本计算期，按月计算产品成本。

3. 归集和分配各项费用

确定好成本计算对象和成本计算期后，应根据成本计算的要求，对本期发生的各项费用在各成本计算对象之间进行归集和分配。直接材料、直接人工等直接费用直接计入产品成本，各项间接费用先归集，再采用一定的方法分配计入产品成本。

4. 生产费用在完工产品和在产品之间进行分配

企业按月计算产品成本时，如果某种产品已经完工，这种产品的各项费用之和就是该种产品的完工产品成本；如果某种产品没有完工，则计入该产品的全部生产费用均为月末在产品成本；如果某种产品期末既有完工产品又有在产品，则该产品的生产费用就要采用一定的方法在完工产品和在产品之间进行分配。

计算完工产品成本的基本公式如下：

某完工产品成本＝该产品期初在产品成本＋该产品本期发生的生产费用－该产品期末在产品成本

5. 编制成本计算单

在成本计算过程中，要按成本计算对象设置和登记成本明细分类账，根据账户资料，编制各种成本计算单，以计算确定各种成本计算对象的总成本和单位成本。

在制造业企业中，成本核算的一般程序如图5－4所示。

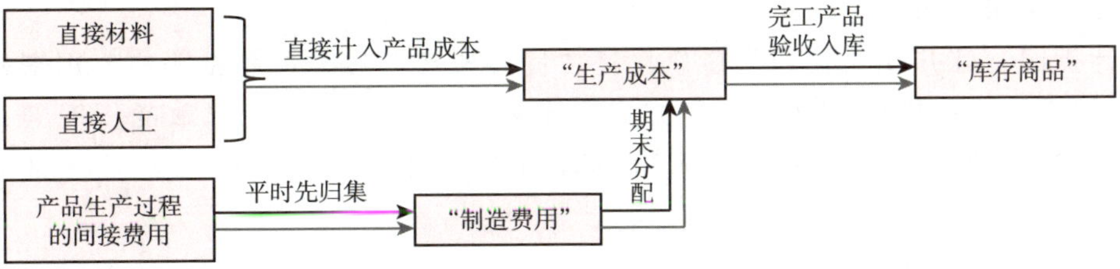

图5－4 成本核算一般程序

三、生产业务的账户设置

1. “生产成本”账户

“生产成本”账户属于成本类账户，用来反映各项生产费用，计算产品生产成本的账户。该账户借方登记本期发生的各项生产费用，包括材料费、人工费和机器设备的折旧与修理费等；贷方登记产品完工入库应结转的生产成本。期末余额在借方，反映企业期末尚未加工完成的在产品成本。

该账户可按基本生产成本和辅助生产成本进行明细分类核算。基本生产成本应当分别按照基本生产车间和成本核算对象（如产品的品种、类别、订单、批别、生产阶段等）设置明细账（或成本计算单），并按照规定的成本项目设置专栏。

2. “制造费用”账户

“制造费用”账户属于成本类账户，用以核算企业生产车间（部门）为生产产品和提供劳务而发生的各项间接费用。该账户借方登记实际发生的各项制造费用；贷方登记期末按照一定标准分配转入“生产成本”账户借方的应计入产品成本的制造费用。期末结转后，该账户一般无余额。

该账户可按不同的生产车间、部门和费用项目进行明细核算。

3. “库存商品”账户

“库存商品”账户属于资产类账户，用以核算企业库存的各种商品的实际成本（或进价）或计划成本（或售价），包括库存产成品、外购商品、存放在门市部准备出售的商品、发出展览的商品以及寄存在外的商品等。该账户借方登记验收入库的库存商品成本；贷方登记发出的库存商品成本。期末余额在借方，反映企业期末库存商品的实际成本（或进价）或计划成本（或售价）。

该账户可按库存商品的种类、品种和规格等进行明细核算。

4. “应付职工薪酬”账户

“应付职工薪酬”账户属于负债类账户，用来核算企业根据有关规定应付给职工的各种薪酬。该账户贷方登记本月计算的应付职工薪酬总额，包括各种工资、奖金、津贴和福利费等；借方登记本月实际支付的职工薪酬总额；期末余额在贷方，反映企业应付未付的职工薪酬。该账户可按“工资”“职工福利”“社会保险费”“住房公积金”“工会经费”“职工教育经费”“辞退福利”等进行明细核算。

5. “累计折旧”账户

“累计折旧”账户属于资产类账户，是“固定资产”账户的备抵账户，用来核算企业固定资产的累计损耗价值。该账户贷方登记本期固定资产磨损而提取的折旧额；借方登记固定资产累计折旧的转销数；期末余额在贷方，表示企业现有固定资产的累计损耗价值。

四、生产业务的会计处理

微课：材料费用的归集与分配

（一）材料费用的归集与分配

企业在生产过程中要消耗大量的材料，各部门在领用材料时必须填制领料单，向仓库办理领料手续，仓库根据领料单办理发料后，应将领料单传递给会计部门据以记账，会计部门将领料单按所领材料的用途和种类进行汇总，编制发料凭证汇总表，作为发出材料核算的原始凭证。材料发出业务的财务核算流程如图 5－5 所示。

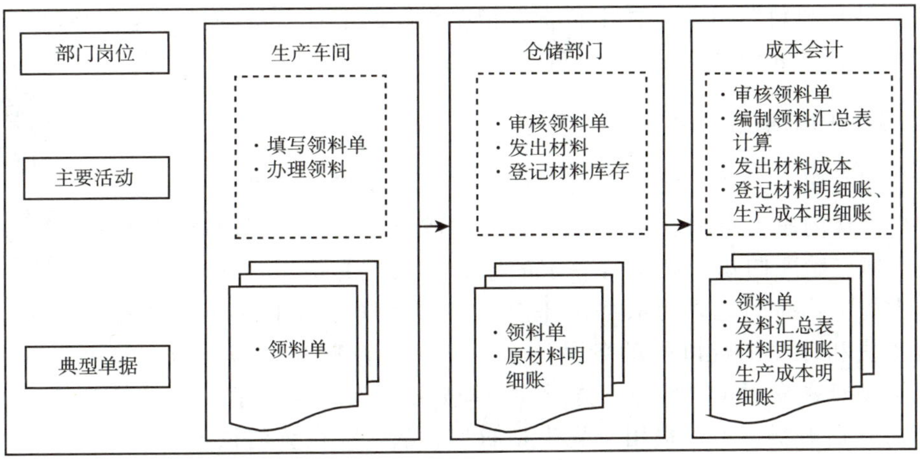

图 5－5　材料发出业务的财务核算流程

【例 5－12】 番悦公司材料核算采用实际成本法。8 月 31 日，番悦公司成本会计根据当月领料单，汇总编制 8 月份领料凭证汇总表，如表 5－3 所示。

表 5－3　　领料凭证汇总表

用途	甲材料		乙材料		合计金额（元）
	数量（千克）	金额（元）	数量（千克）	金额（元）	
生产耗用：					
A 产品	15 000	150 000	5 000	100 000	250 000
B 产品	8 000	80 000	3 000	60 000	140 000
车间一般耗用	200	2 000	100	2 000	4 000
管理部门耗用	60	600	25	500	1 100
销售部门耗用	40	400			400
合计	23 300	233 000	8 125	162 500	395 500

步骤 1：成本会计岗把平时的每张领料单集中，汇总编制“领料凭证汇总表”（见表 5－3），月末统一做发出材料会计处理，并交凭证审核岗审核。会计分录如下：

借：生产成本——A 产品——直接材料　　250 000

　　生产成本——B 产品——直接材料　　140 000

　　制造费用——材料费　　4 000

　　管理费用——材料费　　1 100

　　销售费用——材料费　　400

　　贷：原材料——甲材料　　233 000

　　　　原材料——乙材料　　162 500

步骤 2：会计岗依据审核后的记账凭证，登记“生产成本”“制造费用”“管理费用”“销售费用”“原材料”总账，并由负责登记明细账的会计人员登记“生产成本”“制造费用”“管理费用”“销售费用”“原材料”等明细账。

（二）薪酬的归集与分配

微课：薪酬的归集与分配

企业应当在职工为其提供服务的会计期间，根据职工提供服务的受益对象，将应确认的职工薪酬计入相关产品成本或当期损益，同时确认应付职工薪酬。职工薪酬归集，必须有一定的原始记录作为依据：计时工资以考勤记录中的工作时间记录为依据；计件工资以产量记录中的产品数量和质量记录为依据；计时工资和计件工资以外的各种奖金、津贴、补贴等，按照国家和企业的有关规定计算。工资结算和支付的凭证为工资结算单或工资单，为便于成本核算和管理，一般按车间、部门分别填制。工资费用分配表是职工薪酬分配核算的依据。

职工薪酬业务的财务核算流程如图 5－6 所示。

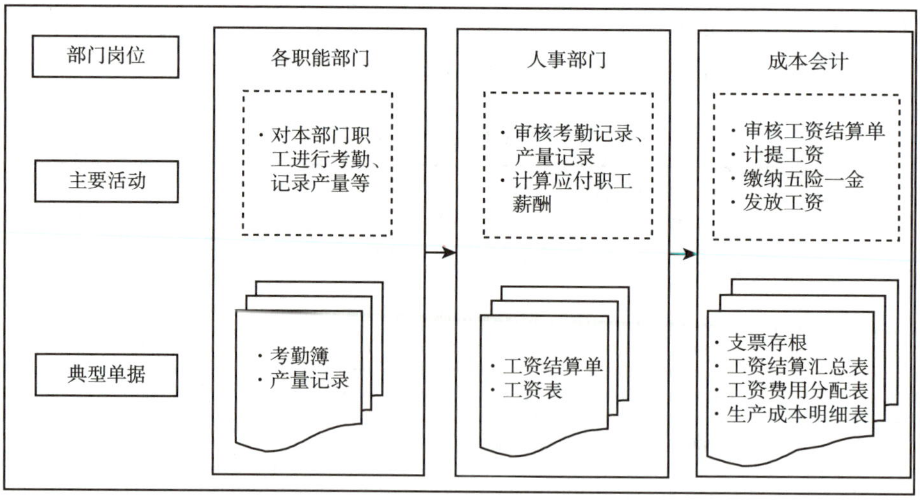

图 5－6　职工薪酬业务的财务核算流程

【例 5－13】 8 月 31 日，番悦公司结算本月应付职工工资（见表 5－4）。

表 5－4　　工资费用分配表

部门和项目		应付工资
生产车间	A 产品	44 100
	B 产品	18 900
	车间管理部门	21 000
行政管理部门		36 000
销售部门		20 000
合计		140 000

步骤 1：成本会计根据工资费用分配表，编制记账凭证，并交凭证审核岗审核。会计分录如下：

借：生产成本——A 产品——直接人工　　44 100
　　生产成本——B 产品——直接人工　　18 900
　　制造费用——职工薪酬　　21 000
　　管理费用——职工薪酬　　36 000
　　销售费用——职工薪酬　　20 000
　　贷：应付职工薪酬——工资　　140 000

步骤 2：会计岗依据审核后的记账凭证，登记“生产成本”“制造费用”“管理费用”“销售费用”“应付职工薪酬”总账，并由负责登记明细账会计人员登记“生产成本”“制造费用”“管理费用”“销售费用”“应付职工薪酬”明细账。

【例 5－14】8 月 31 日，计提应当为职工缴纳的社会保险费和住房公积金（见表 5－5）。

表 5－5　　社会保险费及住房公积金分配表

部门和项目		应付工资	社会保险和住房公积金			
			养老保险	医疗保险	住房公积金	合计
生产车间	A 产品	44 100	7 056	4 410	5 292	16 758
	B 产品	18 900	3 024	1 890	2 268	7 182
	车间管理部门	21 000	3 360	2 100	2 520	7 980
行政管理部门		36 000	5 760	3 600	4 320	13 680
销售部门		20 000	3 200	2 000	2 400	7 600
合计		140 000	22 400	14 000	16 800	53 200

步骤 1：成本会计根据社会保险费及住房公积金分配表，编制记账凭证，并交凭证审核岗审核。会计分录如下：

借：生产成本——A 产品——直接人工　　16 758
　　生产成本——B 产品——直接人工　　7 182
　　制造费用——职工薪酬　　7 980
　　管理费用——职工薪酬　　13 680
　　销售费用——职工薪酬　　7 600
　　贷：应付职工薪酬——养老保险　　22 400
　　　　应付职工薪酬——医疗保险　　14 000
　　　　应付职工薪酬——住房公积金　　16 800

步骤 2：会计岗依据审核后的记账凭证，登记“生产成本”“制造费用”“管理费用”“销售费用”“应付职工薪酬”总账，并由负责登记明细账的会计人员登记“生产成本”“制造费用”“管理费用”“销售费用”“应付职工薪酬”明细账。

（三）制造费用的归集与分配

微课：制造费用的归集与分配

企业为了生产产品除了发生直接材料和直接人工等直接费用，还会发生各项间接费用，这些费用应归入制造费用核算。从成本效益角度平时不分配制造费用，待归集后期末采用一定的方法分配计入各成本计算对象，以此提高核算效率。分配制造费用，首先要选择分配标准，常用的分配标准有生产工人工资、工人工时、机器工时等。

制造费用分配的计算公式如下：

制造费用分配率 = 制造费用总额 ÷ 各种产品的分配标准之和

某种产品应分配的制造费用 = 该种产品的分配标准 × 制造费用分配率

制造费用分配业务财务核算流程如图 5 - 7 所示。

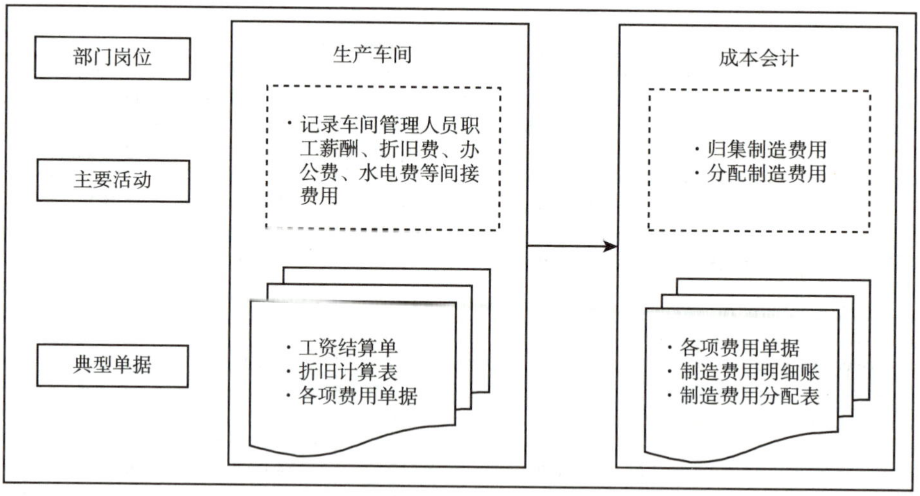

图 5 - 7　制造费用分配业务财务核算流程

【例 5 - 15】 8 月 20 日，番悦公司用现金支付办公费 1 800 元，其中车间 600 元，行政管理部门 1 200 元。具体账务处理如下：

步骤1：会计岗审核办公费发票、支付单据等凭证，编制记账凭证，并交凭证审核岗审核。会计分录如下：

借：制造费用——办公费　　600

　　管理费用——办公费　　1 200

　　贷：库存现金　　1 800

步骤2：会计岗依据审核后的记账凭证，登记"制造费用""管理费用""库存现金"总账，并由负责登记明细账的会计人员登记"制造费用""管理费用"明细账。

步骤3：出纳岗审核记账凭证后登记库存现金日记账。

【例5-16】8月31日，番悦公司计提本月固定资产折旧，其中，车间固定资产折旧为15 000元，行政管理部门固定资产折旧为4 000元，销售部门汽车折旧为2 000元。具体账务处理如下：

步骤1：会计岗编制"固定资产折旧计算表"并作为附件，格式如表5-6所示，编制记账凭证，并交凭证审核岗审核。

表5-6　　**固定资产折旧计算表**

年　月　日

使用部门	固定资产类别	原值	折旧方法	使用年限	月折旧额

会计分录如下：

借：制造费用——折旧费　　15 000

　　管理费用——折旧费　　4 000

　　销售费用——折旧费　　2 000

　　贷：累计折旧　　21 000

步骤2：会计岗依据审核后的记账凭证，登记"制造费用""管理费用""销售费用""累计折旧"总账，并由负责登记明细账的会计人员登记"制造费用""管理费用""销售费用"明细账。

【例5-17】8月31日，开出转账支票13 300元，用于支付水电费。经分配，其中：生产车间水电费9 300元，管理部门水电费2 500元，销售部门水电费1 500元。具体账务处理如下：

步骤1：会计岗审核支票存根、银行结算凭证、水电费发票等凭证，依据水电费用分配表，编制记账凭证，并交凭证审核岗审核。会计分录如下：

借：制造费用——水电费　　9 300

　　管理费用　　水电费　　2 500

　　销售费用——水电费　　1 500

　　贷：银行存款　　13 300

步骤2：会计岗依据审核后的记账凭证，登记"制造费用""管理费用""销售费用"

“银行存款”总账，并由负责登记明细账的会计人员登记“制造费用”“管理费用”“销售费用”明细账。

步骤3：出纳岗审核记账凭证后登记银行存款日记账。

【例5－18】 8月末，番悦公司制造费用明细账如表5－7所示（数据来自例5－12至例5－17）。制造费用按生产工人工资比例进行分配，如有尾差归入B产品。

表5－7 **制造费用明细账**

20×年		凭证号数	摘要	材料费	职工薪酬	办公费	折旧费	水电费	合计
月	日								
8	31		领用材料	4 000					4 000
	31		工资		21 000				21 000
	31		社保及住房公积金		7 980				7 980
	31		支付办公费			600			600
	31		计提折旧费				15 000		15 000
	31		支付水电费					9 300	9 300
	31		本月合计	4 000	28 980	600	15 000	9 300	57 880

步骤1：计算制造费用分配率，分配本月发生的制造费用。

制造费用分配率＝57 880÷(44 100＋18 900)＝0.9187

步骤2：编制制造费用分配表，如表5－8所示。

表5－8 **制造费用分配表**

202×年8月31日　　单位：元

受益对象	生产工人工资总额	分配率	金额
A产品	44 100	0.9187	40 514.67
B产品	18 900		17 365.33
合计	63 000		57 880

步骤3：根据制造费用分配表编制记账凭证，会计分录如下：

借：生产成本——A产品——制造费用　40 514.67

　　生产成本——B产品——制造费用　17 365.33

　　贷：制造费用——材料费　4 000

　　　　制造费用——职工薪酬　28 980

　　　　制造费用——办公费　600

　　　　制造费用——折旧费　15 000

　　　　制造费用——水电费　9 300

步骤4：会计岗依据结转制造费用的记账凭证，登记“生产成本”“制造费用”总账，相关明细账登记人员登记生产成本明细账和制造费用明细账（见表5－9）。

表 5－9 制造费用明细账

20×年		凭证号数	摘要	材料费	职工薪酬	办公费	折旧费	水电费	合计
月	日								
8	31		领用材料	4 000					4 000
	31		职工薪酬		21 000				21 000
	31		社保及住房公积金		7 980				7 980
	31		支付办公费			600			600
	31		计提折旧费				15 000		15 000
	31		支付水电费					9 300	9 300
	31		本月合计	4 000	28 980	600	15 000	9 300	57 880
	31		分配转出	(4 000)	(28 980)	(600)	(15 000)	(9 300)	(57 880)

注：表内括号数字为红字，在没有标明借贷方向的账簿上表示相反方向（下同）。

【小贴士】

会计上的红字、蓝字是什么意思？

会计手工登记凭证、账簿必须是用蓝字或黑字水性笔，这样不易褪色。蓝字或黑字代表正数，红字代表负数，用于冲销用的。但现在一般的计算机打印凭证、账簿报表都是单色，无法打印出红色字，所以就加上一个符号，以示红字。另外，在教学场合，一般用数字框代表红字。

【边学边做】

乐华公司9月份发生的制造费用总额为15 000元，按产品生产工时比例分配制造费用，甲产品、乙产品、丙产品3种产品本月生产工时分别为1 000工时、2 000工时、3 000工时。

要求：分配本期制造费用，并编制分配制造费用会计分录。

微课：完工产品生产成本的计算与结转

（四）完工产品生产成本的计算与结转

完工产品成本的计算是将生产过程中发生的全部生产成本，按一定的对象进行归集，然后在完工产品和在产品之间进行分摊，以计算出完工产品的总成本和单位成本。在实际工作中需要编制完工产品成本计算表。完工产品成本的结转是指产品完工以后，应及时验收入库，并将本月完工产品的生产成本从“生产成本”账户的贷方转入“库存商品”账户的借方。

【例 5－19】 承上例，8 月 31 日，番悦公司本月投入生产的 A 产品、B 产品均全部完工，A、B 两种产品月初均无在产品。

步骤 1： 会计岗按成本计算对象归集生产费用。会计岗将本月发生的各产品的直接费用以及分配的制造费用分别登记A、B产品的生产成本明细账，依据明细账数据结转完工产品入库的会计处理。A、B产品的生产成本明细账（数据来自例5－12至例5－14以及例5－18）账页格式如表5－10、表5－11所示。

表5－10 **生产成本明细账**

产品名称：A产品

20×年		凭证号数	摘要	直接材料	直接人工	制造费用	…	合计
月	日							
8	31		领用材料	250 000				250 000
	31		职工薪酬		44 100			44 100
	31		社会保险费及住房公积金		16 758			16 758
	31		分配制造费用			40 514.67		40 514.67
	31		本月生产费用合计	250 000	60 858	40 514.67		351 372.67

表5－11 **生产成本明细账**

产品名称：B产品

20×年		凭证号数	摘要	直接材料	直接人工	制造费用	…	合计
月	日							
8	31		领用材料	140 000				140 000
	31		职工薪酬		18 900			18 900
	31		社会保险费及住房公积金		7 182			7 182
	31		分配制造费用			17 365.33		17 365.33
	31		本月生产费用合计	140 000	26 082	17 365.33		183 447.33

步骤2：编制结转完工产品入库记账凭证，并经凭证审核岗审核。会计分录如下：

借：库存商品——A产品　　351 372.67

　　库存商品——B产品　　183 447.33

　　贷：生产成本——A产品——直接材料　　250 000

　　　　生产成本——A产品——直接人工　　60 858

　　　　生产成本——A产品——制造费用　　40 514.67

　　　　生产成本——B产品——直接材料　　140 000

　　　　生产成本——B产品——直接人工　　26 082

　　　　生产成本——B产品——制造费用　　17 365.33

步骤3：登记“库存商品”“生产成本”总账，登记A产品、B产品库存商品明细账，登记A产品、B产品的生产成本明细账。

第四节 销售业务数据的会计处理

在生产过程中，企业的资金循环从储备资金转化为生产资金；当生产过程结束，产成品完工入库，生产资金转化为成品资金形态。此时制造业企业的经营活动进入销售环节。产品售出后，企业取得销售货款，成品资金转化为货币资金形态。销售过程是制造企业经营周期的最后阶段，也是营业收入的实现过程。在销售过程中，企业从事对外销售产品或提供劳务等主营业务，按照双方约定的价格向购货单位办理价款结算，并确认主营业务收入，同时交付相应的产品或劳务，结转产品或劳务成本；企业在取得主营业务收入的同时，应按国家税法计算并结转税金及附加。因此，销售业务财务核算主要包括：确认销售收入的实现；与购货方办理货款结算；结转销售成本；支付各种销售费用；计算缴纳各种税金等。

一、销售业务的账户设置

1. “主营业务收入”账户

“主营业务收入”账户属于收入类账户，用来核算企业确认的销售商品、提供劳务等主营业务的收入。该账户的贷方登记企业实现的主营业务收入，即主营业务收入的增加额；借方登记期末转入“本年利润”账户的主营业务收入（按净额结转），以及发生销售退回和销售折让时应冲减本期的主营业务收入。期末结转后，该账户无余额。

该账户应按照主营业务的种类设置明细账户，进行明细分类核算。

2. “主营业务成本”账户

“主营业务成本”账户属于费用类账户，用来核算企业确认销售商品、提供劳务等主营业务收入时应结转的成本。该账户借方登记主营业务发生的实际成本；贷方登记期末转入“本年利润”账户的主营业务成本。期末结转后，该账户无余额。

该账户可按主营业务的种类设置明细账户，进行明细分类核算。

3. “其他业务收入”账户

“其他业务收入”账户属于收入类账户，用来核算企业确认的除主营业务活动以外的其他经营活动实现的收入，包括销售材料、出租固定资产、出租无形资产、出租包装物等。该账户贷方登记企业实现的其他业务收入，即其他业务收入的增加额；借方登记期末转入“本年利润”账户的其他业务收入。期末结转后，该账户无余额。

该账户可按其他业务的种类设置明细账户，进行明细分类核算。

4. “其他业务成本”账户

“其他业务成本”账户属于费用类账户，用来核算企业确认的除主营业务活动以外的其他经营活动所发生的支出，包括销售材料的成本、出租固定资产的折旧额、出租无形资产的摊销额、出租包装物的成本或摊销额等。该账户借方登记其他业务的支出额；贷方登记期末转入“本年利润”账户的其他业务支出额。期末结转后，该账户无余额。

该账户可按其他业务的种类设置明细账户，进行明细分类核算。

5. “税金及附加”账户

“税金及附加”账户属于费用类账户，用来核算企业经营活动发生的消费税、城市维护建设税、教育费附加、资源税、房产税、城镇土地使用税、车船税、印花税等。该账户借方登记企业应按规定计算确定的与经营活动相关的税费；贷方登记期末转入“本年利润”账户的与经营活动相关的税费。期末结转后，该账户无余额。

6. “销售费用”账户

“销售费用”账户属于费用类账户。用来核算本期发生在销售过程中的各项费用。包括销售部门的工资福利费、广告宣传费、展览费、专设销售机构经费等。该账户借方登记本期发生的各项销售费用；贷方登记期末转入“本年利润”账户的销售费用。期末结转后，该账户无余额。

7. “应收账款”账户

“应收账款”账户属于资产类账户，用来核算企业因销售商品、提供劳务等经营活动应收取的款项。该账户借方登记由于销售商品以及提供劳务等发生的应收账款，包括应收取的价款、税款和代垫款等；贷方登记已经收回的应收账款。期末余额通常在借方，反映企业尚未收回的应收账款；期末余额如果在贷方，反映企业预收的账款。

该账户应按不同的债务人进行明细分类核算。

8. “应收票据”账户

“应收票据”账户属于资产类账户，用来核算企业因销售商品、提供劳务等而收到的商业汇票，包括银行承兑汇票和商业承兑汇票。该账户借方登记企业收到的应收票据；贷方登记票据到期款项收回或票据到期款项无法收回转入应收账款的款项。期末余额在借方，反映企业持有的商业汇票的金额。

该账户可按开出承兑商业汇票的单位进行明细核算。

二、销售业务的会计处理

（一）销售收入和销售成本的会计处理

企业实现销售收入业务财务核算流程如图 5 - 8 所示。

根据配比原则，企业销售商品，实现销售收入，需要对销售出库的商品、材料结转成本。结转销售成本业务财务核算流程如图 5 - 9 所示。

主营业务的会计处理

企业销售商品或提供劳务实现的主营业务收入，应按实际收到或应收的金额，借记“银行存款”“应收账款”“应收票据”等账户；按确认的营业收入，贷记“主营业务收入”。对于增值税，一般纳税人应贷记“应交税费——应交增值税（销项税额）”；小规模纳税人则应贷记“应交税费——应交增值税”。

微课：主营业务销售的会计处理

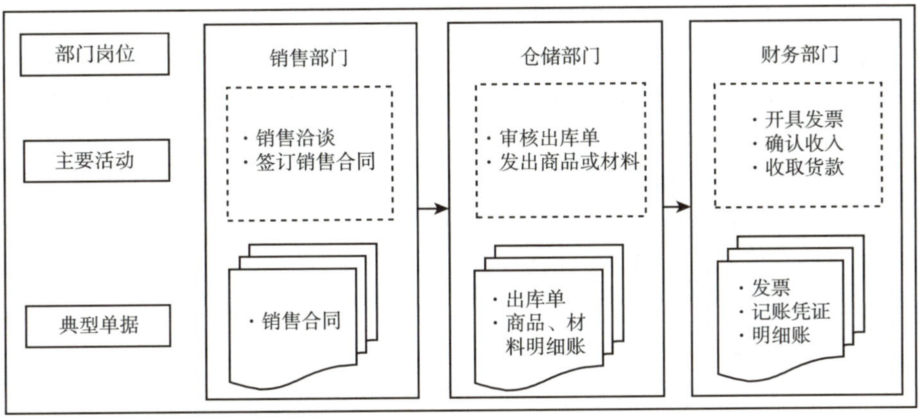

图 5－8　销售收入业务财务核算流程

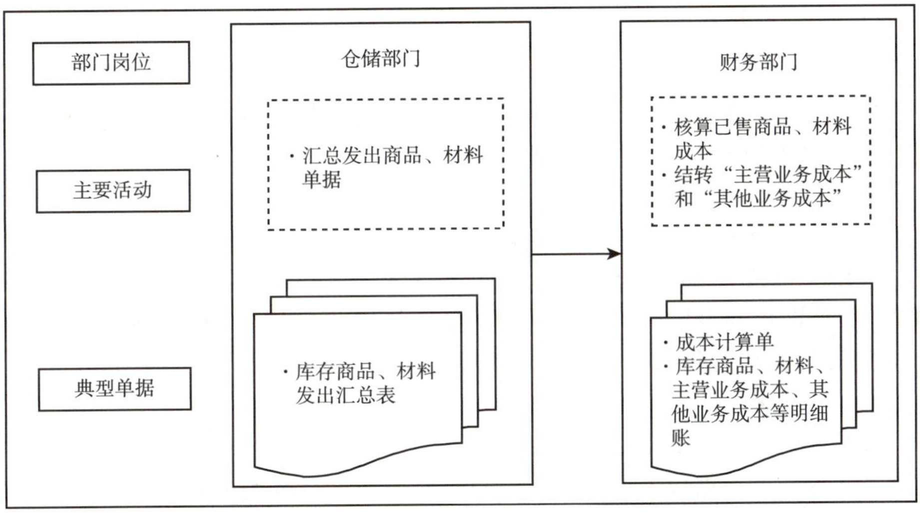

图 5－9　结转销售成本业务财务核算流程

期（月）末，企业应根据本期（月）销售各种商品、提供各种劳务等实际成本，计算应结转的主营业务成本，借记“主营业务成本”，贷记“库存商品”“劳务成本”等账户。

【例 5－20】 8 月 10 日，番悦公司向远帆公司销售一批 A 产品 100 件，开具的增值税专用发票上注明售价为 100 000 元，增值税税额为 13 000 元；当日番悦公司存款账户收到远帆公司支付的款项。

步骤 1： 会计岗审核增值税专用发票、银行结算等凭证，审核无误后编制确认收入记账凭证，并交凭证审核岗审核。会计分录如下：

借：银行存款　　113 000
　　贷：主营业务收入——A 产品　　100 000
　　　　应交税费——应交增值税（销项税额）　　13 000

步骤 2： 会计岗依据审核后的记账凭证，登记“银行存款”“主营业务收入”“应交税费”总账，并由负责登记明细账的会计人员登记“主营业务收入”“应交税费”明细账。

步骤3：出纳岗审核记账凭证后登记银行存款日记账。

【例5－21】 8月25日，番悦公司向顺达公司销售一批B产品80件，开具的增值税专用发票上注明售价为96 000元，增值税税额为12 480元；番悦公司收到顺达公司开出的不带息银行承兑汇票1张，票面金额为108 480元，期限为3个月。

步骤1：会计岗审核增值税专用发票、银行承兑汇票等凭证，审核无误后编制确认收入记账凭证，并交凭证审核岗审核。会计分录如下：

借：应收票据——顺达公司　　108 480

　贷：主营业务收入——B产品　　96 000

　　应交税费——应交增值税（销项税额）　　12 480

步骤2：会计岗依据审核后的记账凭证，登记“应收票据”“主营业务收入”“应交税费”总账，并由负责登记明细账的会计人员登记“应收票据”“主营业务收入”“应交税费”明细账。

【例5－22】 8月30日，番悦公司向远帆公司赊销一批A产品50件，开具的增值税专用发票上注明售价为50 000元，增值税税额为6 500元；双方约定一个月内支付货款。

步骤1：会计岗审核增值税专用发票，审核无误后编制确认收入记账凭证，并交凭证审核岗审核。会计分录如下：

借：应收账款——远帆公司　　56 500

　贷：主营业务收入——A产品　　50 000

　　应交税费——应交增值税（销项税额）　　6 500

步骤2：会计岗依据审核后的记账凭证，登记“应收账款”“主营业务收入”“应交税费”总账，并由负责登记明细账的会计人员登记“应收账款”“主营业务收入”“应交税费”明细账。

【例5－23】 承例例5－20、例5－21、例5－22，8月31日，结转本月已销的A产品、B产品成本。通过查询产品成本明细账，A产品单位生产成本为640元，B产品单位生产成本为720元。

步骤1：会计岗根据本月发出商品出库单据，编制“产品销售成本计算表”（见表5－12），作结转销售成本的附件；编制结转销售成本记账凭证，并交凭证审核岗审核。

表5－12　　**产品销售成本计算表**

202×年8月31日

产品名称	销售数量（件）	单位成本（元）	销售成本
A产品	150	640	96 000
B产品	80	720	57 600

会计分录如下：

借：主营业务成本——A产品　　96 000

　　主营业务成本——B产品　　57 600

　贷：库存商品——A产品　　96 000

　　库存商品——B产品　　57 600

步骤2：会计岗依据审核后的记账凭证，登记“主营业务成本”“库存商品”总账，并由负责登记明细账的会计人员登记“主营业务成本”“库存商品”明细账。

【例5-24】9月15日，番悦公司收到银行进账单通知，款项为远帆公司支付的货款56 500元。

步骤1：会计岗审核银行进账单，审核无误后，编制记账凭证，并交凭证审核岗审核。会计分录如下：

借：银行存款　　　　56 500

　　贷：应收账款——远帆公司　　　　56 500

步骤2：会计岗依据审核后的记账凭证，登记“银行存款”“应收账款”总账，并由负责登记明细账的会计人员登记“应收账款”明细账。

步骤3：出纳岗审核记账凭证后登记银行存款日记账。

（二）其他业务的会计处理

主营业务和其他业务的划分并不是绝对的，一个企业的主营业务可能是另一个企业的其他业务，即便在同一个企业，不同期间的主营业务和其他业务的内容也不是固定不变的。

当企业发生其他业务收入时，借记“银行存款”“应收账款”“应收票据”等账户；按确认的收入金额，贷记“其他业务收入”账户，同时确认增值税。在确认其他业务收入的同一会计期间，企业应根据本期应结转的其他业务成本金额，借记“其他业务成本”账户，贷记“原材料”“累计折旧”“应付职工薪酬”等账户。

【例5-25】8月10日，番悦公司向飞达公司销售一批甲材料，开具的增值税专用发票上注明售价为20 000元，增值税税额为2 600元；番悦公司收到飞达公司支付的款项存入银行；该批原材料的实际成本为15 000元。

步骤1：会计岗审核增值税专用发票、银行进账单等凭证，审核无误后，编制记账凭证，并交凭证审核岗审核。会计分录如下：

借：银行存款　　　　22 600

　　贷：其他业务收入——甲材料　　　　20 000

　　　　应交税费——应交增值税（销项税额）　　　　2 600

步骤2：会计岗根据材料出库成本计算单，编制结转销售材料的记账凭证，并交凭证审核岗审核。会计分录如下：

借：其他业务成本——甲材料　　　　15 000

　　贷：原材料——甲材料　　　　15 000

步骤3：会计岗依据审核后的记账凭证，登记“银行存款”“其他业务收入”“应交税费”“其他业务成本”“原材料”总账，并由负责登记明细账会计人员登记“其他业务收入”“应交税费”“其他业务成本”“原材料”明细账。

步骤4：出纳岗审核记账凭证后登记银行存款日记账。

（三）税金及附加的会计处理

微课：税金及附加的会计处理

企业按规定计算出应由主营业务和其他业务负担的相关税费时，应按计算确定的税费金额，借记“税金及附加”，贷记“应交税费”。实际缴纳时，借记“应交税费”，贷记“银行存款”。

【例 5－26】 假设番悦公司 8 月份应缴纳的增值税为 34 580 元，无应交消费税，期末计算本月应缴纳的城市维护建设税和教育费附加。

步骤 1： 会计岗编制“应交城市维护建设税、教育费附加计算表”（见表 5－13），并作为附件编制记账凭证，交凭证审核岗审核。

表 5－13　应交城市维护建设税、教育费附加计算表

202×年 8 月 31 日

项目	计税依据（元）	适用税率（%）	金额（元）
应交城市维护建设税	34 580	7	2 420.60
应交教育费附加	34 580	3	1 037.40
合计	—	—	3 458.00

会计分录如下：

借：税金及附加　　3 458

　　贷：应交税费——应交城市维护建设税　　2 420.60

　　　　应交税费——应交教育费附加　　1 037.40

步骤 2： 会计岗依据审核后的记账凭证，登记“税金及附加”“应交税费”总账，并由负责登记明细账会计人员登记“应交税费”明细账。

（四）销售费用的会计处理

微课：销售费用的会计处理

销售费用是指企业销售商品、材料和提供劳务的过程中发生的各种费用，包括销售过程中应负担的保险费、包装费、展览费、广告费、商品维修费、预计产品质量保证损失、产品销售过程中的运输费、装卸费以及为销售本企业商品而专设的销售机构的职工薪酬、业务费、折旧费等经营费用。销售费用是与企业销售商品活动有关的费用，但不包括销售商品本身的成本。

企业发生销售费用时，应按实际发生额，借记“销售费用”，贷记“银行存款”“库存现金”“应付职工薪酬”等账户。

【例 5－27】 8 月 2 日，番悦公司以银行存款支付产品的广告费和展览费。广告费增值税专用发票款项 5 000 元，税额 650 元；展览费增值税专用发票款项 4 000 元，税额 520 元。

步骤 1： 会计岗审核增值税专用发票、银行支付凭证等，审核无误后，编制记账凭证，并交凭证审核岗审核。会计分录如下：

借：销售费用——广告费　　5 000

　　销售费用——展览费　　4 000

　　应交税费——应交增值税（进项税额）　　1 170

　　贷：银行存款　　10 170

步骤 2： 会计岗依据审核后的记账凭证，登记“销售费用”“应交税费”“银行存款”总账，并由负责登记明细账的会计人员登记“销售费用”“应交税费”明细账。

步骤 3： 出纳岗审核记账凭证后登记银行存款日记账。

第五节　利润形成与分配业务数据的会计处理

一、利润形成业务

微课：利润的形成

（一）利润的形成

利润的形成又称为企业财务成果的形成，是指企业在一定时期内通过从事生产经营活动而在财务上所取得的成果，具体表现为盈利或者亏损。除前述内容主要涉及的商品销售收入、其他业务收入及与之相关的成本费用外，企业还会发生一系列影响财务成果的经济业务，企业根据这些经济业务对财务成果影响程度的大小进行划分，形成了财务成果的三个层次：营业利润、利润总额及净利润。

1. 营业利润

营业利润 = 营业收入 − 营业成本 − 税金及附加 − 销售费用 − 管理费用 − 研发费用 − 财务费用 − 资产减值损失 − 信用减值损失 + 其他收益 + 投资收益（− 投资损失）+ 公允价值变动收益（− 公允价值变动损失）+ 资产处置收益（− 资产处置损失）

其中：

营业收入 = 主营业务收入 + 其他业务收入

营业成本 = 主营业务成本 + 其他业务成本

2. 利润总额

利润总额 = 营业利润 + 营业外收入 − 营业外支出

营业外收入即直接计入当期损益的利得；营业外支出即直接计入当期损益的损失。

3. 净利润

净利润也称税后利润，是利润总额扣除所得税费用后的净额。其计算公式为：

净利润 = 利润总额 − 所得税费用

利润形成业务财务核算流程如图 5 − 10 所示。

（二）利润形成的账户设置

1. “管理费用”账户

“管理费用”账户属于费用类账户，用来核算企业为组织和管理企业生产经营所发生的管理费用。该账户借方登记企业发生的各种管理费用；贷方登记期末转入“本年利润”账户的管理费用；期末结转后，该账户无余额。

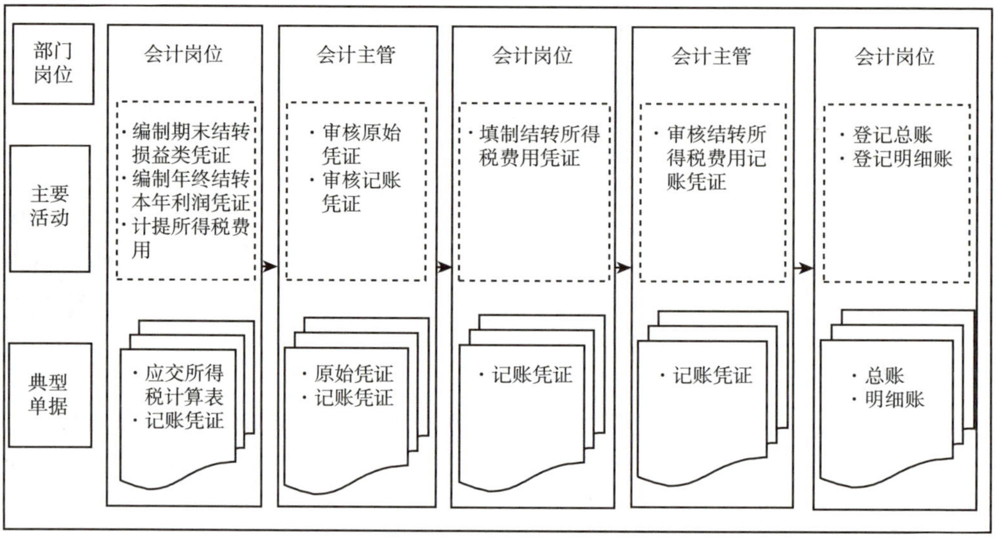

图 5－10　利润形成业务财务核算流程

企业生产车间（部门）和行政管理部门等发生的固定资产修理费用等后续支出，也在本账户核算。

该账户可按费用项目进行明细核算。

2. “投资收益”账户

“投资收益”账户属于收入类账户，用来核算企业对外投资取得的收益或发生的损失。该账户贷方登记取得的投资收益或期末投资收益净损失转入“本年利润”账户的金额；借方登记投资损失和期末投资净收益转入“本年利润”的金额；期末结转后，该账户应无余额。

该账户可按投资项目进行明细核算。

3. “营业外收入”账户

“营业外收入”账户属于收入类账户，用来核算企业发生的各项营业外收入，主要包括非流动资产处置利得、非货币性资产交换利得、债务重组利得、政府补助、盘盈利得、捐赠利得等。该账户贷方登记企业发生的各项营业外收入；借方登记期末转入“本年利润”账户的营业外收入；期末结转后，该账户应无余额。

该账户可按营业外收入项目进行明细核算。

4. “营业外支出”账户

“营业外支出”账户属于费用类账户，用来核算企业发生的各项营业外支出，包括非流动资产处置损失、非货币性资产交换损失、债务重组损失、公益性捐赠支出、非常损失、盘亏损失等。该账户借方登记发生的各项营业外支出；贷方登记期末转入“本年利润”账户的营业外支出；期末结转后，该账户应无余额。

该账户可按支出项目进行明细核算。

5. “所得税费用”账户

“所得税费用”账户属于费用类账户，用来核算企业确认的应从当期利润总额中扣除的所得税费用。该账户的借方登记企业应计入当期损益的所得税费用；贷方登记期末转入“本年利润”账户的所得税费用；期末结转后，该账户无余额。

该账户可按“当期所得税费用”“递延所得税费用”进行明细核算。

6. “本年利润”账户

“本年利润”账户属于所有者权益类账户，用来核算企业利润的形成过程，计算企业的财务成果。该账户贷方登记由有关收入类账户转入的本期各项收益，如主营业务收入、其他业务收入、营业外收入等；借方登记由费用类账户转入的本期各项费用支出，如主营业务成本、税金及附加、其他业务成本、管理费用、销售费用、财务费用、营业外支出等；平时贷方余额表示截至本期末本年度累计实现的利润，如果为借方余额，则表示截至本期末累计发生的亏损。年度终了，应将收入和支出相抵后结出的本年实现的净利润（或净亏损），转入“利润分配——未分配利润”账户贷方（或借方），结转后本账户无余额。

微课：利润形成业务的会计处理

（三）利润形成业务的会计处理

1. 管理费用业务的会计处理

管理费用包括企业在筹建期间内发生的开办费、董事会和行政管理部门在企业的经营管理中发生的或者应由企业统一负担的公司经费（包括行政管理部门职工工资及福利费、物料消耗、低值易耗品摊销、办公费和差旅费等）、工会经费、董事会费（包括董事会成员津贴、会议费和差旅费等）、聘请中介机构费、咨询费（含顾问费）、诉讼费、业务招待费、技术转让费、矿产资源补偿费、研究费用、排污费等。

企业在筹建期间内发生的开办费，包括人员工资、办公费、培训费、差旅费、印刷费、注册登记费以及不计入固定资产成本的借款费用等，在实际发生时，借记“管理费用”（开办费），贷记“银行存款”等账户。

行政管理部门人员的职工薪酬，借记“管理费用”，贷记“应付职工薪酬”。

行政管理部门计提的固定资产折旧，借记“管理费用”，贷记“累计折旧”。

发生的办公费、水电费、业务招待费、聘请中介机构费、咨询费、诉讼费、技术转让费、研究费用，借记“管理费用”，贷记“银行存款”“研发支出”等账户。

【例 5-28】 8 月 15 日，番悦公司行政部经理报销业务招待费，增值税普通发票上显示款项 1 324.43 元，税额 172.57 元，已通过银行存款支付。

步骤 1： 会计岗审核增值税普通发票、银行支付凭证等，审核无误后，编制记账凭证，并交凭证审核岗审核。会计分录如下：

借：管理费用——业务招待费　　1 500

　　贷：银行存款　　1 500

步骤 2： 会计岗依据审核后的记账凭证，登记“管理费用”“银行存款”总账，并由负责登记明细账的会计人员登记“管理费用”明细账。

步骤 3： 出纳岗审核记账凭证后登记银行存款日记账。

2. 投资收益业务会计处理

企业持有的金融资产和金融负债在投资期间取得的投资收益，借记“应收利息”等账户，贷记“投资收益”账户。

【例 5-29】 番悦公司持有宏达公司发行的股票 50 000 股，并将其列为交易性金融资产。

4月20日，宏达公司宣告发放上年度的现金股利，每股派发现金股利1元，共计50 000元。5月10日，番悦公司收到宏达公司派发的现金股利，假定不考虑相关税费，该业务的会计处理如下：

（1）4月20日，宏达公司宣告派发股利时，番悦公司的会计处理如下：

步骤1：会计岗根据宏达公司的宣告股利决议以及所持有股数等凭证，编制投资收益表并作为附件，编制取得投资收益的记账凭证，并交凭证审核岗审核。会计分录如下：

借：应收股利——宏达公司　　50 000

　　贷：投资收益　　50 000

步骤2：会计岗依据审核后的记账凭证，登记“应收股利”“投资收益”总账，并由负责登记明细账的会计人员登记“应收股利”明细账。

（2）5月10日，番悦公司收到现金股利，会计处理如下：

步骤1：会计岗审核取得的银行收款凭据，审核无误后编制记账凭证，并交凭证审核岗审核。会计分录如下：

借：银行存款　　50 000

　　贷：应收股利——宏达公司　　50 000

步骤2：会计岗依据审核后的记账凭证，登记“银行存款”“应收股利”总账，并由负责登记明细账的会计人员登记“应收股利”明细账。

步骤3：出纳岗审核记账凭证后登记银行存款日记账。

3. 营业外收支业务的会计处理

企业发生营业外收入时，应借记“银行存款”“固定资产”“应收账款”等账户，贷记“营业外收入”账户。发生营业外支出时，应借记“营业外支出”，贷记“银行存款”账户等。

【例5－30】9月10日，因为某供应商违反合同约定，番悦公司收到一笔违约金6 000元，款项已存银行。该笔业务会计处理如下：

步骤1：会计岗审核取得的银行收款单据，审核无误后编制记账凭证，并交凭证审核岗审核。会计分录如下：

借：银行存款　　6 000

　　贷：营业外收入——违约金　　6 000

步骤2：会计岗依据审核后的记账凭证，登记“银行存款”“营业外收入”总账，并由负责登记明细账的会计人员登记“营业外收入”明细账。

步骤3：出纳岗审核记账凭证后登记银行存款日记账。

【例5－31】12月3日，番悦公司通过银行向税务部门交纳滞纳金2 000元。该笔业务会计处理如下：

步骤1：会计岗审核取得的银行付款单据，审核无误后编制记账凭证，并交凭证审核岗审核。会计分录如下：

借：营业外支出——滞纳金　　2 000

　　贷：银行存款　　2 000

步骤2：会计岗依据审核后的记账凭证，登记“营业外支出”“银行存款”总账，并由负责登记明细账会计人员登记“营业外支出”明细账。

步骤3： 出纳岗审核记账凭证后登记银行存款日记账。

4. 利润形成业务的会计处理

为了计算企业利润的形成情况，企业应设置“本年利润”账户进行核算。企业期末结转利润时，应将当期所有损益类账户的金额转入本账户，结平各损益类账户。结转后的“本年利润”账户贷方余额为当期实现的净利润，借方余额为当期发生的净亏损。年度终了，应将“本年利润”账户的余额转入“利润分配——未分配利润”账户，如为净利润，则借记“本年利润”，贷记“利润分配——未分配利润”账户；如为净亏损，则借记“利润分配——未分配利润”账户，贷记“本年利润”账户。年终结转后，“本年利润”账户应无余额。

【例5－32】 12月31日，假定番悦公司12月各项收入、费用账户结转前的发生额如表5－14所示，完成期末结转损益的核算。

表5－14 **损益类账户发生额表**

202×年12月31日 单位：元

会计科目	借方发生额	贷方发生额
主营业务收入		1 200 000
其他业务收入		80 000
投资收益		40 000
营业外收入		5 000
主营业务成本	920 000	
其他业务成本	55 000	
税金及附加	37 500	
销售费用	50 000	
管理费用	60 000	
财务费用	1 200	
营业外支出	4 000	

（1）结转收入。

步骤1： 期末，会计岗编制结转收入记账凭证，并交凭证审核岗审核。会计分录如下：

借：主营业务收入　　1 200 000
　　其他业务收入　　80 000
　　投资收益　　40 000
　　营业外收入　　5 000
　　贷：本年利润　　1 325 000

步骤2： 会计岗依据审核后的记账凭证，登记上述各科目的总账；如有设置明细账的，应由负责登记明细账会计人员登记相关科目明细账。

（2）结转费用。

步骤1： 期末，会计岗编制结转费用记账凭证，并交凭证审核岗审核。会计分录如下：

借：本年利润　　1 127 700
　　贷：主营业务成本　　920 000
　　　　其他业务成本　　55 000
　　　　税金及附加　　37 500
　　　　销售费用　　50 000
　　　　管理费用　　60 000
　　　　财务费用　　1 200
　　　　营业外支出　　4 000

步骤2：会计岗依据审核后的记账凭证，登记上述各账户的总账；如有设置明细账的，应由负责登记明细账会计人员登记相关账户明细账。

5. 净利润形成的会计处理

企业应当按照《企业会计准则》的规定，确认当期所得税费用，借记“所得税费用”账户；按照税法规定计算当期应缴纳的所得税，贷记“应交税费——应交所得税”账户。期末，应将所得税费用的余额转入“本年利润”账户，借记“本年利润”，贷记“所得税费用”账户，结转后，所得税费用账户应无余额。

【例5-33】 承例5-32，计算12月番悦公司的利润总额；假定利润总额与应纳税所得额一致，请计算和结转12月的所得税费用，并计算净利润。番悦公司适用的所得税税率为25%。

业务分析：

12月的利润总额＝1 325 000－1 127 700＝197 300（元）

12月应交的企业所得税税额＝197 300×25%＝49 325（元）

12月的净利润＝197 300－49 325＝147 975（元）

步骤1：会计岗编制“应交所得税计算表”（见表5-15）作为附件，编制计提所得税费用记账凭证，并交凭证审核岗审核。

表5-15　　**应交所得税计算表**

202×年12月31日　　单位：元

12月会计利润	纳税调整	应纳税所得额	税率	应交所得税额
197 300.00		197 300.00	25%	49 325.00

会计分录如下：

借：所得税费用　　49 325
　　贷：应交税费——应交所得税　　49 325

步骤2：会计岗依据审核后的记账凭证，登记“所得税费用”“应交税费”总账，并由负责登记明细账的会计人员登记“应交税费”明细账。

步骤3：会计岗编制结转所得税费用记账凭证，并交凭证审核岗审核。会计分录如下：

借：本年利润　　49 325
　　贷：所得税费用　　49 325

步骤4：会计岗依据审核后的记账凭证，登记“本年利润”“所得税费用”总账。

二、利润分配业务

微课：利润分配顺序

（一）利润的分配顺序

利润的分配又称财务成果的分配。企业实现利润后，年度终了，应按规定进行分配；企业对净利润的分配包括按净利润一定比例提取的法定盈余公积金、任意盈余公积金和向股东分配利润等。

1. 提取法定盈余公积金

按照《公司法》的有关规定，公司应当按照当年净利润（抵减年初累计亏损后）的10%提取法定盈余公积，提取的法定盈余公积累计超过注册资本50%以上的，可以不再提取。法定盈余公积可以用来弥补公司亏损；用来扩大公司生产经营；可以用于发放现金股利或利润；还可以用来转增公司资本，但转增资本后所留存的盈余公积余额不得少于转增前注册资本的25%。

2. 提取任意盈余公积金

公司提取法定盈余公积后，经股东会或者股东大会决议，还可以从净利润中提取任意盈余公积。任意盈余公积的用途与法定盈余公积的用途相同。

3. 向投资者分配利润

企业当年实现净利润，在提取法定盈余公积和任意盈余公积后，加上（如为亏损，则减去）期初未分配利润，形成当年度可供分配的利润总额，企业可根据股东大会或类似机构形成的决议向投资者分配利润。

利润分配业务财务核算流程如图5－11所示。

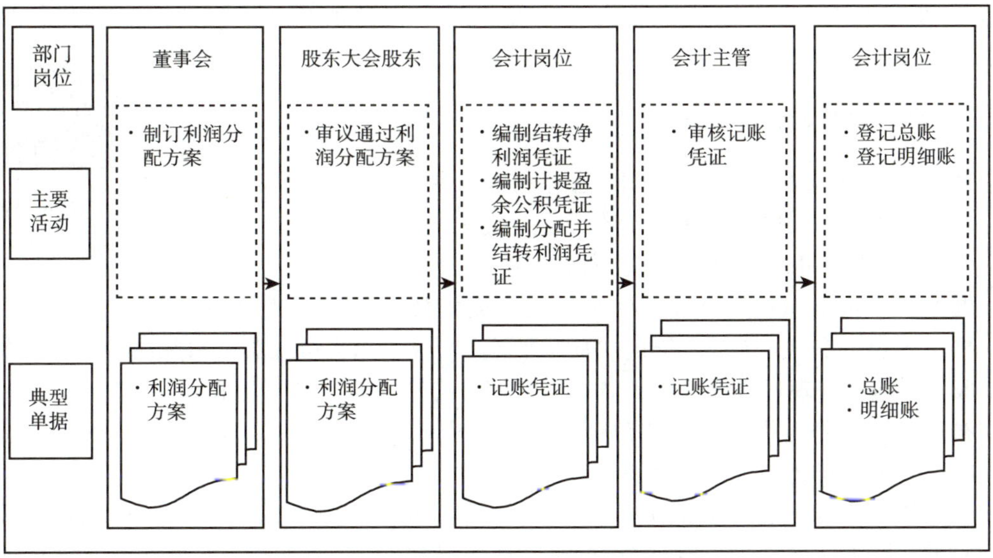

图5－11 利润分配业务财务核算流程

（二）利润分配的账户设置

1. “利润分配”账户

“利润分配”账户属于所有者权益类账户，用来核算企业利润的分配（或亏损的弥补）和历年分配（或弥补）后的余额。该账户借方登记实际分配的利润额，包括提取的盈余公积和分配给投资者的利润，以及年末从“本年利润”账户转入的全年发生的净亏损；贷方登记用盈余公积弥补的亏损额等其他转入数，以及年末从“本年利润”账户转入的全年实现净利润。年末，应将“利润分配”账户下的其他明细账户的余额转入“未分配利润”明细账户，结转后，除“未分配利润”明细账户可能有余额外，其他各个明细账户均无余额。“未分配利润”明细账户的贷方余额为历年累积的未分配利润（即可供以后年度分配的利润），借方余额为历年累积的未弥补亏损（即留待以后年度弥补的亏损）。

该账户应当分别按“提取法定盈余公积”“提取任意盈余公积”“应付现金股利或利润”“转作股本的股利”“盈余公积补亏”“未分配利润”等进行明细核算。

2. “盈余公积”账户

“盈余公积”账户属于所有者权益类账户，用来核算企业依据《公司法》的规定按当年实现的净利润（减弥补以前年度的亏损）的10%提取的法定盈余公积金和按一定比例提取的任意盈余公积金。该账户贷方登记盈余公积金的增加数；借方登记盈余公积转增资本、盈余公积分配股利等引起盈余公积金减少的数额；期末贷方余额表示企业盈余公积的数额。

3. “应付股利”账户

“应付股利”账户属于负债类账户，用来核算企业经董事会、股东大会或类似机构决议确定分配的现金股利或利润。该账户贷方登记根据通过的股利或利润分配方案应支付的现金股利或利润；借方登记实际支付数额；期末贷方余额表示企业尚未支付的现金股利或利润。

（三）利润分配的会计处理

微课：利润分配的会计处理

企业按规定提取的盈余公积，借记“利润分配——提取法定盈余公积”“利润分配——提取任意盈余公积”，贷记“盈余公积——法定盈余公积”“盈余公积——任意盈余公积”。

经股东大会或类似机构决议，分配给股东或投资者的现金股利或利润，借记“利润分配——应付现金股利或利润”，贷记“应付股利”。经股东大会或类似机构决议，分配给股东的股票股利，应在办理增资手续后，借记“利润分配——转作股本的股利”，贷记“股本”。

用盈余公积弥补亏损，借记“盈余公积——法定盈余公积”“盈余公积——任意盈余公积”，贷记“利润分配——盈余公积补亏”。

分配完毕，企业应将“利润分配”账户所属其他明细账户的余额转入“利润分配——未分配利润”账户。结转后，利润分配除“未分配利润”明细账户有余额外，其他明细账户应无余额。

【例5－34】承例5－33，番悦公司1月至11月累计的“本年利润”账户贷方余额

1 452 000元，12 月份的净利润为 147 975 元。利润分配前“利润分配——未分配利润”账户贷方余额为 1 200 000 元，经股东大会决议利润分配方案为：本年净利润的 10% 提取法定盈余公积金，提取 5% 的任意盈余公积金，按可供分配利润的 20% 向投资者分配现金股利（李辉、杨立、张顺持股比例分别为 50% 、30% 和 20% ）。年终会计处理如下：

（1） 年终，将“本年利润”账户余额全部转入“利润分配——未分配利润”账户。

步骤 1： 会计岗编制“净利润计算表”（见表 5 – 16），编制结转本年利润记账凭证，并交凭证审核岗审核。

表 5 – 16　　净利润计算表

202 × 年 12 月 31 日　　单位：元

1 – 11 月净利润	12 月净利润	全年净利润
1 452 000	147 975	1 599 975

会计分录如下：

借：本年利润　　1 599 975

　贷：利润分配——未分配利润　　1 599 975

步骤 2： 会计岗依据审核后的记账凭证，登记“本年利润”“利润分配”总账；由负责登记明细账的会计人员登记“利润分配”明细账。

（2） 提取盈余公积。

步骤 1： 会计岗编制“盈余公积计算表”（见表 5 – 17），编制计提盈余公积记账凭证，并交凭证审核岗审核。

表 5 – 17　　盈余公积计算表

202 × 年 12 月 31 日

项目	本年净利润	计提率	金额
法定盈余公积	1 599 975	10%	159 997. 50
任意盈余公积	1 599 975	5%	79 998. 75

会计分录如下：

借：利润分配——提取法定盈余公积　　159 997. 50

　利润分配——提取任意盈余公积　　79 998. 75

　贷：盈余公积——法定盈余公积　　159 997. 50

　　盈余公积——任意盈余公积　　79 998. 75

步骤 2： 会计岗依据审核后的记账凭证，登记“利润分配”“盈余公积”总账；由负责登记明细账的会计人员登记“利润分配”“盈余公积”明细账。

（3） 向投资者分配现金股利。

步骤 1： 会计岗编制“应付股利计算表”（见表 5 – 18），编制应付股利记账凭证，并交凭证审核岗审核。

表 5-18 **应付股利计算表**

202×年度

上年未分配利润	本年可供分配利润	可分配利润合计	应付股利总额
1 200 000.00	1 359 978.75	2 559 978.75	511 995.75
投资者	出资比例	应得股利	
李辉	50%	255 997.88	
杨立	30%	153 598.73	
张顺	20%	102 399.14	

会计分录如下：

借：利润分配——应付股利　　511 995.75

　　贷：应付股利——李辉　　255 997.88

　　　　应付股利——杨立　　153 598.73

　　　　应付股利——张顺　　102 399.14

步骤2：会计岗依据审核后的记账凭证，登记“利润分配”“应付股利”总账；由负责登记明细账的会计人员登记“利润分配”“应付股利”明细账。

（4）结转利润分配各明细账。

步骤1：会计岗编制结转利润分配明细账记账凭证，并交凭证审核岗审核。会计分录如下：

借：利润分配——未分配利润　　751 992

　　贷：利润分配——提取法定盈余公积　　159 997.50

　　　　利润分配——提取任意盈余公积　　79 998.75

　　　　利润分配——应付股利　　511 995.75

步骤2：会计岗依据审核后的记账凭证，登记“利润分配”总账；由负责登记明细账的会计人员登记“利润分配”明细账。

【拓展阅读】

上市公司股利形式

一般来说，上市公司分红有两种形式：向股东派发现金股利和股票股利。

1. 现金股利

现金股利是指以现金形式向股东发放股利，称为派股息或派息，一般是在营运资金和现金较多，而又不需要追加投资的情况下发放。发放现金股利既有利于改善企业长短期资金结构，又有利于股东取得现金收入和增强投资能力。但如果在营运资金和现金较少，或者又需要追加投资的情况下，发放现金股利会增加企业的财务压力，导致企业偿债能力下降。

2. 股票股利

股票股利是指上市公司向股东无偿赠送股票，即在分红时并不支付现金，而是向股东赠送股票，从而将本年度利润转化为新的股本，留在公司里进行再投资。发放股票股利对公司而言，没有现金流出企业，也不会导致公司的财产减少，只是将公司的未分配利润转化为股本和资本公积，不改变公司股东权益总额，但会改变公司股东权益各项目结构。发放股票股利会增加流通在外股票数量，同时降低股票的每股价值。

素养提升

规规矩矩做账，堂堂正正做人

阿旺是个工作七年的会计，以前一直在一家外资企业从事成本会计的工作。去年，一家工贸企业招聘会计主管，阿旺感觉这家企业的工资待遇不错，就来面试，没想到还面试成功了。

刚刚来到这个单位开始工作的时候，老板就让阿旺搞好企业的税收筹划和成本管理，给企业减少些费用，多增加点利润。阿旺毕竟是工作七年的老会计，经验跟能力都不错，所以把企业的税收筹划弄得井井有条，企业的成本管理费用也一天比一天正规。

今天中午刚刚吃完饭，老板就匆匆把阿旺叫到自己的办公室。原来，刚刚老板的一个朋友打来电话说，国地税合并后，稽查越来越严格，老板朋友的企业因为税收上的一些问题被税务稽查了，还不知道要罚多少钱。老板接了朋友的电话后，害怕自己的企业也出事，所以吃完饭就把阿旺叫来办公室，问问自己企业有没有被稽查的风险。

阿旺明白了老板的意思后，就跟老板说：放心，我们的企业经营很正规，财务上都按时申报缴税，也没有偷漏税、虚开发票的事情，就是税务来稽查了也不会有什么问题。

老板还是不放心，对阿旺说，如果我们企业真的被税务查出了问题怎么办？阿旺最后跟老板说了一句话，只要你不让我做假账，如果我们企业的账面被税务稽查出有问题，我一个人承担。老板听了阿旺的这句话，高兴地鼓起掌来说，这我就放心了。

资料来源： http：//www.360doc.com/content/18/0813/07/48269081_777832782.shtml（原文经过整理）。

问题： 虚假账务处理会给个人、企业带来什么风险？

分析提示： 新《会计法》相关规定如下：

第三十八条 因有提供虚假财务会计报告，做假账，隐匿或者故意销毁会计凭证、会计账簿、财务会计报告，贪污，挪用公款，职务侵占等与会计职务有关的违法行为被依法追究刑事责任的人员，不得再从事会计工作。

第四十一条 伪造、变造会计凭证、会计账簿，编制虚假财务会计报告，隐匿或者故意销毁依法应当保存的会计凭证、会计账簿、财务会计报告的，由县级以上人民政府财政部门责令限期改正，给予警告、通报批评，没收违法所得，违法所得二十万元以上的，对单位可以并处违法所得一倍以上十倍以下的罚款，没有违法所得或者违法所得不足二十万元的，可以并处二十万元以上二百万元以下的罚款；对其直接负责的主管人员和其他直接责任人员可以处十万元以上五十万元以下的罚款，情节严重的，可以处五十万元以上二百万元以下的罚款；属于公职人员的，还应当依法给予处分；其中的会计人员，五年内不得从事会计工作；构成犯罪的，依法追究刑事责任。

第四十三条 授意、指使、强令会计机构、会计人员及其他人员伪造、变造会计凭证、会计账簿，编制虚假财务会计报告或者隐匿、故意销毁依法应当保存的会计凭证、会计账簿、财务会计报告的，由县级以上人民政府财政部门给予警告、通报批评，可以并处二十万元以上一百万元以下的罚款，情节严重的，可以并处一百万元以上五百万元以下的罚款；属于公职人员的，还应当依法给予处分；构成犯罪的，依法追究刑事责任。

知识巩固

一、单项选择题

1. 企业为维持正常的生产经营所需资金而从银行等机构借入借款期在一年以内的款项一般称为（　　）。

A. 长期借款　　B. 短期借款　　C. 长期负债　　D. 流动负债

2. 预提短期借款利息支出时，应贷记的账户是（　　）。

A. “短期借款”　　B. “财务费用”

C. “应付利息”　　D. “银行存款”

3. 实际工作中，对于已经付款、已经取得单据的购入材料物资尚未到达，应进行的处理方式是（　　）。

A. 立即做在途物资入账

B. 立即计入原材料账户

C. 放到月底，月底尚未到货作在途物资入账

D. 放到月底，月底尚未到货作原材料入账

4. 购买的原材料，当其验收入库后，其实际成本在（　　）账户核算。

A. “材料采购”　　B. “原材料”　　C. “库存商品”　　D. “产成品”

5. 某增值税一般纳税人企业购入原材料，价款 23 400 元，其中含进项增值税 3 400 元。发生材料运输费 1 000 元，装卸费 150 元，采购人员工资 1 500 元，途中不合理损耗 200 元，该批材料的采购成本应为（　　）元。

A. 24 350　　B. 21 150　　C. 20 950　　D. 22 450

6. 用来反映和监督企业完工产品增减变动和结存情况的账户是（　　）。

A. “主营业务成本”　　B. “库存商品”

C. “制造费用”　　D. “财务费用”

7. 下列各项目中，应记入“制造费用”账户的是（　　）。

A. 生产某产品耗用的材料　　B. 车间机器设备的折旧费

C. 生产工人的工资　　D. 行政管理人员的工资

8. 下列项目中，不属于管理费用的是（　　）。

A. 车间管理人员工资　　B. 厂部管理人员工资

C. 厂部耗用材料　　D. 厂部办公用房的租金

9. 年末结转后，“利润分配”账户的贷方余额表示（　　）。
A. 利润实现额　B. 利润分配额　C. 未分配利润　D. 未弥补亏损
10. 确认产品销售收入的时间，一般在（　　）时。
A. 生产过程　B. 成品入库　C. 销售开票　D. 产品发出

二、多项选择题

1. 投资者向企业投入资本，可能贷记的账户有（　　）。
A. “实收资本”　B. “资本公积”
C. “盈余公积”　D. “营业外收入”
2. 外购材料的采购成本包括（　　）。
A. 买价　B. 入库前的挑选整理费用
C. 运输途中的合理损耗　D. 入库后的挑选整理费用
3. 销售费用的内容包括（　　）。
A. 销售过程中的保险费　B. 销售广告费
C. 销售网点人员工资　D. 销售网点人员福利费
4. 应计入管理费用的有（　　）。
A. 企业行政管理人员的工资及福利费　B. 企业董事会会费
C. 管理部门计提的固定资产折旧　D. 支付管理部门固定资产维修费
5. 企业销售商品的业务可能借记的账户有（　　）账户。
A. “银行存款”　B. “预收账款”
C. “应收账款”　D. “预付账款”
6. 下列支出应当在“营业外支出”账户中核算的有（　　）。
A. 非常损失　B. 销售材料的成本
C. 税款滞纳金　D. 支付的包装物押金

三、判断题

1. “短期借款”账户不核算应支付的借款利息。（　　）
2. 材料在运输过程中的正常损耗不列入采购成本。（　　）
3. “在途物资”账户期末如有余额，应为借方余额，表示在途材料的实际成本。（　　）
4. “应付账款”与“预付账款”账户都应按供应单位名称分别设置明细账。（　　）
5. 制造费用是指企业各生产车间等生产单位为组织和管理生产而发生的各项间接费用。（　　）
6. 计提固定资产折旧意味着费用增加，因此，应记入“累计折旧”账户的借方。（　　）
7. 最基本的成本项目有三项，即直接材料、直接人工和制造费用，简称“料、工、费”。（　　）
8. 企业职工的薪酬应直接计入产品成本。（　　）

四、业务操作题

（一）练习材料购业务的会计处理

资料： 胜利公司是增值税一般纳税人，采用实际成本法核算材料采购业务，本年12月份发生下列经济业务，请根据业务内容编制相应的会计分录：

1. 购进甲材料200千克，每千克50元，合计买价10 000元，增值税额1 300元，运杂费500元，款项均已银行存款支付，但材料尚未入库。

2. 向胜达公司购入乙材料500千克，每千克40元，买价合计20 000元，增值税额2 600元，货款尚未支付，材料未入库。

3. 以银行存款支付上述购入乙材料的运杂费600元。

4. 向大兴工厂同时购入甲、乙两种材料。甲材料400千克，单价50元，买价20 000元，增值税额是2 600元；乙材料100千克，单价50元，买价5 000元，增值税额650元。以银行存款支付甲、乙两种材料的运杂费1 000元，运杂费按材料采购数量分摊，货款及税款暂欠，材料未入库。

5. 根据材料采购明细账户的记录，编制采购成本计算表，分别计算甲、乙两种材料的实际成本，并编制本月购入的材料入库分录。

材料采购成本计算表

材料名称	重量	单价	买价	采购费用	实际采购成本	单位成本
甲						
乙						
甲						
乙						
合　计						

（二）练习生产业务的会计处理

资料： 南方五金厂本年12月份发生下列经济业务，为简化核算，不考虑相关增值税：

1. 仓库发出材料99 000元，其中：生产车间生产A产品耗用材料50 000元、B产品耗用材料42 000元，车间管理部门耗用2 000元，厂部管理部门耗用5 000元。

2. 计提本月职工工资。生产A产品工人工资80 000元，生产B产品工人工资50 000元，车间管理人员工资16 000元，厂部管理人员工资9 000元，合计155 000元。

3. 计提本月职工养老保险、医疗保险及住房公积金。

项目	养老保险	医疗保险	住房公积金	合计
A产品生成工人	16 000	6 400	9 600	32 000
B产品生产工人	10 000	4 000	6 000	20 000

续表

项目	养老保险	医疗保险	住房公积金	合计
车间管理人员	3 200	1 280	1 920	6 400
厂部管理人员	1 800	720	1 080	3 600
合计	31 000	12 400	18 600	62 000

4. 以银行存款支付厂部水电费 1 000 元、房租 5 000 元，车间水电费 1 200 元。

5. 以库存现金购买车间用办公用品 120 元。

6. 以库存现金支付本月份负担的财产保险费 1 780 元，其中厂部负担 90 元，车间负担 1 690元。

7. 以银行存款支付本月份固定资产维修费 2 000 元，其中车间 1 600 元，厂部 400 元。

8. 计提固定资产折旧，其中：车间管理部门用 9 250 元，厂部管理部门用 1 400 元。

要求：

1. 根据上述经济业务编制会计分录。

2. 登记“制造费用”总账（T 形账）。

借方　　　　制造费用　　　　贷方

3. 按生产工人工资比例分配制造费用，编制制造费用分配表，并编制结转制造费用会计分录。

制造费用分配表

产品名称	分配标准	分配率	分配额
A 产品			
B 产品			
合　计			

4. 假设 A、B 两种产品本月全部完工，并且“生产成本”账户期初无余额，计算 A、B 两种产品成本，并编制相应的会计分录。

（三）练习销售及利润形成业务的会计处理

资料：远东公司为增值税一般纳税人，本年 12 月份发生如下经济业务，请根据业务内容编制相应的会计分录：

1. 2 日，销售给东方公司甲产品 3 000 件，货款 195 000 元，增值税率为 13%，货款及税款当即收到。

2. 10 日，销售给光明厂乙产品 1 000 件，货款 55 000 元，增值税率为 13%，货款及税款尚未收到。

3. 13 日，用银行存款支付广告费 3 500 元。

4. 20 日，收到光明厂支付的货款 20 000 元。

5. 22 日，销售给新华厂乙产品 500 件，货款为 27 500 元，税款 3 575 元，款项还未收到。

6. 29 日，结转已销产品的生产成本，甲产品单位生产成本为 42 元/件，乙产品的单位成本为 33 元/件。

7. 收到东方公司归还的前欠款 24 000 元，存入银行。

8. 计算应缴纳的城市维护建设税 817 元，教育费附加 583 元。

（四）练习利润形成及分配业务的会计处理

资料：大华公司本年年初未分配利润贷方余额为 3 000 000 元，盈余公积贷方余额为 2 000 000元，本年 1 - 11 月累计实现的净利润为 9 900 000 元。公司 12 月份各损益类账户结转前发生额见下表。

损益类发生额

单位：元

科目名称	方向	结转前余额
主营业务收入	贷	6 000 000
其他业务收入	贷	700 000
投资收益	贷	600 000
营业外收入	贷	50 000
主营业务成本	借	4 000 000
其他业务成本	借	400 000
税金及附加	借	80 000
销售费用	借	500 000
管理费用	借	770 000
财务费用	借	200 000
营业外支出	借	250 000

要求：

1. 编制结转 12 月份损益的会计分录，并计算该公司 12 月实现的利润总额。

2. 按该公司 12 月份利润总额的 25% 计算当月应纳所得税税额，并编制相应的会计分录，计算本月实现的净利润。

3. 按本年度实现净利润的 10% 计提盈余公积，并编制相应会计分录。

4. 按本年度实现净利润的 15% 向投资者分配现金股利，并编制相应会计分录。

5. 编制结转利润分配明细账户的会计分录。

第六章

财务会计报告编制

学习目标

知识目标：

◆了解对账及结账的方法

◆掌握资产负债表的内容、概念及编制方法

◆掌握利润表的内容、概念及编制方法

◆熟悉现金流量表的内容、概念及编制方法

技能目标：

◆能够进行对账、结账

◆能够编制资产负债表

◆能够编制利润表

◆知道现金流量表的编制方法

素质目标：

◆培养诚信为本、操守为重、坚持准则、不做假账的职业道德

◆培养学生认真谨慎、自主探究的工匠精神

思维导图

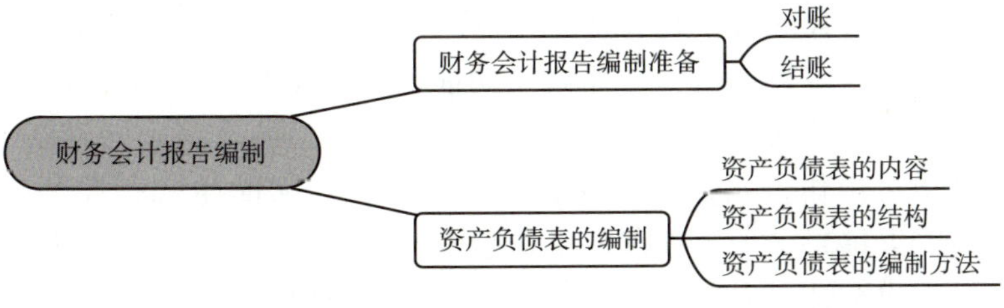

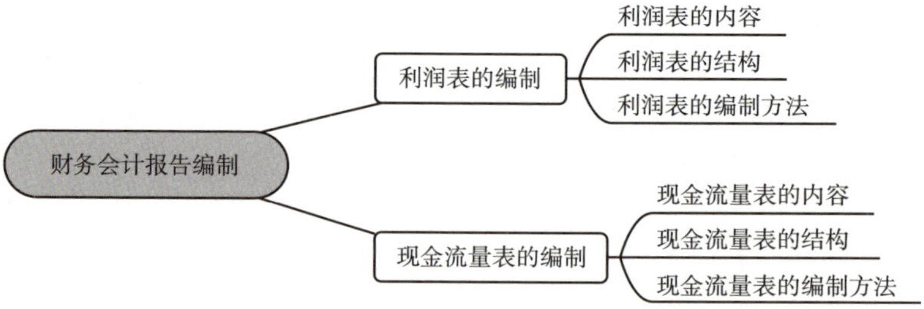

引导案例

财务报表背后的“谁”

财务报表是企业利益相关方行为的留痕。若想人不知，除非己莫为。用一串串看似冰冷的数字，财务报表记录和传递着利益相关方的支持、友善、背叛甚至伤害的证据。对于财报分析而言，算数很重要；但比算数更重要的，是循着这些痕迹，发现及理解背后“人”的行为逻辑；通过判断人的行为动机，进而预测企业后续经营及财务表现。

世界上没有无缘无故的爱，也没有无缘无故的恨。任何人做事，都有其自知或不自知、理性抑或非理性的动机，而财务报表背后正是相关方各自动机下的博弈。财务报表告诉我们企业是谁的、为了谁、依靠谁，也能告诉我们企业从哪来、到哪去、谁说了算。

首先需要关注的，就是报表做给“谁”看？定位准确后，基本就能推理出报表大致粉饰甚至造假的方向。比如，做给债权人的报表，要展示的，是偿债能力，会计规则允许范围内，虚增资产、隐藏负债就是理性选择；做给股权人的报表，要展示的，是盈利能力，会计规则允许范围内，做多收入，做少成本、费用就是理性选择。循着上述方向就容易发现财务造假的蛛丝马迹。

通过财务报表，也能看出企业的朋友圈及其站位。从相关账户（应收、应付、预收、预收，负债及少数股东权益等）看企业通过经营、融资联结的朋友圈能量，以及自身在朋友圈中的地位。现如今已经过了单打独斗的年代，朋友圈对企业发展的重要性越发凸显。如果企业所在产业链在经济中非常重要，且企业在整个供应链中处于C位或准C位，那一定会在报表上留下浓墨重彩的一笔。

资料来源：微信公众号，评级的艺术，《财务报表背后的“谁”》（原文经过整理）。

思考：会计报表有哪些？会计报表如何编制？会计报表如何分析？

在大数据时代下，会计的数字化和智能化已广泛应用在企业的会计工作中，市场上涌现了一些财务处理系统，系统可以基于图片识别功能，处理纸质凭证或者电子凭证中的信息，只要通过预先录入系统内的数据信息并做好相关公式、模型的设定，就可以实现对数据的分类和汇算，进行自动化操作，扫描或自动获取原始凭证，实时生成记账凭证、生成会计账簿、生成会计报表。大幅减少人工处理的工作量和出错率，提高数据的规范性和处理效率。本章主要分析实时生成会计报表背后的报表编制原理、逻辑和规范。

第一节 财务会计报告编制准备

企业经济业务发生后，财务人员先审核相关原始凭证，审核无误后，根据审核无误的原始凭证编制记账凭证，以便将经济业务信息转化为会计信息；然后根据已审核的记账凭证登记各账户的总账，如有明细账的，也需要依据会计凭证登记相关明细账。此时，汇总的账簿信息（包括所有账户的总账和明细账）是编制财务报表的依据。

一、对账

微课：期末对账与结账

账户记录是财务报表的编制依据，为了保证财务报表编制的准确性，企业应当定期对会计账簿记录的有关数字与库存实物、货币资金、有价证券、往来单位或者个人等进行相互核对，以保证账证相符、账账相符和账实相符，这即为对账工作。对账工作每年至少进行一次。在会计数字化和智能化财务处理系统中，账证核对和账账核对工作由系统按照预先设定的公式和模型自动完成。

（一）账证核对

账簿记录中的数据来源于记账凭证及其所附的原始凭证，因此，定期将账簿记录与相关会计凭证进行核对，有助于发现过账中可能所存在的错误。对于所发现的记账错误，应根据错账的具体情况采取相应的措施予以更正，以确保账证相符。一般来讲，账证核对包括以下内容：①总账与相关的记账凭证相互核对；②明细账与相关的记账凭证及所附的原始凭证相互核对；③库存现金、银行存款日记账与相关的收、付款凭证相互核对。在进行账证核对时，应逐项检查账簿记录和会计凭证在所记账户名称、记账方向、记账金额以及凭证字号等方面是否一致。在核对方法上，账证核对既可以采用全面检查的方法（即逐项对每项经济业务的账簿记录进行检查），也可以采用抽查的方法（即随机选取部分经济业务的账簿记录进行检查）；既可以采用顺查法（即根据记账凭证检查账簿记录的正误），也可采用逆查法（即根据账簿记录检查作为记账依据的会计凭证的正误）。

（二）账账核对

为满足会计信息使用者的要求，企业建立了以总账为主体的账簿体系。会计期末，企业应当根据账簿之间的关联关系检查账簿记录的正确性。账账核对包括总账本身的核对和总账与明细账、日记账之间的核对。

1. 总账与总账的核对

作为企业会计核算的核心账簿，完整的总账体系应能涵盖企业各项经济业务的所有方面。针对每一项经济业务，都必须在两个或两个以上的总账中按照“有借必有贷，借贷必相等”的记账规则进行登记，由此使某一特定会计期间全部账户的本期借方发生额合计数必然等于其本期贷方发生额合计数。依据该试算平衡原理，可通过编制试算平衡表对总账记录的准确性进行检验。

2. 总账与明细账的核对

在运用总分类账户和明细分类账户记录某类会计要素时，其反映对象相同，但其在提供指标的详略程度和运用指标的计量尺度不同，登记的依据有时也不同，在实际工作中，登记明细账的依据一般是原始凭证或记账凭证，而登记总账的依据主要是记账凭证。

根据记账规则，总账的期初（末）余额与其所属各明细账期初（末）余额合计数相等；总账的本期借（贷）方发生额总额等于其所属各明细账本期借（贷）方发生额的合计数。依据数据间的勾稽关系可进行总账与明细账的核对：首先，编制“明细账记录汇总表”（或称“明细账发生额与余额明细表”），再将其与总账的本期发生额与期末余额进行核对，验证其是否一致。

3. 总账与日记账的核对

总账和日记账分别由会计人员和出纳人员登记，定期将这两类由不同人员登记的账簿进行核对，可以起到相互牵制的作用。核对时，将库存现金或银行存款日记账中计算出的本期发生额及期末余额分别与“库存现金”“银行存款”总账的相应记录进行对比，以确定两类账簿的金额是否相符。

（三）账实核对

1. 账实核对的目的

账证相符和账账相符的检验结果并不能完全保证账户记录的准确性，例如，记账凭证未能反映经济业务的真实情况，或者因为保管不善造成商品数量发生了账簿记录未能反映的变化，都会使账簿记录无法反映企业相关财产物资的实际状况。因此，为确保会计信息的真实可靠，企业应定期对有关财产物资进行清理检查，并做到账实相符，以加强对财产的管理与控制，切实解决账实不符的问题。

2. 账实不符的原因

对企业实体性资产与货币性资产而言，由于会计账簿记录是依据会计凭证做出的，因而在理论上讲，账实应当是相符的。

但是，由于企业经营活动的复杂性，实际工作中账实不符是很常见的一种现象。出现这种情况的主要原因在于以下两个方面：第一，正常原因导致的账实不符，这主要是指消耗性资产的自然损耗（如热电厂发热用的煤、房地产开发企业的砂石等建筑材料）和银行与企业结算过程的未达账项等。第二，非正常原因导致的账实不符，这主要是指材料物资收、发、领、退过程的计量差错、登记差错，以及人为原因引起的管理不善和营私舞弊等。

3. 账实核对的方法

账实核对通常是结合企业的财产清查工作进行的，其技术方法主要有以下三种：

（1）实地盘点法，是指在财产物资存放现场通过逐一清点其数量或用计量仪器确定其实存数的一种方法。它主要适用于容易清点或计量的财产物资以及现金等货币资金的清查，如对原材料、包装物、库存商品、固定资产的清查。这种方法的特点是数字准确可靠，但其清查的工作量较大。

（2）技术推算法，是指利用一定的技术方式，按照一定标准推算出某一财产物资实存数量的一种方法。从本质上讲，技术推算法是实地盘点法的一种补充方法。这种方法适用于对大量堆放、物体笨重、不便一一清点且单位价值又比较低的实物进行清查。如露天堆放的燃料用煤和建筑砂石等，就可以将其实物整理成近似某种几何体，通过量方、计尺等方法，然后按其计量结果与该类物资的比重来计算其数量或者重量。

（3）调整核对法，是通过对某些应当记账而暂没有记账或者因为结算凭证传递原因未能记录的事项进行调整，以确定其应有实际数额的一种方法，它一般是在核对企业银行存款与债权、债务款项时使用。

4. 账实核对的技术方式

由于财产物资的内容不同、特征各异，针对不同的财产物资应当采用不同的技术方式进行账实核对。

（1）库存现金日记账余额与库存现金实有数核对。对库存现金应采用实地盘点法，即每日将库存现金日记账的账面余额与库存现金的实际存量进行核对。核对时应注意是否存在“白条抵库”（即将未经批准的借条、收据等充抵现金）的现象。同时，还要定期对出纳经管的各种有价证券进行盘查与清点核对。对清点的结果，必要时应当编制“库存现金盘点结果报告表”，其基本格式见表6－1。

表6－1　　库存现金盘点结果报告表

单位名称：　　　　年　月　日　　　　单位：元

库存现金账面余额	实存现金数额	对比结果		备注
		盘盈	盘亏	

出纳员：　　　　　　　　盘点人：

在盘点现金时，需要注意以下问题：盘点要突击进行，不得预告欲盘点库存现金的管理人员；当事人要在场，即盘点现金时，主管库存现金的出纳员必须到场，且应有三人或三人以上在场进行盘点；要及时记录盘点结果；有关人员要及时在盘点结果上签字。

（2）银行存款日记账余额与银行对账单核对。对银行存款的清查，应采用与银行核对账目的方法，即将企业的银行存款日记账与银行定期发出的对账单逐笔进行核对，以查出相应的未达账项并进行相应的调整。实际工作中，企业的上述调整工作通过编制“银行存款余额调节表”的方式来完成。

（3）实体型财产明细账余额与实有财产数核对。对于诸如原材料、存货、固定资产等具有实物形态的资产，通常采用实地盘点法对其进行清查。对于清查的结果应当及时编制“财产物资盘点记录表”（见表6－2）和“财产物资盘点结果报告表”（见表6－3）。

表6－2　　财产物资盘点记录表

单位名称：　　　　财产类别：

存放地点：　　　　盘点时间：

编号	名称	规格	计量单位	数量	单价	金额（元）	备注

实物保管人：　　　　盘点人：

表 6－3　财产物资盘点结果报告表

单位名称：　　　　年　月　日　　　　单位：元

编号	名称	规格	计量单位	单价	实存		账存		对比结果				备注
									盘盈		盘亏		
					数量	金额	数量	金额	数量	金额	数量	金额	

主管人：　　　　会计：　　　　制表人：

（4）债权债务明细账与相对应的债务债权单位核对。对债权、债务等往来账项的清查，应采取同对方单位核对账目的方法。具体做法是定期编制对账单（函证），并送交对方进行核对。若出现未达账项，其调节原理与上述银行存款调节的原理相同。

二、结账

为了保证能及时为会计信息使用者提供对其决策有用的会计信息，需要定期对企业“持续”性的经营活动及其成果进行总结，特别是计算确定企业本期实现的损益。因此，在将对账过程中发现的错账予以更正之后，就需在会计期末（如月末、季末、年末）对各个账户的本期发生额和期末余额进行汇总、计算和解释，即结账。结账的主要内容包括：

（1）结账前，检查当期发生的各项经济业务是否已经全部入账。

（2）按照权责发生制调整有关账项（如对递延项目和应计项目的确认），从而为正确计算当期损益奠定基础。

（3）将各损益类账户的本期发生额结转至“本年利润”账户，结平所有损益类账户。

（4）结出资产、负债和所有者权益账户的本期发生额和余额，并结转下期。

第二节　资产负债表的编制

一、资产负债表的内容

微课：资产负债表的编制

资产负债表是反映企业某一特定日期财务状况的财务报表，它是根据“资产 = 负债 + 所有者权益”的会计等式，按照一定的分类标准和顺序，把企业在一定日期的资产、负债、所有者权益各项目予以适当排列，并对日常工作中形成的大量数据进行高度浓缩整理后编制而成。

它所提供的会计信息，对于不同的会计信息使用者都具有十分重要的作用，具体体现在以下几个方面：

（一）反映企业所掌握的经济资源及其分布与结构

资产是企业的经济资源。通过资产负债表，会计信息使用者可以了解企业在某一特定日期拥有或控制的经济资源及其构成，获悉其经济资源占用形态、分布状况等信息。由于企业总的生产规模可以通过企业资产总额来反映，因此资产负债表还可反映企业的生产规模。

（二）反映企业的资金来源及其构成

企业资金来源包括企业举债筹资所形成的负债以及吸收所有者投资所形成的所有者权益。资产负债表列示了企业在某一特定日期的资产、负债和所有者权益，通过对企业的债务状况与所有者权益信息的分析，报表使用者可了解企业资金来源及其构成情况。资本结构是指企业资金来源中负债与所有者权益的相对比例，通过对负债与所有者权益的构成及其相互关系的分析，报表使用者可以衡量和评价企业的资本结构是否合理。

（三）帮助评估企业的流动性及财务弹性

资产负债表可以反映企业资产与负债的数量关系，从而有利于分析和评价企业资产的流动性及偿债能力。流动性是指资产能够以合理价格顺利变现的能力。企业是否有足够的资产及时转换成现金以清偿短期负债，是短期债权人最关心的。若资产的短期流动性不佳，长期债权人和股东的安全也会受到影响。资产负债表的流动资产和流动负债能够提供短期流动性方面的信息。

资产负债表还可以反映不同类别资产的变现能力和不同负债的偿还顺序，进而有助于分析评估企业的财务弹性。财务弹性是指企业在面临突发性的现金需求时，能够在资金调度上采取有效行动、做出迅速反应的能力。

（四）帮助评估企业的经营绩效

债权人和股东共同关注企业的经营绩效，因为绩效好坏影响到企业向债权人还本付息和对股东支付股利的能力。投资报酬率是用来评价企业经营绩效的常用指标，如总资产报酬率、所有者权益报酬率等，因此，资产负债表提供了一个评价企业经营绩效的基础。

（五）帮助评估企业财务状况的变动情况

将本期期末的资产负债表与上期或者以前各期期末的资产负债表进行比较，可以了解不同时点企业资产、负债和所有者权益的变化情况，从中分析变化的规律，并预测企业未来财务状况的发展趋势。

【拓展阅读】

资产负债表的起源

资产负债表，可以说是从财务角度度量一家企业经营活动的核心与灵魂。企业有企业的资产负债表，一个行政辖区有本辖区的资产负债表，甚至一个国家也有国家的资产负债表。

现代企业的资产负债表模型，可以说是人类的一项伟大的发明。尽管在我国西周时期就有了会计报表，但现代社会的资产负债表，则起源于18世纪的工业革命下，资本主义经济的发展与壮大，后经20世纪初美国一位教授的倡导和规范，至现在，几乎成为全世界的企业或者国家所通行的会计报表的统一格式。

二、资产负债表的结构

资产负债表有两种基本格式，即账户式和报告式。我国资产负债表采用的是账户式结构。

账户式资产负债表的基本结构是以“资产 = 负债 + 所有者权益”这一会计平衡公式为理论基础的。账户式资产负债表是按照T形账户的形式设计资产负债表，将资产列在报表的左方（借方），负债及所有者权益列在报表的右方（贷方），左（借）右（贷）两方总额相等，整张报表反映的是企业持有的各项经济资源及其产权归属的对应关系，不论资金运动处于何种状态，这种平衡的对照关系始终存在。

一份完整的资产负债表由表首、正表和报表附注三部分组成。

1. 表首

表首是报表的基本标志，列有资产负债表的名称、报表编号、编制单位、编报日期和计量单位等项目。由于该表是反映企业在某一时点总的财务状况，属于静态报表，所以编报的日期应填写报告期末最后一天的日期，要注明是某年某月某日的报表。

2. 正表

正表部分是报表的主体，主要反映资产负债表各项目的内容。资产负债表包括资产、负债和所有者权益三个会计要素。资产负债表分为左右两方。各要素按一定的标准进行分类，并按一定的顺序加以排列。

（1）左方。左方为资产项目，主要分为：流动资产、长期性投资、固定资产、无形及递延资产、其他长期资产等。各个资产项目是根据资产变现能力的顺序排列的，也就是说按其流动性的大小排列，流动性大的在先，流动性小的在后。货币资金本身就是可用于支付的库存现金或银行存款，排在首位；之后是变现能力较强，在一年或一个营业周期内可以变现的各种流动资产；而长期投资、固定资产、无形资产及其他等长期资产不容易变为库存现金，排在后面。按变现先后排列资产项目，可以反映企业的支付能力状况，与该表的右方项目联系起来，可以看出企业的偿债能力。

（2）右方。右方为负债及所有者权益项目，主要包括流动负债、长期负债、递延所得税款负债以及所有者权益。右方是按照清偿时间的先后顺序排列的，即负债按照其到期日的远近排列，到期日近的在先，到期日远的在后；所有者权益项目按其永久程度排列，永久程度高的在先，永久程度低的在后。短期借款等需要在一年内或一个营业周期内偿还的流动负债在前面；在一年以上或一个营业周期以上才需要偿还的长期负债排在中间；在企业清算之前不需要偿还的所有者权益排在后面。按需要偿还的先后顺序，可以反映企业各种债务需要偿还的时间性，联系该表左方可以看出企业的偿债能力。

3. 报表附注

会计报表附注是企业财务会计报告的不可或缺的重要组成部分，列在资产负债表的下方。附注所提供的信息是使用者需要了解，但在正表中无法反映或难以反映的一些资料。如采用的主要会计政策和会计处理方法、会计处理方法的变更，以及有关重要项目的相关明细资料等。账户式资产负债表的结构格式见表 6－4。

表 6－4 **资产负债表**

编制单位： 年 月 日 单位：元

资产	期末余额	年初余额	负债及所有者权益	期末余额	年初余额
流动资产：			流动负债：		
货币资金			短期借款		
应收账款			应付账款		
……			……		
其他流动资产			其他流动负债		
流动资产合计			流动负债合计		
非流动资产：			非流动负债：		
长期应收款			长期借款		
长期股权投资			……		
固定资产			非流动负债合计		
在建工程			负债合计		
生产性生物资产			所有者权益：		
无形资产			实收资本（或股本）		
开发支出			资本公积		
……			盈余公积		
其他非流动资产			未分配利润		
非流动资产合计			所有者权益合计		
资产总计			负债及所有者权益总计		

三、资产负债表的编制方法

所有的资产负债表项目都列有“年初余额”和“期末余额”两栏，相当于两期的比较资产负债表。

（一）资产负债表中“年初余额”的填列方法

资产负债表的“年初余额”栏内的各项数字，应根据上年末资产负债表“期末余额”栏内所列数字填列。如果本年度资产负债表规定的各个项目的名称和内容与上年不一致，应对上年年末资产负债表各项目的名称和数字按照本年度的规定进行调整，按调整后的数字填入“年初余额”栏内。

（二）资产负债表中“期末余额”的填列方法

资产负债表的编制，主要是通过对日常会计核算记录的数据加以归集、整理，使之成为有用的财务信息。

资产负债表的“期末余额”栏，是指月末、季末或年末余额，它们是根据本会计期间各项目有关总账账户或明细账户的期末余额直接填列或者分析计算填列。

资产负债表中“期末余额”栏各项目数据的来源，主要通过以下几种方法取得：

（1）根据总账账户余额直接填列。资产负债表中有些项目反映的内容和计算口径与总分类账户完全相同，这些项目就可以根据对应的总分类账户的期末余额直接填列，如“交易性金融资产”“短期借款”“应付职工薪酬”等项目，应根据“交易性金融资产”“短期借款”“应付职工薪酬”各总账账户的余额直接填列。

（2）根据几个总账账户余额计算填列。资产负债表项目包括多个总账账户内容，可将多个总分类账户期末余额进行分析计算，根据计算结果进行报表项目填列，如“货币资金”项目，应根据“库存现金”“银行存款”“其他货币资金”三个总账账户的余额合计填列。“其他应付款”项目，应根据“应付利息”“应付股利”“应付利润”和“其他应付款”账户的期末余额合计数填列。

（3）根据明细账户余额分析计算填列。结算类账户必须根据其明细账的余额性质进行填列。在编制资产负债表时必须严格划分其应收、预收、应付与预付各项目的性质，分清是债权还是债务。根据有关明细账的余额分析计算填列的项目，如“应收账款”项目，需要根据“应收账款”和“预收账款”两个账户所属的明细账户的期末借方余额计算填列；“预收款项”项目，应根据“应收账款”和“预收账款”两个账户所属的明细账户的期末贷方余额计算填列；而“应付账款”项目要根据“应付账款”“预付账款”两个账户所属的明细分类账户的期末贷方余额计算填列；“预付款项”项目应根据“应付账款”“预付账款”两个账户所属的明细分类账户的期末借方余额计算填列。

（4）根据总账账户和明细账户余额分析计算填列。

例如“长期借款”项目，需要根据“长期借款”总分类账户余额扣除“长期借款”账户所属的明细分类账户中将在一年内到期，且企业不能自主地将清偿义务展期的长期借款后的金额计算填列，将在一年内到期的长期借款填列到“一年内到期的非流动负债”项目。

【边学边做】

中粤企业 2022 年 4 月 1 日从银行借入期限为 3 年的长期借款 400 万元，编制 2024 年 12 月 31 日资产负债表时，此项借款应列入什么报表项目？

（5）根据有关账户余额减去其备抵账户余额后的净额填列。如资产负债表中的“应收账款”“长期股权投资”“在建工程”等项目，应根据“应收账款”“长期股权投资”“在建工程”等账户的期末余额减去“坏账准备”“长期股权投资减值准备”“在建工程减值准备”等账户余额后的净额填列；“固定资产”项目，应当根据“固定资产”账户期末余额减去“累计折旧”“固定资产减值准备”备抵账户余额后的净额填列；“无形资产”项目，应当根据“无形资产”账户的期末余额，减去“累计摊销”“无形资产减值准备”备抵账户后的净额填列。

（6）综合运用上述填列方法分析计算填列。如资产负债表中的“存货”项目，需要根据“原材料”“委托加工物资”“周转材料”“材料采购”“在途物资”“发出商品”“材料成本差异”“生产成本”等总账账户期末余额的分析汇总数，再减去“存货跌价准备”账户后的净额填列。

为加快建设数字中国，加快发展数字经济，服务数字经济健康发展、服务相关会计实务需求、服务数字经济治理体系建设，财政部于2023年8月1日印发《企业数据资源相关会计处理暂行规定》，要求企业在编制资产负债表时，应当根据重要性原则并结合本企业的实际情况，在“存货”项目下增设“其中：数据资源”项目，反映资产负债表日确认为存货的数据资源的期末账面价值；在“无形资产”项目下增设“其中：数据资源”项目，反映资产负债表日确认为无形资产的数据资源的期末账面价值；在“开发支出”项目下增设“其中：数据资源”项目，反映资产负债表日正在进行数据资源研究开发项目满足资本化条件的支出金额。该暂行规定于2024年1月1日正式实施。

“资产负债表”的有些项目在填列时根据账户余额方向的不同，在该表上分别以“正数”和“负数”填写。如：“固定资产清理”项目，如为借方余额以正数填列，如为贷方余额以负数填列；“应付职工薪酬”“应交税费”“应付股利”“未分配利润”等项目，如其所依据填列的账户期末为贷方余额，以“正数”填列，期末为借方余额，以“负数”填列。

【边学边做】

请根据粤明灯饰有限责任公司6月份的资产、负债和所有者权益的总账和明细账余额（见表6－5），编制资产负债表。

表6－5　　资产、负债和所有者权益的总账和明细账余额表

总账	明细账	借方余额	贷方余额
库存现金		28 850	
银行存款		2 487 965	
应收账款	穗和公司	3 757 250	
	深康公司		25 500
原材料	辅助材料	332 500	
库存商品	LED灯	1 879 000	
	水晶灯	1 187 600	
生产成本		1 216 780	

续表

总账	明细账	借方余额	贷方余额
固定资产	厂房	1 906 700	
	切割设备	679 000	
	灯具生产线	1 290 000	
累计折旧			775 140
无形资产	专利权	660 000	
累计摊销			132 000
短期借款			1 000 000
应付票据			135 600
应付账款			745 800
应付职工薪酬			228 800
预收账款	鹏程公司		98 000
	广美公司	53 000	
	力博公司		76 000
长期借款	本金		800 000
	利息		48 000
实收资本			5 000 000
资本公积			1 500 000
盈余公积			650 750
利润分配			4 263 055

根据上述资料编制的资产负债表如表 6－6 所示。

表 6－6　　资产负债表

编制单位：粤明灯饰有限责任公司　　202×年 6 月 30 日　　单位：元

资产	期末余额	年初余额	负债及所有者权益	期末余额	年初余额
流动资产：			流动负债：		
货币资金	2 516 815		短期借款	1 000 000	
应收票据			应付票据	135 600	
应收账款	3 810 250		应付账款	745 800	
应收账款融资			预收款项	199 500	
其他应收款			应付职工薪酬	228 800	
存货	4 615 880		应交税费		
其他流动资产			其他流动负债		
流动资产合计	10 942 945		流动负债合计	2 309 700	
非流动资产：			非流动负债：		
债权投资			长期借款	848 000	

续表

资产	期末余额	年初余额	负债及所有者权益	期末余额	年初余额
固定资产	3 100 560		其他非流动负债		
在建工程			非流动负债合计	848 000	
生产性生物资产			负债合计	3 157 700	
油气资产			所有者权益：		
无形资产	528 000		实收资本（或股本）	5 000 000	
开发支出			资本公积	1 500 000	
其他非流动资产			盈余公积	650 750	
非流动资产合计	3 628 560		未分配利润	4 263 055	
			所有者权益合计	11 413 805	
资产总计	14 571 505		负债及所有者权益总计	14 571 505	

第三节　利润表的编制

一、利润表的内容

微课：利润表的编制

利润表是反映企业在某一会计期间经营成果的会计报表。它是根据“收入－费用＝利润”这一会计等式，将企业一定会计期间内收入、费用和利润（或亏损）的项目进行适当的分类、汇总、排列后编制而成的。与资产负债表相比，利润表有两个显著特征：一是利润表反映的是报告期间而不是报告时点的动态财务数据；二是利润表中所列数据是报告期间相关业务的累计数而不是结余数。

利润表的基本要素是收入、费用和利润，为了进一步分析和考核企业损益的构成及其变动原因，还需将三大要素进行细分，使利润表成为一个具有多层次含义的报表。我国利润表主要反映以下几方面的内容：

（1）营业收入。营业收入由主营业务收入和其他业务收入组成。

（2）营业成本。营业成本由主营业务成本和其他业务成本组成。

（3）营业利润。营业收入减去营业成本、税金及附加、销售费用、管理费用、财务费用（利息费用－利息收入），加上其他收益（包括投资收益、以摊余成本计量的金融资产终止确认收益、净敞口套期收益、公允价值变动收益、信用减值损失、资产减值损失和资产处置收益，损失均以“－”号表示），即为营业利润。

（4）利润总额。营业利润加上营业外收入，再减去营业外支出，即为利润总额。

（5）净利润。净利润是在利润总额的基础上，减去本期计入损益的所得税费用后得出。

（6）每股收益。普通股或潜在普通股已公开交易的企业，以及正处于公开发行普通股或潜在普通股过程的企业，还应当在利润表中列示每股收益信息，包括基本每股收益和稀释每股收益两项指标。

二、利润表的结构

利润表的结构由表首、正表和报表附注三部分组成。表首部分应列明利润表的名称、报表编号、编制单位、编报期间以及表中所用的货币计量单位等内容；正表部分反映利润的构成基本内容；报表附注部分是补充说明。利润表有两种基本格式，即单步式利润表和多步式利润表。

（一）单步式利润表

单步式利润表是将所有收入和所有费用分别加以汇总，用收入总额减去费用总额即为企业的本期利润。因为只有一个相减步骤，所以称为单步式利润表。其格式如表6-7所示。

单步式利润表结构简单、编制方便、直观明了、易于理解。缺点是各种收入、费用的性质不加以区分，硬性归为一类，不能反映利润表中各要素之间的内在联系，不利于分析企业的生产经营情况和利润的构成情况，也不便于报表使用者进行相关报表分析和盈利预测。

表6-7　　利润表（单步式）

编制单位：　　　　____年____月　　　　单位：元

项　目	本期金额	上期金额
收　入		
主营业务收入		
其他业务收入		
公允价值变动收益		
投资收益		
营业外收入		
……		
收入合计		
费　用		
主营业务成本		
其他业务成本		
税金及附加		
管理费用		
销售费用		
财务费用		
营业外支出		

续表

项　目	本期金额	上期金额
所得税费用		
……		
费用合计		
利　润		

（二）多步式利润表

根据我国《企业会计准则》的规定，我国企业利润表一般采用多步式结构。

多步式利润表是通过对当期的收入、费用、支出项目按性质加以归类，按利润形成的主要环节列示一些中间性利润指标，分步计算当期净损益。多步式利润表通常采用上下加减的报告式结构。我国一般企业利润表的结构格式如表 6－8 所示。

多步式利润表的优点是：便于对企业的生产经营情况进行分析，有利于不同企业之间进行横向比较，更重要的是利用多步式利润表能够有效地反映企业的盈利模式和资产运营效率，有利于预测企业今后的持续盈利能力，以便于信息使用者进行科学的经济决策。

表 6－8　　**利润表（多步式）**

编制单位：　　____年____月　　单位：元

项　目	本期金额	上期金额
一、营业收入		
减：营业成本		
税金及附加		
销售费用		
管理费用		
研发费用		
财务费用		
其中：利息费用		
利息收入		
加：其他收益		
投资收益（损失以“－”号填列）		
公允价值变动收益（损失以“－”号填列）		
信用减值损失（损失以“－”号填列）		
资产减值损失（损失以“－”号填列）		
资产处置收益（损失以“－”号填列）		
二、营业利润（亏损以“－”号填列）		
加：营业外收入		
减：营业外支出		

续表

项　　目	本期金额	上期金额
三、利润总额（亏损以“－”号填列）		
减：所得税费用		
四、净利润（亏损以“－”号填列）		

【小贴士】

利润表的上期

在新准则下，利润表中“上期”的概念，不能简单地将“上期”理解为“本期”的上一个期间，而应该由“本期”的含义而确定。如果编制的是中期利润表，则“本期”指本年1月1日至6月30日累计净额，“上期”则是指上一个年度的1月1日至6月30日累计净额；如果编制的是月度利润表，则“本期”指本月，“上期”则是指上一年度的同一月度，而不是本月的前一个月度。

三、利润表的编制方法

利润表的编制应以账户的发生额为依据，但并不是所有账户的发生额都与利润有关，只有损益类的账户所记录的内容才能计算出特定期间的利润。因此，应根据损益类账户的特定会计期间的发生额编制利润表。

所有的利润表都列有“本期金额”和“上期金额”两栏，相当于两期的比较利润表。

（一）利润表中“上期金额”栏的填列方法

利润表中各项目的数据来源主要是根据各损益类账户的发生额分析计算填列。报表中的“上期金额”栏内各项数字，根据上年度利润表“本期金额”栏内所列数字填列，在编制季度利润表时，填列上年同季度累计实际发生数；在编制年度利润表时，填列上年全年累计实际发生数。如果上年度利润表的项目名称和内容与本年度利润表不一致，应对上年度报表项目的名称和金额按照本年度的规定进行调整，填入报表的“上期金额”栏内。

利润表“本期金额”栏各项目，一般应根据损益类账户的本期发生额分析计算填列。

（二）利润表中“本期金额”栏的填列方法

1. 根据相应账户的发生额分析填列

（1）“营业收入”项目，反映企业经营主要业务和其他业务所确认的收入总额。本项目应根据“主营业务收入”和“其他业务收入”账户的发生额计算填列。

（2）“营业成本”项目，反映企业经营主要业务和其他业务所发生的成本总额。本项目应根据“主营业务成本”和“其他业务成本”账户的发生额计算填列。

（3）“税金及附加”项目，反映企业经营业务应负担的消费税、城市维护建设税、资源税、土地增值税和教育费附加等。本项目应根据“税金及附加”账户的发生额分析填列。

（4）“销售费用”项目，反映企业在销售商品过程中发生的包装费、广告费等费用和为销售本企业商品而专设的销售机构的职工薪酬、业务费等经营费用。本项目应根据“销售费用”账户的发生额分析填列。

（5）“管理费用”项目，反映企业为组织和管理生产经营所发生的管理费用。本项目根据“管理费用”账户的发生额分析填列。

（6）“研发费用”项目，反映企业进行研究与开发过程中发生的费用化支出，以及计入管理费用的自行开发无形资产的摊销。该项目根据“管理费用”账户下的研发费用明细账户的发生额以及“管理费用”账户下的“无形资产摊销”明细账户的发生额分析填列。

（7）其中，“利息费用”项目，反映企业为筹集生产经营所需资金等而发生的应予费用化的利息支出。该项目应根据“财务费用”账户的相关明细账户的发生额分析填列。该项目作为“财务费用”项目的其中项，以正数列示。“利息收入”项目，反映企业按照相关会计准则确认的应冲减“财务费用”的利息收入。该项目应根据“财务费用”账户的相关明细账户的发生额分析填列。该项目作为“财务费用”项目的其中额以正数列示。

（8）“其他收益”项目，反映计入其他收益的政府补助以及其他与日常活动相关且计入其他收益的项目。该项目应根据“其他收益”账户的发生额分析填列。

（9）“投资收益”项目，反映企业以各种方式对外投资所取得的收益。本项目应根据“投资收益”账户的发生额分析填列；如为投资损失，本项目以“-”号填列。

（10）“公允价值变动收益”项目，反映企业应当计入当期损益的资产或负债公允价值变动收益，如交易性金融资产当期公允价值的变动额。本项目应根据“公允价值变动收益”账户的发生额分析填列；如为净亏损，本项目以“-”号填列。

（11）“信用减值损失”项目，反映企业计提的各项金融工具减值准备所形成的预期信用损失。本项目应表根据“信用减值损失”账户的发生额分析填列。

（12）“资产减值损失”项目，反映企业各项资产发生的减值损失，本项目应根据“资产减值损失”账户的发生额分析填列。

（13）“资产处置收益”项目，反映企业出售划分为持有待售的非流动资产（金融工具、长期股权投资和投资性房地产除外）或处置组（子公司和业务除外）时确认的处置利得或损失，以及处置未划分为持有待售的固定资产、在建工程、生产性生物资产及无形资产而产生的处置利得或损失。债务重组中，因处置非流动资产（金融工具、长期股权投资和投资性房地产除外）产生的利得或损失和非货币性资产交换中换出产生非流动资产（金融工具、长期股权投资和投资性房地产除外）的利得或损失也包括在该项目内。该项目应根据“资产处置损益”账户的发生额分析填列，如为处置损失以“-”号填列。

（14）“营业外收入”项目，反映企业发生的与其经营活动无直接关系的各项收入。本项目应根据“营业外收入”账户的发生额分析填列。

（15）“营业外支出”项目，反映企业发生的与经营业务无直接关系的各项支出。本项目应根据“营业外支出”账户的发生额分析填列。

（16）“所得税费用”项目，反映企业应从当期利润中扣除的所得税费用。本项目应根据“所得税费用”账户的发生额分析填列。

2. 根据计算公式计算填列

“营业利润”“利润总额”“净利润”项目，应根据表中的计算公式计算填列，若亏损应以“-”号填列。

(1) 营业利润=营业收入-营业成本-税金及附加-销售费用-管理费用-研发费用-财务费用-资产减值损失-信用减值损失+其他收益+投资收益+公允价值变动收益+资产处置收益

(2) 利润总额=营业利润+营业外收入-营业外支出

(3) 净利润=利润总额-所得税费用

简言之，“本期金额”栏中各损益类项目根据期末将该损益类账户转入“本年利润”账户的金额填列；“营业利润”“利润总额”“净利润”则根据表内项目和公式分析计算填列；“上期金额”根据上年同期利润表填列。

【边学边做】

请根据粤明灯饰有限责任公司6月份的损益类账户本期发生额（见表6-9）编制利润表。

表6-9　　**损益类账户本期发生额**

202×年6月

损益类账户名称	借方发生额	贷方发生额
主营业务收入		3 678 900
其他业务收入		467 000
营业外收入		34 000
主营业务成本	2 207 340	
其他业务成本	233 500	
税金及附加	83 598	
销售费用	294 312	
管理费用	220 734	
财务费用	73 578	
其中：利息支出	91 043	
利息收入	17 465	
研发费用	183 945	
营业外支出	3 500	
所得税费用	145 000	

根据上述资料编制的利润表如表6-10所示。

表 6－10　　　　利润表

编制单位：粤明灯饰有限责任公司　　　202× 年 06 月　　　单位：元

项　目	本期金额	上期金额
一、营业收入	4 145 900	
减：营业成本	2 440 840	
税金及附加	83 598	
销售费用	294 312	
管理费用	220 734	
研发费用	183 945	
财务费用	73 578	
其中：利息费用	91 043	
利息收入	17 465	
二、营业利润（亏损以“－”号填列）	848 893	
加：营业外收入	34 000	
减：营业外支出	3 500	
三、利润总额（亏损以“－”号填列）	879 393	
减：所得税费用	145 000	
四、净利润（亏损以“－”号填列）	734 393	

第四节　现金流量表的编制

微课：现金流量表的编制

一、现金流量表的内容

现金流量表是以收付实现制为基础编制的，反映企业一定会计期间现金及现金等价物流入和流出的报表。它将企业产生的现金流量主要分为三类：经营活动产生的现金流量、投资活动产生的现金流量和筹资活动产生的现金流量。

（一）现金的概念

现金流量表中的“现金”是广义的现金概念，泛指货币性流动资产。它不仅包括库存现金、可以随时用于支付的存款、其他货币资金，而且还包括现金等价物。具体如下：

（1）库存现金。指企业持有可随时用于支付的现金限额，与会计核算中的“库存现金”账户所包括的内容一致。

（2）银行存款。指企业存在金融企业可以随时用于支付的存款。与会计核算中“银行存款”账户所包括的内容基本一致。不同之处是：如果存在金融企业的款项中不能随时用于支付的存款，如不能随时支付的定期存款，不作为现金流量表中的现金，但提前通知金融企业便可支取的定期存款，则包括在现金流量表中的现金范围内。

（3）其他货币资金。指企业存在金融企业有特定用途的资金，如外埠存款、银行汇票存款、银行本票存款、信用证保证金存款、信用卡存款等。

（4）现金等价物。指企业持有的期限短、流动性强、易于转换为已知金额的现金、价值变动风险很小的短期投资。期限短，一般是指从购买日起三个月内到期。现金等价物通常包括三个月内到期的债券投资等。权益性投资变现的金额通常不确定，因而不属于现金等价物。企业应根据具体情况，确定现金等价物的范围，一经确定不得随意变更。

（二）现金流量的分类

现金流量是指企业的现金和现金等价物的流入和流出。按照《企业会计准则第 31 号——现金流量表》的规定，现金流量分为以下三类：

1. 经营活动产生的现金流量

经营活动是指企业投资活动和筹资活动以外的所有交易和事项。它是直接与产品生产、产成品或商品销售和劳务供应有关的经济活动，企业经营活动中所包括的交易和事项直接影响到企业净收益的确定。一般来说，经营活动是企业最主要的营业活动，也是影响企业现金流量变动的最重要的因素。经营活动的现金流量包括经营活动流入的现金和经营活动流出的现金。

2. 投资活动产生的现金流量

企业的投资活动是指企业长期资产的购建和不包括在现金等价物范围内的投资及其处置活动。投资活动一般包括两个方面：一是购买或出售企业生产过程中所使用的长期资产，如土地、厂房、建筑物、机器设备和专利权等；二是为了获取投资报酬或其他经营目的的长期投资，以及通过转让或出售而收回的有关活动。投资活动的现金流量就是指由于购置与处置非流动资产等投资活动所产生的现金流入与流出。

3. 筹资活动产生的现金流量

筹资活动是指导致企业资本及债务规模和构成发生变化的活动。这里所指的“资本”，包括实收资本（股本），也包括资本溢价（股本溢价）；这里所指的“债务”，指对外举债，包括向银行借款、发行债券以及偿还债务等。通常情况下，应付账款、应付票据等商业应付款等属于经营活动，不属于筹资活动。筹资活动是企业重要的活动之一，是企业开展经营活动和投资活动的前提，企业有效的筹资活动能够及时为经营和投资提供各种可靠的和低成本的资金，从而能够增强企业的财务适应能力。

（三）影响现金流量的因素

企业日常经营活动是影响现金流量的重要因素，但并不是所有的交易和事项都影响现金流量，具体包括如下几种情形：

（1）现金各项目之间的增减变动（包括现金与现金等价物之间的增减变动），不会影响现金流量净额的变动。如从银行提取现金、将现金存入银行、用现金或银行存款购买三个月内到期的债券等，均属于现金各项目之间的内部转换，不会应影响现金流量的增减变动。

（2）非现金各项目之间的增减变动，不会影响现金流量净额的变动。如赊购原材料、用库存商品清偿债务、用固定资产清偿债务、用固定资产对外投资、对固定资产计提折旧和对无形资产计提摊销等均属于非现金项目之间的增减变动，不涉及现金收支，不会影响现金流量的增减变动。

（3）现金各项目与非现金各项目之间的增减变动，会影响现金流量净额的变动。如用现金购买的原材料、用现金购置固定资产、用现金偿还债务、用现金对外投资、销售产品收到货款、收回长期债券投资、从金融机构取得借款、发行债券和股票等，均涉及各现金项目与非现金各项目之间的增减变动，这些变动会引起现金流量的增减变动。

现金流量表主要反映现金各项目与非现金各项目之间的增减变动情况对现金流量净额的影响，非现金各项目之间的增减变动不影响现金流量净额，但属于重要的投资和筹资活动，在现金流量表的补充资料中单独反映。

二、现金流量表的结构

现金流量表分为表首、正表和补充资料三部分。

（一）表首

现金流量表的表首包括：报表名称、报表编号、编制单位、编制时间和货币计量单位等。因为现金流量表是时期报表，所以它的编制时间是指某一会计期间，而非某一会计期末时点。

（二）正表

现金流量表的正表分为六部分：一是经营活动产生的现金流量；二是投资活动产生的现金流量；三是筹资活动产生的现金流量；四是汇率变动对现金的影响；五是现金及现金等价物净增加额；六是期末现金及现金等价物余额。

现金流量表中不仅按照经营活动、投资活动和筹资活动的现金流量分类分项列示，并且按照其现金流入和流出的性质分项列示。在现金流量表正表中主要存在这样的勾稽关系：经营、投资和筹资活动的现金净流量分别等于该类活动现金流入小计减去现金流出小计；每类活动的现金净流量之和再加上第四部分“汇率变动对现金的影响”等于第五部分的“现金及现金等价物净增加额”；第五部分加上“期初现金及现金等价物余额”等于第六部分“期末现金及现金等价物余额”。

我国一般企业现金流量表的基本格式如表 6 - 11 所示。

表 6－11　　现金流量表

编制单位：　　　　____年____月　　　　单位：元

项　　目	本期金额	上期金额
一、经营活动产生的现金流量		
销售商品、提供劳务收到的现金		
收到的税费返还		
收到的其他与经营活动有关的现金		
经营活动现金流入小计		
购买商品、接受劳务支付的现金		
支付给职工以及为职工支付的现金		
支付的各种税费		
支付的其他与经营活动有关的现金		
经营活动现金流出小计		
经营活动产生的现金流量净额		
二、投资活动产生的现金流量		
收回投资收到的现金		
取得投资收益收到的现金		
处置固定资产、无形资产和其他长期资产收回的现金净额		
处置子公司及其他营业单位收到的现金净额		
收到的其他与投资活动有关的现金		
投资活动现金流入小计		
购建固定资产、无形资产和其他长期资产支付的现金		
投资支付的现金		
取得子公司及其他营业单位支付的现金净额		
支付其他与投资活动有关的现金		
投资活动现金流出小计		
投资活动产生的现金流量净额		
三、筹资活动产生的现金流量		
吸收投资收到的现金		
取得借款收到的现金		
收到其他与筹资活动有关的现金		
筹资活动现金流入小计		
偿还债务支付的现金		
分配股利、利润或偿付利息支付的现金		
支付的其他与筹资活动有关的现金		
筹资活动现金流出小计		
筹资活动产生的现金流量净额		

续表

项　　目	本期金额	上期金额
四、汇率变动对现金及现金等价物的影响		
五、现金及现金等价物净增加额		
加：期初现金及现金等价物余额		
六、期末现金及现金等价物余额		

（三）补充资料

现金流量表的补充资料部分主要披露不涉及现金收支的投资和筹资活动、将净利润调节为经营活动现金流量以及现金及现金等价物的净增加情况。

一般企业现金流量表补充资料披露格式如表 6－12 所示。企业应当采用间接法在现金流量表附注中披露将净利润调节为经营活动现金流量的信息。

表 6－12　　　　单位：元

补充资料	本期金额	上期金额
1. 将净利润调节为经营活动现金流量		
净利润		
加：资产减值准备		
固定资产折旧、油气资产折耗、生产性生物资产折旧		
无形资产摊销		
长期待摊费用摊销		
处置固定资产、无形资产和其他长期资产的损失（收益以“－”填列）		
固定资产报废损失（收益以“－”填列）		
公允价值变动损失（收益以“－”填列）		
财务费用（收益以“－”填列）		
投资损失（收益以“－”填列）		
递延所得税资产减少（增加以“－”填列）		
递延所得税负债增加（减少以“－”填列）		
存货的减少（增加以“－”填列）		
经营性应收项目的减少（增加以“－”填列）		
经营性应付项目的增加（减少以“－”填列）		
其他		
经营活动产生的现金流量净额		
2. 不涉及现金收支的重大投资和筹资活动		
债务转为资本		
一年内到期的可转换公司债券		
融资租入固定资产		

续表

补充资料	本期金额	上期金额
3. 现金及现金等价物净变动情况		
现金的期末余额		
减：现金的期初余额		
加：现金等价物的期末余额		
减：现金等价物的期初余额		
现金及现金等价物净增加额		

我国《企业会计准则第31号——现金流量表》在现金流量表附注中，除了要求披露现金流量表的补充资料外，还要求按下列各式披露：

（1）企业应披露当期取得或处置子公司及其他营业单位的有关信息，如表6－13所示。

表6－13

单位：元

项　　目	金　额
一、取得子公司及其他营业单位的有关信息：	
1. 取得子公司及其他营业单位的价格	
2. 取得子公司及其他营业单位支付的现金和现金等价物	
减：子公司及其他营业单位持有的现金和现金等价物	
3. 取得子公司及其他营业单位支付的现金净额	
4. 取得子公司的净资产	
流动资产	
非流动资产	
流动负债	
非流动负债	
二、处置子公司及其他营业单位的信息：	
1. 处置子公司及其他营业单位的价格	
2. 处置子公司及其他营业单位收到的现金和现金等价物	
减：子公司及其他营业单位持有的现金和现金等价物	
3. 处置子公司及其他营业单位收到的现金净额	
4. 处置子公司的净资产	
流动资产	
非流动资产	
流动负债	
非流动负债	

（2）现金和现金等价物的披露如表6－14所示。

表6－14　　单位：元

项　目	本期金额	上期金额
一、现金		
其中：库存现金		
可随时用于支付的银行存款		
可随时用于支付的其他货币资金		
二、现金等价物		
其中：三个月内到期的债券投资		
三、期末现金及现金等价物余额		
其中：母公司或集团内子公司使用受限制的现金和现金等价物		

三、现金流量表的编制方法

编制现金流量表涉及两个方面：一是如何计算经营活动产生的现金净流量；二是采用何种技术手段反映有关账户的变动额、分析其变动的原因、计算各种活动的现金流量。

（一）经营活动现金净流量的计算——直接法与间接法

按照现行的会计处理，损益表中的净收益是采用权责发生制确定的，净收益中往往包括未收现金的收入和未支付现金的费用，这样，就无法从损益表中直接获取来自经营活动的净现金流量。因此，为了计算出来自经营活动的现金净流量，必须将权责发生制基础调整为收付实现制基础，调节的方法有直接法和间接法。

1. 直接法

直接法是直接分项目列示经营活动对现金流量的影响。这种方法以同期利润表、资产负债表以及有关账户的明细资料为依据，以利润表中的各收入、费用为起算点，分别调整与经营活动有关的流动资产和流动负债的增减变动，将权责发生制确认的本期各项收支分析调整为以收付实现制为基础的经营活动现金流量，即以实际现金收支表达各项经营活动现金流量；至于不影响现金流量的收入与费用以及营业外收支则不必调整。直接法的调整过程如下面公式所示：

（1）销售商品、提供劳务收到的现金＝营业收入净额（包括主营业务收入和其他业务收入）＋应交税费（销项税额）＋应收账款、应收票据减少额＋预收账款的增加额＋当期收回前期核销的坏账损失－应收账款、应收票据增加额－预收账款的减少额－本期的坏账损失－应收票据贴现利息

（2）收到的税费返还＝按规定收到的增值税、消费税、所得税、教育费附加返还等

（3）收到其他与经营活动有关的现金＝除上述各项以外收到的其他与经营活动有关的

现金，如罚款收入、经营租赁固定资产收到的现金、流动资产损失中由个人赔偿的现金收入、除税费返还外的其他政府补助收入等

（4）购买商品、接受劳务支付的现金＝营业成本（包括主营业务成本和其他业务成本）＋应交税费（进项税额）＋应付账款、应付票据的减少额＋预付账款的增加额＋存货的增加额－应付账款、应付票据的增加额－预付账款的减少额－存货的减少额－本期列入生产成本和制造费用的应付职工薪酬－计入产品成本的固定资产折旧与无形资产摊销费用

（5）支付给职工以及为职工支付的现金＝生产成本、制造费用、管理费用、销售费用中应付职工薪酬＋（应付职工薪酬期初余额－应付职工薪酬期末余额）－［应付职工薪酬（在建工程）期初余额－应付职工薪酬（在建工程）期末余额］

（6）支付的各项税费＝本期发生并支付的税费＋本期支付以前各期发生的税费和预交的税金（如教育费附加、印花税、房产税、土地增值税、车船使用税、增值税、所得税等）

（7）支付的其他与经营活动有关的现金＝上述各项目以外的、其他与经营活动有关的现金支付（如罚款支出、差旅费支出、业务招待费支出、保险费支出、经营租赁支付的现金等）

2. 间接法

间接法是指以净利润为起算点，调整不涉及现金的收入、费用、营业外收支等有关项目，剔除投资活动、筹资活动对现金流量的影响，据此计算出经营活动产生的现金流量。由于净利润是按照权责发生制的原则确定的，且包括了与投资活动和筹资活动相关的收益和费用，将净利润调节为经营活动现金流量，实际上就是将按权责发生制原则确定的净利润调整为现金净流入，并剔除投资活动和筹资活动对现金流量的影响。间接法的调整过程如下面公式所示：

经营活动现金净流量＝本期净利润＋不减少现金的费用项目＋与经营活动有关的非现金流动资产的减少及流动负债的增加＋列于利润表但属于投资活动与筹资活动的费用及损失项目－不增加现金的收入－与经营活动有关的非现金流动资产的增加及流动负债的减少－列于利润表但属于投资活动与筹资活动的收益项目

采用直接法编制现金流量表，较详细地列示了来自经营活动的现金流入量和现金流出量，有助于预测企业未来经营活动产生的现金流量和正确评价企业的偿债能力和变现能力；采用间接法编制现金流量表，便于将净利润与经营活动产生的现金流量净额进行比较，了解净利润与经营活动产生的现金流量差异的原因，从现金流量的角度分析净利润的质量。我国《企业会计准则》规定企业应当采用直接法编报现金流量表，同时要求在附注中提供以净利润为基础调节到经营活动现金流量的信息。

（二）现金流量表编制的技术方法

会计实务中，具体编制现金流量表时，常用的技术方法有三种：工作底稿法、T形账户法和分析填列法。这三种方法企业可根据自身的情况加以选用。

1. 工作底稿法

采用工作底稿法编制现金流量表，是以工作底稿为手段，以利润表和资产负债表数据为

基础，结合有关会计账户的记录，对现金流量表的每一项目进行分析并编制调整分录，最后根据调整后的结果编制出现金流量表的一种编制方法。

采用工作底稿法编制现金流量表的步骤是：

第一步，将资产负债表的期初数和期末数过入工作底稿的期初数栏和期末数栏，将利润表的本年实际数过入工作底稿的期末栏。

第二步，对当期业务进行分析并编制调整分录。编制调整分录时，企业要以利润表项目为基础，从“营业收入”开始，结合资产负债表项目逐一进行分析。在编制调整分录中，有关现金和现金等价物的事项，并不直接借记或贷记“库存现金”账户，而是分别记入“经营活动产生的现金流量”“投资活动产生的现金流量”“筹资活动产生的现金流量”有关项目，借记表示现金流入，贷记表示现金流出。

第三步，将调整分录过入工作底稿中的相应部分。

第四步，核对调整分录，借方、贷方合计数均已经相等，资产负债表项目期初数加减调整分录中的借贷金额以后，也等于期末数。

第五步，根据工作底稿中的现金流量表项目部分编制正式的现金流量表。

2. T 形账户法

采用 T 形账户法是以 T 形账户为手段，以利润表和资产负债表数据为基础，结合有关会计账户的记录，对现金流量表的每一项目进行分析并编制调整分录，最后根据调整后的结果编制出现金流量表。

采用 T 形账户法编制现金流量表的步骤是：

第一步，为所有非现金项目（包括资产负债表项目和利润表项目）分别开设 T 形账户，并将各自的期末期初变动数过入各该账户。

第二步，开设一个大的“现金及现金等价物”T 形账户，每边分为经营活动、投资活动和筹资活动三个部分，左边记入现金流入，右边记入现金流出。与其他账户一样，过入期末期初变动数。

第三步，以利润表项目为基础，结合资产负债表分析每一个非现金项目的增减变动，并据此编制调整分录。

第四步，将调整分录过入各 T 形账户，并进行核对，该账户借贷相抵后的余额与原先过入的期末期初变动数应当一致。

第五步，根据大的“现金及现金等价物”T 形账户编制正式的现金流量表。

3. 分析填列法

分析填列法是直接根据资产负债表、利润表和有关会计账户明细账的记录，分析计算出现金流量表各项目的金额，并据以编制现金流量表。

采用分析填列法编制现金流量表的程序是：

第一，准备现金流量表，分别列示：经营活动产生的现金流量、投资活动产生的现金流量和筹资活动产生的现金流量。

第二，计算会计期间内现金的净变化，就是现金流量表中第五部分“现金及现金等价物净增加额”数字。

第三，确定企业的净收益，并将其来自经营活动的净现金流量部分分项加以表述。

第四，计算除现金账户以外的其他资产负债表账户余额增减数。

第五，确定除现金账户以外账户余额变化是否同时引起现金的流入或流出，如果是，则分析现金流量是属于经营活动、投资活动还是筹资活动。

第六，如果上述除现金账户以外的账户余额变化并未引起现金流量的变化，则分析确定它们是由于利润表项目中经营活动项目造成的，还是投资或筹资活动的结果。如果是前者，则确定从净收益到来自经营活动的现金流量的调整金额；如果是后者，则要认定与其同时发生的投资或筹资活动的现金流量组成部分。

第七，通过以上步骤可完成现金流量表各部分的内容，然后对各部分进行小计，汇总计算现金净流量，最后再核对其与现金账户余额变化数是否相符。

采用分析填列法编制现金流量表，优点是这种方法较为直观、简单、容易理解，前面对经营活动现金流量计算的直接法和间接法，计算过程采用的就是分析填列法；但当引起企业各账户余额变化的业务种类较多时，它们与现金流量的关系不易观察和分析，所以采用分析填列法编制现金流量表在企业规模较小、引起各账户余额变化的业务种类较少时比较适用。

【边学边做】

经过整理，请根据以下粤明灯饰有限责任公司6月份的有关现金收付数据，编制现金流量表。

表 6－15　　现金流量表项目整理数据　　单位：元

项目	金额
销售商品收到的现金	1 335 650
收回应收账款	1 250 000
购买设备	1 100 000
购买无形资产	160 000
购买存货	2 200 000
取得长期借款（3年）	500 000
取得短期借款（6个月）	400 000
202×年6月期初现金及现金等价物余额	2 491 165

根据上述资料编制的现金流量表如表6－16所示。

表 6－16　　现金流量表

编制单位：粤明灯饰有限责任公司　　202×年06月　　单位：元

项　　目	本期金额
一、经营活动产生的现金流量	
销售商品、提供劳务收到的现金	2 585 650
经营活动现金流入小计	2 585 650
购买商品、接受劳务支付的现金	2 200 000
经营活动现金流出小计	2 200 000
经营活动产生的现金流量净额	385 650

续表

项　　目	本期金额
二、投资活动产生的现金流量	
收到的其他与投资活动有关的现金	
投资活动现金流入小计	—
购建固定资产、无形资产和其他长期资产支付的现金	1 260 000
投资活动现金流出小计	1 260 000
投资活动产生的现金流量净额	-1 260 000
三、筹资活动产生的现金流量	
吸收投资收到的现金	
取得借款收到的现金	900 000
收到其他与筹资活动有关的现金	
筹资活动现金流入小计	900 000
筹资活动现金流出小计	—
筹资活动产生的现金流量净额	900 000
四、汇率变动对现金及现金等价物的影响	
五、现金及现金等价物净增加额	25 650
加：期初现金及现金等价物余额	2 491 165
六、期末现金及现金等价物余额	2 516 815

素养提升

连续7年24亿造假罚单：财务总监被罚400万

2024年4月28日，河南证监局对河南新野纺织股份有限公司（以下简称“新野纺织”）出具的《行政处罚及市场禁入事先告知书》显示，7年间，新野纺织共虚增利润23.93亿元，虚减利润7.63亿元。具体情况如下表：

年份	虚增营业收入（亿元）	虚增营业成本（亿元）	虚增研发费用（亿元）	虚增利润总额（亿元）	占当期对外披露利润总额的百分比（%）
2016	3.28	1.77	1.46	3.58	159.81
2017	4.15	1.14	1.61	3.67	115.62
2018	7.91	3.24	1.83	2.84	65.78
2019	12.15	4.47	1.85	5.83	180.47
2020	10.34	4.86	1.57	3.90	199.63
2021	6.67	0.92	1.63	4.11	1 013.30
2022	12.58	19.19	1.01	7.62	53.41

新野纺织因涉嫌虚增、虚减营业收入，虚减、虚增营业成本，虚增存货，虚增研发费用，导致2016年至2022年年度报告存在虚假记载，公司及时任董事长等合计被罚4 250万元，其中时任财务总监被罚400万元，同时拟被采取证券市场禁入措施。

同日，新野纺织发布关于公司股票被叠加实施退市风险警示的公告。公告称，前述事项可能触及重大违法强制退市情形，公司股票可能被实施重大违法强制退市。公司股票将于4月29日起被叠加实施退市风险警示，公司股票无须停牌。根据推算，公司或将先触及财务退市指标。

资料来源：https：//finance. eastmoney. com/a/202404293063698093. html（原文经过整理）。

问题：财务报表造假对企业和财务人员有什么危害？

分析提示：财务报表造假会导致企业声誉严重受损，严重影响企业的市场信任度，导致企业难以获得融资和合作伙伴的信任，影响企业的长期发展和社会形象。新《会计法》规定，伪造、变造会计凭证、会计账簿，编制虚假财务会计报告，隐匿或者故意销毁依法应当保存的会计凭证、会计账簿、财务会计报告的，由县级以上人民政府财政部门责令限期改正，给予警告、通报批评，没收违法所得，对单位可以并处违法所得一倍以上十倍以下的罚款，没有违法所得或者违法所得不足二十万元的，可以并处二十万元以上二百万元以下的罚款；对其直接负责的主管人员和其他直接责任人员可以处十万元以上五十万元以下的罚款，情节严重的，可以处五十万元以上二百万元以下的罚款；属于公职人员的，还应当依法给予处分；其中的会计人员，五年内不得从事会计工作；构成犯罪的，依法追究刑事责任。

“不做假账”是会计诚信之本，是会计工作的生命，是每个会计人员最基本的职业道德和行为准则，也是做好会计工作的起点，会计人员应牢记“不做假账”，要执业以德，核算依法，遵循规则，笃做真账，让“不做假账”成为广大会计人员的自觉行动。

知识巩固

一、单项选择题

1. 下列属于账证核对内容的是（　　）。

A. 会计账簿记录与记账凭证核对　　B. 总分类账簿与所属明细分类账簿核对

C. 原始凭证与记账凭证核对　　D. 银行存款日记账与银行对账单核对

2. （　　）就是在会计期末（月末、季末、年末）将本期内所有发生的经济业务全部登记入账以后，计算出本期发生额和期末余额。

A. 对账　　B. 结账　　C. 错账更正　　D. 试算平衡

3. 下列资产负债表项目中，根据有关账户余额减去其备抵账户余额后的净额填列的是（　　）。

A. 预收款项　　B. 短期借款　　C. 无形资产　　D. 长期借款

4. 202×年12月31日，某企业固定资产账户借方余额为3 000万元，累计折旧账户贷方余额为1 400万元，固定资产减值准备账户贷方余额为200万元，202×年12月31日该企业资产负债表中，固定资产项目期末余额应列示的金额为（　　）万元。

A. 3 000　　B. 1 600　　C. 1 400　　D. 2 800

5. 下列各项中，影响利润表中营业利润项目的是（　　）。

A. 盘亏固定资产净损失　　B. 计提固定资产减值准备

C. 发生的所得税费用　　D. 固定资产毁损的净损失

6. 下列各项中，应列入利润表营业收入的项目是（　　）。

A. 销售材料取得的收入　　B. 接受捐赠收到的现金

C. 出售专利权取得的净收益　　D. 出售自用房产取得的净收益

7. 下列各项中，不应列入利润表“营业成本”项目的是（　　）。

A. 已销商品的实际成本　　B. 在建工程领用产品的成本

C. 提供劳务结转的成本　　D. 投资性房地产计提的折旧额

8. 支付的在建工程人员的工资属于（　　）产生的现金流量。

A. 筹资活动　　B. 经营活动　　C. 投资活动　　D. 以上都不是

9. 下列事项中会引起现金流量净额变动的是（　　）。

A. 将现金存入银行　　B. 用银行存款购买一个月到期的债券

C. 用固定资产抵偿债务　　D. 用银行存款清偿20万元的债务

10. 对于现金流量表，下列说法错误的是（　　）。

A. 在具体编制时可以采用工作底稿法或T形账户法

B. 在具体编制时也可以根据有关账户记录分析填列

C. 采用多步式

D. 采用报告式

二、多项选择题

1. 对账的内容一般包括（　　）。

A. 账证核对　　B. 账表核对　　C. 账账核对　　D. 账实核对

2. 年终结账，将余额结转下年时，下列操作不正确的有（　　）。

A. 不需要编制记账凭证，但需将上年账户的余额反向结平才能结转下年

B. 需编制记账凭证，并将上年账户的余额反向结平

C. 不需编制记账凭证，也不需将上年账户的余额结平，直接注明“结转下年”即可

D. 需编制记账凭证予以结平，但不需要将上年账户的余额反向结平

3. 下列各项中，属于应在资产负债表中列示的项目有（　　）。

A. 预付款项　　B. 其他收益　　C. 递延收益　　D. 资产处置收益

4. 下列各项中，导致企业资产负债表“存货”项目期末余额发生变动的有（　　）。

A. 计提存货跌价准备

B. 用银行存款购入的修理用备件（备品，备件）

C. 已经发出，但不符合收入确认条件的商品

D. 收到受托代销的商品

5. 下列各项中关于利润表项目本期金额填列方法，表述正确的有（　　）。
   A. 管理费用项目应根据“管理费用”账户的本期发生额分析填列
   B. 营业利润项目应根据“本年利润”账户的本期发生额分析填列
   C. “税金及附加”项目应根据“应交税费”账户的本期发生额分析填列
   D. 营业收入项目应根据“主营业务收入”和“其他业务收入”账户的本期发生额分析填列
6. 企业的现金流量可以分为（　　）。
   A. 经营活动产生的现金流量　　B. 投资活动产生的现金流量
   C. 筹资活动产生的现金流量　　D. 借款产生的现金流量
7. 下列各项属于现金流量表中现金及现金等价物的有（　　）。
   A. 库存现金　　B. 其他货币资金
   C. 三个月内到期的债券投资　　D. 随时用于支付的银行存款
8. 下列各项中，应确认为企业其他货币资金的有（　　）。
   A. 企业持有的三个月内到期的债券投资
   B. 企业为购买股票向证券公司划出的资金
   C. 企业汇往外地建立临时采购专户的资金
   D. 企业向银行申请银行本票时拨付的资金
9. 下列各项现金流出属于企业现金流量表中筹资活动产生的现金流量的有（　　）。
   A. 偿还应付账款　　B. 偿还短期借款
   C. 发放现金股利　　D. 支付借款利息
10. 下列交易或事项中，会引起现金流量表投资活动产生的现金流量净额发生变化的有（　　）。
   A. 购买股票支付的现金　　B. 向投资者派发的现金股利
   C. 构建固定资产支付的现金　　D. 收到被投资单位分配的现金股利

三、判断题

1. 结账时，对于没有余额的账户，应当在“借或贷”栏内用“θ”表示。（　　）
2. 对账就是核对账目，就是账簿和账簿之间进行核对。（　　）
3. 资产负债表日应根据“库存现金”“银行存款”和“其他货币资金”三个总账账户的期末余额合计数填列资产负债表货币资金项目中。（　　）
4. 资产负债表是反映企业在一定会计期间的经营成果的报表。（　　）
5. 购买商品、支付货款、取得的现金折扣列入利润表中财务费用项目。（　　）
6. 企业利润表中的“综合收益总额”项目，应根据企业当年的净利润和其他收益的税后净额的合计数计算填列。（　　）
7. 利润表是反映企业一定会计期间经营成果的报表，有助于保证财务报表使用者分析企业的获利能力及盈利增长趋势，但无法以此作出经济决策。（　　）
8. 开发支出项目应当根据研发支出账户中所属的资本化支出明细账户期末余额填列。（　　）
9. 企业接受现金捐赠所收到的现金，不需要填列在现金流量表中。（　　）

10. 在填报现金流量表中“支付给职工以及为职工支付的现金”项目时，应考虑的职工薪酬包括短期薪酬、离职后福利和其他长期职工福利。（ ）

四、业务操作题

1. 粤兴公司202×年相关资料如下：

（1）粤兴公司202×年1月1日有关账户余额如表1所示。

表1 总账账户余额表 单位：元

账户名称	202×年1月1日余额		账户名称	202×年1月1日余额	
	借方	贷方		借方	贷方
库存现金	96 302.5		应付账款		2 696 046.19
银行存款	969 240.89		其他应付款		5 064 958.30
应收账款	9 759 381.47		应付职工薪酬		187 330.65
坏账准备		975 938.15	短期借款		
预付账款	241 461.21		应交税费		175 882.52
其他应收款	10 080 878.74		预收账款		
原材料	2 053 982.00		应付股利		
库存商品	3 986 354.00		长期借款		800 000.00
生产成本	3 599 583.11		应付债券		
固定资产	6 857 838.46		实收资本		31 800 000.00
累计折旧		4 719 522.5	资本公积		68 010.36
无形资产	15 000 000.00		未分配利润		6 157 333.71
资产合计	46 949 561.73		权益合计		46 949 561.73

（2）粤兴公司202×年8月31日各有关账户期末余额如表2所示。

表2 总账账户余额表 单位：元

账户名称	202×年8月31日余额		账户名称	202×年8月31日余额	
	借方	贷方		借方	贷方
库存现金	12 000.00		应付账款		36 850.69
银行存款	338 471.17		其他应付款		
应收账款	2 389 576.01		应付职工薪酬		214 159.56
坏账准备		288 957.60	短期借款		
预付账款	408 857.43		应交税费		23 323.05
其他应收款	10 344 201.83		预收账款	500 000	
原材料	2 657 821.00		应付股利		
库存商品	4 985 214.00		长期借款		800 000.00
生产成本	4 235 422.82		应付债券		

续表

账户名称	202×年8月31日余额		账户名称	202×年8月31日余额	
	借方	贷方		借方	贷方
固定资产	9 087 982. 96		实收资本		31 800 000. 00
累计折旧		5 434 594. 75	资本公积		68 010. 36
无形资产	15 000 000. 00		未分配利润		11 476 778. 96
在建工程	715 072. 25		盈余公积		531 944. 50
资产合计	44 451 067. 12		权益合计		44 451 067. 12

其中，202×年8月31日应收账款的明细账余额如下：

应收账款——甲企业	借方余额	889 576. 01
应收账款——乙企业	借方余额	2 500 000. 00
应收账款——丙企业	贷方余额	1 000 000. 00
预收账款——丁企业	借方余额	500 000. 00

另外，长期借款中有200 000. 00元将在一年内到期。

根据表1和表2以及相关资料，编制资产负债表（见表3）。

表3 **资产负债表**

会企01表

编制单位：粤兴公司 202×年08月31日 单位：元

资　产	期末余额	年初余额	负债及所有者权益	期末余额	年初余额
流动资产：			流动负债：		
货币资金			短期借款		
应收票据			应付票据		
应收账款			应付账款		
应收账款融资			预收款项		
预付款项			合同负债		
其他应收款			应付职工薪酬		
存货			应交税费		
合同资产			其他应付款		
持有待售资产			持有待售负债		
一年内到期的非流动资产			一年内到期的非流动负债		
其他流动资产			其他流动负债		
流动资产合计			流动负债合计		
非流动资产：			非流动负债：		
债权投资			长期借款		
其他债权投资			应付债券		

续表

资　产	期末余额	年初余额	负债及所有者权益	期末余额	年初余额
长期应收款			其中：优先股		
长期股权投资			永续股		
其他非流动金融资产			长期应付款		
投资性房地产			预计负债		
固定资产			递延收益		
在建工程			递延所得税负债		
生产性生物资产			其他非流动负债		
油气资产			非流动负债合计		
使用权资产			负债合计		
无形资产			所有者权益：		
开发支出			实收资本（或股本）		
商誉			资本公积		
长期待摊费用			减：库存股		
递延所得税资产			盈余公积		
其他非流动资产			未分配利润		
非流动资产合计			所有者权益合计		
资产总计			负债及所有者权益总计		

2. 粤兴公司 202×年 9 月 30 日损益类账户发生额如表 4 所示。根据表 4 编制粤兴公司 202×年 9 月利润表，格式如表 5 所示。

表 4　　**损益类账户本期发生额汇总表**

202×年 9 月 30 日　　金额单位：元

账户名称	借方	账户名称	贷方
主营业务成本	834 091.26	主营业务收入	7 774 890.22
其他业务成本	98 014.00	其他业务收入	1 350 153.00
税金及附加	168 397.77	投资收益	300 000.00
管理费用	560 815.12	营业外收入	19 680.00
销售费用	380 325.42		
财务费用	1 485.98		
营业外支出	12 000.00		
所得税费用	20 000.00		
合计	2 075 129.55	合计	9 444 723.22

表 5　　利润表（多步式）

会企 02 表

编制单位：粤兴公司　　202×年 09 月　　单位：元

项　　目	本期金额	上期金额
一、营业收入		
减：营业成本		
税金及附加		
销售费用		
管理费用		
研发费用		
财务费用		
其中：利息费用		
利息收入		
加：其他收益		
投资收益（损失以“－”号填列）		
其中：对联营企业和合营企业的投资收益		
以摊余成本计量的金融资产终止确认收益（损失以“－”号填列）		
净敞口套期收益（损失以“－”号填列）		
公允价值变动收益（损失以“－”号填列）		
信用减值损失（损失以“－”号填列）		
资产减值损失（损失以“－”号填列）		
资产处置收益（损失以“－”号填列）		
二、营业利润（亏损以“－”号填列）		
加：营业外收入		
减：营业外支出		
三、利润总额（亏损以“－”号填列）		
减：所得税费用		
四、净利润（亏损以“－”号填列）		

3. 编制现金流量表。粤兴公司 202×年 1 月部分经济业务资料如下：销售商品收到的现金 260 000 元，收回应收账款 235 000 元，发行股票收入 500 000 元，购买设备 100 000 元，购买股票 160 000 元，出售 1 号厂房建筑物净收入 350 000 元，购买存货 200 000 元，支付现金股利 40 000 元，202×年 1 月初期初现金及现金等价物余额为 653 000 元，202×年 1 月初期末现金及现金等价物余额为 1 498 000 元。

根据以上资料，编制现金流量表（见表 6）。

表 6　　　　现金流量表

会企 03 表

编制单位：粤兴公司　　202×年 01 月　　单位：元

项　目	本期金额	上期金额
一、经营活动产生的现金流量		
销售商品、提供劳务收到的现金		
收到的税费返还		
收到的其他与经营活动有关的现金		
经营活动现金流入小计		
购买商品、接受劳务支付的现金		
支付给职工以及为职工支付的现金		
支付的各种税费		
支付的其他与经营活动有关的现金		
经营活动现金流出小计		
经营活动产生的现金流量净额		
二、投资活动产生的现金流量		
收回投资收到的现金		
取得投资收益收到的现金		
处置固定资产、无形资产和其他长期资产收回的现金净额		
处置子公司及其他营业单位收到的现金净额		
收到的其他与投资活动有关的现金		
投资活动现金流入小计		
购建固定资产、无形资产和其他长期资产支付的现金		
投资支付的现金		
取得子公司及其他营业单位支付的现金净额		
支付其他与投资活动有关的现金		
投资活动现金流出小计		
投资活动产生的现金流量净额		
三、筹资活动产生的现金流量		
吸收投资收到的现金		
取得借款收到的现金		
收到其他与筹资活动有关的现金		
筹资活动现金流入小计		
偿还债务支付的现金		
分配股利、利润或偿付利息支付的现金		

续表

项　　目	本期金额	上期金额
支付的其他与筹资活动有关的现金		
筹资活动现金流出小计		
筹资活动产生的现金流量净额		
四、汇率变动对现金及现金等价物的影响		
五、现金及现金等价物净增加额		
加：期初现金及现金等价物余额		
六、期末现金及现金等价物余额		

第七章

管理会计报告编制

学习目标

知识目标：

◆熟悉《管理会计应用指引第 801 号——企业管理会计报告》的主要内容

◆掌握管理会计报告的类别和功能

◆熟悉业务层、经营层和战略层管理会计报告的基本格式和主要内容

技能目标：

◆能编制简易的战略层管理会计报告，包括但不限于经营分析报告、风险分析报告

◆能编制简易的经营层管理会计报告，包括但不限于盈利分析报告、资金管理报告

◆能编制简易的业务层管理会计报告，包括但不限于采购业务报告、销售业务报告

素质目标：

◆能具有数字思维、数字敏感及用数字提供决策建议的职业素养

◆能遵守“协作共进，和而不同”的合作原则

思维导图

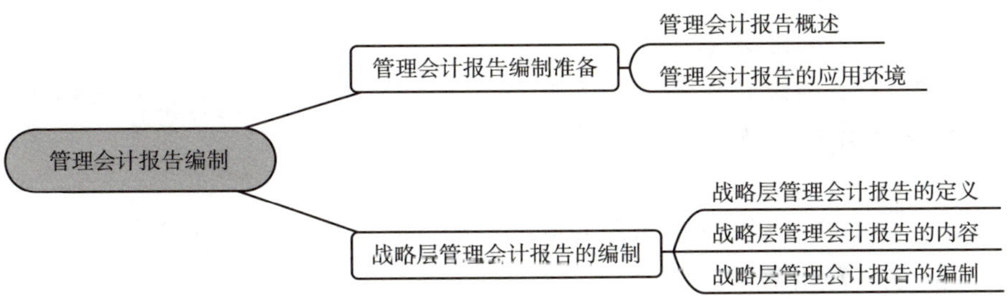

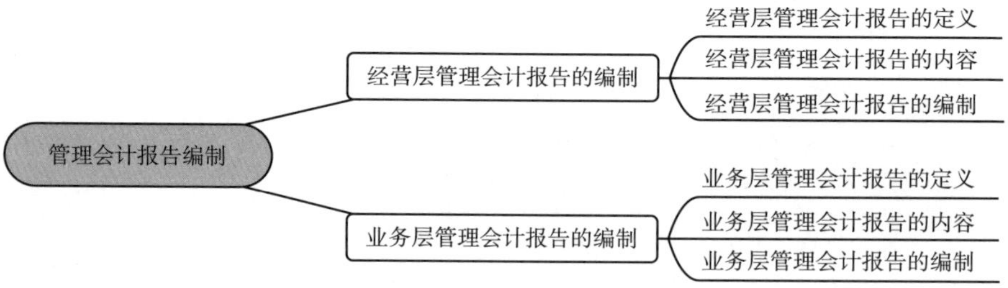

引导案例

海尔集团“共赢增值表”在企业管理会计报告中的应用

海尔集团创立于1984年，拥有3家上市公司，在全球布局了10+N创新生态体系、29个工业园、122个制造中心和24万个销售网络，深入全球160个国家或地区，服务全球超过10亿用户家庭。海尔集团逐步从传统制造模式向用户关系模式转型，为了支持这一转型，2015年9月20日，张瑞敏在海尔管理创新年会提出了其创建的“共赢增值表”。共赢增值表结合了财务数据与非财务数据，能够更好地对企业和用户价值进行评估，即企业在“资产负债表”“利润表”“现金流量表”这三张表之外，还需要第四张表“共赢增值表”。

海尔的共赢增值表在实践中一直不断升级、迭代，在应用中不断改进，经历了多个版本。无论如何改变，海尔都以企业的长久发展和与客户的共创共赢为宗旨，赋予“人单合一”模式新的内涵，将“共赢增值表”作为企业进行管理的有力抓手，应于不同层次的管理会计报告，从利益相关者的需求出发，开发用户资源，维护以链群为代表的相关资源方，最终以财务信息和非财务信息共同反映生态平台的价值总量，不仅可以看到利润，更能了解其他利益相关者的增值分享。同时，可以通过对生态收入和生态成本的剖析，一方面实现对边际收益递减的管理会计理论的颠覆，另一方面找到第四张表和前三表的勾稽对应关系。

共赢增值表以监控和驱动企业、利益相关方和用户的增值，旨在从六个方面评价和驱动各小微企业：用户资源、资源方、生态平台价值、收入、成本和边际收益，从利益相关者的角度，将内部利益相关者、连接层利益相关者和外部利益相关者全面、动态、前瞻性地嵌入管理会计报告体系，拓展了管理会计报告体系的内容，结合数智化企业经营特点和价值衡量需求，深入挖掘多维度下的企业管理会计应用现状，使现行的财务报告体系和管理会计报告能够很好地契合，发挥各自在计量和评价相关利益主体上的价值创造作用，使管理会计报告的创新应用提升到了一个新的高度，从而进一步推动我国管理会计的发展。

资料来源：田高良，杨娜：“海尔共赢增值表实践与管理会计报告创新”，《中国管理会计》，2022（原文经过整理）。

思考：管理会计报告有哪些分类？财务会计报告与管理会计报告有什么区别？

第一节 管理会计报告编制准备

微课：管理会计报告编制准备

一、管理会计报告概述

（一）管理会计报告的定义与目标

企业管理会计报告，是指企业运用管理会计方法，根据财务和业务的基础信息加工整理形成的、满足企业价值管理和决策支持需要的内部报告。

企业管理会计报告是企业管理会计活动成果的重要表现形式，旨在为报告使用者提供满足管理需要的信息。因此，企业管理会计报告的目标是为企业各层级的规划、决策、控制和评价等管理活动提供有用信息。

（二）管理会计报告的特点

管理会计报告是基于各种管理会计方法所获得的信息数据编制的，因此，管理会计的特点也决定了管理会计报告的特点。和财务会计报告相比，管理会计报告具有以下几个特征：

1. 相关性

财务会计的服务对象是外部的投资者、债权人和其他有关机构，而管理会计是为企业自身服务的，服务对象是企业内部的管理者。因此，管理会计报告提供的信息必须是和企业的决策相关的，是有利于企业作出正确的决策的。

2. 分层次

财务会计的工作主体往往只有一个层次，即主要以整个企业为工作主体，并且不能遗漏会计主体的任何会计要素。而管理会计的工作主体可分为多个层次，它既可以是整个企业，又可以是企业内部的局部区域或个别部门，甚至是某一管理环节。因此，管理会计报告必然是具有层次性的，需满足企业不同层级的管理需要，从服务对象来说，可以是企业的最高决策层，也可以是企业中的某个部门。

3. 多维度

管理会计报告从信息的维度上来看，要比财务会计报告更丰富。比如，从分析角度看，一个公司的管理会计报告可以分区域提供分析结果，也可以分产品或者项目提供分析结果，甚至可以分人来提供分析结果。从时间上来看，管理会计报告可以按照企业的管理需要灵活编制，比如按年、按季度、按月编制，管理基础比较好、管理要求比较高的企业，可以按周甚至按天来编制。

4. 预见性

管理会计报告通过对过去的信息进行归集、挖掘、分析，面向企业经营、面向未来，履行预测、决策、规划、控制和考核的职能，能够预见未来。财务会计则重在回顾过去，履行反映和报告企业经营成果和财务状况的职能。因此，财务会计报告主要是面向过去的，管理会计报告则重在面向未来。

5. 灵活性

财务会计报告的编制必须以国家或行业组织制定的会计法规、会计准则、会计制度及有关规定作为准绳与规范，遵循相对固定的方法体系和工作程序。但管理会计报告相对来说，则要灵活得多。企业可以根据自身的管理基础、管理需要，以及所处的行业、阶段，自行确定管理会计报告的格式、流程，以及所采用的方法（见表7－1）。

表7－1　　管理会计报告与财务会计报告的主要区别

报告项目	管理会计报告	财务会计报告
报告主体	企业各部门	企业
形式要件	名称、时间、对象、主体、内容	名称、时期、主体、编号、内容
格式	不统一	统一
内容	根据需要，既有财务信息，又有非财务信息	根据法律，仅有财务信息
范围	分解的数据，关于部门决策和行为的报告	整体数据，关于整个企业的财务报告
报告期间	无约束，根据企业战略需要决定报告时间与周期	受会计准则和政府的约束
报告流程	与企业组织架构相一致	与法律要求一致

（三）企业管理会计报告形式要件

企业管理会计报告的形式要件包括报告的名称、报告期间或时间、报告对象、报告内容以及报告人等。

1. 企业管理会计报告对象

企业管理会计报告对象是对管理会计信息有需求的各个层级、各个环节的经营者。

2. 企业管理会计报告期间

企业可以根据管理的需要和管理会计活动的性质设定报告期间。企业一般应该以日历期间（月度、季度、年度）作为企业管理会计报告期间，也可以根据特定需要设定企业管理会计报告期间。

3. 企业管理会计报告内容

企业管理会计报告的内容应当根据管理需要和报告目标而定，易于理解并具有一定的灵活性。企业管理会计报告的编制、审批、报送、使用等应该与企业的组织架构相适应。不同类型的企业，其管理会计报告内容应当有所不同。企业应该考虑成本效益原则，根据自身的管理需要和报告目标确定管理会计报告的内容。

企业应当根据其管理活动全过程设计管理会计报告体系，并在管理活动各环节形成基于因果关系链的结果报告和原因报告。

（四）管理会计报告的分类

企业管理会计报告体系可以按照多种标准分类，包括但不限于如下分类（见表 7－2）。

表 7－2　　管理会计报告分类

分类标准	管理会计报告种类
报告使用者所处的管理层级	战略层管理会计报告、经营层管理会计报告和业务层管理会计报告
报告内容	综合企业管理会计报告、专项企业管理会计报告
报告功能	管理规划报告、管理决策报告、管理控制报告和管理评价报告
责任中心	投资中心报告、利润中心报告和成本中心报告
报告主体整体性程度	整体报告和分部报告

二、管理会计报告的应用环境

（一）信息技术保障

企业要搭建满足自身需求的管理会计报告体系，财务和业务信息系统是核心。企业具备一定的财务和业务信息系统应用基础，包括已经实现了相对成熟的财务会计系统的应用，并在一定程度上实现了经营计划管理、采购管理、销售管理、库存管理等基础业务管理职能的信息化，通过管理会计报告系统与财务系统、业务系统等系统进行数据集成，改变“信息资源孤岛”的问题，满足管理会计报告的分层次、多维度、灵活性等特点，实现数据共享和重用，实现财务与业务信息集成信息实时、高效，实现会计与业务活动的有机融合。

借助财务和业务信息统一的信息系统，搭建管理会计报告体系，以下三方面是基础：

（1）企业借助信息技术搭建统一的管理会计报告平台，把各种不同的数据，包括财务、销售、生产以及职能部门的数据都整合到这个平台上。

（2）借助财务和业务信息统一的信息系统，建立统一语言，包括统一指标的名称、含义、指标对应的数据源，以及统一指标的计算逻辑。

（3）构建一套管理会计报告指标库。要建立一套指标库，从业务角度出发，分析企业需要财务类、业务类、运营类的指标类型，并且确定好分析角度，确定好指标之间的关联。

（二）企业自上而下的制度支持

企业业务流程合理，业务部门与财务部门融为一体，实施流程化、标准化、碎片化、规范化的业务处理模式，并通过管理制度，明确业务部门与财务部门的岗位职责，明确岗位考核标准，落实责任主体。自上而下的制度，建立业务和财务的合作关系，组织财务人员与业务人员、管理人员密切合作，改善决策制定，提升经营业绩。

（三）会计人员综合素质的提高

会计人员具备专业知识体系和相应职业道德，具体要求参见表 7－3。

表 7－3　　会计人员专业知识体系和职业道德要求

综合素质	类型	内容
知识体系	信息和决策过程知识	能够参与管理决策过程，组织、表达和传递内部报告，编制财务计划和评价业绩
	会计原则和职能知识	能够履行会计职能，完成会计实务处理，编制外财务报告满足信息使用者需要
	企业经营活动知识	熟悉企业的主要经营活动、经营环境、税务、信息系统
职业道德	专业能力	通过不断发展知识和技能保持适当的职业胜任能力；依据相关的法律、法规和技术标准履行自己的职责
	保密	除法律规定外，未经批准，不得披露工作过程中所获取的机密信息
	诚实正直	不得从事道德上有损于履行职责的活动
	客观性	公正而客观地传达信息；充分披露相关信息，帮助使用者对所公布的报告、评论和建议获得正确的理解

【拓展阅读】

管理会计的推进

2014 年 10 月 27 日，财政部发布了《关于全面推进管理会计体系建设的指导意见》。《关于全面推进管理会计体系建设的指导意见》的基本目标是建立与我国社会主义市场经济体制相适应的管理会计体系。争取 3—5 年在全国培养出一批管理会计人才，力争通过 5—10 年的努力，中国特色的管理会计理论体系基本形成，管理会计指引体系基本建成，管理会计人才队伍显著加强，管理会计信息化水平显著提高，管理会计咨询服务市场显著繁荣，使我国管理会计接近或达到世界先进水平。这个目标可以归纳为“4＋1”的体系建设，即管理会计理论体系建设、管理会计指引体系建设、管理会计人才队伍建设、管理会计信息化建设和咨询服务。

2017 年以来，财政部分批发布系列管理会计应用指引，并随着实践的发展而不断丰富完善。2017 年 9 月 29 日，发布《管理会计应用指引第 100 号——战略管理》（财会〔2017〕24 号）等首批 22 项管理会计应用指引。2018 年 8 月 17 日，发布《管理会计应用指引第 202 号——零基预算》（财会〔2018〕22 号）等 7 项管理会计应用指引。2018 年 12 月 27 日，发布《管理会计应用指引第 204 号——作业预算》（财会〔2018〕38 号）等第三批 5 项管理会计应用指引。截至 2018 年底，共制定印发了 34 项《管理会计应用指引》，包括 7 项概括性指引和 27 项工具方法指引，概括性指引主要介绍本领域内相关管理会计工具方法的共性内容，工具方法指引主要介绍相关工具方法的应用环境、应用程序和应用评价等。

管理会计信息化支撑蓬勃发展。一是国内大型企业基本都建立了共享服务中心；二是以信息化手段为企业管理决策提供服务。将会计信息系统与企业的业务信息系统融会贯通，“十三五”时期，以云计算为基础的“软件即服务”模式（SAAS）已占中小企业财务软件市场70%以上，其中包含经济活动分析等基本的管理会计功能；60%以上的大型企业集团利用了云技术，为管理会计应用奠定了良好的数据基础和信息化环境。

管理会计人才队伍培养和建设不断加强。截至2020年底，共有1 802人入选全国高端会计人才培养工程，毕业1 071人；实施大中型企事业单位总会计师素质提升工程，培训6.7万人次。北京、上海、厦门三家国家会计学院管理会计面授50余万人次，在线培训人次60余万人次；总会计师协会管理会计培训20余万人次。

2021年11月，财政部印发《会计改革与发展“十四五”规划纲要》，提出了“推动会计职能对内拓展”的主要任务，而全面深化管理会计应用，即是推动会计职能对内拓展的重要任务之一。

第二节　战略层管理会计报告的编制

微课：战略层管理会计报告的编制

为了满足企业管理的需要以及不同层次的信息需求，管理会计报告的信息必须与企业的管理层级相对应，对于应负有决策职责的战略层、负有协调职责的经营层以及负有执行职责的业务层，企业管理会计报告体系的报告主体分为战略层（高层）、经营层（中层）、业务层（基层），管理会计报告也据此划分为战略层管理会计报告、经营层管理会计报告、业务层管理会计报告（见表7－4）。

表7－4　管理会计报告的对象和目标

报告类型	报告对象	报告目标
战略层管理会计报告	企业的战略层（股东大会、董事会和监事会等）	为战略层开展战略规划、决策、控制和评价以及其他方面的管理活动提供相关信息
经营层管理会计报告	经营管理层	为经营管理层开展与经营管理目标相关的管理活动提供相关信息
业务层管理会计报告	企业的业务部门、职能部门以及车间、班组等	为企业开展日常业务或作业活动提供相关信息

一、战略层管理会计报告的定义

战略层管理会计报告是为战略层开展战略规划、决策、控制和评价以及其他方面的管理活动提供相关信息的对内报告。战略层管理会计报告的报告对象是企业的战略层，包括股东大会、董事会和监事会等。

战略层管理会计报告适用于集团管控型企业集团或具有相似特征的部分企业，其关注的重点是战略方向、产品产业布局、重大投资、重大风险以及企业盈利能力。

二、战略层管理会计报告的内容

战略层管理会计报告包括但不限于战略管理报告、综合绩效报告、价值创造报告、经营分析报告、风险分析报告、重大事项报告、例外事项报告等。这些报告可以独立提交，也可以根据不同需要整合后提交。

1. 战略管理报告

战略管理报告的内容通常包括内外部环境分析、战略选择与目标设定、战略执行及其结果以及战略评价。下面以美国跨国连锁餐厅之一的肯德基为例，列示肯德基中国市场战略管理报告的提纲。

肯德基战略管理报告

1. 战略选择
    1.1 背景环境
    1.2 行业情况分析
        1.2.1 五力模型分析
        1.2.2 价值链分析
        1.2.3 环境分析
    1.3 公司情况分析供应商
2. 战略执行
    2.1 竞争战略
        2.1.1 成本领先战略
        2.1.2 差异化战略
        2.1.3 集中一点战略
    2.2 其他战略联盟
        2.2.1 百事可乐与肯德基结成战略联盟
        2.2.2 肯德基在中国本土化营销 4P 战略

3. 战略调整
3.1 现行的竞争战略存在的问题
3.1.1 产品竞争策略中存在的问题
3.1.2 价格竞争策略中存在的问题
3.1.3 渠道竞争策略中存在的问题
3.2 改进措施

2. 综合绩效报告

综合绩效报告的内容通常包括关键绩效指标预算及其执行结果、差异分析以及其他重大绩效事项。

3. 价值创造报告

价值创造报告的内容通常包括价值创造目标、价值驱动的财务因素与非财务因素、内部各业务单元的资源占用与价值贡献以及提升公司价值的措施。

4. 经营分析报告

经营分析报告的内容通常包括过去经营决策执行情况回顾、本期经营目标执行的差异及其原因、影响未来经营状况的内外部环境与主要风险分析以及下一期的经营目标和管理措施。

5. 风险分析报告

风险分析报告的内容通常包括企业全面风险管理工作回顾、内外部风险因素分析、主要风险识别与评估以及风险管理工作计划。

6. 重大事项报告

重大事项报告是针对企业的重大投资项目、重大资本运作、重大融资、重大担保事项、关联交易等事项而编制的报告。

7. 例外事项报告

例外事项报告是针对企业发生的管理层变更、股权变更、安全事故、自然灾害等偶发性事项而编制的报告。

三、战略层管理会计报告的编制

管理会计报告是基于各种管理会计方法所获得的信息数据编制的，因此，管理会计的特点也决定了管理会计报告的特点。和财务会计报告相比，管理会计报告具有其独有的特征性质，企业在管理会计报告体系的搭建与实施过程中，需要充分考虑管理会计报告体系自身的特点进行有的放矢的搭建与实施。

1. 企业需要构建一套满足企业各层级需求管理会计报告指标库

首先，从业务角度来确定所需指标类型，包括财务类指标、业务类指标、运营类指标等。其次，要确定指标分析的角度，例如，指标实际值和标准值对比，指标当期与去年同期对比。最后，确定分析指标的方法，例如，需要根据企业和行业特点，建立指标体系的标准值，通过指标的实际值和标准值对比，可以选择定性或者定量的方法进行分析。

2. 企业需要各部门的配合和推动

构建了统一的管理会计报告平台，搭建了完善的管理会计报告系统，只是完成了物质准备的部分，而企业要想做好管理会计报告的工作，还需要组织的配合和推动。管理会计报告体系的搭建，涉及企业的各个部门，需要得到企业管理层特别是领导层的大力支持和高度重视，否则，这个管理会计报告体系的搭建与实施难以推进，也难以取得良好的效果。比如，要搭建管理会计报告体系，企业需要统一规范，建立标准化的系统。要顺利开展管理会计报告工作，企业还需要建立相应的部门，配备相应的人员。无论管理基础是否扎实，均能搭建管理会计报告体系。对于小企业而言，未必一步到位搭建起企业的管理会计报告体系，可以采取整体规划、分步实施的方法，循序渐进地搭建管理会计报告体系。

在企业管理会计报告体系中，战略层管理会计报告应该力求做到内容完整、分析深入，企业通过考虑自身的经营特点和管理基础，构建能够满足自身需求的战略层管理会计报告。

本部分以M电器集团2021年经营分析的节选为例，介绍战略管理会计报告中的经营分析报告的编制。M电器集团的经营分析报告通过采用差异分析，对主要业务分析、非主营业务分析、资产及负债状况分析、投资状况分析、重大资产和股权出售等的实际经营结果与上年同期进行比较，分析差异原因，对经营管理精准控制，以发现影响未来经营状况的内外部环境因素与主要风险，进而调整下一期的经营目标及管理措施。

M电器集团经营分析报告

一、公司所处的行业情况

（一）主要产品与业务概述（节选）

M电器集团是智慧家电、智慧家居及周边相关产业和生态链的经营主体，致力于为终端用户提供最佳体验的全屋智能家居及服务，在25个主要家电品类中，家用空调、干衣机、电饭煲、电风扇、电压力锅、电磁炉、电暖器等7个品类在国内线上与线下市场份额居前列。

M电器集团是一家全球运营的公司，业务与客户遍及全球。迄今，M电器集团在全球拥有多家子公司、研发中心和主要生产基地，业务覆盖二百多个国家和地区。

（二）行业地位（略）

（三）行业概述（略）

二、公司从事的主要业务（略）

三、核心竞争力分析（节选）

1. M电器集团主要产品品类全，可为用户提供覆盖全品类的一站式高品质家庭生活服务方案。

2. M电器集团具备整合全球研发资源、坚持科技领先战略、构建全球创新生态体系与科学家体系、持续打造产品与技术创新的能力。

3. M电器集团业态布局完整且广阔稳固的渠道网络与完善的智能供应链体系为国内业务的稳步增长提供坚实保障。

4. 聚焦数智驱动，围绕用户体验进行全面数字化、全面智能化变革，力争成为物联网时代的领先企业。

四、主要业务分析（节选）

（一）收入与成本

1. 营业收入构成

单位：千元

	20×4年		20×3年		同比增减
	金额	占营业收入比重	金额	占营业收入比重	
营业收入合计	341 233 208	100%	284 221 249	100%	20.06%
分行业					
暖通空调	141 879 146	41.58%	121 215 043	42.65%	17.05%
消费电器	131 866 099	38.64%	113 890 764	40.07%	15.78%
机器人及自动化系统	27 281 328	7.99%	21 588 782	7.60%	26.37%
分地区					
国内	203 579 380	59.66%	163 139 841	57.40%	24.79%
国外	137 653 828	40.34%	121 081 408	42.60%	13.69%
分销售模式					
线上	62 103 887	18.20%	58 244 327	20.49%	6.63%
线下	279 129 321	81.80%	225 976 922	79.51%	23.52%

注：消费电器主要包含冰箱、洗衣机、厨房电器及其他小家电。

公司报告期营业收入比上年同期增长20.06%，其中，公司五大业务板块智能家居事业群、工业技术事业群、楼宇科技事业部、机器人与自动化事业部及数字化创新业务实现稳增长，智能家居事业群报告期收入为2 349亿元同比增长13%，工业技术事业群报告期收入为201亿元同比增长44%，楼宇科技事业部报告期收入为197亿元同比增长55%，机器人与自动化事业部报告期收入为253亿元同比增长23%，数字化创新业务报告期收入为83亿元同比增长51%。

2. 占公司营业收入或营业利润10%以上的行业、产品、地区、销售模式的情况

单位：千元

	营业收入	营业成本	毛利率	营业收入比上年同期增减	营业成本比上年同期增减	毛利率比上年同期增减
分行业						
制造业	301 026 573	228 641 881	24.05%	17.27%	18.90%	-1.04%
分产品						
暖通空调	141 879 146	112 012 603	21.05%	17.05%	19.85%	-1.85%
消费电器	131 866 099	95 279 340	27.75%	15.78%	16.85%	-0.66%
机器人及自动化系统	27 281 328	21 349 939	21.74%	26.37%	23.43%	1.87%
分地区						
国内	203 579 380	156 825 853	22.97%	24.79%	24.73%	0.04%
国外	137 653 828	107 700 146	21.76%	13.69%	18.27%	-3.03%
分销售模式						
线上	62 103 887	44 995 271	27.55%	6.63%	5.65%	0.67%
线下	279 129 321	219 530 728	21.35%	23.52%	26.01%	-1.56%

注：公司主营业务数据统计口径在报告期发生调整的情况下，公司最近一年按报告期末口径调整后的主营业务数据。

制造业报告期毛利率同比下降1.04%。从产品角度分析，主要原因是暖通空调、消费电器两类产品报告期营业成本同比增长19.85%和16.85%，增长幅度超过其报告期营业收入同比增长幅度，导致毛利率下降1.85%和-0.66%。而机器人及自动化系统报告期毛利率同比增长1.87%，其营业收入增长速度较快，报告期同比增长26.37%，主要是市场对智慧家居的需求日渐增强。从销售模式角度分析，近年，线下销售模式成本增长比较快，线下销售模式报告期毛利率为21.35%，同比下降-1.56%，线上销售模式报告期毛利率为27.55%，同比上升-1.56%。目前，线上销售模式的营业收入占营业收入合计的18.20%，线下销售模式占81.80%。

3. 公司实物销售量与库存量

行业分类	项目	单位	20×4年	20×3年	同比增减
家用电器行业	销售量	万台/套	56 267.72	50 759.14	10.85%
	生产量	万台/套	58 507.47	51 098.69	14.50%
	库存量	万台/套	8 763.63	6 251.18	40.19%

公司家用电器行业库存量增加40.19%主要系销售规模增加及销售备货所致。

4. 营业成本构成

单位：千元

行业分类	项目	20×4年		20×3年		同比增减
		金额	占营业成本比重	金额	占营业成本比重	
家用电器行业	原材料	175 102 256	84.47%	144 479 295	82.56%	21.20%
	人工工资	12 186 025	5.88%	11 066 122	6.32%	10.12%
	折旧	3 203 362	1.55%	3 009 985	1.72%	6.42%
	能源	2 846 166	1.37%	2 567 340	1.47%	10.86%

5. 主要销售客户和主要供应商情况

（1）公司前五大客户资料。

序号	单位	销售额（千元）	同比增减
1	第一名	22 103 723	6.48%
2	第二名	5 424 006	1.59%
3	第三名	3 802 787	1.11%
4	第四名	2 607 532	0.76%
5	第五名	2 320 457	0.68%
合计	—	36 258 505	10.63%
前五名客户销售额中关联方销售额占年度销售总额比例			0

（2）公司前五名供应商资料。

序号	单位	销售额（千元）	同比增减
1	第一名	5 515 903	2.12%
2	第二名	3 588 607	1.38%
3	第三名	2 495 177	0.96%
4	第四名	2 356 026	0.91%
5	第五名	2 330 421	0.90%
合计	—	16 286 134	6.26%
前五名供应商采购额中关联方采购额占年度采购总额比例			0

公司前五大客户销售额中无关联方销售额，前五名供应商采购额中无关联方采购额。公司前五大客户销售额占年度销售总额10.63%，客户集中度不高，前五名供应商采购金额占年度采购总额6.26%，因此，没有大客户、供应商依赖的情况。

（二）费用

单位：千元

	20×4年	20×3年	同比增减	重大变动说明
销售费用	28 647 344	23 563 455	21.58%	
管理费用	10 266 283	9 264 148	10.82%	
财务收入	4 386 111	2 638 032	66.26%	主要系利息收入及汇兑收益增加所致
研发费用	12 014 907	10 118 667	18.74%	

20×4年度，销售费用同比增长较快，同比增长21.58%，销售费用中的为维修费、宣传促销费、职工薪酬费用、电商服务费、仓储服务费及物业管理费占比超过70%。

（三）研发投入

1. 研发人员结构

	20×4年	20×3年	变动比例
研发人员数量（人）	18 105	15 265	18.60%
研发人员数量占比	10.92%	10.23%	0.69%
研发人员学历结构			
本科（人）	10 881	9 259	17.51%
硕士（人）	3 934	3 182	23.66%
博士（人）	427	309	38.07%
其他（人）	2 863	2 515	13.84%
研发人员年龄构成			
30岁以下（人）	5 956	5 317	12.02%
30—40岁（人）	9 532	7 831	21.72%
40岁以上（人）	2 617	2 117	23.60%

2. 公司研发投入情况

	20×4年	20×3年	变动比例
研发投入金额（千元）	12 014 907	10 118 667	18.74%
研发投入占营业收入比例	3.52%	3.56%	-0.04%

近年，公司完善“2+4+N”研发布局，改善研发组织结构，引入高端人才，构建新产业研发中心，过去5年研发投入超过450亿元，20×4年研发投入达到120亿元。研发投入20×4年同比增长18.74%，其中，职工薪酬费用、折旧与摊销费用及试制产品与材料投入，占研发费用总额超过80%。

（四）现金流

单位：千元

项目	20×4年	20×3年	同比增减
经营活动现金流入小计	330 415 497	252 985 046	30.61%
经营活动现金流出小计	295 323 793	223 427 929	32.18%
经营活动产生的现金流量净额	35 091 704	29 557 117	18.73%
投资活动现金流入小计	127 801 101	147 012 656	-13.07%
投资活动现金流出小计	114 201 515	182 323 319	-37.36%
投资活动产生的现金流量净额	13 599 586	-35 310 663	138.51%
筹资活动现金流入小计	21 145 221	54 749 413	-61.38%
筹资活动现金流出小计	52 349 760	55 505 708	-5.69%
筹资活动产生的现金流量净额	-31 204 539	-756 295	-4 025.97%
现金及现金等价物净增加额	17 001 531	-6 893 252	346.64%

投资活动产生的现金流量净额同比增加138.51%，主要系投资支付的现金减少所致；筹资活动产生的现金流量净额同比减少4 025.97%，主要系支付其他与筹资活动有关的现金增加所致，其中流通股回购款136亿元，同比增长388.32%；现金及现金等价物净增加额同比增加346.64%，主要系投资活动产生的现金流量净额增加所致。

五、非主营业务分析（略）

六、资产及负债状况分析（略）

七、投资状况分析（略）

八、重大资产和股权出售（略）

九、主要控股参股公司分析（略）

十、公司控制的结构化主体情况（略）

十一、20×5年经营策略（节选）

（一）面临的风险和应对措施

1. 宏观经济波动风险

公司销售的消费电器、暖通空调及工业机器人等产品，其市场需求受经济形势和宏观调控的影响较大，如果全球经济出现重大波动，国内外宏观经济或消费需求增长出现放缓趋势，则公司所处的相关市场增长也将随之减速，从而对于M电器集团产品销售造成影响。

2. 生产要素价格波动风险

M电器集团消费电器及核心部件产品的主要原材料为各种等级的铜材、钢材、塑料和铝材等，且家电制造属于劳动密集型行业，若原材料价格出现较大增长，或因宏观经济环境变化和政策调整使得劳动力、水、电、土地等生产要素成本出现较大波动，而精益生产与效率提升带来的成本下降及终端产品的整体销售价格不能够完全消化成本波动影响，将会对公司的经营业绩产生一定影响。

3. 全球资产配置与海外市场拓展风险

国际化与全球运营是公司的长期战略目标，公司已在全球多个国家建立合资生产制造基地，公司的海外布局与新产业拓展日益深入，但全球资产配置可能面临着资源整合与协同效应不达预期的风险，海外市场拓展可能面临当地政治经济局势是否稳定、法律体系和监管制度是否发生重大变化、生产成本是否大幅上升等无法预期的风险。

4. 汇率波动造成的汇兑损失风险

随着公司海外布局的深入，公司外销收入已占公司整体收入的40%以上，若汇率大幅波动，不仅可能对公司产品的海外业务带来不利影响，同时可能造成公司汇兑损失，增加财务成本。

（二）经营重点

（1）以科技领先为立身之本，建立健全研究组织，加大数字化与研发投入，持续改善人才结构，做好科技创新、产品创新、技术创新、业务模式创新、流程创新。坚定加大研发投入，在节能、健康、智能方面打造M电器集团技术名片；支撑推进集团“绿色战略”，主导参与绿色标准制定，推动全品类产品通过国家绿色产品认证；专注ToC业务“数一战略”的存量升级，同时，在国内国际双循环和“双碳”目标的背景下，着力发展机器人与自动化、楼宇科技、能源管理、智能出行等核心ToB业务。

（2）保持高质量的发展方向，坚持内生式增长和持续有效增长。在以新战略推动新增长过程中，企业生存和竞争的核心是运营效率提升，优化交付周期、提高库存周转率、改善现金周期；以用户为中心作为经营逻辑起点，通过用户研究、用户洞察、产品企划变革和用户运营，推进用户直达；推动T+3业务模式变革和全价值链卓越运营，覆盖从产品企划到售后服务等各环节，提升全价值链效率和数据驱动效率，面向前端市场坚定推动渠道变革，提高盈利能力；新设立经营体探索实践公司化发展道路，积极创新并尝试新的模式和方法，加强对新模式、新业务、新品类、新领域的突破；规划、建立和完善业务中台，尤其是数据中台和技术中台，同时要保持整体一致性，坚持“一个M电器集团、一个体系、一个标准”；面对汇率及大宗原材料价格波动、供应链采购管理等共性问题，坚定推动M电器集团内部协同共享机制，不断完善应对解决方案；保持投资的有效性，严控非经营性费用，提高劳动生产率，提升人力资源配置效率，推广落实精益管理，通过不断创新创造持续发展的新动能。

（3）面向国内市场，围绕用户直达战略，继续推动组织变革、零售能力、用户运营及后端基础能力培育，加快智能体验终端建设，优化服务体验，实现用户心智直达。通过人店锁定、数据可视、业务动作在线等数字化转型，提升效率，打造“M电器集团到家”成为M电器集团线下微店铺；通过智能场景在终端门店场景化展示，并搭配在App和“M电器集团到家”小程序的三维立体展示，引入C2M专业定制工具赋能终端导购，提升产品套系化和场景化的销售能力，为用户提供专业的一站式解决方案。

（4）面向海外市场，持续优化产品结构，以智能化场景体验为核心，建设海外用户体验中心，全面推广全屋智能场景套系化，推动智能化终端升级，构建具备高附加价值的产品竞争体系；提升渠道效率，推动渠道扁平化，提高产品周转效率，探索直营零售与一盘货模式，并试点落地DTC业务模式；加速海外电商关键能力建设，完善跨境物流、用户研究、数字营销，持续提升线上渠道竞争力；推动海外业务数字化转型与变革，完善全球数字化计划物流与仓储能力，优化售后服务网络和备件网络，推广海外iService3.0数字化售后服务系统。

第三节　经营层管理会计报告的编制

微课：经营层管理会计报告的编制

经营层管理会计报告是在企业的决策目标与总体经营方针都已经明晰的基本前提下，为执行既定的决策方案、总体经营方针而实施的有关规划、控制，从而保证实现预期目标，进而满足企业履行规划、控制等相关职能的信息需求。

一、经营层管理会计报告的定义

经营层管理会计报告是为经营管理层开展与经营管理目标相关的管理活动提供相关信息的对内报告。经营层管理会计报告的报告对象是经营管理层。

经营层管理会计报告适用于各公司及其子公司或者具有公司性质的独立经营的事业部、厂部等经济实体，重点关注的是公司产品、产业规划、产品产业生命周期、产品盈利能力、成本竞争能力、资金安全、其他财务风险以及生产、销售、采购、品质、研发等业务管控。

二、经营层管理会计报告的内容

经营层管理会计报告主要包括全面预算管理报告、投资分析报告、项目可行性报告、融资分析报告、盈利分析报告、资金管理报告、成本管理报告和绩效评价报告。

1. 全面预算管理报告

全面预算管理报告的内容通常包括预算目标制定与分解、预算执行差异分析以及预算考评。

2. 投资分析报告

投资分析报告的内容通常包括投资对象、投资额度、投资结构、投资进度、投资效益、投资风险和投资管理建议。

3. 项目可行性报告

项目可行性报告的内容通常包括项目概况、市场预测、产品方案与生产规模、厂址选择、工艺与组织方案设计、财务评价、项目风险分析以及项目可行性研究结论与建议。

4. 融资分析报告

融资分析报告的内容一般包括融资需求测算、融资渠道与融资方式分析及选择、融资成本、融资程序、融资风险及其应对措施和融资管理建议等。

5. 盈利分析报告

盈利分析报告的内容通常包括盈利目标及其实现程度、利润的构成及其变动趋势、影响利润的主要因素及其变化情况，以及提高盈利能力的具体措施。当然，企业还应该深入分析收入和成本。企业可以基于企业集团、单个企业，也可以基于责任中心、产品、区域和顾客为主体编制盈利分析报告。

6. 资金管理报告

资金管理报告的内容通常包括资金管理目标、主要流动资金项目（如现金、应收票据、应收账款和存货）的管理状况、资金管理存在的问题以及解决措施。企业集团资金管理报告的内容通常还应该包括资金管理模式、资金集中方式、资金集中程度和内部资金往来。

7. 成本管理报告

成本管理报告的内容通常包括成本预算、实际成本及其差异分析、成本差异形成的原因以及改进措施。

8. 绩效评价报告

绩效评价报告的内容通常包括绩效目标、关键绩效指标、实际执行结果、差异分析、考评结果以及相关建议。

三、经营层管理会计报告的编制

管理会计报告体系中经营层管理会计报告是为企业中的中层管理者提供财务信息支持，中层管理者是企业整体战略目标分解和落实的关键人物，经营层是企业战略层目标有效执行的根本保障，经营层的管理者既关注企业整体的发展，也关注企业具体的生产环节，比如收入来源、成本控制、绩效管理等一系列的日常经营活动。经营层管理会计报告可独立提交，也可根据需要整合后提交，须做到内容具体，数据充分。

本部分以乙公司20×4年绩效评价的节选为例，介绍经营层管理会计报告中的绩效评价报告的编制。

乙公司是甲集团股份有限公司（以下简称“甲集团”）下属子公司，主要从事轻纺印染和鞋帽服装等商品的生产以及销售商贸、物流等项目。

乙公司绩效评价报告具体编制过程如下：

（1）甲集团按照搭建的管理会计报告体系对信息传递的要求，在经营层管理会计报告中，关注各个责任主体的经济效益指标，包括职业装板块等八大板块的预算、责任及考核指标。乙公司的绩效评价报告主要包括利润总额的数值、存货净值的数值和贷款回收率等共八项指标。对乙公司管理与控制，实现了责任、指标、压力、信息、原因和获利从上至下的层层落实和分解。

（2）具体的绩效评价报告信息以乙公司的八项指标总体完成情况和营业收入完成情况预算执行情况进行分析，以找到预算的差异，并对差异进行科学合理的探讨，找出差异原因，通过这种方式提供的信息，有助于企业的管理与决策，也为下一年的预算制定及预算调整作了必要的信息准备。在进行预算完成程度分析的同时，对预算的差异及产生差异的原因进行了分析及总结。

乙公司绩效评价报告（节选）

一、乙公司八项指标总体完成情况分析

项目	20×3年	20×4年	20×3年	20×4年	20×4年预算增减百分比（%）	20×4年预计同比增减百分比（%）
	决算数	1—11月数	预计数	预算数		
营业收入（万元）	124 448.50	108 107.36	125 000	180 000	-30.56	0.44
利润总额（万元）	12 530.35	5 799.16	6 520	12 000	-45.67	-47.97
EVA（万元）	7 808.05	2 759.38	3 179.53	6 815	-53.35	-59.28
成本费用占收入比重（%）	92.85	95.17	94.78	93.53	1.33	2.07
经营现金净流量比率（%）	97.03	47.60	43.60	43.10	1.16	17.74
存货净值（万元）	33 063.42	34 523.45	30 700	30 700		7.15
贷款回收率（%）	100.67	94.21	97.02	100	-2.98	-3.63
产成品净值（万元）	19 520.13	16 793.49	18 770	18 770		3.84

经营现金净流量比率、存货净值、产成品净值预计完成考核指标，营业收入、利润总额、EVA、成本费用占收入比重、贷款回收率未完成考核指标。

二、乙公司营业收入完成情况业务构成分析

项目	20×3年	20×4年	20×3年	20×4年	20×4年预算增减百分比（%）	20×4年预计同比增减百分比（%）
	决算数	1—11月数	预计数	预算数		
营业收入合计（万元）	124 448.53	108 107.36	125 000	180 000	-30.56	0.44
实体业务收入（万元）	117 636.70	108 107.36	125 000	180 000	-30.56	6.26
A收入（万元）	52 146.16	61 423.24	73 371.19	97 000	-24.36	40.70
B收入（万元）（含外贸转口）	59 271.34	35 009.35	38 914.78	73 000	-46.69	-34.34
衬布收入（万元）（含直接出口）	6 219.20	11 674.77	12 714.03	10 000	27.14	104.43
其他业务收入	6 811.83					

营业收入未完成预算目标，差距5.5亿元，未完成的主要原因包括：①装具装备类产品承揽效果不佳，与年初预算相差2.89亿元；②外贸转口服装承揽与年初预算相关3.24亿元；③B产品因招标价格较低，承揽收入比原结算价收入减少0.37亿元。

三、建议与对策

1. 控制环节注重对平时生产经营活动进行控制

首先是对产品成本的控制，乙公司目前采用定额成本的方式对成本施加控制，建议公司改用工序单价的方式对成本施加控制。工序单价方式的具体操作步骤是：把原本的定额成本进一步细化，并且定量落实到产品生产运输的每一个流程上，其中的每一道工序再依照服装生产的复杂程度测算它的工序时间，综合以上因素计算出产品的工序成本。通过工序单价可以很好地控制成本，同时也可以激发员工的积极性，从而大大提高产品的产量。

2. 决策环节注重对企业日常生产的短期生产经营进行决策

注重对企业日常生产的短期生产经营进行决策，短期生产经营决策包括本量利分析、成本控制分析、产量的分析、预算完工进度分析、班组生产控制等。通过以上分析和决策，可以随时全公司解决短期生产经营中遇到的各种问题，从而有效保证公司生产得以顺利运转。

3. 考核关注预算责任体系的完成情况

集团已建立比较完善的预算责任体系，为保证企业预算责任能够真正落实到位，集团与其他各级部门和组织签署有关预算责任书，这些责任书是公司进行预算考核的重要依据。在进行考核时，企业依据这些标准对战略、组织、岗位、作业、流程进行严格考核，权责一致，不断推动预算目标的进度，增强全体员工的执行力。

【边学边做】

HX公司成立于2021年，是一家致力于汽车零部件的研发、生产及销售的公司。2023年公司拟实行全面预算管理体系，并于2023年底由财务总监牵头各部门负责人成立预算管理临时小组，该小组根据公司的发展战略和经营计划直接编制2024年度预算草案。由于预算编制过程中缺少对预算期内经济政策、市场环境、公司在市场中竞争地位等因素的综合分析，又没有按照上下结合、分级编制、逐级汇总的程序进行运作，公司预算与实际运营出现较大差距。例如，公司给销售部制定的2024年预算收入为5 000万元，而到10月份销售部仅完成销售收入3 000多万元，公司要求的预算收入年底前难以完成。销售部经理不得不自行把预算销售额调整为4 000万元，然后将详细情况通告给预算管理小组。

作为财务人员，编制全面预算管理报告分析HX公司在预算管理中的问题，请问全面预算管理报告的内容应包括哪些？

第四节　业务层管理会计报告的编制

微课：业务层管理会计报告的编制

业务层管理会计报告是按照分权管理的思想，根据内部管理层次的相应权限、职责以及所承担的相应义务的内容与范围，通过考核评价各个相关方面的履责情况，满足企业履行考评职能的信息需求。业务层管理会计报告通过反映权、责、利的情况，保障企业的经营管理尽可能沿着正确方向发展。

一、业务层管理会计报告的定义

业务层管理会计报告是为企业开展日常业务或作业活动提供相关信息的对内报告。业务层管理会计报告的报告对象是企业的业务部门、职能部门以及车间、班组。

二、业务层管理会计报告的内容

业务层管理会计报告应当根据企业内部各部门、车间或班组的核心职能或经营目标进行设计。业务层管理会计报告主要包括研究开发报告、采购业务报告、生产业务报告、配送业务报告、销售业务报告、售后服务业务报告和人力资源报告。

1. 研究开发报告

研究开发报告的内容通常包括研发背景、主要研发内容、技术方案、研发进度和项目预算。

2. 采购业务报告

采购业务报告的内容通常包括采购业务预算、采购业务执行结果、差异分析及改善建议。采购业务报告要重点反映采购质量、数量以及时间、价格等方面的内容。

3. 生产业务报告

生产业务报告的内容通常包括生产业务预算、生产业务执行结果、差异分析及改善建议。生产业务报告要重点反映生产成本、生产数量以及产品质量、生产时间等方面的内容。

4. 配送业务报告

配送业务报告的内容通常包括配送业务预算、配送业务执行结果、差异分析及改善建议。配送业务报告要重点反映配送的及时性、准确性以及配送损耗等方面的内容。

5. 销售业务报告

销售业务报告的内容通常包括销售业务预算、销售业务执行结果、差异分析及改善建议。销售业务报告要重点反映销售的数量结构和质量结构等方面的内容。

6. 售后服务业务报告

售后服务业务报告的内容一般包括售后服务业务预算、售后服务业务执行结果、差异分析及改善建议等。售后服务业务报告要重点反映售后服务的客户满意度等方面的内容。

7. 人力资源报告

人力资源报告的内容通常包括人力资源预算、人力资源执行结果、差异分析及改善建议。人力资源报告要重点反映人力资源使用及考核等方面的内容。

三、业务层管理会计报告的编制

管理会计报告体系中业务层管理会计报告是为企业中的基层管理者提供财务信息支持，重点从产品、产业、人员、资产、资金、费用等方面进行数据梳理和匹配分析，揭示管理短板、资源现状及其配置效率、价值创造能力等问题，并查找原因，制定措施，形成报告，力求从财务、业务等多方面，为业务部门、职能部门以及车间、班组落实规划措施提供有力的量化支撑。业务层管理会计报告是企业的内部报告，具有鲜明的个性化特征。有鉴于此，企业可以根据日常业务中所需的会计信息，编制业务层管理会计报告。企业不一定按照《企业管理会计报告指引》归纳的管理会计报告体系编制。

本部分以丙公司 202×年 8 月月度销售业务预算执行结果分析报告，介绍业务层管理会计报告中的销售业务报告的编制。

丙公司 202×年 8 月月度销售预算执行结果分析报告

一、月度销售业务预算执行结果分析

单位：千元

项目	预算	实绩	实绩与预算增减百分比（%）
销售额	10 000	10 160	102
A 项目	6 000	6 180	103
B 项目	3 000	3 060	102
C 项目	1 000	920	92
销售总利益	2 500	2 510	100
A 项目	1 560	1 620	104
B 项目	650	670	103
C 项目	290	220	72
销售管理费	2 000	2 045	102
员工人事费	480	495	103
兼职人员人事费	420	455	108
促销费广告费	350	320	91
土地租金	450	450	100
租赁费折旧费	100	102	102
其他	200	223	112
营业利润	500	465	93

二、对异常项目的分析与对策

异常项目	实绩与预算差异分析	因应对策
销售额	A 项目、B 项目预算比分别为 102%、103%，C 项目由于未能有效发掘潜在客户原因，导致销售额有 8% 未达预算	C 项目将甲地区定为销售重点地区，决定由本月开始实施“发掘潜在客户，发展意向客户，培养忠诚客户”策略
销售利益	C 项目标准质量异常损耗过大，导致销售利益未达预算 28%	重新检视 C 项目检验标准
兼职人员人事费	A 项目的员工人事费是因为加班增多，兼职人员人事费是因为排班调整不顺，两项目都超出预算	重新检视 A 项目的标准作业，减少员工加班。兼职人员排班调整应精细化，改善调整表
促销费和广告费	促销费由于广告单设计问题发生延迟入账。广告宣传费因为要重新构思广告单，因此挪到下个月以后	广告宣传单有助于提升品牌力，要从根本上重新检视

注：因部分内容涉及公司内部经营信息，故省略部分敏感词语。

素养提升

财务人员如何破局？

某集团下属医药企业经营状况一直不好，收入连续几年徘徊不前，营销费用占收入的比重居高不下，连年亏损。集团考核的经营指标排名连年垫底，战略预算经营预算目标难以达成。

业务部门：财务参与经营管理的意识相对淡薄，注重核算没有管理，财务对业务支持比较弱。

老板：每月财务报表、经营活动分析报告等就数论数，不懂业务，没有质量。

财务人员：财务报表和分析报告，没有读者，自娱自乐，工作没有价值；工作上没有话语权，因此备受业务诟病；工作繁重，待遇偏低，老板不重视、不关心、不认可，看不到前途。

资料来源： https：//appgMsFOj1z9763. h5. xiaoeknow. com/（原文经过整理）。

问题： 根据本案例，财务人员如何让自己的工作变得有价值？

分析提示：

（1）团结合作，是财务人员和业务人员的职业素养之一，财务与业务同处一个大的组织中，业财要融合，提升工作方法、改进工作流程，同心协力完成财务转型与创造价值。

（2）财务人员除了要关注财务信息，还要关注非财务信息，包括宏观环境分析、宏观环境变化对企业带来的影响等，编制财务会计报告和管理会计报告，为业务层、经营层、战略层提供决策所需的信息支持。

（3）医药企业可以通过建立激励制度和容错机制，引导员工提高工作效率，激发团队主动性，激活员工的创造力，让“要我干”，变成“我想干、我要干、我干好”。

知识巩固

一、单项选择题

1. 下列不属于管理会计报告特征的是（　　）。
   A. 管理会计报告没有统一的格式和规范
   B. 管理会计报告遵循结果导向
   C. 管理会计报告提供的信息不仅包括结果信息，也可以包括过程信息
   D. 管理会计报告如果涉及会计业绩的报告，其主要的报告格式应该是边际贡献格式
2. 按照报告主体整体性程度，可将管理会计报告分为（　　）。
   A. 战略层管理会计报告、经营层管理会计报告、业务层管理会计报告
   B. 综合企业管理会计报告、专项企业管理会计报告
   C. 整体报告和分部报告
   D. 投资中心报告、利润中心报告和成本中心报告
3. 战略层管理会计报告的报告对象是（　　）。

A. 企业的业务部门、职能部门以及车间、班组等
B. 经营管理层
C. 股东大会、董事会和监事会等
D. 投资者、债权人、政府相关部门

4. 下列关于管理会计报告模块表述不正确的是（　　）。
A. 管理会计报告模块应为用户生成报告提供足够丰富、高效、及时的数据源
B. 管理会计报告模块应为企业战略层、经营层和业务层提供丰富的专用报告模板
C. 管理会计报告模块应为企业提供灵活的自定义报告功能
D. 管理会计报告模块应提供用户追溯数据源的功能

5. 下列项目中，属于业务层管理会计报告的是（　　）。
A. 资金管理报告　　B. 投资分析报告
C. 成本管理报告　　D. 研究开发报告

二、多项选择题

1. 按企业使用报告的层级，可以将管理会计报告分为（　　）。
A. 战略层管理会计报告　　B. 经营层管理会计报告
C. 业务层管理会计报告　　D. 综合企业管理会计报告

2. 下列属于企业战略管理报告内容的有（　　）。
A. 内外部环境分析　　B. 战略选择
C. 战略目标设定　　D. 战略执行及其结果
E. 战略评价

3. 业务层管理会计报告的报告对象有（　　）。
A. 业务部门　　B. 职能部门　　C. 车间　　D. 班组

4. 下列属于企业管理会计报告流程的环节的有（　　）。
A. 编制　　B. 审批　　C. 报送　　D. 使用与评价

5. 下列项目中，属于经营层管理会计报告的有（　　）。
A. 人力资源报告　　B. 全面预算管理报告
C. 融资分析报告　　D. 盈利分析报告

三、判断题

1. 企业应当以会计期间（月度、季度、半年度和年度）作为企业管理会计报告期间。（　　）

2. 企业管理会计报告的目标是为企业各层级的规划、决策、控制和评价等管理活动提供有用信息。（　　）

3. 管理会计信息仅指内部各责任者在管理会计应用过程中所使用的财务信息与非财务信息。（　　）

4. 管理会计报告工作流程是由法律规定的。（　　）

5. 绩效评价报告的内容通常包括盈利目标及其实现程度、利润的构成及其变动趋势、影响利润的主要因素及其变化情况，以及提高盈利能力的具体措施。（　　）

第八章 会计信息运用

学习目标

知识目标：

◆了解会计信息的作用

◆理解会计信息的构成要素

◆了解会计信息的主要来源

◆掌握会计信息分析方法

◆了解会计信息可视化的工具

技能目标：

◆能够运用会计信息分析方法对会计数据进行初步分析

◆能够阅读可视化财务数据

◆能够梳理企业财务预测与决策流程

素质目标：

◆培养“三坚三守”职业道德

◆培养组织协调、分析判断、参与管理决策的财务素养

思维导图

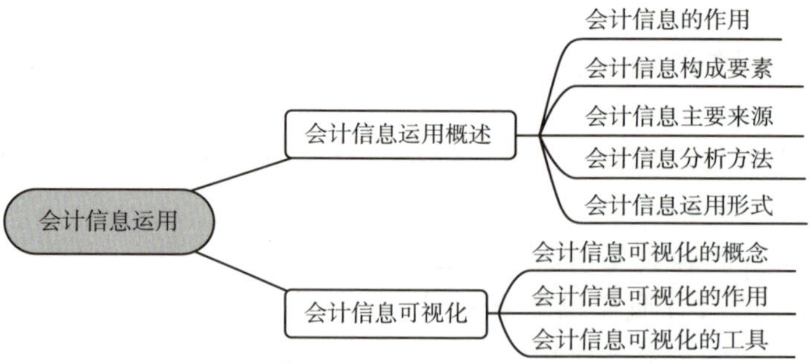

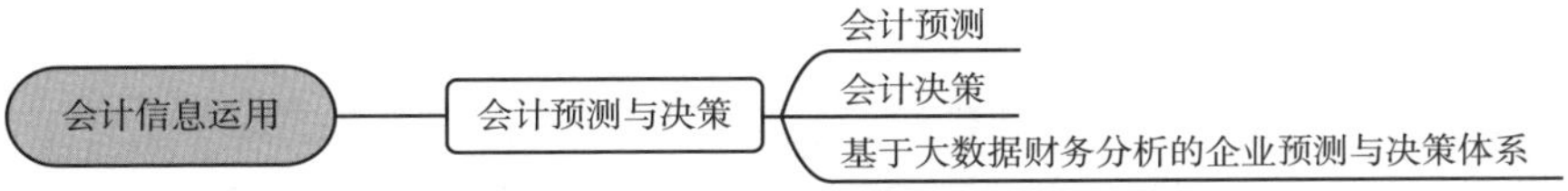

引导案例

富民科技股份有限公司会计信息

富民科技股份有限公司是一家从事国内领先的第三代半导体衬底材料生产商，主要从事碳化硅衬底的研发、生产和销售，其自主研发的半绝缘型碳化硅衬底产品，实现了我国核心战略材料的自主可控，产品广泛应用于微波电子、5G通信、电动汽车、新能源、电子电力、国防等领域。公司已经于2022年上市，坐落于繁荣的粤港澳大湾区，所处行业为“电子元件及电子专用材料制造”，属于国家统计局发布的《战略性新兴产业分类(2018)》中国家重点鼓励、扶持的战略性新兴产业。

得益于行业景气度较高，公司产品市场影响力持续增加，2024年公司业绩持续增长，实现营业总收入49 385.68万元，较上年同期增长16.25%，实现净利润8 775.13万元，同比增长29.21%，总资产规模由2023年的24.68亿元增长至2024年的26.19亿元，同比增长6.1%。虽然公司发展势头显著，但是公司管理层也发现，报告期内公司日常经营环节中的仓储、销售、现金流都出现一些问题。为了发现并解决经营中存在的问题，公司管理层要求你结合公司现实情况和所处背景，根据2024年财务报表，出具一份财务分析报告，分析公司经营问题所在并提出对策。

同学们，请认真观察表中富民科技的主要财务数据并思考：

1. 你认为富民科技在2024年的经营业绩如何？
2. 面对如此之多的会计数据，该如何解读分析呢？

富民科技部分会计数据　　单位：万元

主要财务项目（节选）	2024 年	2023 年
总资产	261 843.62	246 793.88
流动资产	110 250.55	104 031.11
货币资金	41 363.91	57 286.21
应收账款	14 178.75	4 260.59
存货	42 557.36	16 221.82
预付账款	1 200.91	3 115.73
非流动资产	162 843.06	142 762.77
固定资产	102 738.55	98 606.55
无形资产	25 415.60	25 834.35
总负债	128 347.19	133 491.71
流动负债	69 603.04	67 080.30

续表

主要财务项目（节选）	2024 年	2023 年
短期借款	11 658.92	9 245.80
应付账款	22 161.93	24 136.17
应付票据	11 025.46	13 226.75
非流动负债	68 744.15	66 411.41
长期借款	33 145.67	22 458.36
股东权益（所有者权益）	133 496.42	113 302.17
科目/时间（单位：亿元）	2024 年	2023 年
营业收入	49 385.68	42 481.19
营业成本	30 565.12	27 494.42
财务费用	1 985.65	1 259.21
管理费用	5 689.63	4 986.51
销售费用	1 025.64	328.49
营业利润	9 819.64	7 812.56
利润总额	9 750.14	7 545.82
净利润	8 775.13	6 791.24
经营活动产生的现金流量净额	11 070.03	9 851.37
投资活动产生的现金流量净额	-10 924.16	-9 039.12
筹资活动产生的现金流量净额	16 818.50	11 537.82

第一节　会计信息运用概述

一、会计信息的作用

微课：会计信息运用概述

在大数据时代，会计信息涵盖了业务、财务和管理等多方面的信息。会计信息是对企业全部经济活动的抽象和汇总，是企业运营的镜像。通过会计信息，信息使用者能够全面理解企业的业务活动，分析经济业务的内涵。具体来说，会计信息的作用包括以下方面：

（1）支持业务活动。会计信息提供了关于企业资源配置和使用的详细记录，帮助管理层了解资源使用效率，发现潜在问题，及时调整运营策略。

（2）履行受托责任。通过会计信息，企业能够向股东、债权人和其他利益相关者展示其财务状况和经营成果，确保其行为的透明度和可信度。

（3）辅助经营决策。会计信息为企业的战略制定和决策提供可靠的数据支持，使管理层能够基于翔实的数据进行分析，预测未来发展趋势，制订合理的经营计划。

总之，会计信息在大数据时代的广泛应用，使其成为企业管理的重要工具，帮助企业在激烈的市场竞争中保持优势（见图 8－1）。

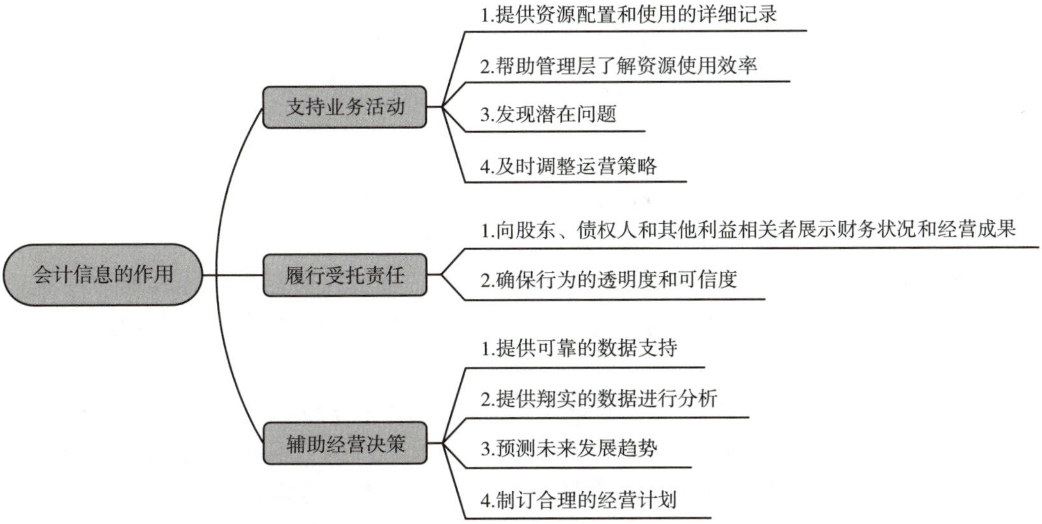

图 8－1　会计信息的作用

二、会计信息构成要素

会计信息由以下几个主要要素构成：

（一）财务数据信息

财务数据是会计信息的核心部分，主要包括资产、负债、所有者权益、收入、费用和利润等基本会计要素。这些数据通过系统的会计记录和报告，全面反映了企业的财务状况和经营成果。

（二）业务数据信息

业务数据涵盖了企业的生产、销售、采购、库存等业务活动的信息，这些数据帮助管理层全面了解企业的运营情况和业务流程，从而支持企业的日常管理和决策。

（1）生产数据：包括生产计划、生产进度、生产成本等信息，具体表现为生产订单、产量报告、生产工时等。制造企业的生产计划数据可以帮助管理层安排生产进度，合理分配生产资源，提高生产效率。

（2）销售数据：包括销售订单、销售收入、销售渠道、客户信息等，具体表现为客户订单记录、销售报表、市场分析报告等。零售企业的销售数据可以帮助管理层了解各类商品的销售情况，调整销售策略，优化库存管理。

（3）采购数据：包括采购订单、采购成本、供应商信息等，具体表现为供应商合同、采购发票、供应链绩效评估报告等。企业的采购数据可以帮助管理层选择优质供应商，降低采购成本，确保供应链的稳定性和高效性。

（4）库存数据：包括库存数量、库存成本、库存周转率等信息，具体表现为库存报表、库存预警、库存分析报告等。零售企业的库存数据可以帮助管理层控制库存水平，避免库存积压或短缺，提高库存管理效率。

（三）管理数据信息

管理数据是企业在预算、成本控制、绩效评估等方面的信息，这些数据支持企业的战略制定和运营管理，帮助管理层进行科学的决策（见图 8－2）。

（1）预算数据：包括企业的年度预算、季度预算、项目预算等，具体表现为预算报告、预算执行情况分析、预算调整方案等。企业的年度预算数据可以帮助管理层规划年度资源配置，制订年度经营目标。

（2）成本控制数据：包括各种成本费用的详细记录和分析，如生产成本、销售费用、管理费用等，具体表现为成本报表、成本分析报告、成本控制方案等。通过成本控制数据，企业可以发现并解决生产过程中的浪费问题，优化成本结构，提高利润率。

（3）绩效评估数据：包括各部门、各岗位的绩效指标和评估结果，具体表现为绩效考核报告、员工绩效评价、绩效改进计划等。通过绩效评估数据，企业可以评估员工的工作表现，制订合理的绩效激励方案，提升员工的积极性和工作效率。

通过对多种形态会计信息的汇总分析，可以为企业的日常运营和战略决策提供重要支持，帮助企业在大数据时代实现更高效、更科学的管理和发展。

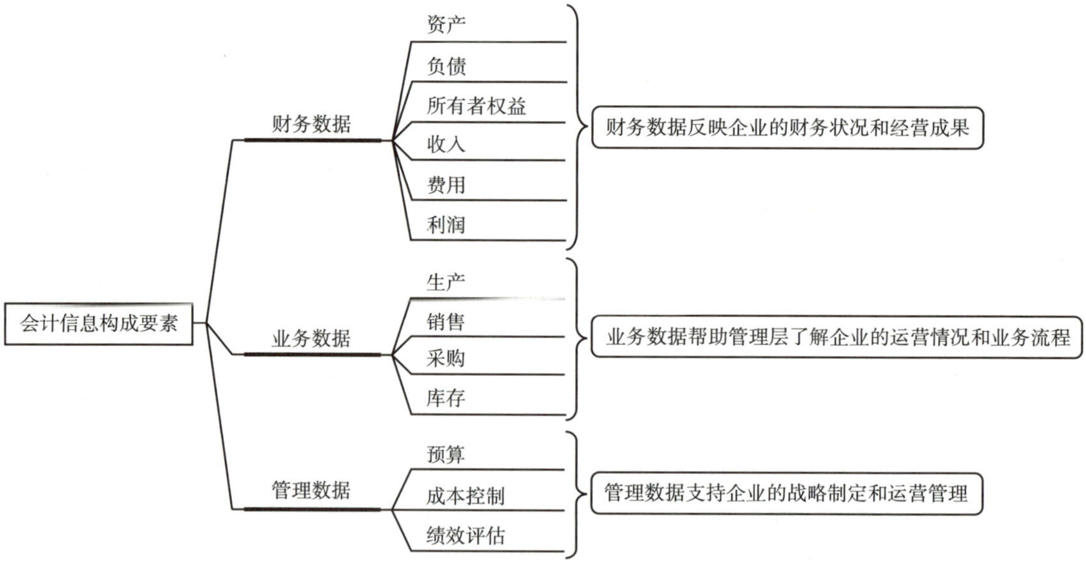

图 8－2　会计信息构成要素

【拓展阅读】

业财融合财务分析引领海尔与关联方的双赢

会计信息还包括社会责任、研究与开发创新能力、人力资源能力等，例如企业的环境保护、带动地区经济发展、提供就业、社会公益、国家产业布局等因素都会对企业经营管理、业绩预测产生影响。

海尔集团的财务管理工作依托于全方位多维度的业财融合财务分析工作，以财务数据为切入点，透过财务数据，结合企业业务数据和多元非财务信息，制定企业战略发展方向和业绩动力源泉，优化经营结构和管理模式，成为国内白色家电行业三巨头之一，打造资产千亿元级别，营业收入千亿元级别，并在全球市场具备强劲竞争力的跨国企业。

海尔着眼于谋取企业整体的竞争优势，通过对企业内部研发、采购、生产、销售和售后等全价值链各个环节的分析、企业上下游产业链的分析，以及竞争对手与行业信息的分析研判，以财务和非财务信息为基础，展开全面系统化的财务分析工作，为企业战略制定、业务经营、决策分析和投资并购等提供全方位的服务。

战略层面上，结合财务分析中对企业营业收入构成分析、利润来源分析，打造海外发展战略，在激烈的国内竞争环境中寻求发展的同时，打造海外品牌，拓展营业收入海外来源，优化产品结构，注重高端产品海外竞争力，海外市场毛利率水平不断增长。截至 2021 年，海尔海外市场营业收入比重超过国内市场，达 52% 左右。

同时，在企业内部实施管理模式的升级，海尔的管理会计实践从化小核算单元的组织变革入手，通过再造流程促使财务人员高效聚焦业务进程。将传统的财务报表转化为每个自主经营体的战略损益表、日清表和人单酬表，使包括财务在内的各级组织与市场需求精准对接。通过建立零库存和零应收的营运资金管理，实现与供应商、经销商的双赢。

三、会计信息主要来源

随着财务云、财务共享中心、财务数智化和人工智能等技术的广泛应用，会计信息的获取和应用变得更加广泛和多样化，会计信息的主要来源已经不仅限于传统的财务数据采集和报告系统，涵盖了企业内部和外部的各类数据源。

（一）内部来源

（1）企业内部系统：企业内部使用集成化的数字信息管理系统，如企业资源规划（ERP）系统、财务管理系统、生产管理系统等，这些系统通过对企业各项业务活动和财务数据的全面记录和实时更新，提供了高效的数据整合和分析能力。例如，ERP 系统整合了采购、生产、销售、库存等各个环节的数据，使企业能够实现业财融合，全面掌握经营状况。财务管理系统记录并分析企业的财务交易，确保财务数据的准确性和及时性。生产管理系统则监控生产流程、产量和生产成本，帮助企业优化生产效率和资源配置。此外，财务云和财务共享中心的应用，使得企业能够在全球范围内实时访问和整合财务数据，提高数据处理效率和决策的准确性。

（2）员工报告：企业的各级管理人员和员工会定期提交各种报告，如部门经理的绩效报告、生产部门的产量报告、销售团队的销售报告等。这些报告提供了企业运营的第一手资料，反映了企业各个业务环节的实际情况。例如，部门经理的绩效报告可以揭示各部门的工作成效和问题，为企业管理层提供决策依据；生产部门的产量报告帮助企业了解生产进度和效率，及时调整生产计划；销售团队的销售报告则提供了市场动态和客户需求的信息，支持销售策略的制定和调整。

内部会计信息来源如图 8－3 所示。

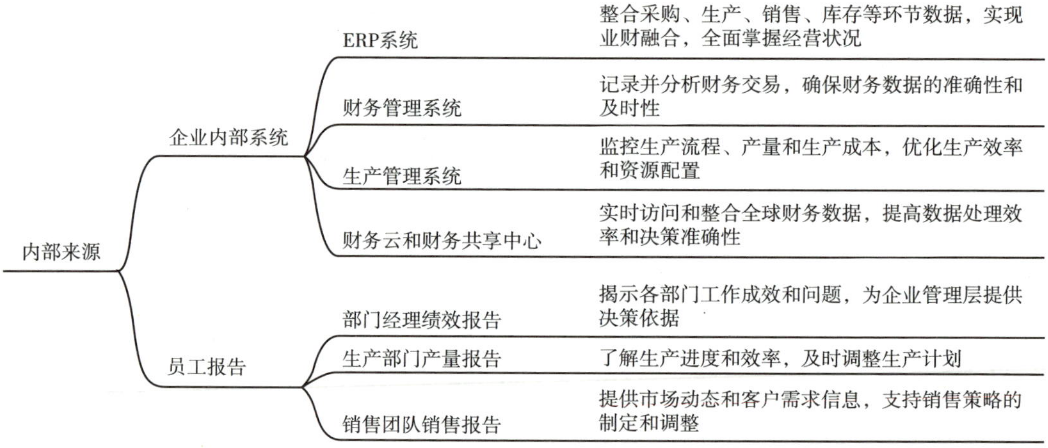

图 8－3　内部会计信息来源

（二）外部来源

（1）市场数据：市场调研报告、行业分析报告和竞争对手分析等市场数据是企业了解市场环境和行业动态的重要信息源。通过大数据技术，企业可以获取和分析大量的市场数据，识别市场趋势和竞争态势。例如，市场调研报告提供了消费者行为、市场需求和市场份额等信息，帮助企业制定市场营销策略；行业分析报告揭示了行业发展趋势、技术进步和政策变化，支持企业的战略规划；竞争对手分析则帮助企业了解竞争对手的动态和策略，优化自身的竞争优势。

（2）供应商和客户信息：供应商的报价、客户的订单和反馈等信息是企业进行供应链管理和客户关系管理的重要数据来源。在大数据时代，企业可以通过电子商务平台、客户关系管理（CRM）系统等渠道实时获取和分析这些信息。例如，供应商的报价和供货记录帮助企业评估供应商的稳定性和成本控制能力；客户的订单数据提供了销售趋势和客户需求的信息，支持企业优化产品和服务；客户的反馈则为企业改进产品质量和提升客户满意度提供了重要依据。

（3）政府和监管机构：税务机关、证券监管机构发布的政策法规、统计数据等外部信息影响企业的合规经营和财务报告。这些数据帮助企业了解宏观经济环境和行业监管要求，确保其经营活动符合相关法律法规。例如，税务机关发布的税收政策和法规影响企业的税务筹划和纳税申报；证券监管机构发布的财务报告规范和披露要求指导企业编制和披露财务报告；政府发布的宏观经济统计数据则为企业分析市场环境和制定战略提供了重要参考。

外部会计信息来源如图 8－4 所示。

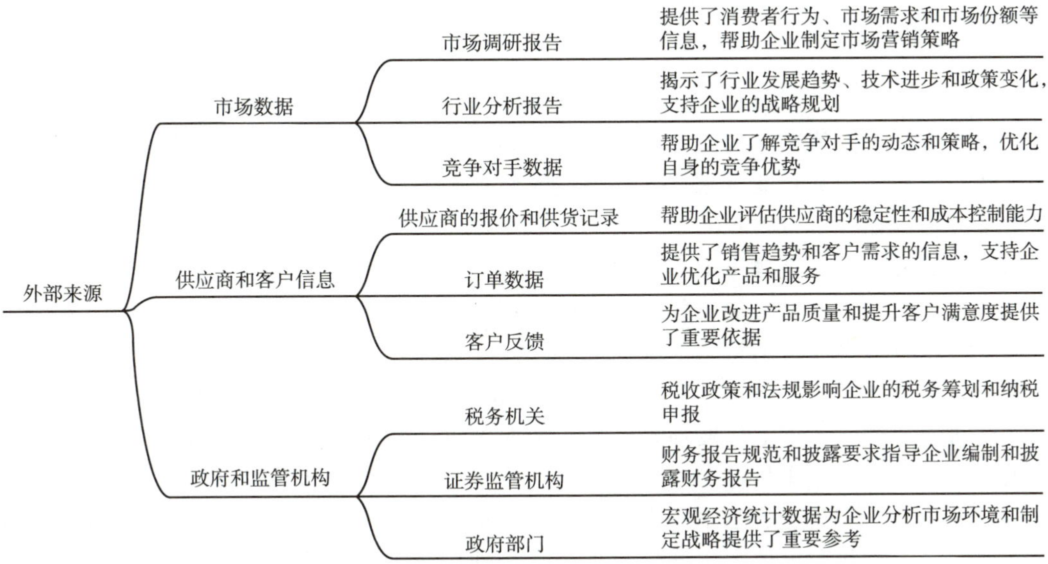

图 8－4 外部会计信息来源

【小贴士】

企业基本信息从哪里查阅

从企业管理角度出发，通过企业内外部信息系统全面掌握企业业务、财务数据和非财务信息，方能更好地参与各项经济活动决策，指导企业经营活动。作为学习者或者企业利益相关者，想要了解一家企业的基本信息，需要借助互联网和专业数据库。

可以使用 Wind、Choice 等金融终端数据库，查询相关企业，获取包括经营数据、财务数据、股权构成等企业基本信息；可以登录同花顺、东方财富、巨潮资讯网等数据库，搜索相关企业基本信息；可以借助包括通达信、文华财经等专业炒股软件来获取企业基本信息。

1. 同花顺数据库：https：//www.10jqka.com.cn/。
2. 东方财富数据库：https：//www.eastmoney.com/。
3. 巨潮资讯：http：//www.cninfo.com.cn/。

四、会计信息分析方法

微课：会计信息分析方法

在现代企业管理中，掌握会计信息分析方法不仅能够帮助企业全面了解自身的财务状况和经营成果，还能够为企业的战略决策提供科学依据。通过有效的会计信息分析，企业管理层可以识别经营中的优势与不足，及时调整经营策略，优化资源配置，提升企业的竞争力和市场适应能力。为了能够准确高效解读分析会计信息，常用的方法包括比较分析法、比率分析法和趋势分析法。

（一）比较分析法

比较分析法是将不同会计期间的会计数据进行比较，计算会计项目数据变动额和变动率，通过数值或指标值变化的对比，确定出差异，分析和判断企业经营状况的变化趋势的方法。这种方法能够帮助企业管理层了解不同时间段的财务和经营变化，为评估企业的发展状况提供参考。例如：

（1）销售量比较：将本会计期间内的销售量与上一会计期间的销售量进行比较，以分析销售量变动情况。如果发现销售量显著增加，企业可以进一步分析增长的原因，如市场需求增加、新产品推出或营销策略的成功。

（2）成本费用比较：比较不同会计期间的成本费用，了解成本控制的效果。例如，若本会计期间的制造成本较上年度显著降低，企业可以评估相关成本控制措施的有效性，如生产工艺改进、采购渠道优化等。

（3）利润比较：通过比较各会计期间的净利润，企业可以评估盈利能力的变化。如果某一会计期间的净利润出现大幅增长或下降，企业需要进一步分析原因，如收入结构变化、成本控制成效或市场环境影响等。

【例 8－1】富民科技是一家专注半导体材料的研发与生产的企业，目标是成为国际上先进的半导体材料公司，并致力于实现我国半导体材料的自主可控。为了实现企业战略目标，满足不断扩大的市场需求和国家经济建设的需要，公司 20×4 年持续加大科研投入，并取得了理想的效果，其业绩数据如表 8－1 所示。

表 8－1　　富民科技利润简表比较分析

科目/时间（单位：万元）	20×4 年	20×3 年	变动额	变动率
营业收入	49 385.68	42 481.19	6 904.49	16.25%
营业成本	30 565.12	27 494.42	3 070.70	11.17%
财务费用	1 985.65	1 259.21	726.44	57.69%
研发费用	5 689.63	4 086.51	1 603.12	39.23%
销售费用	1 025.64	328.49	697.15	212.23%
营业利润	9 819.64	7 812.56	2 007.08	25.69%
利润总额	9 750.14	7 545.82	2 204.32	29.21%
净利润	8 775.13	6 791.24	1 983.89	29.21%

通过对比公司两年的主要业绩数据，20×4 年公司营业收入增长 6 904.49 万元，增长 16.25%，净利润增长 1 983.89 万元，增长 29.21%，整体业绩持续上升。公司注重研发投入，研发费用增长 1 603.12 万元，增长 39.23%，销售增长带动营业成本和销售费用增长，需注意销售费用增长幅度较大，有待控制。

在运用比较分析方法进行会计信息分析时，选择合适的标准是确保分析结果准确性和有效性的关键步骤。比较分析法常用的标准包括历史标准和行业标准。这些标准为企业提供了参考基准，帮助管理层评估企业的财务状况和经营绩效。

历史标准：历史标准是指将企业当前会计期间的数据与过去会计期间的数据进行比较。这种标准帮助企业识别自身经营状况的变化趋势，评估内部改进措施的效果。通过比较当前和历史期间的关键财务指标（如销售收入、成本费用、净利润等），企业可以识别出经营中的变化趋势。例如，将本年度的销售收入与过去三年的销售收入进行比较，可以发现销售增长或下降的趋势。如果某一年的成本费用显著低于历史平均水平，企业可以进一步分析成本控制措施的成效。

行业标准：行业标准是指将企业当前会计期间的数据与行业内其他企业的平均数据或最佳数据进行比较。这种标准帮助企业了解其在行业中的地位，评估自身的竞争优势和劣势。选择行业标准时，可以参考行业协会、专业咨询机构或政府发布的行业平均数据或标杆企业数据，要确保所选的行业标准具有代表性和权威性。通过比较企业的关键财务指标与行业标准，企业可以评估自身的竞争力。例如，企业的资产负债率和净利润率与行业平均水平进行比较，可以发现财务结构和盈利能力方面的优势和不足。如果企业的净利润率低于行业平均水平，可能需要分析并优化成本结构和运营效率。

（二）比率分析法

比率分析法是通过计算各种财务比率，评估企业的财务状况和经营绩效。这些比率指标能够帮助会计信息使用者了解企业的流动性、偿债能力、盈利能力和运营效率，据以考察、分析和评价企业财务状况和经营业绩的分析方法。财务比率可与企业过去的比率进行比较，也可以与预定的标准财务比率进行比较，还可以与同行业的财务比率进行比较。

比率是相对数，采用比率分析法能够把某些条件下的不可比指标变为可比指标，从而使不可比的企业之间找到可比性。比率指标主要有以下三种：

1. 结构比率

结构比率是某项经济指标的各个组成部分与总体的比率，反映部分与总体的关系。常用的结构比率有收入构成、资产结构、资本结构和盈利结构等比率。利用结构比率，可以考察总体中某部分的形成和安排是否合理，以便协调各项业务、财务和管理活动。

【例 8－2】富民科技生成产品主是碳化硅衬底，该产品用以生产功率器件和微波射频器件等半导体元件，广泛应用于 5G 基站建设、特高压、城际高速铁路和城市轨道交通、新能源汽车及充电桩、大数据中心等“新基建”领域。20×4 年公司主营构成见表 8－2。

表 8－2　富民科技主营构成分析　　单位：亿元

20×4 年	主营构成	主营收入	收入比例	主营利润	利润比例	毛利率（%）
按产品分类	碳化硅衬底	3.871	78.38%	0.79	90.52%	32.83
	其他（补充）	1.068	21.62%	0.08	9.48%	12.47
按地区分类	境内	3.371	68.25%	0.68	77.57%	32.31
	境外	1.57	31.75%	0.20	22.43%	24.41

20×4 年公司销售衬底约 57 000 片，实现营业总收入 4.94 亿元，其中碳化硅衬底类产品实现收入 3.87 亿元，占总收入比重为 78.38%，其他类产品实现收入 1.07 亿元，占总收入比重 21.62%，可以得知公司核心产品为碳化硅衬底。公司境内收入 3.37 亿元，占总收入比重为 68.25%，境外收入 1.57 亿元，占总收入比重为 31.75%，可以分析得知公司主要业务面向境内地区。

2. 效率比率

效率比率是反映投入与产出关系的财务比率，如毛利率是采用毛利润除以营业收入得到的比率。效率比率的分子是代表产出的项目，通常是各种利润数据；分母则是代表某种投入的数据，如资产、成本费用等。利用效率比率可以考察企业经营管理活动的经济效益，揭示企业的获利能力。

【例 8－3】 如表 8－2 所示，20×4 年富民科技碳化硅衬底产品的毛利率为 32.83%，其他类产品的毛利率为 12.47%，假设碳化硅衬底类产品的行业内毛利率均值为 25.42%，可以发现公司目前碳化硅衬底类产品毛利率高于行业均值（32.83% >25.42%,)，作为企业管理层，应该考虑优先生产销售此类产品从而为企业提供更多利润。

3. 相关比率

相关比率是以某个项目总额与相互关联但性质不同的项目总额加以对比所得的比率，反映有关经济活动的相互关系。利用相关比率指标，可以考察有联系的相关业务安排是否合理，以保障企业经济活动的顺利进行。如将总负债与总资产加以对比，计算出资产负债率，可以得出企业负债占总资产的比重，据以评价企业的财务风险。

【例 8－4】 富民科技资产负债简表见表 8－3。

表 8－3　富民科技资产负债简表比率分析

主要财务项目（单位：万元）	20×4 年	占总资产比重	20×3 年	占总资产比重
总资产	261 843.62	100.00%	246 793.88	100.00%
流动资产	110 250.55	42.11%	104 031.11	42.15%
非流动资产	162 843.06	62.19%	142 762.77	57.85%
总负债	128 347.19	49.02%	133 491.71	54.09%
流动负债	69 603.04	26.58%	67 080.30	27.18%
非流动负债	68 744.15	26.25%	66 411.41	26.91%
股东权益（所有者权益）	133 496.42	50.98%	113 302.17	45.91%

从表 8－3 看出，20×4 年公司总资产为 26.18 亿元，总负债为 12.83 亿元，总负债占总资产的比重为 49.02%；所有者权益总额为 13.35 亿元，所有者权益总额占总资产比重为 50.98%，可以理解为公司资产约 49% 是由负债构成的，约 51% 是由所有者权益构成的，公司整体财务风险相对均衡可控。

（三）趋势分析法

趋势分析法是通过对多个会计期间的连续数据进行分析，并形成一系列具有可比性的百分比（趋势百分比），识别企业发展趋势和未来预测。这种方法能够帮助管理层了解企业长期发展状况，制定科学的战略规划。例如：

（1）增长趋势分析：通过分析多个会计期间的销售收入数据，评估企业的市场表现和销售策略的有效性。这种分析能够帮助企业管理层了解销售增长的长期趋势，制定更为精准的市场策略。如果销售增长趋势良好，企业可以继续当前的发展战略；如果增长停滞或下降，企业需要审视经营策略并进行调整。

（2）收入和成本趋势分析：分析多个会计期间的收入和成本变化，评估市场需求和成本控制的长期效果。例如，通过收入趋势分析，企业可以了解市场需求的变化；通过成本趋势分析，企业可以评估成本控制措施的长期效果。

（3）预算执行趋势分析：通过分析多个会计期间的预算执行情况，评估企业预算管理的有效性和资源配置的合理性。这种分析能够帮助企业管理层了解预算执行的长期变化，优化预算管理和资源配置。

【例 8 – 5】趋势分析一般以趋势图的方式呈现，即财务数据可视化。我们以富民科技研发费用预算执行数据为例，见表 8 – 4、图 8 – 5。

表 8 – 4　富民科技研发费用预算与执行趋势分析表

研发费用/年度（单位：万元）	20 ×0 年	20 ×1 年	20 ×2 年	20 ×3 年	20 ×4 年
预算数	1 950.00	2 900.00	3 700.00	4 000.00	5 800.00
实际数	1 865.78	2 847.51	3 524.62	4 086.51	5 689.63
执行率	95.68%	98.19%	95.26%	102.16%	98.10%

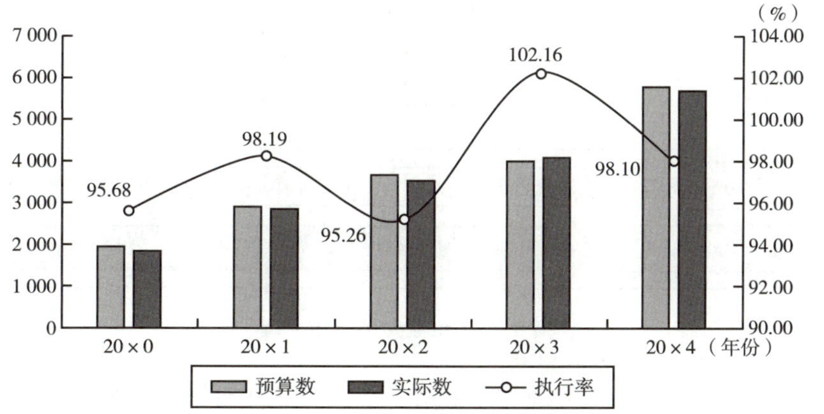

图 8 – 5　公司研发费用预算执行率趋势

微课：企业财务分析

五、会计信息运用形式

通过对会计信息的全面分析，为企业提供了多维度的财务健康评估和业务绩效监控，企业管理层能够深入了解财务状况、经营成果以及资源配置的效率，从而制定科学的经营策略和管理决策。然而，仅停留在会计信息的基本运用层面是不够的，需要进一步深入到财务分析的层次。

企业财务分析是会计信息运用的高级阶段，是采用科学的评价标准和专门的分析方法，通过对会计信息进行更深入、更系统的分析，对企业过去和现在有关筹资活动、投资活动、经营活动、分配活动的盈利能力、营运能力、偿债能力和发展能力进行分析与评价的经济管理活动。通过编制企业财务分析报告，揭示企业经营中存在的问题和取得的绩效，预测企业未来财务状况、经营业绩和发展前景。随着信息化时代的到来，互联网、大数据、人工智能等技术发展和运用，财务分析工作不再局限于内源性基于会计信息和财务报表的分析，借助于大数据技术对企业经营数据、业务数据、财务数据和非财务信息深度挖掘，结合国家政策、企业所处宏观产业行业环境、企业发展战略、竞争对手、市场占有率和产品或服务核心竞争力等外源性信息，从企业内部到外部展开全方位的财务分析，为会计信息使用者进行财务决策提供全面、及时和有效的数据支持（见图 8 –6）。

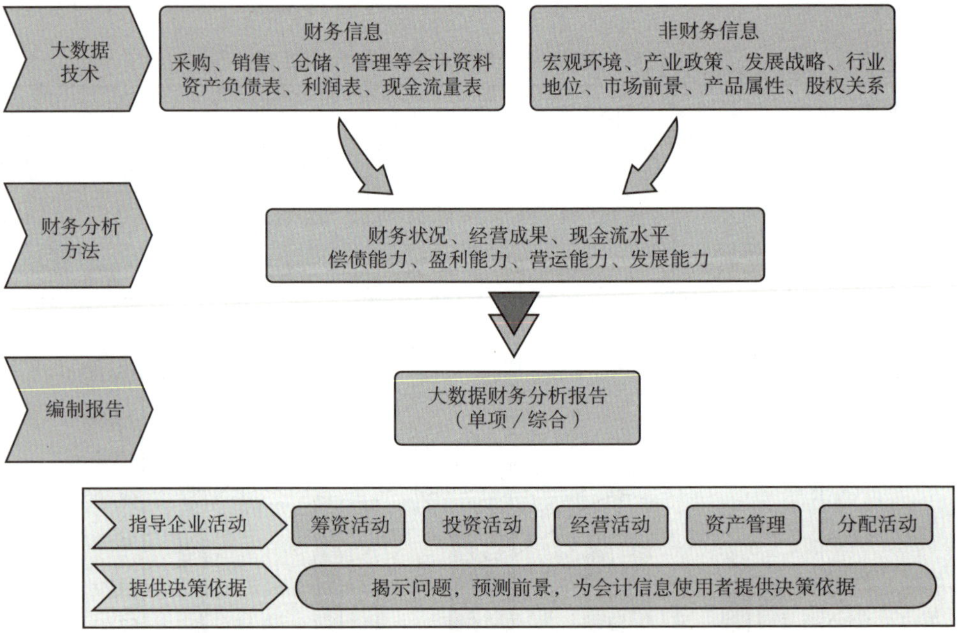

图 8 –6　企业财务分析原理

财务分析的内容主要包括企业基本信息分析、财务报表分析、财务能力分析、财务综合分析四个部分。

（1）企业基本信息分析：是财务分析的基础，通过对企业的基本信息进行梳理和分析，全面了解企业的经营背景和发展状况。企业基本信息包括企业股权结构、业务范围、市场地位以及行业特点等，这些信息有助于理解企业的经营环境和战略定位，为后续的财务分析提供背景支持。

（2）财务报表分析：是财务分析的核心内容，通过对企业的资产负债表、利润表和现金流量表进行详细分析，了解企业的财务稳健性，评估企业的盈利能力、经营效率和现金流管理和流动性。

（3）财务能力分析：通过计算和分析各种财务比率，评估企业在偿债能力、盈利能力、营运能力、发展能力等方面的财务健康状况和运营效率。

（4）财务综合分析：是对前述各部分分析结果的总结和综合评价，结合企业基本信息、财务报表和财务比率的分析结果，综合评估企业的财务健康状况，识别企业在财务管理中的潜在风险，提出相应的预警和解决方案，并基于综合分析结果，为企业的财务管理和战略决策提供建议和改进措施，帮助企业提升财务管理水平和竞争力。常用的方法有杜邦分析法。

【拓展阅读】

杜邦分析法

杜邦分析法是最经典的财务指标分析方法，是用来评价企业盈利能力和股东权益回报水平，从财务角度评价企业绩效的一种方法。其基本思想是将企业净资产收益率逐级分解为多项财务比率乘积，这样有助于深入分析比较企业经营业绩。杜邦分析公式：

ROE（净资产收益率）= 营业净利率 × 总资产周转率 × 权益乘数

了解一家企业的盈利能力，需综合考察企业的营业净利率、使用资产的效率和企业的财务杠杆。这三个方面构成了解释企业盈利能力的三个维度。对企业管理层而言，杜邦分析法有助于看清决定净资产收益率的各个因素，为经营管理决策提供依据。只有协调好各个因素之间的关系，才能使净资产收益率最大化。对投资者来说，看清净资产收益率的各个决定因素，也可以为投资决策提供依据。

第二节 会计信息可视化

一、会计信息可视化的概念

微课：会计信息可视化

会计信息可视化是指利用图形化手段，将会计数据转换为更加客观、更具说服力、更直观的表格和图形，以便于信息使用者理解和分析数据的过程。通过会计信息可视化，可以将复杂的数据信息简化为视觉图形，不仅能够更好地揭示关键数据信息，还有助于总体和细节数据的梳理，帮助信息使用者快速抓取和理解关键信息。

在大数据时代，随着企业经济业务的多元化和复杂化，企业的业务、财务和管理数据呈现出几何式增长态势。这些数据汇集在会计信息管理系统中，形成了一个庞大的数据池。如此庞大的数据量给企业管理者和决策者带来了及时、准确、快速整合信息的挑战，使会计信息的可理解性降低。通过会计信息可视化处理，可以将繁杂的会计数据转化为易于理解的直观图表，从而提高信息使用者对财务数据的理解和掌握，减轻会计信息使用的负担。即使是不熟悉会计的人，通过可视化图形也能对数据有一定的了解。

会计信息可视化作为大数据技术在财务分析中的重要应用手段，能够大大提升数据分析的效率和效果，为企业的管理和决策提供强有力的支持。通过直观的图形和表格，会计信息使用者可以更好地把握经营和财务健康状况，为实现科学决策和高效管理奠定基础。

销售业绩对比表

年份	产品A	产品B	产品C
2020	456	241	323
2021	648	289	124
2022	439	376	489
2023	279	553	206
2024	399	421	589

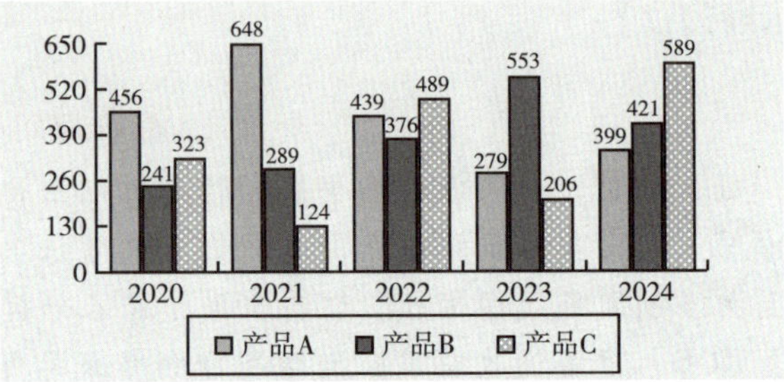

2023年各产品销售份额

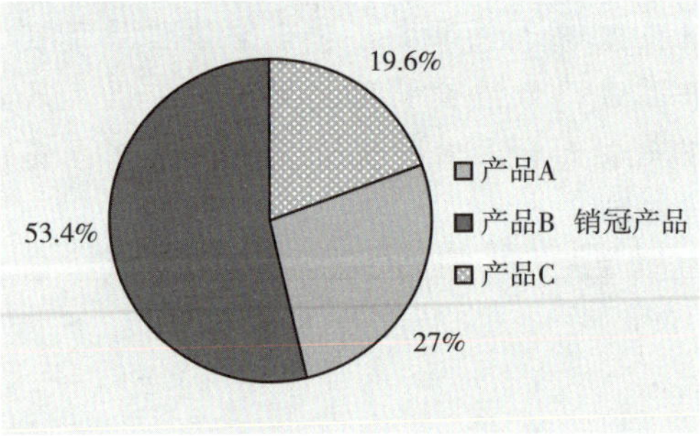

2024年各产品销售份额

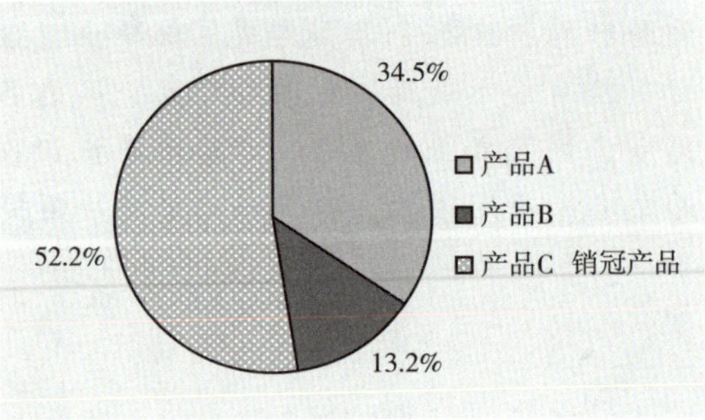

图 8－7　会计信息可视化效果

二、会计信息可视化的作用

会计信息可视化在企业管理、投资决策、政府监管等活动中具有重要的作用，不仅提升了会计信息的可读性和分析效率，还为决策制定提供了直观的数据支持。具体作用如下：

（一）提高会计信息的可读性和可解释性

通过图形化的展示方式，会计信息数据可视化能够将复杂的会计数据转化为直观的图表，使信息使用者能够快速理解数据的含义，便于快速识别数据中的重要信息和潜在问题，从而提高分析效率。例如，通过柱状图、折线图（见图 8－8）和环形图等图表形式，我们可以更直观地看到销售收入、成本和利润的变化趋势，简化了数据分析的过程，使我们能够轻松发现数据中的模式、趋势和异常。

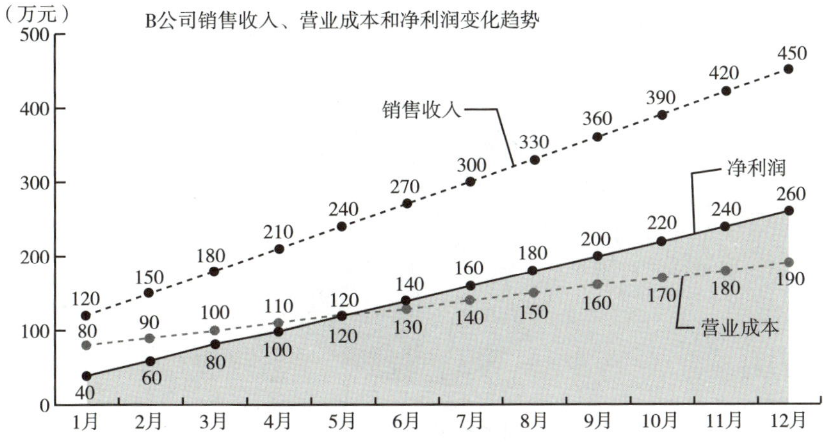

图 8－8　折线图示例

（二）提升财务分析准确性

会计信息可视化运用大数据技术将企业庞大且碎片化的财务数据和非财务信息整合起来，并直观地体现出来。这种信息处理不仅简单快捷，也降低了人工整合信息时的失误可能性，提高了信息的准确性，帮助使用者尽可能提取关键信息。例如，通过散点图分析，使用者可以快速发现销售额与广告支出之间的相关性，帮助使用者做出更明智的营销决策（见图 8－9）。

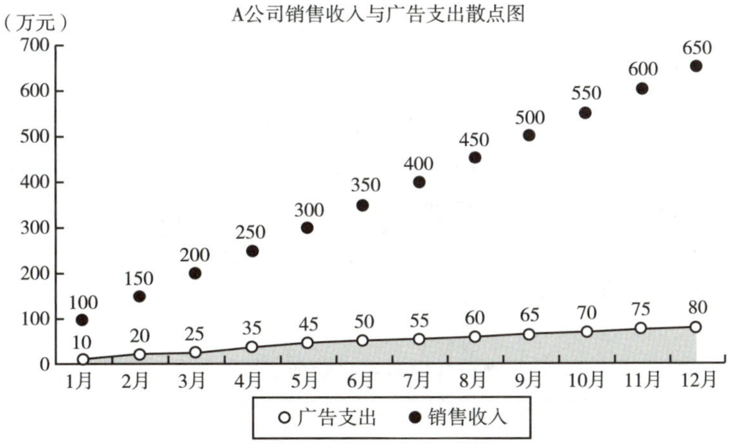

图 8－9　散点图示例

（三）增强信息沟通效果

在团队协作和沟通中，可视化图表能够有效传达会计数据背后的信息，使团队成员和利益相关者更容易理解分析结果，促进内部沟通和协作。例如，在季度财务报告中，通过饼图展示各部门的费用占比，可以直观地展示资源分配情况，便于各部门讨论和优化资源配置（见图 8－10）。

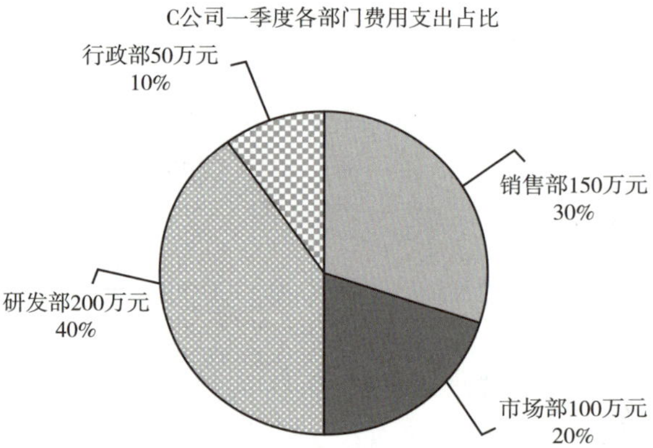

图 8－10　饼图示例

（四）降低财务分析成本

传统的财务分析需要对报告期内的财务数据进行归集处理、编制报表、反复确认和财务分析等一系列流程，数据分析复杂，需要消耗大量人力物力。利用大数据技术进行财务数据可视化处理，直接导入原始数据即可自动生成直观的图表，提高财务分析工作效率，降低企业成本。信息使用者可以将更多的时间和资源投入企业的核心业务和战略决策上。

三、会计信息可视化的工具

数据可视化技术随着大数据的发展逐渐被企业在日常经营活动和财务活动过程中广泛应用。在教材第三章企业会计信息处理基础中，已经向大家介绍了大数据处理工具，包括 Excel、Power BI、Fine BI、Tableau 等工具都是常用的数据可视化工具，核心的目的都是通过数据可视化的形式将数据的变化直观地呈现出来，并将隐藏在数据背后的价值信息以讲故事的形式分享给信息使用者（见表 8－5）。

表 8－5　常用数据可视化软件对比

功能/特点	Excel	Power BI	Fine BI	Tableau
开发公司	Microsoft 微软	Microsoft 微软	FanRuan（帆软）	Salesforce
适用用户	初学者、普通办公用户	企业级用户、数据分析师	企业用户、数据分析师	数据分析师、数据科学家、商用
数据源支持	多种格式（Excel 文件、CSV、数据库等）	多种数据源（数据库、云服务、Excel 文件等）	多种数据源（数据库、Excel 文件等）	多种数据源（数据库、云服务、Excel 文件等）
图表类型	基础图表（柱状图、饼图、折线图、散点图等）	丰富的图表类型，支持交互式图表	丰富的图表类型，支持多维度分析	高度丰富的图表类型，支持复杂交互

续表

功能/特点	Excel	Power BI	Fine BI	Tableau
数据处理	基础数据处理功能	强大的数据处理和变换功能	支持数据处理和多维分析	强大的数据处理和可视化分析功能
交互性	基本的交互功能	高度交互，支持仪表盘和报告	支持交互式分析和多维度展示	高度交互，支持复杂的仪表盘和报告
自动化功能	基本的自动化功能（宏、脚本等）	支持数据刷新和自动报告生成	支持数据自动更新和报告生成	支持数据刷新和自动报告生成
部署方式	桌面应用	桌面和云端服务	Web 应用和云部署	桌面和云端服务
优势	使用简单，广泛普及，兼容性强	与微软生态系统集成，企业级功能强大	本地化支持好，企业功能丰富	强大的数据可视化和分析功能，高度互动

以 Power BI 平台为例，主要包括了数据整理、数据建模和数据可视化三项基本功能。数据整理的一般过程是首先要连接各种类型的数据源以获取数据；其次，通过统一数据集的维度名称和数据类型，合并原始数据；最后，通过对数据的抽取、清洗、加载和转换保证能正确解读数据。数据建模就是通过管理数据指标之间的关系，利用 DAX 函数创建度量值、计算列、计算表和层次结构。数据可视化就是将度量值、层次结构等之间的关系用条形图、瀑布图、仪表盘、地图等形式进行展示，通过时间日期的切片器，实现动态交互，其数据可视化实现的过程如图 8－11 所示。

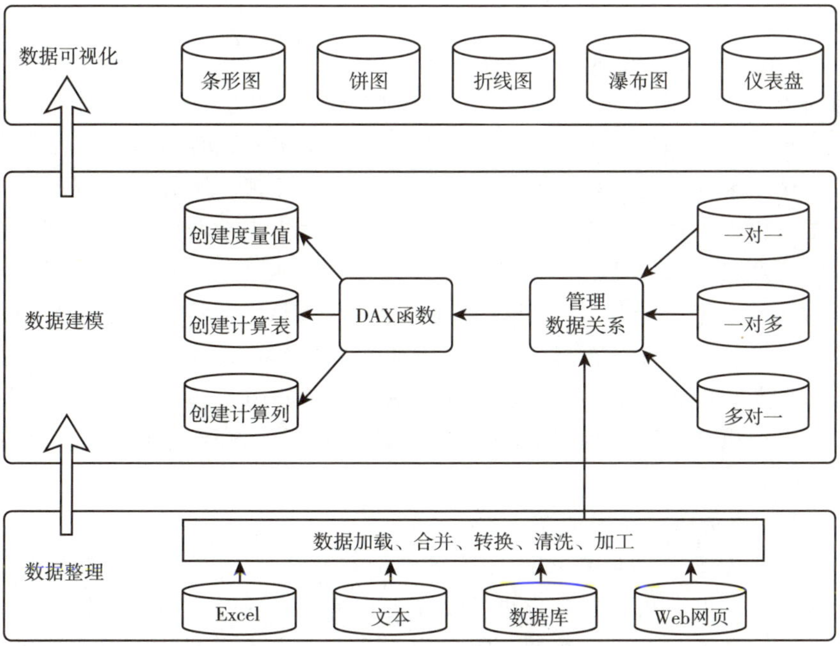

图 8－11　数据可视化实现过程

素养提升

蓝田事件中刘姝威的责任与坚守

刘姝威是中央财经大学的研究员，在对上市公司蓝田股份进行财务分析后，撰写了600多字的短文《应立即停止对蓝田股份发放贷款》。文中指出，蓝田股份的应收账款回收期明显低于同业平均水平，在产品占存货百分比异常高于同业平均水平，固定资产占总资产百分比高于同业平均水平，但其流动比率却低于同业平均水平，这一系列数据表明蓝田股份存在重大财务问题，可能是一个虚假的绩优公司，银行不应再对其发放贷款。

刘姝威的这一分析基于她扎实的财务专业知识和敏锐的洞察力。她通过深入研究蓝田股份公开披露的财务报表，运用专业的财务分析方法，如比率分析等，发现了其中隐藏的不合理之处。然而，这篇短文的发表给她带来了巨大的压力。蓝田股份的相关人员对她进行威胁，声称她断了蓝田的经济命脉，让她在公开场合承认自己的错误。与此同时，刘姝威收到了来历不明的恐吓信，甚至被要求公开道歉以避免身败名裂。

在这种情况下，刘姝威并没有退缩。她坚信自己的分析结论，凭借着坚定的信念和对真相的执着追求，她将自己的分析材料递交给了相关部门。最终，蓝田股份的财务造假问题被揭露，蓝田股份的负责人受到了法律的制裁，而刘姝威也因其勇敢和专业的行为，被评为“感动中国”年度人物。

资料来源： https：//baijiahao. baidu. com/s？ id = 1719384741659432418&wfr = spider&for = pc（原文经过整理）.

问题： 蓝田事件对财务人员的职业素养提升有何启示？

分析提示：

（一）专业素养是立身之本

1. 精准分析财务数据。刘姝威能够从蓝田股份复杂的财务报表中发现异常，得益于她深厚的财务专业知识。财务人员在日常工作中，面对海量的财务数据，必须具备扎实的专业技能，如熟练掌握财务比率分析、财务报表解读等方法，才能准确判断企业的财务状况。例如，在分析企业偿债能力时，像刘姝威关注流动比率等指标一样，要结合行业平均水平进行对比，发现潜在问题。

2. 持续学习与更新知识。随着经济环境和会计准则的不断变化，财务人员需要持续学习新知识，跟上时代步伐。蓝田股份事件发生在特定的经济背景下，如果财务人员不了解当时的行业特点和财务规范，可能就无法识别其中的造假行为。如今，新的金融工具不断涌现，如衍生金融产品等，财务人员必须及时学习相关知识，才能在工作中做出正确判断。

（二）职业道德是职业操守的基石

1. 坚守诚信与公正。刘姝威在面对蓝田股份的威胁时，没有违背自己的良心，坚持说出真相。这体现了财务人员在工作中必须保持诚信，客观公正地对待财务信息。无论是在编制财务报表还是进行财务分析时，都不能为了企业或个人利益而歪曲事实。例如，在企业面临融资压力或业绩考核时，财务人员不能协助企业进行财务造假来美化报表。

2. 勇于担当社会责任。刘姝威的行为不仅是个人行为，她的揭露对保护投资者利益、维护市场秩序起到了重要作用。财务人员作为企业财务信息的把关者，肩负着对企业、投资者和社会的责任。在发现企业存在财务违规行为时，要有勇气站出来，像刘姝威一样向相关部门报告，而不是选择沉默或同流合污。

第三节 会计预测与决策

一、会计预测

微课：会计预测

（一）什么是会计预测

会计预测，也可称为财务预测，是企业根据现有条件和掌握的会计历史资料以及客观经济规律，运用专门分析方法，对生产经营活动的未来发展趋势和状况，进行有目的的预计和测算，以预测企业未来的经济活动。会计预测的内容很多，涉及销售预测、利润预测、成本预测和资金需要量的预测。

会计预测核心任务包括：

（1）测算各项生产经营方案经营效益，预计财务收支发展变化，是企业经营决策的重要依据；

（2）根据企业发展战略，结合企业财务状况，分析企业未来资金需求，是企业融资决策的重要依据；

（3）测定企业成本、费用等各项定额和标准，为企业编制计划、分解计划指标提供依据，是企业制定财务预算的前提；

（4）作为事先性财务管理行为，财务预测可以帮助财务人员认识和控制未来的不确定性，为财务控制提供资料，使财务计划的预期目标同可能变化的周围环境和经济条件保持一致；

（5）财务预测有助于增强企业应变与抗风险能力。

（二）会计预测方法

会计预测方法有定性预测和定量预测两大类。定性预测通常是根据企业过去的经营活动和财务活动水平，建立在经验判断和逻辑推理基础之上对企业未来进行预测，常用的方法包括专家会议法、菲尔调查、现场观察、座谈等方法。定量预测通常是根据企业各项历史数据，找出其内在规律、运用连贯性原则和类推性原则，通过构建数学分析模型对事物未来状况进行数量预测。对于企业资金需要量预测，常用销售百分比法、高低点法和回归分析法；对于销售收入预测，常用移动平均法、加权平均法和回归分析法；对于利润的预测，常用本量利分析法、相关比率法和因素分析法等。定性预测法和定量预测法各有优缺点，在实际工作中可把两者结合起来应用，既进行定性分析，又进行定量分析。

（三）会计预测流程

会计预测依次可以划分为以下七个步骤：

（1）会计预测首先要明确预测对象和目标，然后根据预测的目标、内容和要求确定预测的范围和时间，在确立财务预测对象和目标时，要遵循连续性原则。

（2）收集会计预测资料，检查其可靠性、完整性和典型性，能够反映企业真实经营状况，根据需要对资料进行整理和分析。通常根据相邻的财务报表和财务资料进行未来的预测，可以选择企业近3—5年的财务资料。

（3）根据企业实际情况，分析预测变量之间的相关性和相似性等规律，选择合适的预测方法，进行科学合理预测。不同类型的公司处于不同的发展阶段所使用的预测方法是不同的，要遵循科学性原则。

（4）运用所选择的科学预测方法进行财务预算，并得出初步的预算结果，要遵循客观性原则，此外也要考虑相关预测方法的局限性，才能做出正确预测。

（5）财务预测是基于过去的财务资料和财务人员过去年度内积累的相关经验，预测企业未来经营活动水平，会与企业实际经营状况会存在偏差，因此需要结合企业实际经营情况和内外部影响因素，对预测结果进行经济分析评价。

（6）会计预测是一个动态的过程，需要根据市场、政策、竞争以及公司治理情况等因素，及时调整并不断修正会计预测，确保预测更切合企业实际经营情况。

（7）一个会计期间结束后，应对报告期内会计预测工作进行总结，分析会计预测工作实际效果，发现不足和需要改进的地方，以便在下一个报告期内加以改善，更好地开展预测工作。

会计预测流程如图8－12所示。

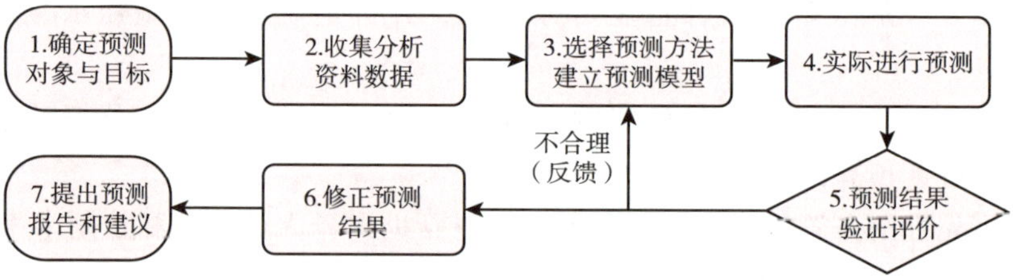

图8－12　会计预测流程

【拓展阅读】

运用信息技术进行会计预测

对于大型企业来说，无论是销售百分比法还是回归分析法都显得过于简化。实际上，影响融资需求的变量很多，如产品组合、信用政策、价格政策等。考虑这些变量的预测模型在手工条件下非常难求解，需要借助信息技术方可完成。

运用信息技术进行财务预测的最简单方式，是使用数据处理软件，如 Excel、Power BI 等。在使用数据处理软件进行财务预测时，计算过程与手工操作几乎没有差别，但不同的是，前者所构建的财务模型是动态的。一方面，可以通过改变输入变量，反映不同假设条件或策略对公司未来业绩的影响；另一方面，可以针对希望达到的结果，进行反向求解。例如，不但可以根据既定的销售水平预测融资需求，还可根据既定的资金限额预测可达到的销售收入。

由于所处环境的不断变化，企业的产品服务、业务流程、商业模式等不断地创新与变革，对信息深度和广度的要求也在不断提高。企业对信息技术的应用正从业务流程自动化向决策支持智能化发展，联机分析、数据挖掘、机器学习等人工智能的出现，将成为未来财务预测的主要工具。这些信息技术的广泛应用，将帮助企业智能化地分析业财一体化数据，作出归纳性推理，挖掘潜在模式，预测客户行为和市场反应，帮助决策者调整策略，减少风险，把握机遇。

二、会计决策

微课：会计决策

（一）什么是会计决策

会计决策，又可称为财务决策，是指财会人员根据企业财务管理目标的总体要求，在会计预测的基础上，运用专门的方法，从各种备选方案中选择最佳方案的过程。会计决策建立在会计预测的基础之上，是对会计预测结果的分析与选择。会计决策帮助企业有计划、有预见性地展开生产经营活动，减少盲目性；会计决策帮助企业确定经营活动目标及实现的途径和方法，是企业经营活动重要依据；会计决策评价和选择企业经营策略，分析各种经营策略的优劣及正确与否，决定经营方案的取舍，保证经营决策的正确性和最优性；会计决策帮助企业对各种经营活动合理地进行资金分配，为企业实现资源优化配置，提高资源使用效率创造条件。

基于企业财务决策内容分类的角度，企业的财务决策包括经营决策、投资决策、融资决策和利润分配决策。

1. 经营决策

企业的经营决策可分为生产决策、销售决策和存货决策等。企业管理者通过对财务指标进行分析，发现企业产品生产过程中可能发生的问题，通过制订产品生产决策方案，解决这些可能存在的问题，同时进一步提高企业的生产经营效率。产品的生产成本决策可以从原材料成本、制造车间工人的薪酬、车间的投入产出等指标进行财务分析，辅助企业管理人员制订科学有效的生产成本决策方案，从根本上降低企业的生产成本，实现企业利润的最大化。销售决策是基于产品库存、产品销售额、应收账款、主营业务收入和销售费用等指标进行分析，绘制销售额趋势图、产品库存趋势图等，辅助企业管理人员进行销售决策方案的制订过程。存货决策是基于对库存商品数据的统计分析，发现存货数量的变化趋势，若产品存货积压过多，导致企业资金周转率低，会给企业带来潜在风险。因此，企业管理人员可以调整库存结构，制订低价格战略的存货决策措施，通过薄利多销的方式把存货销售出去，解决企业潜在的问题。

2. 投资决策

企业的投资决策是利用企业内部的闲置资金，投资企业项目，期望为企业带来较优的投资收益的决策过程。投资决策的一般过程是首先要明确投资的目标对象，确定投资方向。然后对企业内部的资金结构进行分析来制订切实可行的投资方案。最后组织企业的相关决策人员对备选的投资方案进行评价，并结合投资风险和企业自身发展的需要，确定投资决策方案。

3. 融资决策

企业的融资决策是基于企业实际发展的需要，企业决策人员选择合理的融资金额和融资方式，降低企业的财务风险的过程。通过对企业资产负债率、资金结构等指标进行分析选择适当的融资金额，提高企业的资金周转率，通过向银行借款、在股市市场发行股票和在债券市场发行债券等方式进行融资，降低企业的资金使用成本。

4. 利润分配决策

企业的利润分配决策是企业管理人员在年底根据当年企业的盈利情况，同时考虑企业的长远发展需要，制订股东利润分配方案的过程。利润分配决策一般涉及股东之间分配比例和分配方式等决策方案的制订。

（二）会计决策方法

会计决策的目的在于确定最优的方案，从而使企业财务活动获得更好的收益，完成企业的财务管理目标。会计预测需要考虑的因素众多，决定方案的取舍既包括货币化、可计量的经济标准，如成本、费用、收入和利润等，又包括非货币化、不可计量的非经济标准，如人力资源、品牌认可度、企业内外部环境因素和发展战略等。因此，会计决策是多种因素综合平衡的结果，所以需要选择合适的会计决策方法。

会计决策的方法主要分为两大类：主观决策法和计量决策法。主观决策法是指直接凭借管理者的经验、知识和能力，在经营决策的各个阶段，根据已知情况和现有资料，提出决策目标、方案、参数，并作出相应的评估和选择的决策方法，例如优选对比法。计量决策法是指运用数学方法在决策的变量与目标之间建立数学模型，根据数量结果进行决策，例如线性规划法、概率决策法和损益决策法。

1. 优选对比法

优选对比法是把各种不同方案排列在一起，按其经济效益的好坏进行优选对比，进而作出决策的方法。它是会计决策的基本方法，按对比方式可分为总量对比法、差量对比法和指标对比法等。总量对比法是将不同方案的总收入、总成本或总利润进行对比，以确定最佳方案的一种方法。差量对比法是将不同方案的预期收入之间的差额与预期成本之间的差额进行比较，求出差量利润，进而作出决策的方法。指标对比法是把反映不同方案经济效益的指标进行对比来确定最优方案的方法。

2. 线性规划法

线性规划法是解决多个变量最优决策的方法，当经济活动受到多个相互关联的变量影响条件下，通过构建线性数学函数进行决策。例如当企业利润受到销售价格、销售数量、市场占有率、推广销售费用、良品率等诸多因素影响时，可以构建线性方程，寻求使得企业利润最大值时的最优决策。

3. 概率决策法

概率决策法又称决策树法，是进行风险决策的一种主要方法。它利用了概率论的原理，并且利用一种树形图作为分析工具。其基本原理是用决策点代表决策问题，用方案分枝代表可供选择的方案，用概率分枝代表方案可能出现的各种结果，经过对各种方案在各种结果条件下损益值的计算比较，为决策者提供依据。

4. 损益决策法

损益决策法又称不确定性决策法，是指在未来情况很不明了的情况下，只能预测有关因素可能出现的状况，但其概率是不可预知的决策。通常采用最大最小收益值法（小中取大法），或最小最大后悔值法（大中取小法）。最大最小收益值法是把各个方案的最小收益值都计算出来，然后取其最大者所对应的方案为最优方案；最小最大后悔值法是把各方案的最大损失值都计算出来，然后取其最小者所对应的方案为最优方法。

（三）会计决策流程

进行会计决策需经如下步骤：

（1）确定决策目标，确定决策所要解决的问题和达到的目的。

（2）进行会计预测，通过会计预测，取得会计决策所需的预测结果。

（3）方案评价与选优，依据预测结果建立若干备选方案，并运用决策方法和根据决策标准对各方案进行分析论证，作出综合评价，选取其中最为满意的方案。

（4）决策方案的实施与追踪，还需进行具体的计划安排，组织实施，并对计划执行过程进行控制和搜集执行结果的信息反馈，以便判断决策的正误，及时修正方案，确保决策目标的实现。

三、基于大数据财务分析的企业预测与决策体系

随着信息技术发展，大数据、云计算、人工智能、移动互联等技术已经全面运用到企业的会计预测与决策过程中，企业会计预测与决策可以更多地依赖于对企业数据的处理分析，根据财务分析结果制订更为客观精准的方案。同时根据决策数据信息和数据模型，可以为企业管理者进行决策方案制订提供参考依据。

企业可以运用大数据技术，结合内部信息系统、财务系统和外部信息系统分类汇总各部门、供应商、客户、产品、同行等财务、业务数据并进行数据分析与挖掘，进行财务分析，根据财务分析结果，组织会计预测工作并制订最优财务决策方案，最后将结果以可视化的形式进行展示，具体流程见图 8－13。

第一步，基于大数据技术，企业可以从内部数据库、OA 办公系统、金融数据库、政府网站等获取业务数据、财务数据和非财务信息。业务数据包括供应商信息、客户信息、订单合同等；财务数据包括财务报表和财务能力指标等；非财务信息包括会计政策、会计制度、财务准则等宏观环境数据和政策性数据以及同业竞争对手数据等。

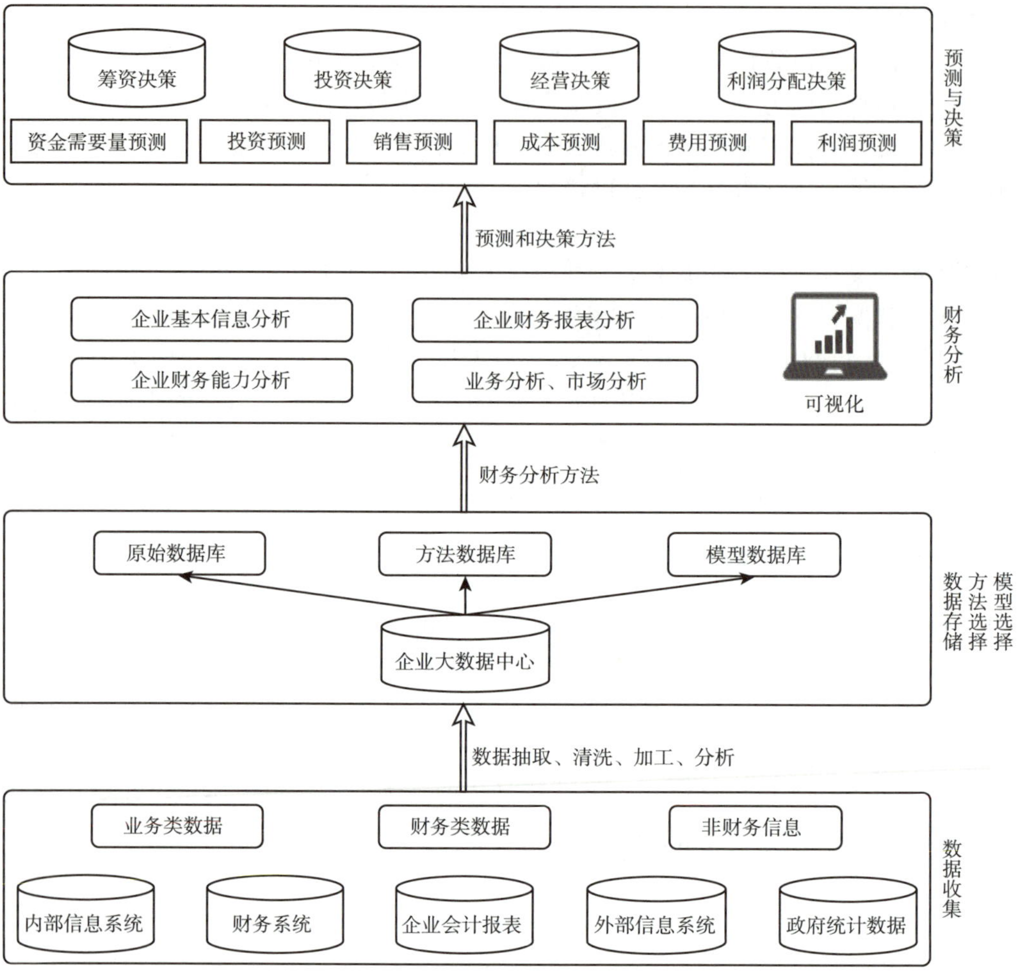

图 8-13　基于大数据财务分析的企业预测与决策体系

第二步，对业务数据、财务数据和非财务信息进行分类汇总、加工处理后构建原始数据库；将财务分析方法、财务指标选取方法、会计预测与决策方法和企业管理人员的历史预测与决策方案数据汇总构建方法数据库；将用于财务分析、会计预测和会计决策的数据模型，比如杜邦分析模型、本量利分析模型、回归分析模型等汇总构建模型数据库，从而形成企业大数据中心，为财务分析与企业预测和决策提供数据支持。

第三步，企业财务分析结果是用来评价企业经营状况和财务状况的重要标准，利用模型数据仓库中的各种财务分析模型，从方法数据库中选择合适的财务分析方法，对原始数据仓库中的数据进行提取并展开财务分析，对企业过去和现在的经营情况和财务状况进行分析和评价，根据分析结果为企业管理人员提供相关的预测和决策数据支持。

第四步，结合企业财务分析结果，选择合适的预测和决策方法，进行会计预测与会计决策工作。例如，经营活动中，最佳产量需要对产品的销售数量和库存数量做趋势分析，预测未来的生产数量，辅助制订生产决策方案；融资活动中，最优融资方案需要预测未来资金需要量，再结合企业资产结构、债务结构、融资成本和融资方式等方面影响，选择出最优的融资决策方案。

知识巩固

一、单项选择题

1. 在大数据时代，会计信息主要涵盖的信息是（　　）。
   A. 业务、财务和管理　　B. 财务、法律和市场
   C. 管理、生产和研发　　D. 业务、法律和市场
2. 通过会计信息，企业能够向（　　）展示其财务状况和经营成果。
   A. 竞争对手和客户　　B. 股东、债权人和其他利益相关者
   C. 员工和供应商　　D. 政府和媒体
3. 以下不属于会计信息主要来源的是（　　）。
   A. 企业内部系统　　B. 市场数据
   C. 财务报告　　D. 员工报告
4. 下列主要适合快速制作和展示各种基础数据图表的是（　　）。
   A. Excel　　B. Power BI　　C. Tableau　　D. Fine BI
5. 会计信息的财务数据信息不包括（　　）。
   A. 资产　　B. 负债　　C. 销售渠道　　D. 所有者权益
6. 以下最适合展示时间序列数据变化趋势的是（　　）。
   A. 柱状图　　B. 饼图　　C. 折线图　　D. 散点图
7. 以下通过计算各种财务比率来评估企业的财务状况和经营绩效的是（　　）。
   A. 趋势分析法　　B. 比较分析法　　C. 比率分析法　　D. 结构分析法
8. 以下不属于管理数据信息内容的是（　　）。
   A. 预算数据　　B. 绩效评估数据　　C. 市场份额　　D. 成本控制数据
9. 在运用比较分析方法进行会计信息分析时，选择合适的标准不包括（　　）。
   A. 历史标准　　B. 行业标准　　C. 未来预测标准　　D. 竞争对手标准
10. 通过分析多个会计期间的预算执行情况，评估预算管理有效性的是（　　）。
    A. 收入和成本趋势分析　　B. 预算执行趋势分析
    C. 销售增长趋势分析　　D. 利润趋势分析

二、多项选择题

1. 会计信息支持企业的（　　）。
   A. 日常业务活动　　B. 受托责任　　C. 科学决策　　D. 市场宣传
2. 以下属于业务数据信息的有（　　）。
   A. 生产数据　　B. 销售数据　　C. 采购数据　　D. 预算数据

3. 会计信息的主要来源包括（　　）。
   A. 企业内部系统　　B. 市场数据
   C. 供应商和客户信息　　D. 广告费用
4. 以下属于比率分析法主要比率的有（　　）。
   A. 结构比率　　B. 效率比率　　C. 相关比率　　D. 成本比率
5. 会计信息可视化的作用有（　　）。
   A. 提高会计信息的可读性和可解释性　　B. 提升财务分析准确性
   C. 增强信息沟通效果　　D. 降低财务分析成本

三、判断题

1. 会计信息的构成要素包括财务数据信息、业务数据信息和管理数据信息。（　　）
2. 比率分析法主要通过比较不同时期的数据，识别企业的发展趋势。（　　）
3. 财务数据是会计信息的核心部分，主要包括资产、负债、收入和费用等基本会计要素。（　　）
4. 资产负债表的可视化通常通过饼图展示资产、负债和所有者权益的构成和变化情况。（　　）
5. 会计信息的主要来源已经不仅限于传统的财务数据采集和报告系统，还包括市场数据和客户反馈等外部信息。（　　）

第九章

会计信息质量保证

学习目标

知识目标：

◆掌握我国会计规范体系的构成

◆熟悉《会计法》和《会计信息化工作规范》的主要内容

◆了解我国会计准则发展历程

◆了解会计工作管理规范的主要内容

◆熟悉《会计基础工作规范》中相关技术性规则

◆了解《会计档案管理办法》

技能目标：

◆能够准确区分会计法规、会计规章

◆能够运用会计法的相关规定进行案例分析

◆能够灵活运用会计工作规范

素质目标：

◆培养严守法纪、坚持原则的职业态度

◆培养操守为重、不做假账的职业道德

思维导图

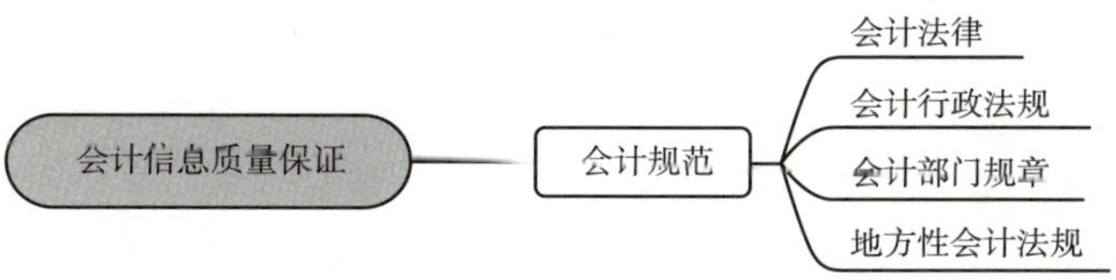

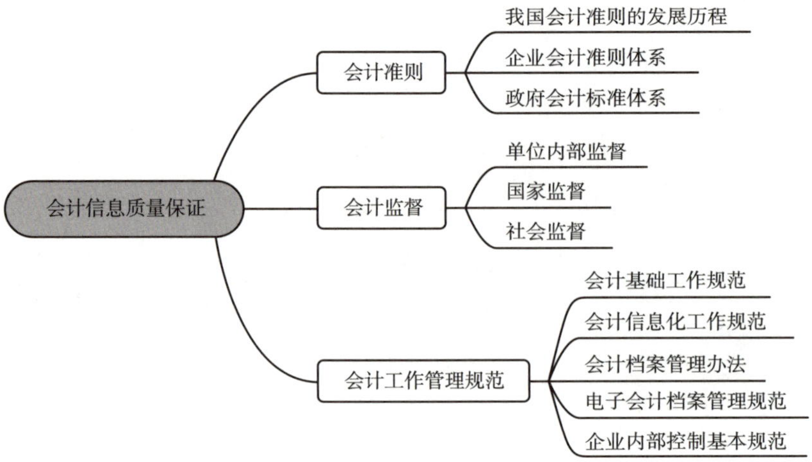

引导案例

为了给美丽加码，她挪用百万公款

微整形、购买大量奢侈品、出国旅游消费……刚踏上工作岗位不久的90后张敬宜曾是同事眼中的“白富美”，然而所谓“开了挂”的背后是她挪用单位百万公款消费的违法事实。面容可以修整，衣着可以装扮，但张敬宜走歪的人生路却无法重来。

大学毕业后的张敬宜，被聘为江苏省溧阳市残疾人联合会出纳会计兼市残疾人劳动服务所出纳会计，经手大量的收付款流水。在这个每天与钱打交道的岗位上，她逐渐迷失自我，被欲望绊住了双脚。为了能够支付得起打瘦脸和购买高档护肤品，她萌生出先用单位保险柜里的现金垫付，等有钱再还回去的念头。

她知道，单位的主办会计是外聘的，平时不点保险柜里的现金，只要把账面做平就能蒙混过关。松散的财务管理给了她可乘之机。张敬宜多次把手伸向单位保险柜，熟练地重复操作这样的流程：先将保险柜里的现金存到自己的银行卡上，进行刷卡消费或微信、支付宝转账。

两年多时间，张敬宜使用公款购买了十几个奢侈品包，还有高档服饰和昂贵护肤品，在朋友圈“力争上游”，和姐妹们“比拼实力”。在朋友们的羡慕和夸赞中，她的虚荣心获得了极大的满足，正是这种错误的价值观让张敬宜一步步走错。

在担任出纳会计期间，张敬宜利用保管法人印章和财务印章的便利，多次未经领导审批，擅自开具现金支票，从溧阳市残疾人劳动服务所银行账户内取款累计达129万余元。

调查发现，市残联财务制度存在严重漏洞，由于主办会计是外聘，每个月只有月底和临时有事的时候才会到残联来，因此将财务专用章给张敬宜保管，这就给她挪用公款提供了便利。按照财务制度，现金应该是日清月结，每天盘点一次现金，由于张敬宜做账拖拉，主办会计就让她做好凭证后自己核对现金，导致张敬宜挪用公款长达两年多才被发现。

案例来源：中央纪委国家监委网站（原文经过整理）

思考：作为一名财务工作者，应具备强烈的法律意识，严肃财经纪律，规范财务工作。那么会计规范具体是什么？对会计有何规定与要求？

第一节 会计规范

微课：会计规范体系

会计规范是指人们在从事与会计有关的活动时，所应遵循的约束性或指导性的行为准则。我国现行会计规范体系包括：会计法律、会计行政法规、会计部门规章和地方性会计法规。

一、会计法律

会计法律是指由全国人民代表大会及其常务委员会经过一定立法程序制定的有关会计工作的法律。如《中华人民共和国会计法》（以下简称《会计法》）、《中华人民共和国注册会计师法》等。《会计法》是我国会计工作的根本大法，是会计行为的最高法律规范。1985 年 1 月 21 日，第六届全国人大常委会第九次会议审议通过了《会计法》，标志着我国会计工作开始进入法制阶段。此后，《会计法》分别在 1993 年、1999 年、2012 年进行了修订。2024 年 6 月 28 日，十四届全国人大常委会第十次会议表决通过关于修《会计法》的决定，自 2024 年 7 月 1 日起施行。此次《会计法》的修改，保持现行基本制度不变，重点解决会计工作中的突出问题，进一步加强财会监督，加大对会计违法行为的处罚力度，切实提高会计信息质量，更好维护社会公共利益。

（一）《会计法》的立法宗旨

1. 规范会计行为，保证会计资料真实、完整

会计行为是指以会计核算、会计监督和会计管理为主要内容的会计活动。会计资料是指记录和反映单位实际发生的经济业务事项的会计凭证、会计账簿、财务会计报告和其他书面会计资料，是会计信息的载体。加强会计核算和会计监督，保证会计资料真实、完整地反映经济业务活动情况，参与经济管理和经营决策，是会计工作的基本职能。

2. 加强经济管理和财务管理，提高经济效益

经济管理是指运用经济的、行政的、法律的手段规范经济行为，维护经济秩序，促进经济良性循环，提高经济效益的经济管理活动，包括财务收支管理。加强经济管理和财务管理，核心是加强会计管理。会计对经济管理和财务管理的作用，在于会计的核算与监督功能。会计通过既定的规则和专门方法，确认、计量、记录和报告经济业务事项的发生过程和结果，提供有用的会计信息，借以明确经济责任、考核经营业绩、作出投资决策、改善经营管理、提高经济效益。

3. 维护市场经济秩序

建立和发展市场经济是我国经济体制改革的目标，实现这个目标，一方面要靠国家立法和执法予以保障；另一方面，也要靠全体人民、各企业事业单位和其他组织自觉遵守法律来实现。即利用法律机制调整和规范市场经济条件下的各种社会关系，以维护市场经济秩序。

（二）《会计法》的适用范围

《会计法》规定，国家机关、社会团体、公司、企业、事业单位和其他组织（以下统称单位），必须依照本法办理会计事务。我国《会计法》的调整对象是会计机构、会计人员及其所在单位的负责人与会计主管机关和其他有关机关之间的监督管理关系。一是办理会计事务的单位和个人，如国家机关、社会团体、公司、企业、事业单位和其他组织；二是会计主管机关和其他有关机关，如财政、税务、审计等部门。

（三）《会计法》中有关会计核算的规定

文本：中华人民共和国会计法（2024年）

《会计法》51条条文中，有关会计核算的规定有2章共16条。

1. 会计核算的基本原则

《会计法》明确规定各单位必须根据实际发生的经济业务事项进行会计核算，填制会计凭证，登记会计账簿，编制财务会计报告；任何单位不得以虚假的经济业务事项或者资料进行会计核算。法律规定确立了会计核算的基本原则，也是会计核算一项最重要的规则。

2. 对会计凭证的规定

《会计法》明确规定，会计凭证包括原始凭证和记账凭证。单位办理经济业务事项，应当填制或者取得原始凭证并及时送交会计机构。会计机构、会计人员必须按照国家统一的会计制度的规定对原始凭证进行审核，对不真实、不合法的原始凭证有权不予接受，并向单位负责人报告；对记载不准确、不完整的原始凭证予以退回，并要求按照国家统一的会计制度的规定更正、补充。原始凭证记载的各项内容均不得涂改；原始凭证有错误的，应当由出具单位重开或者更正，更正处应当加盖出具单位印章。原始凭证金额有错误的，应当由出具单位重开，不得在原始凭证上更正。记账凭证应当根据经过审核的原始凭证及有关资料编制。

3. 对会计账簿的规定

《会计法》明确规定，登记会计账簿必须以经过审核的会计凭证为依据，会计账簿包括总账、明细账、日记账和其他辅助性账簿。会计账簿应当按照连续编号的页码顺序登记。会计账簿记录发生错误或者隔页、缺号、跳行的，应当按照国家统一的会计制度规定的方法更正，并由会计人员和会计机构负责人（会计主管人员）在更正处盖章。使用电子计算机进行会计核算的，其会计账簿的登记、更正，应当符合国家统一的会计制度的规定。各单位发生的各项经济业务事项应当在依法设置的会计账簿上统一登记、核算，不得违反本法和国家统一的会计制度的规定私设会计账簿登记、核算。

4. 对财务报告的规定

《会计法》明确规定，财务会计报告应当根据经过审核的会计账簿记录和有关资料编制；向不同的会计资料使用者提供的财务会计报告，其编制依据应当一致。有关法律、行政法规规定财务会计报告须经注册会计师审计的，注册会计师及其所在的会计师事务所出具的审计报告应当随同财务会计报告一并提供。财务会计报告应当由单位负责人和主管会计工作的负责人、会计机构负责人（会计主管人员）签名并盖章；设置总会计师的单位，还须由总会计师签名并盖章。单位负责人应当保证财务会计报告真实、完整。

（四）《会计法》中对会计监督的规定

《会计法》明确规定，各单位的会计机构和会计人员对本单位实行会计监督。单位负责人应当保证会计机构、会计人员依法履行职责，不得授意、指使、强令会计机构、会计人员违法办理会计事项。会计机构、会计人员对违反本法和国家统一的会计制度规定的会计事项，有权拒绝办理或者按照职权予以纠正。会计机构、会计人员发现会计账簿记录与实物、款项及有关资料不相符的，按照国家统一的会计制度的规定有权自行处理的，应当及时处理；无权处理的，应当立即向单位负责人报告，请求查明原因，作出处理。经注册会计师进行审计的单位，应当向受委托的会计师事务所如实提供会计凭证、会计账簿、财务会计报告和其他会计资料以及有关情况。

《会计法》明确规定，任何单位或者个人不得以任何方式要求或者示意注册会计师及其所在的会计师事务所出具不实或者不当的审计报告。财政部门有权对会计师事务所出具审计报告的程序和内容进行监督。财政、审计、税务、金融管理等部门应当依照有关法律、行政法规规定的职责，对有关单位的会计资料实施监督检查。依法对有关单位的会计资料实施监督检查的部门及其工作人员对在监督检查中知悉的国家秘密、工作秘密、商业秘密、个人隐私和个人信息负有保密义务。接受有关监督检查部门依法实施的监督检查，如实提供会计凭证、会计账簿、财务会计报告和其他会计资料以及有关情况，不得拒绝、隐匿、谎报。

（五）《会计法》中对会计机构和会计人员的规定

《会计法》明确规定，各单位应当根据会计业务的需要，依法采取下列一种方式组织本单位的会计工作：（1）设置会计机构；（2）在有关机构中设置会计岗位并指定会计主管人员；（3）委托经批准设立从事会计代理记账业务的中介机构代理记账；（4）国务院财政部门规定的其他方式。国有的和国有资产占控股地位或者主导地位的大、中型企业必须设置总会计师。会计人员应当具备从事会计工作所需要的专业能力。会计人员调动工作或者离职，必须与接管人员办清交接手续。

（六）《会计法》中的法律责任

《会计法》对伪造、变造会计凭证、会计账簿，编制虚假财务会计报告，以及隐匿或故意销毁依法应当保存的会计凭证、会计账簿、财务会计报告等违法行为进行了详细规定。对伪造、变造会计凭证、会计账簿，编制虚假财务会计报告等行为，对于违法所得 20 万元以上的单位，可以并处违法所得 1 倍以上 10 倍以下的罚款。这也意味着财务造假的成本将随着违法所得金额的升高而成倍增长。

【例 9－1】兴达有限公司在接受上级有关单位检查时，发现如下情况：

（1）发现一张购买设备的发票，其“金额”栏中的数字有更改迹象，经查阅相关买卖合同、单据，确认更改后的金额是正确的，且更改处盖有出具单位的相关印章。公司以该发票为原始凭证进行账务处理并入账。

（2）公司一供货商多次上门催要逾期货款，经公司负责人同意，会计主管李某让出纳刘某将一张 25 万元的转账支票交给供货商。供货商向银行提示付款时，银行以该公司的银行存款余额不足 25 万元为由予以退票。

（3）公司对外报送上年度会计报告，经公司董事会研究决定，公司对外报送的财务会计报告由公司财务总监签字、盖章后报出。

（4）公司财务部搬迁，财务人员将保管期满的会计档案全部销毁。在销毁的会计档案中，有保管期满但尚在使用的一台设备的原始凭证。

请问：

（1）该公司对购买的设备发票的处理是否符合法律规定？

（2）该公司签发的 25 万元转账支票的行为是否违法？

（3）财务会计报告的签章程序是否正确？

（4）该公司销毁会计档案的行为是否符合法律规定？

分析：

（1）该公司对购买设备发票的处理不符合法律规定。根据《会计法》的规定，原始凭证金额有错误的，应当由出具单位重开，不得在原始凭证上更正。

（2）该公司签发 25 万元转账支票的行为属于签发空头支票的违法行为。根据《支付结算办法》的规定，出票人签发空头支票、签章与预留银行签章不符的支票，银行应予以退票，并按票面金额处以 5% 但不低于 1 000 元的罚款；持票人有权要求出票人赔偿支票金额 2% 的赔偿金。

（3）财务会计报告的签章程序不正确。根据《会计法》的规定，对外报送的财务会计报告应当由单位负责人和主管会计工作的负责人、会计机构负责人、会计主管人员签名并盖章，设置总会计师的单位，还须由总会计师签名并盖章。

（4）该公司销毁会计档案的行为不符合法律规定。根据《会计档案管理办法》的规定，对于保管期满但未结清的债权、债务原始凭证和涉及其他未了事项的原始凭证如会计档案保管期满但尚未报废的资产的购买凭证等，不得销毁，应当单独抽出立卷保管到未了事项完结时方可按规定的程序进行销毁。该公司将保管期满但尚在使用的一台机器的原始凭证销毁，不符合法律规定。

二、会计行政法规

会计行政法规是指由国务院制定并发布或者由国务院有关部门拟订并经国务院批准发布、调整经济生活中某些方面会计关系的法律规范。会计行政法规的制定依据是《会计法》，其权威性和法律效力仅次于会计法律，如国务院发布的《总会计师条例》和《企业财务会计报告条例》等。《总会计师条例》主要是对单位总会计师的职责、权限、任免、奖惩等一系列的规定。《企业财务会计报告条例》主要规定了企业财务会计报告的构成、编制和对外提供的要求、法律责任等条文。

三、会计部门规章

会计部门规章是指国家主管会计工作的行政部门即财政部以及其他相关部委根据法律和国务院的行政法规、决定、命令，在本部门的权限范围内制定的、调整会计工作中某些方面内容的国家统一的会计准则制度和规范性文件，包括国家统一的会计核算制度、会计监督制度、会计机构和会计人员管理制度及会计工作管理制度等，如财政部发布的《企业会计准则——基本准则》《财政部实施会计监督办法》等。

四、地方性会计法规

地方性会计法规，是指省、自治区、直辖市人民代表大会及其常务委员会在与会计法律、会计行政法规不相抵触的前提下，根据本地区情况制定、发布的会计规范性文件。

【警钟长鸣】

会计人员犯罪真实案例

案例一：90后女会计贪污40万元

贵州90后女会计张艺贪污的新闻曾引起舆论热议。张艺是贵州省思南县社会保险事业局的会计兼出纳，工作不到1年，她就利用职务之便贪污了40余万元民生领域资金，到案发时她还不满25岁。最终张艺被判刑1年6个月，并处罚金人民币10万元。

案例二：会计挪用公款930万元打赏女主播

29岁的王某是江苏镇江某房地产开发公司会计，沉迷于看网络直播。为了打赏女主播，他动起了挪用公司资金的念头，共挪用公款930万元，其中在各个直播平台充值就达766万元，最终王某被判刑7年。

案例三：做两套账逃税，会计被判刑

贵州省普安县人民检察指控，九龙水泥厂会计危某文通过做两套账簿的方法，涉嫌逃税金额共计93万余元。危某文犯逃税罪，最终被判处有期徒刑3年，缓刑5年，并处罚金人民币3万元。

资料来源：会计网。

第二节 会计准则

一、我国会计准则的发展历程

（一）会计准则改革起步阶段

这一阶段是从20世纪80年代到1992年。改革开放以来，我国企业经营机制的转换、合资企业和独资企业的出现、企业组织形式的改变等，使原有的会计核算管理体制和会计核算模式的缺点日益暴露。不同所有制企业之间由于各种会计制度规定的方法、程序和报表格式的不同，造成会计信息不可比，给国民经济的宏观管理和调控、投资者进行投资决策、债权人进行贷款分析、经营管理人员进行企业内部管理和企业之间进行公平竞争等均带来很大困难，严重影响了我国经济的发展。财政部从1979年底开始着手中外合资经营企业会计制度的制定工作，1981年开始关注国际财务报告准则。1985年3月和4月，财政部分别发布了《中外合资经营企业会计制度》和《中外合资经营工业企业会计科目和会计报表（试行草案）》，第一次借鉴和引进了国际上通行的会计处理方法。1988年10月31日财政部正式设立了专门研究会计准则制定工作的“会计准则组”。1991年，财政部发布了《会计准则草案》，广泛征求各地各部门的意见。1992年11月，以财政部部长令的形式正式发布了《企业会计准则》。至此，我国有了第一个与国际会计惯例相协调的会计准则。

（二）会计准则体系初步建设阶段

这一阶段是从1993年到2001年。1993年我国财政部开始了具体会计准则的制定研究工作。1997年6月4日，财政部正式颁布了我国第一个具体会计准则《关联方关系及其交易的披露》，之后的几年陆续颁布了债务重组、会计差错更正、非货币性交易、无形资产、租赁等16个具体会计准则。这16项具体会计准则的制定中大量借鉴了国际会计惯例。1998年10月，财政部会计准则委员会成立。2000年发布了国家统一的、打破企业和所有制界限的《企业会计制度》，适用于除金融保险和小企业以外的其他企业，自2001年起在股份有限公司范围内实施，逐步推广至其他企业，成了国际上少有的“准则”和“制度”并行的会计规则结构。

（三）会计准则体系基本建成阶段

这一阶段是从2002年到2006年。2001年11月我国正式加入WTO，经济、贸易和资本流动的国际化进程加快，会计准则与国际接轨的要求因此显得更加迫切。但由于我国的会计环境的特殊性，不能完全照搬国际会计，同时又要为经济的国际化服务，基于这样的考虑，我国确立了以国际化为主导同时兼顾我国自身特色的渐进式的会计准则制定策略。2005 年 6 月财政部发布了修订后的《企业会计准则——基本准则》（征求意见稿）广泛征求意见。2006 年 2 月 15 日发布了新的《企业会计准则》。完善后的我国企业会计准则体系由 1 项基本准则、38 项具体准则和应用指南构成，于 2007 年 1 月 1 日在上市公司试行。至此，形成了较为完善的会计准则体系。该体系在总原则、结构与范围上充分借鉴国际惯例，与国际准则实现了最大限度的趋同，同时也充分考虑了中国现阶段的经济及法律环境，对部分经济事项或交易选择了符合中国国情的会计处理方法。

（四）会计准则体系向国际趋同

这一阶段是从 2007 年至今。为了规范小企业会计确认、计量和报告行为，促进小企业可持续发展，发挥小企业在国民经济和社会发展中的重要作用，财政部于 2011 年 10 月 18 日发布《小企业会计准则》，自 2013 年开始施行，鼓励小企业提前执行，同时废止 2004 年 4 月发布的《小企业会计制度》。2014 年和 2017 年财政部新增、修订了《企业会计准则》的部分项目，这些新的准则与国际会计准则实质性趋同。截至目前，我国的会计准则体系形成了包括 1 项基本准则、42 项具体准则和应用指南 3 个层次。基本准则又根据企业性质分为《企业会计准则》《小企业会计准则》《事业单位会计准则》和《政府会计准则》，这些准则，成为我国会计人员从事会计工作的规则和指南。

二、企业会计准则体系

微课：企业会计准则体系

（一）企业会计准则——基本准则

《企业会计准则——基本准则》（以下简称《基本准则》）是企业会计准则体系的概念基础，是具体准则、应用指南和解释等的制定依据。它在整个准则体系中起到统驭的作用。一方面，它是“准则的准则”，指导具体会计准则的制定；另一方面，当出现新的业务，具体会计准则暂未涵盖时，应当按照《基本准则》所确立的原则进行会计处理。《基本准则》规定了整个准则体系的目的、假设和前提条件、基本原则、会计要素及其确认与计量、会计报表的总体要求等内容。

会计准则体系的总体目标是规范会计行为，提高会计信息质量，满足投资人、债权人、社会公众、有关部门和管理者对会计信息的需求，这是全社会对会计信息共同的基本标准。《基本准则》在企业会计准则体系中具有重要地位，其作用主要如下：

一是统驭具体准则的制定。《基本准则》规范了包括财务报告目标、会计基本假设、会计信息质量要求、会计要素的定义及其确认、计量原则、财务报告等在内的基本问题，是制定具体准则的基础，对各具体准则的制定起着统驭作用，可以确保各具体准则的内在一致性。

二是为会计实务中出现的、具体准则尚未规范的新问题提供会计处理依据。在会计实务中，由于经济交易事项的不断发展、创新，一些新的交易或者事项在具体准则中尚未规范但又急需处理，这时，企业不仅应当对这些新的交易或者事项及时进行会计处理，而且在处理时应当严格遵循《基本准则》的要求，尤其是《基本准则》关于会计要素的定义及其确认与计量等方面的规定。因此，《基本准则》不仅扮演着具体准则制定依据的角色，也为会计实务中出现的、具体准则尚未作出规范的新问题提供了会计处理依据，从而确保了企业会计准则体系对所有会计实务问题的规范作用。

（二）企业会计准则——具体准则

企业会计准则——具体准则是按照《基本准则》的内容要求，针对各种经济业务作出的具体规定。其具体内容可分为一般业务准则、特殊行业和特殊业务准则、财务报告准则三大类。一般业务会计准则是规范普遍适用的一般经济业务的确认、计量要求，如存货、固定资产、无形资产、职工薪酬、所得税等。特殊行业和特殊业务准则涉及对特殊行业的特定业务的会计问题做出的处理规范，如生物资产、石油天然气开采、保险合同和再保险合同。生物资产是针对大田作物、存栏牲畜、经济林等种植业、养殖业的资产；石油天然气开采是专门针对石油天然气企业颁布的会计准则；保险合同和再保险合同是为保险公司专门出台的两个会计准则。财务会计报告准则主要规范各类企业通用的报告类准则，如财务报告的列报、金融工具的披露、分部报告、中期财务报告、资产负债表日后事项、合并财务报表。

（三）企业会计准则应用指南

《企业会计准则应用指南》是根据基本准则、具体准则制定的，用以指导会计实务的操作性指南。是对具体准则相关条数的组化和对有关重点难点问题提供操作性规定，它还包括会计科目主要账务处理，财务报表及其格式等，为企业执行会计准则提供操作性规范。会计准则应用指南就是教人们如何运用会计准则及在运用过程中应该注意哪些核算问题。

【拓展阅读】

《企业会计准则》与《小企业会计准则》的区别

1. 适用范围不同

《小企业会计准则》适用于经营规模较小、经营业务相对简单的中小企业；《企业会计准则》适用于所有的企业。

2. 会计科日设置不同

《小企业会计准则》会计科目相比《企业会计准则》设置的会计科目少。比如《小企业会计准则》没有设置“交易性金融资产”“递延所得税资产”“递延所得税负债”“商誉”“存货跌价准备”“坏账准备”“资产减值损失”“信用减值损失”“其他收益”“以前年度损益调整”“库存股”等科目。

3. 账务处理不同

适用《小企业会计准则》的企业，账务处理相对更加简单，比如：

（1）资产不计提资产减值。如应收款项无须计提坏账准备，坏账实际发生时，直接转销，计入营业外支出。

（2）简化了投资的核算。《小企业会计准则》对金融资产的计量采用成本模式，划分为短期投资、长期债券投资和长期股权投资。《企业会计准则》根据企业对金融资产的业务模式和金融资产的合同现金流量特征，将金融资产分为三大类：以摊余成本计量的金融资产、以公允价值计量且其变动计入其他综合收益的金融资产、以公允价值计量且其变动计入当期损益的金融资产。

(3) 借款费用的核算。《小企业会计准则》将长期借款利息费用按照借款本金和借款合同利率按期确认，无须考虑货币时间价值；《企业会计准则》利息费用根据实际利率和摊余成本进行确定。

(4) 所得税的处理。《小企业会计准则》基本按照税法的规定确认所得税费用，不产生税会差异，无须确认递延所得税资产和递延所得税负债。

(5) 会计政策变更及以前年度会计差错调整，适用未来适用法，不需要通过“以前年度损益调整”调整至实际发生年度。

(6) 企业享受的减免税账务处理不同。《小企业会计准则》享受减免税少交的税额计入“营业外收入”；《企业会计准则》享受减免税少交的税额计入“其他收益”。

4. 财务报表

《小企业会计准则》没有所有者权益变动表，而且财务报表列示的内容也比较简单。

三、政府会计标准体系

我国的政府会计标准体系由政府会计基本准则、具体准则、应用指南和政府会计制度组成。见表9-1。

表9-1　我国政府会计标准体系

序号	文件名	发布时间	实施时间
1	《财政总预算会计制度》	2015年10月10日	2016年1月1日
2	《政府会计准则——基本准则》	2015年10月23日	2017年1月1日
3	《政府会计准则第1号——存货》	2016年7月6日	2017年1月1日
4	《政府会计准则第2号——投资》		2017年1月1日
5	《政府会计准则第3号——固定资产》		2017年1月1日
6	《政府会计准则第4号——无形资产》		2017年1月1日
7	《(政府会计准则第3号——固定资产）应用指南》	2017年2月21日	与《政府会计准则第3号——固定资产》同步实施
8	《政府会计准则第5号——公共基础设施》	2017年4月17日	2018年1月1日
9	《政府会计准则第6号——政府储备物资》	2017年7月28日	2018年1月1日
10	《政府会计制度——行政事业单位会计科目和报表》	2017年10月24日	2019年1月1日
11	《政府会计准则第7号——会计调整》	2018年10月21日	2019年1月1日
12	《政府会计准则第8号——负债》	2018年11月9日	2019年1月1日

续表

序号	文件名	发布时间	实施时间
13	《政府会计准则第 9 号——财务报表编制和列报》	2018 年 12 月 26 日	2019 年 1 月 1 日
14	《政府会计准则第 10 号——政府和社会资本合作项目合同》	2019 年 12 月 17 日	2021 年 1 月 1 日

（一）政府会计基本准则

政府会计基本准则主要对政府会计目标、会计主体、会计信息质量要求、会计核算基础，以及会计要素定义、确认和计量原则、列报要求等做出原则性规定。基本准则属于“概念框架”，指导具体准则和制度的制定，并为政府会计实务问题提供处理原则。

《政府会计基本准则》共六章六十二条。

第一章为总则，规定了立法目的和制定依据、适用范围、政府会计体系与核算基础、基本准则定位、报告目标和使用者、会计基本假设和记账方法等。

第二章为政府会计信息质量要求，明确了政府会计信息应当满足的七个方面质量要求，即可靠性、全面性、相关性、及时性、可比性、可理解性和实质重于形式。

第三章为政府预算会计要素，规定了预算收入、预算支出和预算结余三个预算会计要素的定义、确认和计量标准，以及列示要求。

第四章为政府财务会计要素，规定了资产、负债、净资产、收入和费用五个财务会计要素的定义、确认标准、计量属性和列示要求。

第五章为政府决算报告和财务报告，规定了决算报告、财务报告和财务报表的定义、主要内容和构成。

第六章为附则，规定了相关基本概念的定义，明确了施行日期。

（二）政府会计具体准则及应用指南

具体准则主要规定政府发生的经济业务或事项的会计处理原则，具体规定经济业务或事项引起的会计要素变动的确认、计量和报告。应用指南主要对具体准则的实际应用作出操作性规定。

为了适应权责发生制政府综合财务报告制度改革需要，规范政府会计核算，规范政府会计调整的确认、计量和相关信息的披露，规范政府财务报表的编制和列报，规范政府方对政府和社会资本合作项目合同的确认、计量和相关信息的列报，提高会计信息质量，根据《政府会计基本准则》，财政部相继出台了存货、投资、固定资产等政府会计具体准则及应用指南。

（三）政府会计制度

政府会计制度主要规定政府会计科目及其使用说明、会计报表格式及其编制说明等，便于会计人员进行日常核算。政府会计制度依据《基本准则》制定。按照政府会计主体不同，政府会计制度主要由政府财政会计制度和政府单位会计制度组成。

2015 年 10 月 10 日，财政部修订发布了《财政总预算会计制度》，自 2016 年 1 月 1 日起施行，本制度适用于中央，省、自治区、直辖市，设区的市、自治州，县、自治县、不设区的市、市辖区，乡、民族乡、镇等各级政府财政部门的总会计。

2017 年 10 月 24 日，财政部制定发布了《政府会计制度——行政事业单位会计科目和报表》（以下简称《政府会计制度》），自 2019 年 1 月 1 日起施行，本制度适用于各级各类行政单位和事业单位。纳入企业财务管理体系执行《企业会计准则》和《小企业会计准则》的单位，不执行本制度。

《政府会计制度》由正文和附录组成。正文包括五部分内容。

第一部分为总说明，主要规范《政府会计制度》的制定依据、适用范围、会计核算模式、会计要素、会计科目设置要求、报表编制要求、会计信息化工作要求、施行日期等内容。

第二部分为会计科目名称和编号，主要列出了财务会计和预算会计两类科目表，共计 103 个一级会计科目，其中，财务会计下有资产、负债、净资产、收入和费用 5 个要素共 77 个一级科目，预算会计下有预算收入、预算支出和预算结余 3 个要素共 26 个一级科目。

第三部分为会计科目使用说明，主要对 103 个一级会计科目的核算内容、明细核算要求、主要账务处理等进行详细规定。该部分内容是《政府会计制度》的核心内容。

第四部分为报表格式，主要规定财务报表和预算会计报表的格式，其中，财务报表包括资产负债表、收入费用表、净资产变动表、现金流量表及报表附注，预算会计报表包括预算收入支出表、预算结转结余变动表和财政拨款预算收入支出表。

第五部分为报表编制说明，主要规定了第四部分列出的 7 张报表的编制说明，以及报表附注应披露的内容。

附录为主要业务和事项账务处理举例。该部分采用列表方式，以《政府会计制度》第三部分规定的会计科目使用说明为依据，按照会计科目顺序对单位通用业务或共性业务和事项的账务处理进行举例说明。

微课：会计监督

第三节 会计监督

会计监督，是指会计工作人员依据《会计法》赋予的职权，将《会计法》规定的各项内容适用于具体的人和事，对单位经济业务事项的合法性、真实性和有效性所进行的监察、督促，落实法律规定应依法办理的业务内容。会计监督是实施《会计法》唯一具体、有效的执业环节。单位内部监督、国家监督和社会监督构成“三位一体”的会计监督体系。

一、单位内部监督

单位内部监督是一种微观层面的监督形式，具体由企业内部会计机构、会计人员以及企业经营管理者、内部审计机构和人员等对企业的会计工作、会计资料及其所反映的经济活动、经营成果等各方面进行核算监督和制度监督。单位应当根据实际情况建立本单位内部会计监督制度，并有效执行。单位内部会计监督的内容十分广泛，涉及人、财、物等诸多方面。

单位内部会计监督制度应当符合以下基本要求：

（一）会计事项相关人员的职责权限应当明确

办理经济业务事项并对经济业务事项进行核算涉及很多人员，包括经济业务事项的审批人员、经办人员、财物保管人员以及负责办理会计事项的记账人员等。为了有效监督、控制经济业务事项和会计事项按照规定的程序、要求进行，提高会计信息质量，必须明确经济业务事项和会计事项相关人员的职责权限。

经济业务事项、会计事项的审批人员、经办人员、财物保管人员、记账人员的职责权限应当明确，做到职权明确、程序规范、责任清楚。

记账人员与经济业务事项、会计事项的审批人员、经办人员、财物保管人员要实行职务分离，相互制约，这样可以有效防止因权力集中、职务重叠而造成的贪污、舞弊等。

（二）重大经济业务事项的决策和执行程序应当明确

重大对外投资、资产处置、资金调度等经济业务事项既是各单位重大的经济活动，也是非常重要的财务管理事项，如果缺乏有效的监督和控制，不仅会给单位造成巨大的损失，也会影响到会计秩序和会计资料质量。因此，各单位应当明确其重大对外投资、资产处置、资金调度和其他重要经济业务决策和执行的程序，做到制度化、规范化；同时决策和执行程序中应当体现决策人员和执行人员之间的相互监督、相互制约，既要防止权限过于集中，也要防止政出多门、各行其是。

（三）财产清查的范围、期限和组织程序应当明确

财产清查既是加强财产物资管理的一项重要制度，也是会计核算的一项重要制度。财产清查制度是通过定期或不定期、全面或部分地对各项财产物资进行实地盘点和对库存现金、银行存款、债权债务进行清查核对的一种制度。通过财产清查，可以保护资产的安全和完整，也可以保证会计资料的真实、完整。为保证财产清查制度的有效实施，各单位必须对财产清查的范围、期限和组织程序作出明确规定。

（四）对会计资料定期进行内部审计的办法和程序应当明确

内部审计是指由被审计单位内部机构或人员，对其内部控制的有效性、财务信息的真实性和完整性以及经营活动的效率和效果等开展的一种评价活动。内部审计是和政府审计、注册会计师审计并列的三种审计类型之一。当前不少单位都设置有内部审计机构或内部审计人员。内部审计可以对会计工作实行控制和再监督，是单位内部保证会计资料真实、完整的重要措施。没有专门设置内部审计机构或人员的单位，也可以由其他负责监督的机构、人员代行内部审计的职能，如公司制企业的监事会等。

二、国家监督

国家监督，主要是指财政部门代表国家对单位和单位中相关人员的会计行为实施的监督检查，以及对发现的违法会计行为实施的行政处罚，是一种外部监督。《会计法》规定，财政部门实施会计监督的内容：（1）是否依法设置会计账簿；（2）会计凭证、会计账簿、财务会计报告和其他会计资料是否真实完整；（3）会计核算是否符合《会计法》和国家统一的会计制度的规定；（4）从事会计工作的人员是否具备专业能力、遵守职业道德。

会计工作国家监督的要求：（1）依法对有关单位的会计资料实行监督检查的部门及其工作人员对监督检查中知悉的国家秘密和商业秘密负有保密义务。（2）财政部和省级财政部门在实施监督检查过程中应当严格遵守财政检查工作的有关规定，不得妨碍会计师事务所的正常经营活动，不得索取或者收受财物，不得谋取其他利益；应当在认定事实清楚、证据确凿、定性准确、法律依据充分的情况下依法处理。（3）单位必须依照法律、法规的规定，接受有关监督检查部门依法实施的监督检查，如实提供会计凭证、会计账簿、会计报表和其他会计资料以及有关情况，不得拒绝、隐匿、谎报。

三、社会监督

社会监督，主要是指社会中介机构如会计师事务所的注册会计师依法对受托单位的经济活动进行审计，并据实作出客观评价的一种监督形式。会计工作的社会监督是一种外部监督，是对单位内部监督的再监督，其特征是监督行为的独立性和有偿性。社会监督以其特有的中介性和公正性而得到法律认可，具有很强的权威性、公正性。

《会计法》第二十九条规定：“任何单位或者个人不得以任何方式要求或者示意注册会计师及其所在的会计师事务所出具不实或者不当的审计报告。”

【警示案例】

财政部撤销普华永道广州分所

2024 年 9 月，财政部依据《中华人民共和国注册会计师法》《中华人民共和国行政处罚法》，对普华永道及相关注册会计师作出行政处罚决定。

会计师事务所方面，按照《中华人民共和国行政处罚法》有关规定，考虑到中国证监会依据《中华人民共和国证券法》对普华永道涉及恒大地产 2019 年、2020 年审计项目的违法行为，给予没收违法所得并处罚款共 3.25 亿元的行政处罚，财政部依据《中华人民共和国注册会计师法》，对普华永道涉及恒大地产 2018 年审计项目的违法行为，给予没收违法所得并处罚款共 1.16 亿元的行政处罚。同时，财政部依据《中华人民共和国注册会计师法》，给予普华永道警告、暂停经营业务 6 个月、撤销普华永道广州分所的行政处罚。

注册会计师方面，财政部依据《中华人民共和国注册会计师法》，对恒大地产2018年至2020年相关财务报表审计报告的4名签字注册会计师给予吊销注册会计师证书的处罚；依据《会计师事务所执业许可和监督管理办法》（财政部令第97号），对7名参与编制恒大地产合并财务报表的注册会计师，给予警告或罚款的行政处罚。

普华永道及相关注册会计师被处罚的主要原因是普华永道及其广州分所在恒大地产2018年至2020年财务报表审计过程中，明知恒大地产财务报表存在重大错报而不予指明，发表不恰当的审计意见，出具虚假审计报告。主要问题包括：一是2018年至2020年对恒大地产收入相关的主要审计程序，设计、实施存在严重缺陷，多项程序得出不实结论；2020年明知恒大地产提前确认收入而不予指明。二是丧失独立性，为恒大地产编制合并财务报表，并在合并财务报表层面编制调整分录以虚增利润。三是明知或应当知道恒大地产存在大量货币资金受限，对财务报表中的重大错报不予指明，并通过各种方式隐瞒或掩盖。四是对恒大地产2020年虚增开发成本、随意确认投资性房地产的重大会计差错不予指明。五是未保持职业怀疑，未发现恒大地产“明股实债”方式融资、合并财务报表范围不准确导致的重大会计差错。六是对恒大地产未按规定披露重大诉讼仲裁事项不予指明，其他应收款及审计抽样、持续经营等审计程序执行不到位，项目质量控制失效等。

下一步，财政部将持续加大财会监督力度，严厉打击财务舞弊和审计造假行为，为维护社会公平正义、规范市场经济秩序、推动经济高质量发展提供有力支撑。

资料来源：财政部官方网站（原文经过整理）。

第四节　会计工作管理规范

会计工作管理规范是指会计工作的一些基本制度，主要规定从事会计工作所必须遵循的基本原则和基本规范。

一、会计基础工作规范

文本：会计基础工作规范

会计基础工作是会计工作的基本环节，也是经济管理工作的重要基础。1984年4月，财政部发布了《会计人员工作规则》。为了加强会计基础工作以建立规范的会计工作秩序、提高会计工作水平，根据《会计法》的有关规定，财政部于1996年6月17日制定发布了《会计基础工作规范》（以下简称《规范》）。《规范》由六章组成，主要的内容有四个方面的具体规范。

（一）会计机构和会计人员的规范

会计机构和会计人员是会计工作的重要承担者，在加强会计基础工作中起关键作用，同时，对会计机构和会计人员的管理也是会计基础工作的一项重要内容。

1. 会计机构设置规范

各单位应当根据会计业务的需要设置会计机构；不具备单独设置会计机构条件的，应当在有关机构中设置专职会计人员。由各单位根据会计业务的需要自主决定是否设置会计机构，这一原则与有关法律规定和企业制度改革的要求是一致的。是否设置会计机构，主要取决于本单位会计业务的需要，即是否能保证本单位会计工作的正常进行，如果一个单位既没有设置会计机构，也没有配备专职会计人员，则应当根据财政部发布的《代理记账管理暂行办法》的要求，委托会计师事务所或者持有代理记账许可证书的其他代理记账机构进行代理记账，以使单位的会计工作有序进行，不影响单位正常的经营管理工作。

2. 会计机构负责人配备规范

设置会计机构的，应当配备会计机构负责人；在有关机构中配备专职会计人员的，应当在专职会计人员中指定会计主管人员。同时，对会计机构负责人、会计主管人员的任职资格和任免问题作出了规定。会计机构负责人、会计主管人员的任职资格有五个方面的条件：一是政治思想条件，即要能坚持原则、廉洁奉公；二是专业技术资格条件，即要有会计师以上专业技术资格或从事会计工作不少于三年；三是政策业务水平条件，即熟悉国家财经法律、法规、规章和方针、政策，掌握本行业业务管理的有关知识；四是组织能力，即要有较强的组织能力；五是身体条件，即要求身体状况能够适应本职工作的要求。

3. 会计人员配备规范

配备的会计人员应当是具备必要的专业知识和专业技能，熟悉国家有关法律、法规和财务会计制度，遵守职业道德的会计人员。会计人员应当按照国家有关规定参加会计业务的培训，各单位应当合理安排会计人员的培训，保证会计人员每年有一定时间用于学习和参加培训。

4. 总会计师设置规范

大、中型企业、事业单位、业务主管部门应当根据《会计法》《总会计师条例》等规定设置总会计师，总会计师由具有会计师以上专业技术资格的人员担任。设置总会计师的单位，总会计师应当行使《总会计师条例》规定的职责、权限。总会计师的任命（聘任）、免职（解聘）依照《总会计师条例》和有关法律的规定办理。

5. 会计工作岗位设置规范

会计工作岗位的设置由各单位根据会计业务需要确定；会计工作岗位可以一人一岗、一人多岗或者一岗多人，但应当符合内部牵制制度的要求。出纳人员不得兼管稽核、会计档案保管和收入、费用、债权债务账目的登记工作。会计人员的工作岗位应当有计划地进行轮换，以促进会计人员全面熟悉业务，不断提高业务素质。

6. 会计人员回避制度

国家机关、国有企业、事业单位任用会计人员应当实行回避制度。单位领导人的直系亲属不得担任本单位的会计机构负责人、会计主管人员。会计机构负责人、会计主管人员的直系亲属不得在本单位会计机构中担任出纳工作。

7. 会计人员职业道德

会计人员在会计工作中应当遵守职业道德，应当热爱本职工作，办理会计事务应当实事求是、客观公正；保证所提供的会计信息合法、真实、准确、及时、完整；保守本单位的商业秘密；除法律规定和单位领导人同意外，不能私自向外界提供或者泄露单位的会计信息。

8. 会计人员交接

会计人员工作调动或者因故离职时必须将本人所经管的会计工作全部移交接替人员，没有办清交接手续不得调动或者离职。

议一议：该录取谁呢？

李灿与杨捷是应届会计专业毕业生，在人才招聘会上同时应聘光明科技有限公司的会计职位。经过激烈的初试、复试后，两人均进入了最后的面试阶段。财务经理对李灿、杨捷面试的表现都十分满意，真是难以取舍！

在等待通知期间，李灿、杨捷分别接到财务经理的来电："单位的出纳休产假三个月，担任会计时同意兼任出纳吗？"李灿说"没问题！年轻人应该在实践工作中多锻炼。"而杨捷说"不合适吧，会计不可以兼任出纳，经理还是另做安排好。"

请问：光明科技有限公司最终应录取李灿还是杨捷？为什么？

（二）会计核算的基本规范

微课：会计核算的基本规范

1. 会计核算的一般要求

各单位应当按照《会计法》和国家统一会计制度的规定建立会计账册，进行会计核算，及时提供合法、真实、准确、完整的会计信息。这是会计核算工作的最基本要求。发生的经济业务，应当及时办理会计手续、进行会计核算。会计核算应当以实际发生的经济业务为依据，按照规定的会计处理方法进行，保证会计指标的口径一致、相互可比和会计处理方法的前后各期相一致。会计年度自公历1月1日至12月31日止。以人民币为记账本位币，收支业务以外国货币为主的单位，也可以选定某种外国货币作为记账本位币，但是编制的会计报表应当折算为人民币反映。境外单位向国内有关部门编报的会计报表，应当折算为人民币反映。会计凭证、会计账簿、会计报表和其他会计资料的内容和要求，必须符合国家统一会计制度的规定，不得伪造、变造会计凭证、会计账簿，不得设置账外账，不得报送虚假会计报表。允许各单位在按照国家统一会计制度要求的前提下自行设置和使用会计科目。实行会计电算化的单位，所使用的会计软件和电子计算机生成的会计凭证、会计账簿、会计报表等会计资料应当符合国家有关规定。

2. 填制会计凭证的规范要求

（1）原始凭证填制规范。填制、取得原始凭证应符合以下要求：

①反映要真实。在填制原始凭证时，应使凭证上所记载内容同发生业务的实际情况保持一致，即凭证上的日期、经济业务内容和数据必须按照经济业务的实际发生或完成情况来填制，保证其真实、可靠，不得填写匡算或估计数。原始凭证作为具有法律效力的证明文件，不允许在原始凭证的填制中有任何歪曲和弄虚作假行为。

②内容要完整。在反映经济业务的相应原始凭证上，按照凭证已有的项目或内容，逐项填列，即应该填写的项目要逐项填写，不可缺漏。

③手续要完备。经办业务的单位、经办人员要对原始凭证认真审核并签章，以对凭证的真实性、合法性负责。按规定，从外单位取得的原始凭证，必须盖有填制单位的公章。从个人取得的原始凭证，必须有填制人员的签名或者盖章。自制原始凭证必须有经办部门负责人或其指定人员的签名或者盖章。对外开出的原始凭证，必须加盖本单位的公章。该公章应是具有法律效力和规定用途，能够证明单位身份和性质的印鉴，如业务公章、财务专用章、发票专用章、收款专用章或结算专用章等。

④书写要清楚、规范。原始凭证上的数字和文字，字迹要清楚、整齐和规范，易于辨认。如，阿拉伯数字应当一个一个地写，不得连笔；写汉字大写数字金额，如零、壹、贰、叁、肆、伍、陆、柒、捌、玖、拾、佰、仟、万、亿等，一律用正楷或者行书体书写，不得用简化字代替。所有以元为单位的阿拉伯数字，除表示单位等情况外，一律填写到角分，无角分的，角位和分位写“00”，或者符号“—”；有角无分的，分位应当写“0”，不得用符号“—”代替。

⑤填制要及时。所有经办业务的部门和人员，在每项经济业务发生或完成后，必须及时填制原始凭证，做到不拖延、不积压，按照规定的程序及时送交会计机构，以保证会计核算工作的正常进行。

⑥其他要求：

·凡填有大写和小写金额的原始凭证，大写与小写的金额必须相符。

·购买实物的原始凭证，必须有验收证明。实物购入后，要按照规定办理验收手续，以明确经济责任，保证账实相符。

·一式几联的原始凭证，必须注明各联的用途，并且只能以一联用作报销凭证；一式几联的发票和收据，除本身具备复写功能的外，必须用双面复写纸套写，并连续编号。作废时应加盖“作废”戳记，连同存根一起保存。

·发生销货退回及退还货款时，必须填制退货发票，并附有退货验收证明和对方单位的收款收据，不得以退货发票代替收据。

·单位人员公出借款的收据，必须附在记账凭证之后。借款收据是此项借款业务的原始凭证，是办理有关会计手续、进行相应会计核算的依据。在收回借款时，应当另开收据或者退还借款收据的副本，不得退还原借款收据。

（2）记账凭证填制规范：

①记账凭证必须根据审核无误的原始凭证填制。记账凭证可以根据每一张原始凭证填制，也可以根据若干张同类原始凭证汇总编制，或者根据原始凭证汇总表填制，但不得将不同内容和类别的原始凭证汇总填制在一张记账凭证上。

②记账凭证应当连续编号。其目的是分清会计事项处理的先后顺序，便于记账凭证与会计账簿之间的核对，确保记账凭证的完整。一笔经济业务事项需要填制两张或者两张以上记账凭证的，可以采用分数编号法编号。

③记账凭证后必须附有原始凭证。除结账和更正错误等外，记账凭证必须附有原始凭证并注明所附原始凭证张数。所附原始凭证张数的计算，一般以原始凭证的自然张数为准。与记账凭证中的经济业务事项记录有关的每一张证据，都应当作为记账凭证的附件。如果记账

凭证中附有原始凭证汇总表，则应该把所附的原始凭证和原始凭证汇总表的张数一起计入附件的张数之内。但报销差旅费等零散票券，可以粘贴在一张纸上，作为一张原始凭证。一张原始凭证如涉及几张记账凭证的，可以将该原始凭证附在一张主要的记账凭证后面，在其他记账凭证上注明该主要记账凭证的编号或者附上该原始凭证的复印件。

④其他要求：

· 记账凭证的填制日期原则上应与发生经济业务的日期一致，但由于凭证的传递需要时间，因此，有的也可以按凭证到达日期填写。如对现金收付款凭证，应以出纳人员实际收付款日期为编制日期，转账凭证应按经济业务发生或完成日期填写。

· 记账凭证摘要的填写应简明扼要，说明清楚。填写的基本要求是意思完备，字数简短，字迹清楚。如现金、银行存款的收付事项，应写明收、付款人和款项的内容；采购商品要写清品名、进货来源和批次并能区分不同供货单位。

· 会计科目必须按现行统一会计制度规定的全称填写，不得简化，不得用科目编号或外文字母代替，并根据经济业务的内容正确确定会计科目的借贷方和金额。

· 填制完经济业务事项后的记账凭证，如有空行，应当在金额栏目最后一笔金额数字下的空行处至合计数上的空行处划斜线注销。

3. 登记会计账簿的规范要求

所有实行独立核算的国家机关、社会团体、公司、企业、事业单位和其他组织都必须依法设置登记会计账簿，并保证其真实、完整。账簿种类包括总账、明细账、日记账和辅助账簿。总账和日记账一般采用订本式。

会计人员应根据审核无误的会计凭证登记会计账簿。登记账簿的基本要求是：

（1）登记会计账簿时，将会计凭证日期、编号、业务内容摘要、金额和其他有关资料逐项记入账内，做到数字准确、摘要清楚、登记及时、字迹工整。

（2）登记完毕后，要在记账凭证上签名或者盖章，并注明已经登账的符号，表示已经记账。

（3）账簿中书写的文字和数字应在簿页格子上留有适当空间，不要写满格子，一般应占格距的1/2。

（4）登记账簿要用蓝黑墨水笔或者碳素墨水笔书写，不得使用圆珠笔（银行的复写账簿除外）或者铅笔书写。

（5）下列情况，可以用红色墨水笔记账：①按照红字冲账的记账凭证，冲销错误记录。②在仅设借（贷）方的多栏式账页中，登记冲减数。③划更正线、结账线和注销线。

（6）各种账簿按页次顺序连续登记，不得跳行、隔页。如果发生跳行、隔页，应当将空行、空页划线注销，或者注明“此行空白”“此页空白”字样，并由记账人员签名或者盖章。

（7）凡需要结出余额的账户，结出余额后，应当在“借或贷”等栏内写明“借”或者“贷”等字。没有余额的账户，应当在“借或贷”等栏内写“平”字，并在余额栏内用“0”表示。现金日记账和银行存款日记账必须逐日结出余额。

（8）每一账页登记完毕结转下页时，应当结出本页合计数及余额，写在本页最后一行和下页第一行有关栏内，并在摘要栏内注明“过次页”和“承前页”字样，也可以将本页合计数及金额只写在下页第一行有关栏内，并在摘要栏内注明“承前页”字样。

对需要结计本月发生额的账户，结计“过次页”的本页合计数应当为自本月初起至本页末止的发生额合计数；对需要结计本年累计发生额的账户，结计“过次页”的本页合计数应当为自年初起至本页末止的累计数；对既不需要结计本月发生额也不需要结计本年累计发生额的账户，可以只将每页末的余额结转次页。

4. 编制财务会计报告的规范要求

（1）各单位必须按照国家统一会计制度规定定期编制财务报告。财务报告可以分月度、季度、半年度、年度等编制。对外报送的财务报告的格式、编制要求、报送期限应当符合国家有关规定；单位内部使用的财务报告，其格式和要求由各单位自行规定。

（2）会计报表应当根据登记完整、核对无误的会计账簿记录和其他有关资料编制，做到数字真实、计算准确、内容完整、说明清楚。任何人不得篡改或者授意、指使、强令他人篡改财务报告数字。

（3）会计报表之间、会计报表各项目之间，凡有对应关系的数字，应当相互一致。

（4）单位领导人对报送的财务报告的合法性、真实性负法律责任。

（5）根据法律和国家有关规定应当对财务报告进行审计的，财务报告编制单位应当先行委托注册会计师进行审计，并将注册会计师出具的审计报告随同财务报告一并报送有关部门。

（三）会计监督的基本规范

《规范》规定各单位的会计机构、会计人员对本单位的经济活动进行会计监督，其主要内容有：

（1）会计监督的依据：依据国家财经法律、法规、规章；会计法律、法规和国家统一会计制度；各省、自治区、直辖市财政厅（局）和国务院业务主管部门根据《会计法》和国家统一会计制度制定的具体实施办法或者补充规定；各单位根据《会计法》和国家统一会计制度制定的单位内部会计管理制度；各单位内部的预算、财务计划、经济计划、业务计划等。

（2）原始凭证的审核与监督：一是原始凭证的真实性、合法性；二是原始凭证的准确性和完整性。

（3）会计账簿的监督：对伪造、变造、故意毁灭会计账簿或者账外设账行为，应当制止和纠正；制止和纠正无效的，应当向上级主管单位报告，请求作出处理。

（4）实物、款项的监督：督促建立并严格执行财产清查制度；发现账簿记录与实物、款项不符时，应当按照国家有关规定进行处理。超出会计机构、会计人员职权范围的，应当立即向本单位领导报告，请求查明原因，作出处理。

（5）财务报告的监督：对指使、强令编造、篡改财务报告行为，应当制止和纠正；制止和纠正无效的，应当向上级主管单位报告，请求处理。

（6）财务收支的监督：对审批手续不全的财务收支，应当退回，要求补充、更正。对违反规定不纳入单位统一会计核算的财务收支，应当制止和纠正。对违反国家统一的财政、财务、会计制度规定的财务收支，不予办理。对认为是违反国家统一的财政、财务、会计制度规定的财务收支，应当制止和纠正；制止和纠正无效的，应当向单位领导人提出书面意见请求处理。对严重违反国家利益和社会公众利益的财务收支，应当向主管单位或者财政、审计、税务机关报告。

（7）其他活动的监督：对违反单位内部会计管理制度的经济活动，应当制止和纠正；制止和纠正无效的，向单位领导人报告，请求处理。应当对单位制订的预算、财务计划、经济计划、业务计划的执行情况进行监督。

（8）配合搞好国家监督和社会监督：各单位必须依照法律和国家有关规定接受财政、审计、税务等机关的监督，如实提供会计凭证、会计账簿、会计报表和其他会计资料以及有关情况，不得拒绝、隐匿、谎报。按照法律规定应当委托注册会计师进行审计的单位，应当委托注册会计师进行审计，并配合注册会计师的工作，如实提供会计凭证、会计账簿、会计报表和其他会计资料以及有关情况，不得拒绝、隐匿、谎报，不得示意注册会计师出具不当的审计报告。

（四）建立内部会计管理制度的基本规范

制定内部会计管理制度应当遵循以下6个原则：（1）应当执行法律、法规和国家统一的财务会计制度；（2）应当体现本单位的生产经营、业务管理的特点和要求；（3）应当全面规范本单位的各项会计工作，建立健全会计基础工作，保证会计工作的有序进行；（4）应当科学、合理，便于操作和执行；（5）应当定期检查执行情况；（6）应当根据管理需要和执行中的问题不断完善。

《规范》从强化会计管理和各单位的实际情况出发，示范性地提出了应当建立的12项内部会计管理制度：（1）应当建立内部会计管理体系；（2）应当建立会计人员岗位责任制度；（3）应当建立账务处理程序制度；（4）应当建立内部牵制制度；（5）应当建立稽核制度；（6）应当建立原始记录管理制度；（7）应当建立定额管理制度；（8）应当建立计量验收制度；（9）应当建立财产清查制度；（10）应当建立财务收支审批制度；（11）应当建立成本核算制度；（12）应当建立财务会计分析制度。

二、会计信息化工作规范

文本：会计信息化工作规范（2025年）

为贯彻落实《中华人民共和国会计法》（2024年）的有关要求，规范数字经济环境下的会计工作，推动会计信息化健康发展，财政部对《企业会计信息化工作规范》（财会〔2013〕20号）进行修订，于2024年7月26日印发《会计信息化工作规范》（财会〔2024〕11号），并于2025年1月1日起实施。

《会计信息化工作规范》共六章50条，从总则、会计信息化建设、会计数据处理和应用、会计信息化安全、会计信息化监督五大方面做了会计数字化工作的相关规定。总则共七条，主要规定制定目的、适用范围、概念界定、主体职责等内容。与原规范相比，扩大了适用范围，将适用范围从企业扩大至国家机关、社会团体、公司、企业、事业单位和其他组织（以下统称单位），实现了对各类型单位会计信息化工作的全面覆盖。会计信息化建设共十五条，系统规范了单位会计信息化建设的内容。从明确建设目标和资源投入、制定整体规划和建设方向、构建管理机制和标准体系、建设信息系统和实现内外部系统互通等方面规范建设内容，系统指导单位开展会计信息化建设。会计数据处理和应用部分共十四条，明确了会计数据处理要求和电子会计资料的法律效力，要求单位会计信息系统应当适配电子凭证会计数据标准，同时规定来源可靠、程序规范、要素合规的电子会计资料与纸质会计资料具有同等法律效力。会计信息化安全部分共八条，全面要求单位统筹考虑会计信息化的系统安全、网络安全、涉密安全、跨境安全等，强化会计数据在生成、传输、存储等环节的安全风险防范。会计信息化监督部分共四条，明确了财政部门对单位开展会计信息化工作、会计软件服务商提供会计软件和相关服务的监督检查、对不符合规范要求的处罚，以及对财政部门及其工作人员违法行为的责任追究等监督内容。

为适应新技术的发展，《企业会计信息化工作规范》对“会计软件云”这一当时新兴的会计软件服务业态进行专门的规范，进一步明确了以远程访问、云计算等方式提供会计软件云服务的供应商的责任和义务。对通过远程访问和云计算实现会计信息化的软件提出相关的安全和风险控制要求。

三、会计档案管理办法

微课：会计档案管理办法　　文本：会计档案管理办法

1984 年财政部、国家档案局联合印发了《会计档案管理办法》，并于 1998 年对该办法进行了第一次修订。2015 年 12 月再次进行修订，修订后的《会计档案管理办法》自 2016 年 1 月 1 日起施行。

（一）会计档案的范围

会计档案是指单位在进行会计核算等过程中接收或形成的，记录和反映单位经济业务事项的，具有保存价值的文字、图表等各种形式的会计资料，包括通过计算机等电子设备形成、传输和存储的电子会计档案。

下列会计资料应当进行归档：

（1）会计凭证，包括原始凭证、记账凭证；

（2）会计账簿，包括总账、明细账、日记账、固定资产卡片及其他辅助性账簿；

（3）财务会计报告，包括月度、季度、半年度、年度财务会计报告；

（4）其他会计资料，包括银行存款余额调节表、银行对账单、纳税申报表、会计档案移交清册、会计档案保管清册、会计档案销毁清册、会计档案鉴定意见书及其他具有保存价值的会计资料。

同时满足下列条件的，单位内部形成的属于归档范围的电子会计资料可仅以电子形式保存，形成电子会计档案：

（1）形成的电子会计资料来源真实有效，由计算机等电子设备形成和传输；

（2）使用的会计核算系统能够准确、完整、有效接收和读取电子会计资料，能够输出符合国家标准归档格式的会计凭证、会计账簿、财务会计报表等会计资料，设定了经办、审核、审批等必要的审签程序；

（3）使用的电子档案管理系统能够有效接收、管理、利用电子会计档案，符合电子档案的长期保管要求，并建立了电子会计档案与相关联的其他纸质会计档案的检索关系；

（4）采取有效措施，防止电子会计档案被篡改；

（5）建立电子会计档案备份制度，能够有效防范自然灾害、意外事故和人为破坏的影响；

（6）形成的电子会计资料不属于具有永久保存价值或者其他重要保存价值的会计档案。

（二）会计档案的整理

单位的会计机构或会计人员所属机构按照归档范围和归档要求，负责定期将应当归档的会计资料整理立卷，编制会计档案保管清册。当年形成的会计档案，在会计年度终了后，可由单位会计管理机构临时保管一年，再移交单位档案管理机构保管。因工作需要确需推迟移交的，应当经单位档案管理机构同意。单位会计管理机构临时保管会计档案最长不超过三年。临时保管期间，会计档案的保管应当符合国家档案管理的有关规定，且出纳人员不得兼管会计档案。

（三）会计档案的保管

会计档案的保管期限分为永久、定期两类。会计档案的保管期限，从会计年度终了后的第一天算起。年度财务会计报告、会计档案保管清册、会计档案销毁清册、会计档案鉴定意见书为永久保管；定期保管期限一般分为 10 年和 30 年。企业和其他组织会计档案需要定期保管的主要有：原始凭证、记账凭证、总账、明细账、日记账、其他辅助性账簿、会计档案移交清册，保管期限为 30 年。月度、季度、半年度财务会计报告，银行存款余额调节表，银行对账单，纳税申报表，保管期限为 10 年。固定资产卡片是固定资产报废清理后保管 5 年。

（四）会计档案的借阅

会计档案为本单位使用，原则上不得外借。如有特殊需要，须经上级主管单位或单位负责人、会计机构负责（会计主管）批准方可借阅。

外部人员借阅会计档案时，借阅人应持有所属单位正式介绍信，经被借阅单位单位负责人和会计机构负责（会计主管）批准后，方可办理借阅手续。单位内部人员借阅会计档案时，应经会计机构负责或单位负责人批准后，方可办理借阅手续。

应建立借阅登记清册，所有借阅人应认真填写档案借阅登记簿，将借阅人姓名、单位、日期、数量、内容、归期等情况登记清楚。

借阅会计档案人员不得在案卷中乱画、标记，不得拆散原卷册，也不得涂改抽换、携带外出或复制原件。如有特殊情况，须经本单位领导和财务主管批准后方能携带外出或复制原件。

借出的会计档案，会计档案管理人员要按期如数收回，并办理注销借阅手续。

所有内外部会计档案借阅，一律须被借阅单位财务部档案管理员全程陪同。

（五）会计档案的销毁

单位应当定期对已到保管期限的会计档案进行鉴定，并形成会计档案鉴定意见书。经鉴定，仍需继续保存的会计档案，应当重新划定保管期限；对保管期满，确无保存价值的会计档案，可以销毁。

会计档案鉴定工作应当由单位档案管理机构牵头，组织单位会计、审计、纪检监察等机构或人员共同进行。经鉴定可以销毁的会计档案，应当按照以下程序销毁：

（1）单位档案管理机构编制会计档案销毁清册，列明拟销毁会计档案的名称、卷号、册数、起止年度、档案编号、应保管期限、已保管期限和销毁时间等内容。

（2）单位负责人、档案管理机构负责人、会计管理机构负责人、档案管理机构经办人、会计管理机构经办人在会计档案销毁清册上签署意见。

（3）单位档案管理机构负责组织会计档案销毁工作，并与会计管理机构共同派员监销。监销人在会计档案销毁前，应当按照会计档案销毁清册所列内容进行清点核对；在会计档案销毁后，应当在会计档案销毁清册上签名或盖章。

四、电子会计档案管理规范

微课：电子会计档案管理规范

文本：电子会计档案管理规范（2022 年）

随着信息技术的深入应用，档案工作也进入了数字化转型阶段，电子文件单套制归档管理是档案工作数字化转型的重要内容。会计档案工作也应适应档案工作的发展趋势，实行数字化转型，实现电子会计资料和电子会计档案管理的电子化单套制归档。由国家档案局经济科技档案业务指导司会同财政部会计司牵头制定，2022 年 4 月，发布《电子会计档案管理规范》，2022 年 7 月 1 日开始实施。

（一）电子会计档案的范围

《电子会计档案管理规范》将电子会计档案归档前称为“电子会计资料”。电子会计资料是指单位在进行会计核算过程中通过计算机等电子设备形成、传输、存储的记录和反映单位经济业务事项的电子形式的各种会计信息记录。电子会计资料包括以电子形式存在的会计凭证、会计账簿、财务会计报告和其他会计资料。其中，财务会计报告包括企业财务会计报告、政府会计主体的财务报告和决算报告、民间非营利组织财务会计报告，以及其他会计主体的财务会计报告。

（二）电子会计资料形成要求及来源系统

《电子会计档案管理规范》对电子会计资料的形成提出了一系列要求。一是电子会计资料的审签要求。即内部形成的电子会计资料应经过经办、审核、审批等必要的审签程序，内容及元数据齐全完整。二是电子会计资料输出方式要求。即电子会计资料应形成相应格式的独立的电子文件进行归档。内部形成的电子会计资料应按一定的时间和单元输出归档电子会计资料，文件大小应便于管理和利用。电子会计账簿可按月、季、年等周期定期输出归档电子会计账簿，输出周期可根据数据量大小确定。电子财务会计报告可按会计期间输出归档电子财务会计报告。三是电子会计资料的归档存储格式要求。即版式电子会计资料归档推荐使用 OFD 格式，不具备应用 OFD 格式条件的单位可使用 PDF 格式或其他符合长期保存要求的版式格式。为方便解析和统计，可同步输出类 XML 描述文件归档。对电子会计资料存储格式进行了扩展，各单位可选择增加 XML 作为归档格式，但不能将其作为唯一归档存储格式。

《电子会计档案管理规范》梳理了电子会计档案的电子会计资料来源系统，因企业和机关、事业单位会计信息化存在一定差异，形成电子会计资料的系统也不同，因此分别给出了企业、机关和事业单位电子会计资料的来源系统。

（三）电子会计资料的整理

《电子会计档案管理规范》对电子会计资料整理提出明确的要求。一是分类方法，由于电子会计档案的内容与传统纸质载体基本相同，因此，电子会计档案的分类方法完全采用了纸质会计档案的分类方法。二是组件、组卷方法。由于电子载体不会受案卷厚度的限制，因此电子会计资料组卷主要按时间结合单个电子文件存储容量分卷。三是不同载体间会计资料的关联方法。同一记账凭证号的会计凭证存在不同记录形式时，可分别按照不同记录形式进行整理，并以元数据的方式记录其关联关系。如记账凭证为电子形式、原始凭证为纸质形式时，记账凭证按电子档案形式整理，成为一件电子档案；原始凭证以纸质档案形式整理，成为一件纸质档案。同时，在记账凭证的相应元数据中注明其原始凭证号，在原始凭证适当位置注明其对应记账凭证号。

（四）电子会计资料归档移交及保管

《电子会计档案管理规范》对电子会计资料归档移交作了详细规范，沿用纸质档案的归档移交时间要求。即经整理的电子会计资料在会计年度终了后，可由单位会计管理机构临时保管 1 年，再移交单位档案管理机构保管。因工作需要确需推迟移交的，应经单位档案管理机构批准同意，但最长不超过 3 年。临时保管期间，电子会计档案的保管应符合国家档案管理的有关规定，且出纳人员不应兼管电子会计档案。单位档案管理机构在接收电子会计档案时应按照《文书类电子档案检测一般要求》（DA/T 70—2018）进行检测，检测合格后方可接收。电子会计档案移交与接收时，双方应通过线上或线下及时办理交接手续。可通过线上办理交接手续是一大特点，也是电子档案单套制归档的重要体现。

《电子会计档案管理规范》明确了对电子会计档案保管要求。与纸质档案不同的是，电子会计档案保管的重点内容是可读性维护，因此要求单位档案管理机构应每年对电子会计档案的可读性进行评估，形成评估报告；如存在因系统软、硬件或其他技术升级、更新导致电子会计档案不可读取的风险，应对电子会计档案进行迁移。除维护其可读性外，还要对电子会计档案应实施在线和离线存储。在线存储按电子会计档案管理系统运行要求实施。离线存储载体应具有较好的耐久性，按优先顺序依次为一次性写光盘、磁带、硬磁盘等。对离线存储电子会计档案的磁性载体每满 2 年、光盘每满 4 年进行一次抽样机读检验，抽样率不低于 10%，发现问题应及时采取措施。对磁性载体上的电子档案，应每 4 年转存一次。原载体同时保留时间不少于 4 年。

（五）电子会计档案到期处理及销毁

《电子会计档案管理规范》明确了对电子会计档案的鉴定及处置方法。电子会计档案到期鉴定工作，应由单位档案管理机构牵头，组织单位会计、信息技术、审计、纪检监察等机构或人员共同进行。经鉴定，仍需继续保存的电子会计档案，应重新划定保管期限；经鉴定可以销毁的电子会计档案，按照规定程序销毁。

单位档案管理机构负责组织电子会计档案销毁工作，由单位档案管理机构输出电子会计档案销毁清册，列明拟销毁电子会计档案的名称、册数、起止年度、档号、应保管期限、已保管期限、应销毁时间等内容。单位负责人、档案管理机构负责人、档案管理机构经办人在电子会计档案销毁清册上签署意见。单位档案管理机构、会计管理机构共同派员监销。电子会计档案销毁应通过物理删除的方式进行，并进行不可恢复性验证，销毁清册及记录宜输出纸质文件永久保存。

五、企业内部控制基本规范

文本：企业内部控制基本规范

为了加强和规范企业内部控制，提高企业经营管理水平和风险防范能力，促进企业可持续发展，维护社会主义市场经济秩序和社会公众利益，根据国家有关法律法规，财政部会同证监会、审计署、银监会、保监会制定了《企业内部控制基本规范》，自 2009 年 7 月 1 日起在上市公司范围内施行。《企业内部控制基本规范》共七章，分别是：总则、内部环境、风险评估、控制活动、信息与沟通、内部监督和附则。

《企业内部控制基本规范》的立法依据是根据《中华人民共和国公司法》《中华人民共和国证券法》、《中华人民共和国会计法》和其他有关法律法规制定，适用于中华人民共和国境内设立的大中型企业。企业内部控制的目标是合理保证企业经营管理合法合规、资产安全、财务报告及相关信息真实完整，提高经营效率和效果，促进企业实现发展战略。

企业内部控制建设应遵循以下原则：（1）全面性原则。内部控制应当贯穿决策、执行和监督全过程，覆盖企业及其所属单位的各种业务和事项。（2）重要性原则。内部控制应当在全面控制的基础上，关注重要业务事项和高风险领域。（3）制衡性原则。内部控制应当在治理结构、机构设置及权责分配、业务流程等方面形成相互制约、相互监督，同时兼顾运营效率。（4）适应性原则。内部控制应当与企业经营规模、业务范围、竞争状况和风险水平等相适应，并随着情况的变化及时加以调整。（5）成本效益原则。内部控制应当权衡实施成本与预期效益，以适当的成本实现有效控制。

企业内部控制的五要素包括：

内部环境。内部环境是企业实施内部控制的基础，一般包括治理结构、机构设置及权责分配、内部审计、人力资源政策、企业文化等。

风险评估。风险评估是企业及时识别、系统分析经营活动中与实现内部控制目标相关的风险，合理确定风险应对策略。

控制活动。控制活动是企业根据风险评估结果，采用相应的控制措施，将风险控制在可承受度之内。

信息与沟通。信息与沟通是企业及时、准确地收集、传递与内部控制相关的信息，确保信息在企业内部、企业与外部之间进行有效沟通。

内部监督。内部监督是企业对内部控制建立与实施情况进行监督检查，评价内部控制的有效性，发现内部控制缺陷，应当及时加以改进。

素养提升

五年年报虚假记载 违法违规披露

2024年4月1日，浙江世纪华通集团股份有限公司（以下简称“世纪华通”）收到中国证监会《行政处罚事先告知书》，载明2018年至2022年年度报告存在虚假记载。

《行政处罚事先告知书》显示，世纪华通存在多项违法事实。公司2018年未按规定执行商誉减值测试，导致2018年年报少计提商誉减值准备6 236.30万元，虚增利润6 236.30万元，占当年利润总额的5.94%。2019年至2022年年报商誉原值披露错误，导致期间世纪华通财务报表商誉原值高估1.22亿元。2019年至2022年年报报告分部的披露不符合会计准则的规定，未将点点作为单独的报告分部进行披露。2020年至2022年未按规定执行商誉减值测试，导致虚增2020年利润7.62亿元，占当年利润总额的22.24%；导致虚减2022年利润3.45亿元，占当年利润总额的4.95%。此外，公司虚构软件著作权转让业务或提前确认收入，导致2020—2021年年报、关于业绩承诺完成情况的临时报告存在虚假记载。

世纪华通的上述行为涉嫌违反了《中华人民共和国证券法》相关规定，构成“信息披露义务人披露的信息有虚假记载”的情形。根据当事人违法行为的事实、性质、情节与社会危害程度，中国证监会决定，对世纪华通、时任董事长和财务总监等相关人员总计罚款1 400万元。

资料来源： https：//baijiahao. baidu. com/s？id = 1795184976972011495&wfr = spider&for = pc（原文经过整理）。

问题： 如何做好各个不同层级的监督？

分析提示： 上市公司应严格按照《企业会计准则》《证券法》等要求，依法依规进行会计核算，并履行信息披露义务，并保证所披露的信息真实、准确、完整。

知识巩固

一、单项选择题

1. 第一部《中华人民共和国会计法》是在（　　）年由全国人大常委会通过的。

A. 1993　　B. 1992　　C. 1985　　D. 1999

2.《企业财务会计报告条例》属于（　　）。

A. 会计法律　　B. 会计行政法规

C. 会计规章　　D. 会计规范性文件

3. 经济组织或单位的会计责任承担者是（　　）。

A. 单位会计人员　　B. 财务总监

C. 单位负责人或法人代表　　D. 总会计师

4.《企业会计准则——基本准则》属于（　　）。